제국 일본의 전쟁, 1868-1945

제국 일본의 전쟁, 1868-1945

2020년 2월 17일 초판 1쇄 발행
2020년 10월 30일 초판 3쇄 발행

지은이 박영준

펴낸이 윤철호, 고하영
펴낸곳 (주)사회평론아카데미
편집 김천희
디자인 김진운
마케팅 최민규
등록번호 2013-000247(2013년 8월 23일)
전화 02-326-0333
팩스 02-326-1626
주소 03978 서울특별시 마포구 월드컵북로6길 56
ISBN 979-11-89946-44-9 93340

이 저서는 2017년 정부(교육부)의 재원으로 한국연구재단의 지원을 받아
수행된 연구임(NRF-2017S1A64A01019379).

제국 일본의 전쟁, 1868-1945

박영준 지음

사회평론아카데미

머리말

일본은 19세기 후반에서 20세기 전반에 걸쳐 청일전쟁, 러일전쟁, 제1차 세계대전, 만주사변과 중일전쟁, 태평양전쟁 등 연속적으로 전쟁을 일으키거나 관여한 역사를 가지고 있다. 이러한 역사적 기억 때문에 일본은 호전적인 국가라는 이미지를 가지게 되었고 종전 70여 년이 지난 지금도 그러한 이미지가 현대 일본의 외교안보정책을 바라보는 틀이 되고 있는 경향이 강하다. 그런데 일본이 과연 과거처럼 다시 전쟁을 국가의 대외정책으로 정당화하는 군국주의의 전철을 밟을 것인가를 판단하기 위해서는 과거에 전쟁을 하게 한 구조와 요인들을 판별하고 그것이 현대 일본에도 존재하고 있는가를 판단하는 작업이 필요할 것으로 여겨진다. 이러한 문제의식에서 이 책은 메이지 유신 이후 근대국가 형성에 성공한 일본이 청일전쟁을 기점으로 거의 10년 단위로 이어지는 전쟁을 국가정책으로 추진한 원인과 과정, 영향을 종합적으로 검토하는 것을 목적으로 한다.

　필자가 근대 일본이 수행한 전쟁들에 대해 책을 집필하겠다는 생각을 하게 된 것은 2002년의 시점으로 거슬러 올라간다. 4년간의 일본 유학을 마치고 귀국하면서 근대 일본의 전쟁에 관한 일본 학계의 연구 동향을 소개할 필요성을 느끼고 도쿄대학 가토 요코(加藤陽子)

교수의 책을 번역하여 『근대 일본의 전쟁논리』(2003)를 발행한 바 있다. 필자는 책을 번역하는 과정에서 한국인 연구자라면 근대 일본의 전쟁을 어떻게 서술할 수 있을까 하는 생각을 많이 하게 되었다. 가토 교수를 포함한 일본 연구자들은 전쟁 관련 1차 사료들을 치밀하게 구사하면서 나름의 시각으로 일본의 전쟁에 관한 일련의 연구들을 내놓고 있다. 영미권의 연구자들도 이 주제에 대한 많은 연구들을 내놓은 바 있다. 그렇다면 근대 일본 군국주의의 피해를 가장 많이 받은 한반도 출신 연구자라면 어떤 시각에서 근대 일본의 전쟁을 바라보고 설명해야 하는가 하는 생각을 하게 된 것이다.

그런데 의외로 근대 일본이 수행한 전쟁들에 대한 한국 학계의 연구는 역사학이나 국제정치학 분야를 막론하고 충분하지 못한 실정이다. 위안부 문제나 강제징용공 문제 등에 대해서는 과열하다 싶을 정도의 강렬한 사회적 관심을 보이면서도 그 문제들의 근저를 이루는 근대 일본의 군국주의화와 그 대외적 표현인 전쟁들에 대해서는 한국 학계가 전반적으로 연구의 빈곤을 보여왔다고 해도 과언이 아닐 것이다. 근대 일본의 군국주의와 전쟁 때문에 결국 나라를 상실하고 식민지의 운명을 감수할 수밖에 없었는데, 그 원인과 구조 자체에 대한 연구가 미진하다는 것은 한국 연구자로서 곤혹스러운 일이 아닐 수 없었다. 이러한 현상이 어디에서 기인하는가에 대한 해답을 찾기는 쉽지 않지만, 필자는 결국 전쟁이나 군사 문제에 관한 한국 역사학과 국제정치학계의 전반적인 무관심에도 그 책임이 있지 않을까 생각한다.

국제정치학을 전공한 필자는 대학원 졸업 이후 육군사관학교에서 교관으로서 생도들에게 전쟁사를 강의했고, 이러한 경험이 계기가 되어 결국 일본으로 유학을 가서 메이지 시기 일본 해군의 건설과 대외정책에 관해 박사논문을 작성한 바 있다. 결국 필자와 같은 경력의 연구자가 근대 일본의 전쟁에 관한 한국 학계의 연구 공백을 메워야 하지 않을까 하는 사명감 같은 것도 갖게 되었다. 이런 생각에서 필자는 지난 10여 년간 이 책의 주제와 관련된 연구들을 『국제정치논총』, 『일본연구논총』, 『한국정치사외교논총』 등에 다수 발표해왔다.

그러나 이 책은 개별적으로 진행되었던 연구들을 취합한 것은 아니다. 전체적으로 이 책의 주제를 새롭게 집필하겠다는 생각을 할 무렵 2017년 한국연구재단은 필자가 신청한 "근대 일본의 전쟁과 동아시아, 1894-1945: 전쟁 원인, 전쟁 수행의 정치과정, 그리고 지역질서에의 영향을 중심으로"라는 연구 주제를 저술지원 대상으로 채택해주었다. 2년간에 걸친 재단의 과감한 연구지원이 없었다면 이 책의 집필은 아마 착수되지 못했거나 대폭 지연되었을 것이다. 저술지원을 결정해준 한국연구재단에 각별히 감사를 드린다. 또한 국내 학술저서라면 감내해야 할 시장의 불확실성에도 불구하고 이 책의 출판을 기꺼이 맡아주신 사회평론아카데미의 윤철호 대표님과 김천희 님께도 깊은 감사를 드린다.

이 책의 내용은 그간 필자가 국방대학교 안보과정이나 학위과정, 서울대학교 정치외교학부나 국제대학원, 연세대학교 지역학 협동과정에서 행한 강의자료들을 바탕으로 한다. 세대와 신분은 상이하지만 각 과정의 강의에서 필자에게 다양하면서도 건설적인 질문이나 의견을 제기해준 수강생들의 뜨거운 관심이 집필 과정에서 큰 힘이 되었음을 부언해둔다.

필자는 이미 발간된『제3의 일본』등 다른 연구들을 통해 분석한 것처럼 현대의 일본이 군국주의 시기의 일본과 동질성을 갖고 있다고 는 생각하지 않는다. 현대 일본의 정치구조나 안보정책 체제는 군국주 의 시기의 일본과 비교할 때 이질적인 면을 많이 갖고 있다. 특히 필자 는 한국의 안보나 외교, 동아시아 질서의 협력과 평화를 위해서 현대 일본과 다양한 분야에서 건설적인 교류와 협력을 지속해야 한다고 생 각한다.

이러한 미래지향적인 한일관계를 맺기 위해서도 우리 사회의 위 정자들이나 시민사회는 100여 년 전의 일본이 군국주의로 나아갔던 요인들과 메커니즘을 현대 일본과 비교하여 냉정하게 검토해볼 필 요가 있을 것이다. 또한 현대 일본의 정치가들도 국제협력주의에 입 각한 적극적 평화주의를 지향하려고 한다면 이 책에서 추적하려고 했던 근대 일본 군국주의의 구조적 요인들에 대해 성찰할 필요가 있 지 않을까 하고 생각한다. 일본 군국주의의 피해를 보았던 중국이나 북한 사회에서는 현대 일본의 안보정책에 대한 비판이 여전히 강하 다. 그러나 그쪽 사회에서도 개별 국가들이 어떤 요인에 의해서 국 제사회의 불량국가가 될 수 있는가를 근대 일본의 사례를 통해 성찰 해보았으면 좋겠다. 요컨대 일본 군국주의의 구조와 원인을 밝히려 는 작업은 현대 일본을 이해하기 위해서뿐만 아니라 21세기 동아시 아 각국의 상호 협력과 평화를 위해서도 필요한 선결작업이라고 생 각한다.

그런 점에서 비록 여전히 부족한 점이 많을지라도 필자의 지난 10여 년간의 문제인식과 연구 결과를 담은 이 책이 근대 일본의 전 쟁에 대한 이해뿐만 아니라 21세기 동아시아 각국의 상호 협력과 평화를 바라는 식자들의 담론 형성에 조금이라도 기여할 수 있기를 기대한다.

2019년 9월 25일

태평양전쟁의 격전지 괌의 니미츠힐을 바라보며
저자 박영준

차례

1장

전쟁 연구와 근대 일본

1. 전쟁의 원인

근대 일본이 과연 어떤 요인들로 인해 전쟁을 일으켰거나 관여해왔는가 하는 전쟁의 원인에 대한 논의는 1세기가 지난 지금의 시점에도 학문적으로나 정책적으로 여전히 논란거리로 남아 있다. 1945년 태평양전쟁 종전 직후에는 전범 국가였던 일본의 군국주의 자체에 대한 비판적 시각이 일본 내는 물론 영미권의 연구에서도 지배적인 경향이었다. 근대 일본이 메이지 유신 초기부터 아시아에 대한 팽창적이고 침략적인 성향의 정책을 일관되게 견지했고 이것이 전쟁을 초래했다고 보는 시각이 제기되었다.[1]

그런데 1990년대 이후 일본이 경제대국으로 부상하고 국가적 정체성에 대한 자부심이 고양되면서 기존의 시각과 달리 일본의 근대사를 수정주의적으로 해석하는 경향이 대두했다. 그 연장선상에서 근대 일본의 전쟁에 대한 연구 경향에도 변화가 나타났다. 일본 내

---

1 石井孝, 『明治初期の日本と東アジア』, 有隣堂, 1982; 入江昭, 『太平洋戦争の起原』, 東京大学出版会, 1991.

의 보수우파는 근대 일본의 전쟁이 군국주의로 인한 침략전쟁이 아니라 오히려 서구 세력의 아시아 진출에 대한 자위전쟁이라는 시각을 제기했다. 이 같은 시각의 연구들에서는 일본이 조선이나 타이완, 동남아 지역의 식민지들에 대해서도 경제적으로나 사회문화적으로 발전을 유도하는 좋은 정책을 실시했다고 주장했다.[2]

이같이 근대 이후 일본의 전쟁 원인에 대한 상반된 시각이 일본과 영미권 학계에 여전히 존재하고 있다. 그러나 일본의 전쟁 원인에 관한 기존의 연구들은 국제정치학에서 논의되어온 일반적인 전쟁원인론 관련 연구와 분리되어 진행된 경우가 많다. 사실 국제정치학자들은 왜 국가들이 대외정책의 수단으로 전쟁을 선택해왔는가 하는 문제를 둘러싸고 다양한 관점에서 논의를 지속해왔다. 가장 포괄적으로 이 문제에 접근한 케네스 월츠(Kenneth Waltz)는 전쟁의 발발 요인을 인간, 국가, 국제체제의 세 가지 이미지로 파악하는 시각을 제시한 바 있다.[3] 이같이 포괄적으로 전쟁원인 문제에 접근하려는 방식은 이후 여타 연구자들에게도 영향을 주고 있다. 미국 하버드 대학의 스티븐 월트(Stephen Walt)는 제1차 세계대전의 발발 원인을 다루면서 인간, 국가, 국제체제, 기술, 신념과 사상 등의 다섯 가지 측면에 주목하여 설명한 바 있다.[4] 일본 방위대학교 교수

2 당시 항공자위대 막료장이었던 다모가미 도시오(田母神俊雄)가 현상공모에 발표한 다음 논문을 참조하라. 田母神俊雄, 「日本は侵略国家であったのか」, 2008. 10.

3 Kenneth N. Waltz, *Man, the State and War: A Theoretical Analysis*, New York: Columbia University Press, 1959. 다만 월츠는 1979년에 출간한 국제정치이론서에서 인간과 국가로 상징되는 제1, 제2 이미지는 환원주의적 속성을 갖고 있어서 국제정치이론으로는 부적절하다고 지적한 바 있다. Kenneth Waltz, *Theory of International Politics*, Addison-Wesley, 1979, p.18.

4 Stephen Walt, "Explaining the Outbreak of World War I", 2010. 2. 22, 하버드 대학

다케다 야스히로(武田康裕)도 전쟁 발생 원인에 관한 이론을 국가, 2국 간 관계, 국제시스템의 세 가지 층위에서 구분할 수 있다고 했다. 그는 국가 층위에서는 민주평화론, 성장 압력과 대외팽창론, 국내 분쟁의 전가론을 제시했고, 2국 간 관계 층위에서는 세력균형론, 경제적 상호의존론, 군비경쟁론 등을 소개했다. 그리고 국제시스템 층위에서는 세력분포구조론, 세계경제주기론, 동맹이론 등을 배치한 바 있다.[5] 영미권은 물론 일본 학자들도 수용하고 있는 이 같은 복합적 전쟁 원인 이론들의 추세를 고려하여 이 책에서는 인간적 층위에서는 정치 및 군사 지도자의 세계관과 국가전략, 국가 층위에서는 군대의 군사교리와 군사력, 국가 차원에서는 군비경쟁의 여부, 국제체제적 층위에서는 세력전이의 여부 등을 전쟁 원인을 파악하는 변수군으로 설정하여 제국 일본의 전쟁 원인을 고찰하고자 한다.[6]

첫째, 인간의 변수이다. 케네스 월츠는 인간의 본성에 내재한 공격적 충동과 어리석음이 국가들이 전쟁을 하게 되는 첫 번째 이미지라고 소개한 바 있다.[7] 인간의 본성 자체에서 국가 간의 전쟁 원인을 찾으려고 하는 시각은 E. H. 카(Carr)나 한스 모겐소(Hans Morgenthau) 등 고전적 현실주의론자들의 논저에서 확인할 수 있다. 역사학자로도 유명한 카는 제2차 세계대전 발발 직전에 쓴 저작에서 인

하버드홀 201호실에서 학생들을 대상으로 행해진 강의.

5 武田康裕, 「戰爭と平和の理論」, 防衛大學校安全保障學硏究會, 『安全保障學入門』, 亞紀書房, 2003.

6 이 같은 관점에서 필자가 전전 일본과 전후 일본의 군사구조를 시론적으로 비교한 연구인 박영준, 「인간, 국가, 국제체제, 그리고 일본의 전쟁」, 『국제정치논총』, 45(4), 2005 겨울을 참조하라.

7 Kenneth N. Waltz, 앞의 책, Chap.II를 참조하라.

간은 자신의 이익을 추구하려는 에고이즘과 동시에 타인과 협력하여 선의와 우정을 만들려고 하는 사회성이라는 두 가지 속성을 갖고 있다고 전제했다. 이러한 인간들로 구성된 국가도 대외적으로 권력을 추구하면서 동시에 유토피아를 만들려고 하는 속성을 가진다고 보았다. 그 결과 그는 대외적으로 권력을 추구하려는 국가의 속성 때문에 전쟁은 국제정치의 잠재적 요소라고 인식했다.[8] 또 다른 고전적 현실주의자인 한스 모겐소도 인간은 기본적으로 자기중심적이고 무제한의 권력을 추구하는 본성을 갖고 있다고 전제하면서 이러한 인간들로 구성된 정치세계가 이러한 이유로 기본적으로 권력투쟁을 본질로 한다고 보았다. 그리고 국제정치의 세계에서도 개별 국가들이 권력추구를 통해 현상을 타파하려는 모습을 보인다고 인식했다.[9]

이 같은 관점에 따른다면 국가의 정치 및 군사 지도자들의 세계관과 대외정책론을 개별 전쟁 원인을 탐구할 때 고려해야 할 변수의 하나로 취급할 필요가 있을 것이다. 사실 히틀러 개인의 세계관과 권력추구적 속성을 배제하고 제2차 세계대전 당시 독일의 대외정책과 전쟁을 설명하기는 쉽지 않을 것이기 때문이다. 이 같은 시각에 따라 이 책에서는 일본이 수행한 각 전쟁 과정에서 활약했던 주요 정치 및 군사 지도자들의 국가구상과 대외전략관을 전쟁 배경의 하

---

8   Edward Hallett Carr, *The Twenty Year's Crisis, 1919-1939*, New York: Harper Torchbooks, 1939, pp.95-109. 카는 이 책에서 국가들은 타국보다 우월한 군사적 지위를 확보하고 나아가 자국의 지위를 세계 강국의 반열로 인정받으려는 욕구로 전쟁을 일으킨다고 하면서 러일전쟁 이후의 일본을 사례로 들었다. Edward Hallett Carr, 위의 책, pp.110-111.

9   Hans J. Morgenthau, *Politics among Nations: The Struggle for power and Peace*, New York: McGraw Hill, 1948(2006), part 4.

나로 고찰할 것이다.

둘째, 국가 차원의 층위에서는 해당 국가가 어떠한 성격의 군사전략과 교리, 그리고 그에 따른 군사제도와 군사력을 갖고 있었는가의 여부를 변수의 하나로 고려할 수 있다. 베리 포젠(Barry Posen)은 군사전략의 유형을 공격, 방어, 억제 전략으로 구분하고 제1차 세계대전과 제2차 세계대전 당시의 독일, 프랑스, 영국 등의 사례를 관찰하면서 개별 국가가 공세적 군사전략을 가질 경우 군비경쟁과 전쟁 발발 가능성이 높아진다고 지적한 바 있다.[10] 스티븐 반 에베라(Stephen Van Evera)도 일련의 저작과 논문을 통해 개별 국가의 군사전략, 군사력 태세, 배치 등의 군사적 요소들이 공격과 방어의 균형을 결정하는 중요 요소라고 지적했다. 이러한 군사적 요소를 바탕으로 국가들이 전쟁 결과와 관련된 낙관주의에 빠지거나 선제공격의 이점을 인식할 때 또는 국가 간의 상대적 국력이 급격히 변동하거나 개별 국가에 의한 자원이 축적되거나 정복이 용이하다고 판단될 때 전쟁이 발생할 수 있다는 가설을 제기했다.[11]

공격적 현실주의의 대표적 논자인 존 미어셰이머(John Mearsheimer)는 강대국이란 경제력과 군사력, 특히 해군력과 공군력에 비해 육군력을 압도적으로 갖고 있는 국가라고 정의했다. 그에 따르

---

10 Barry R. Posen, *The Sources of Military Doctrine: France, Britain and Germany between the World Wars,* Ithaca, N.Y.: Cornell University Press, 1984, p.16.

11 Stephen Van Evera, "Offense, Defense, and the Causes of War", *International Security,* 22(4), Spring 1998, pp.5-43; Stephen Van Evera, *Causes of War: Power and the Roots of Conflict,* Ithaca: Cornell University Press, 1999. 에베라의 논의에 대한 개괄적인 소개로는 이근욱, 『왈츠 이후: 국제정치이론의 변화와 발전』, 한울, 2009, pp.52-70을 참조하라.

면, 이러한 국력을 갖춘 강대국은 자국의 안전을 확보하기 위해 세력팽창과 대외정복을 추구하면서 지역 내 패권을 장악하려는 경향을 보인다. 그리고 20세기 전반기의 일본과 독일, 냉전기의 소련이 이러한 공격적 현실주의 이론을 뒷받침하는 사례라고 지적했다.[12]

이러한 관점들에 따른다면 제국 일본의 전쟁 원인을 설명하기 위해서도 메이지 유신 이후 일본의 육군과 해군이 각 시기별로 어떠한 군사전략을 책정했으며 그에 따라 어떠한 군사력과 군사제도를 추구했는가를 검토하는 것이 필수적인 과제가 될 것이다. 그리고 이러한 군사적 요소가 제국 일본의 대외정책을 어떻게 공격적인 성향으로 변화시켰는가 하는 메커니즘을 살필 필요가 있다.

셋째, 국가 간 층위의 변수로 대립적 체제에 속해 있는 양국 간에 군비경쟁이 존재하느냐의 여부도 전쟁 원인을 설명하는 중요한 변수가 될 수 있다. 군비경쟁이란 상대국에 대한 적대의식과 불만으로 촉발되어 타국의 군사비 지출에 대응하여 자국의 경제적 부담의 범위 내에서 재정지출의 확대를 통한 군사력 증강 경쟁을 상당기간 벌이는 것으로 정의된다.[13] M. D. 월러스(Wallace) 등이 주도한 군비증강에 관한 경험적 연구들에서는 이러한 군비경쟁이 국가 간에 진행될 경우 전쟁 발발의 빈도가 높다는 결론을 제시한 바 있다. 예컨대 월러스는 1833년부터 1965년 사이에 전개된 99건의 군사분쟁 사례들 가운데에서 군비경쟁이 존재했던 28개 사례에서 23사례가 전쟁

---

12 John J. Mearsheimer, *The Tragedy of Great Power Politics,* 2001; 존 미어셰이머, 『강대국 국제정치의 비극』, 이춘근 역, 자유기업원, 2004.

13 군비경쟁에 관한 고전적 연구로는 Lewis R. Richardson, *Arms and Insecurity,* Chicago: Quardrangle Books, 1960을 참조하라. 武田康裕, 앞의 글, p.33에서 재인용했다.

으로 귀결되었다고 관찰하면서 군비경쟁과 전쟁 간의 높은 상관관계를 지적한 바 있다.[14] 이 같은 관찰들을 바탕으로 각 시기마다 제국 일본과 대립했던 청국, 러시아, 미국 등과의 사이에 전개되었던 군비경쟁의 존재 여부를 병행하여 고찰하는 것도 제국 일본의 전쟁 원인을 설명하는 데 유용한 접근방식이 될 수 있다.

넷째, 국제체제적 변수로 특히 국제체제의 구조가 기존 국제체제의 유지 속에서 이익을 발견하는 현상유지 세력과 그에 도전하는 세력이 대립적 구도를 이루고 있을 때 전쟁 발발의 위험성이 높아진다고 보는 관점이 있다. 이러한 국제체제의 변수를 전쟁 발발의 요인으로 중시하는 이론으로는 체제변화론과 세력전이론을 들 수 있다. 로버트 길핀(Robert Gilpin)은 균형상태를 보이던 국제체제 내에서 군사적, 기술적, 경제적 요인에 의해 개별 국가의 권력이 차별적으로 성장하면 국제체제 자체가 불균형상태로 변화하게 되고 체제의 위기가 도래한다는 가설을 제기한 바 있다. 그리고 이러한 국제체제의 위기는 국가 간의 헤게모니 전쟁으로 해소될 수 있다고 하면서 전쟁 원인을 국가 간 권력의 불균등한 성장과 그에 따른 국제체제의 구조적 변화 속에서 설명하려고 했다.[15]

---

14 M. D. Wallace, "Arms Race and Escalation: Some New Evidence", J. D. Singer, *In Explaining War: Selected Papers from the Correlates of War Project,* Beverly Hills Sage, 1979. 리처드슨, 월러스 등의 군비경쟁 이론에 관한 개괄적인 설명은 Randolph M. Siverson and Paul F. Diehl, "Arms Races, the Conflict Spiral, and the Onset of War", Manus I. Midlarsky ed., *Handbook of War Studies,* Mass.: Unwin Hyman, 1989를 참조하라.
15 Robert Gilpin, W*ar and Change in World Politics,* Cambridge: Cambridge University Press, 1981, pp.10-15, 94; Robert Gilpin, "The Theory of Hegemonic War", Robert I. Rothberg and Theodore K. Rabb, *The Origin and Prevention of Major Wars,* Cambridge: Cambridge University Press, 1988 등도 참조하라.

조지 모델스키(George Modelski)는 1500년대 이후의 유럽 국제 질서를 관찰하면서 길핀과 유사한 구조를 갖는 장주기론(long cycle)을 제기한 바 있다. 모델스키에 따르면, 16세기 이후 유럽 내에서는 해군력을 기준으로 하여 포르투갈, 네덜란드, 영국, 미국으로 이어지는 세계대국이 차례로 등장했다. 그리고 이러한 세계대국에 도전하는 스페인, 프랑스, 독일 등의 국가들이 등장하면서 100년 주기로 글로벌 전쟁이 전개되었다고 주장했다.[16] A. F. K. 오간스키(Organski) 등은 산업혁명 등의 요인으로 강대국들 간에 국력의 증대 속도 차이가 발생하고 이로 인해 일국이 급속도로 부강해지는 세력전이(power transition) 현상이 나타난다고 보았다. 그리고 세력전이를 성취한 국가가 기존의 강대국 및 국제질서에 도전적인 정책을 취하면서 전쟁 가능성이 높아진다고 보았다.[17]

이러한 체제변화론, 장주기론, 세력전이론 등을 고려할 때 일본의 국력이 메이지 유신 이후 여타 국가들에 비해 차별적으로 성장하면서 기존 질서에 대한 도전국으로 부상했고 그 결과 동아시아 영역에서 패권전쟁이 발생했다는 관점에서 제국 일본의 전쟁을 해석할 수 있는 여지도 있을 것이다.

이 책에서는 앞서 요약한 변수들, 즉 제국 일본의 정치 및 군사 지도자들의 호전성, 제국 일본의 육해군이 구상한 군사전략의 공격

---

16 George Modelski, *Long Cycles in World Politics*, Macmillan Press, 1987, pp.39-40.

17 세력전이론에 대해서는 A. F. K. Organski, *World Politics*, New York: Alfred A. Knopf, 1958; A. F. K. Organski and J. Kugler, *The War Ledger*, Chicago: University of Chicago Press, 1980; 김우상, 『신한국책략: 동북아시아 국제관계』, 나남출판, 1998, pp.174-175; 김우상, "세력전이와 동아시아 안보질서에 관한 경험적 연구", 『한국정치학회보』, 35(4), 2001 겨울 등을 참조하라.

성 여부, 일본 및 여타 국가들 간 군비경쟁의 존재 여부, 메이지 유신 이후 일본이 성취한 차별적 성장 이후 전개된 기존 질서에 대한 도전 여부 등의 관점에서 제국 일본의 전쟁 원인을 복합적으로 검토하고자 한다.[18] 이 같은 복합적 관점에 입각한 제국 일본의 전쟁 원인 연구가 기존의 일본의 전쟁 연구에 나타난 단선적인 해석의 한계를 넘어서는 계기를 제공해주지 않을까 기대한다.

2. 전쟁의 수행

전쟁 수행은 상대 국가와의 전쟁 과정에서 군대를 어떻게 운용하고 정치, 경제, 외교의 측면에서 군대에 대한 지원을 어떻게 하는가의 영역을 말한다. 전쟁 수행에 관한 연구는 두 가지 흐름으로 나누어 살펴볼 수 있다. 즉 전쟁에서 승리를 달성하기 위해서는 인간적 요소가 중요하다는 인간중심론적 전쟁수행론과 군사기술적 요인이 결정적이라는 기술결정론적 전쟁수행론이 그것이다. 기술결정론적 전쟁수행론에서는 전쟁의 승패를 좌우하는 핵심적 요소가 첨단무기 혹은 이로 구성된 첨단전력의 보유 여하라는 관점을 취한다. 예컨대 제1차 세계대전 시기에는 비행기나 탱크와 같은 신무기, 제2차 세

---

18 이 외에도 전쟁 원인에 관해서 민주평화론, 희생양 가설 등 다양한 이론들이 제기되고 있고 이러한 이론들이 일본의 사례에 적용될 여지가 없는 것은 아니다. 이들 이론에 대해서는 Jack S. Levy, "Domestic Politics and War", Robert I. Rothberg and Theodore K. Rabb, *The Origin and Prevention of Major Wars*, Cambridge University Press, 1988을 참조하라. 다만 이 책에서는 필자의 관점에 따라 전쟁 원인과 관련된 이론적 자원들을 선별적으로 소개했음을 밝혀둔다.

계대전 시기에는 항공모함이나 핵무기의 요소를 전쟁수행에서 중시한다. 반면 인간중심적 전쟁수행론은 전쟁이 불확실성과 마찰이 지배하는 영역이라는 클라우제비츠적 명제를 충실히 계승한다. 따라서 첨단무기의 존재 여부와 관계없이 전쟁의 불확실성 요소를 극복할 수 있는 군사적 천재의 존재 여부, 즉 군사지휘관의 자질이나 군대의 훈련 여부를 중시한다.[19] 제국 일본의 전쟁 수행 과정을 관찰할 때 이 같은 대립적인 두 가지 시각이 과연 어떤 요인에 의해 일본이 전승을 거두었거나 패전을 겪게 되었는가를 분석하는 유용한 기준을 제공해줄 수 있을 것이다.

전쟁 수행 과정에서 또 하나 고려해야 할 사항은 전쟁 당사국들이 그 내부에서 군대와 정부 혹은 군사와 외교 및 경제 분야 간에 혼연일체가 되어 전쟁을 수행하는가, 아니면 군대와 정부 간의 불일치가 존재하는 상태에서 전쟁을 수행하는가의 여부이다. 1860년대 이후 덴마크, 오스트리아, 프랑스와의 전쟁을 연속으로 수행한 프러시아는 수상 오토 폰 비스마르크(Otto von Bismarck)와 참모총장 헬무트 폰 몰트케(Helmuth von Moltke) 간에 유기적인 협력이 이루어진 사례로 통상 거론되고 이것이 프러시아의 승전 요인으로 작용했다고 평가된다.[20] 다만 비스마르크의 퇴장 이후 등장한 빌헬름 2세

---

19 필자는 다른 논문을 통해 현대 미국의 전쟁 수행 과정에도 이 같은 두 가지 경향의 전략론이 대립 내지 병존하고 있다는 관점을 제시한 바 있다. 박영준, 「미국의 대반란전(Counter-insurgency) 전략 전개와 한국 국방전략에의 함의」, 『국가전략』, 22(2), 세종연구소, 2016.
20 몰트케 참모총장과 비스마르크 수상 간의 전쟁수행체제에 대한 고전적 연구로는 Gordon A. Craig, *The Politics of the Prussian Army, 1640-1945*, Oxford: Oxford University Press, 1955를 참조하라. 다만 크레이그는 통설과 달리 비스마르크와 몰트케 간에 전쟁수행 방식에 대한 알력이 적지 않았다고 지적했다.

(Wilhelm II), 그리고 제2차 세계대전을 도발한 아돌프 히틀러(Adolf Hitler)의 경우는 군사와 외교 간의 조화를 고려하지 않은 채 군사중심적 관점에서 전쟁을 수행한 결과 패전의 멍에를 짊어지게 되었다고 평가된다.[21]

그렇다면 제국 일본의 경우는 과연 어떠했을까. 근대 일본의 전쟁 수행 과정에 대한 기존의 연구들에서는 제국 일본의 군대가 본국 정부의 관할을 벗어나 독단적인 전략을 수립했고 이를 강행했다는 점을 많이 지적한다. 제국 일본 군대의 독단에 대해 총리와 외상을 포함한 내각은 실질적인 군부 통제를 하지 못했고, 무엇보다 헌법상 군대에 대한 통수권을 행사하는 천황도 평화주의자의 성향을 갖고 있었으나 독단적인 군대의 전횡을 막지 못했다는 시각이 강하다. 이러한 민군관계의 혼란이 결국 일본의 패전으로 귀결되었다는 것이다.[22] 그러나 이러한 시각은 1930년대 이후에는 적절할지 몰라도 그 이전의 일본의 전쟁 수행 과정에 대해서는 다른 고찰이 필요하다. 제1차 세계대전 직후에 일본에서는 장차 전쟁을 수행하기 위해서 군사뿐만 아니라 경제와 외교가 일체를 이루어야 한다는 총력전 구상이 등장했으며, 총력전 구상을 실현하기 위한 메커니즘으로 군사와 외교, 경제 분야의 국가 지도자들이 전략을 공유하는 대본영(大本營)체제의 구축 등이 요청되었기 때문이다. 따라서 제국 일본의 전쟁 수행 과정에서 과연 군부와 정부, 군사와 정치외교, 경제 분야가 어

---

21 김정섭은 제1차 세계대전이 민군관계 실패의 전형적 사례라고 평가했다. 김정섭, 『낙엽이 지기 전에: 1차 세계대전, 그리고 한반도의 미래』, MiD, 2017, p.34.
22 大江志乃夫, 『張作霖爆殺: 昭和天皇の統帥』, 中公新書, 1989; 寺崎英成, 『昭和天皇獨白錄』, 文藝春秋, 1991; 北岡伸一, 『日本の近代5: 政党から軍部, 1924-1941』, 中央公論新社, 1999.

떤 상호작용의 관계를 구축하며 전쟁을 수행해갔는지를 종합적으로 고찰할 필요가 있다.

이같이 청일전쟁부터 아시아·태평양전쟁에 이르기까지 여섯 차례에 걸친 제국 일본의 전쟁 수행 과정을 인간중심적 전쟁수행론 대 기술결정론적 전쟁수행론의 대립 혹은 민군관계론의 관점에서 재조망한다면 제국 일본의 전쟁 수행 과정의 특성과 승패 요인이 보다 분석적으로 드러날 것으로 기대된다.

3. 전쟁의 영향

전쟁은 국가가 수행하는 주요 정치행위 가운데 가장 많은 자원이 동원되고 군대뿐만 아니라 국민이나 정치세력에 부담과 비용이 많이 소요되는 정치적 행위이다. 또한 전쟁은 복수의 국가가 관여한다는 점에서 관련 국가들이 구성하는 국제질서에도 영향을 미치게 된다. 따라서 전쟁은 그 과정에 관여하는 군대, 국가, 국제체제 등에 여러 가지 복합적인 영향을 미친다. 다음에서는 전쟁 현상이 군대, 국가, 국제체제에 미치는 영향에 대한 이론을 살펴보고 제국 일본의 전쟁이 미친 영향을 평가하는 기준으로 삼도록 할 것이다.

1) 전쟁과 군대

전쟁의 핵심은 국가와 국가 간의 무력충돌이다. 전쟁 과정에서 교전 당사국의 각 군대는 평시에 육성해온 군사제도, 군사전략, 무기체계,

동맹체제를 총동원하여 상대국의 군대와 자웅을 겨룬다. 그리고 전쟁의 승패는 어느 편이 보다 강하고 효율적인 군사체제를 육성해왔는가에 의해서 갈리게 된다. 따라서 전쟁 종료는 승전국이든 패전국이든 자국 군대의 강점과 약점에 대해 객관적으로 재평가하고 보다 강한 군대를 만들기 위해 무엇을 보완하고 채택해야 할 것인가를 숙고할 수 있는 순간이 되기도 한다.

전쟁 과정에서 교전 시에 어느 일방이 보여주었던 우수하고 강력한 군사체제는 전쟁 종결과 동시에 학습과 모방의 대상이 된다.

나폴레옹 전쟁으로 인해 대혁명 이후 프랑스에서 채택하기 시작한 국민군의 용감성, 그리고 이를 기반으로 한 사단제나 산개대형의 군사적 우수성이 유럽 각지에 알려지면서 국민군 제도 및 나폴레옹의 군 편제는 하나의 표준으로 유럽 각국 군대에 전파되었다. 아우구스트 폰 그나이제나우(August von Gneisenau)와 게르하르트 폰 샤른호르스트(Gerhard von Scharnhorst) 등에 의한 프러시아 군사개혁은 그 일환으로 추진된 것이다. 1870년 보불전쟁이 프러시아의 승리로 귀결된 이후 유럽 각국은 프러시아의 3년제 국민개병제와 참모를 양성하는 육군대학제도를 앞다투어 채택했다.[23] 메이지 유신 이후 전통적인 사무라이 군대에서 근대적 군대로의 개편을 진행하던 일본도 보불전쟁의 영향을 받아 그 이전의 프랑스식 군제에서 독일식 군제로의 재편을 결정하고 독일 군사교관을 육군대학 등에 초빙하기 시작했다.[24]

---

23 Gordon A. Craig, 앞의 책, p.121.
24 Ernst L. Presseisen, *Before Aggression: Europeans Prepare the Japanese Army*, Tucson: The University of Arizona Press, 1965, chap.3.

전쟁 과정에서 새롭게 사용되기 시작한 무기체계도 전쟁 종결과 동시에 각국에 전파되기 시작한다. 제1차 세계대전 때 영국에 의해 처음으로 모습을 드러낸 전차와 항공기는 종전 이후 정작 영국에서는 추가적인 개발이 지체되었으나 독일에서 그 군사적 가치에 주목하면서 적극적으로 개발되기 시작했다. 세계대전 과정을 면밀하게 관찰하던 일본도 신무기들의 유용성에 날카롭게 주목한 국가들 가운데 하나였다.

전쟁 과정에서 승전국이 구사했던 군사전략도 여타 국가의 군대들에 확산되기 시작한다. 프러시아의 몰트케 참모총장이 1864년 덴마크와의 전쟁, 1866년 오스트리아와의 전쟁, 1870년 프랑스와의 전쟁에서 구사한 기동성의 강조, 병력의 집중, 포병화력의 집중 등의 전술은 실은 나폴레옹이 프러시아를 포함한 유럽 각국에 구사한 전략을 모방한 것에 다름 아니었다.[25] 이 같은 프러시아 군사전략은 독일 군사교관을 초빙했던 메이지 시대의 일본 군대에도 큰 영향을 주었다.

전쟁은 승전국 및 패전국에 공통적으로 새로운 동맹국을 모색하는 과제도 제기한다. 전쟁은 그 이전에 유지하고 있던 동맹체제의 내구성을 테스트하는 계기가 된다. 전쟁 과정에서 타국과의 군사동맹체제가 유효하게 작동하여 승전을 가져왔다면 그 군사동맹체제는 전후에도 유지되고 보완되며 강화될 것이다. 그러나 기존의 동맹체제가 오히려 작동하지 못하고 패전의 결과를 가져온다면 전쟁 종결 이후 동맹관계는 단절될 것이다. 러일전쟁 당시 일본의 승전 배경에

---

25   Richard N. Rosecrance, *Action and Reaction in World Politics: International Systems in Perspective*, Boston: Little, Brown and Company, 1963, p.120.

는 그 직전에 체결했던 영일동맹의 존재가 컸다. 그러나 제1차 세계대전 종전 이후 영일동맹은 몇 가지 요인 때문에 소멸되었고, 일본은 결국 태평양전쟁 직전 시기인 1940년에 독일 및 이탈리아와 새롭게 추축국 동맹관계를 체결하여 미국 및 영국과의 전쟁에 돌입하지 않을 수 없었다. 그러나 결국 태평양전쟁의 패전은 전후 일본에 어느 국가와 동맹을 체결하는가의 문제가 국가안보에 가장 중요하다는 교훈을 남겼다.

이상에서 서술한 바와 같이 전쟁은 승전국 혹은 패전국의 입장에 관계없이 군사제도, 무기체계, 군사전략, 동맹관계 등 여러 분야에 걸쳐 국가의 군사체제를 재점검하고 보완할 수 있는 중요한 계기가 될 수 있다. 이 책에서는 일본이 여섯 차례의 전쟁을 준비하고 수행해나가는 과정에서 전쟁의 귀추가 제국 일본의 군사체제를 어떻게 변용시켜나갔는지를 검토할 것이다.

2) 전쟁과 국가

국가가 수행하는 주요 정치행위 가운데 전쟁만큼 국력자원이 대량으로 동원되는 현상은 없을 것이다. 따라서 전쟁 수행 이후 국가는 여러 모로 변용을 겪지 않을 수 없다. 브루스 포터(Bruce Porter)는 전쟁이 국가에 어떤 영향을 주는가에 대해 형성적 영향(formative and organizing effect), 분열적 영향(disintegrative effect), 재형성적 영향(reformative effect)의 세 가지 파급 효과를 가져온다고 분석한 바 있다.[26] 여기에서 형성적 영향이란 전쟁으로 인해 영토가 합병되거나 국가 내부의 리더십 확립과 권력 집중이 이루어져 정치적 결속이 강화되거나 국가 재정의 팽창과 정부의 성장이 이루어지는 현상을 말한다. 분열적 영향이란 국가가 완전히 소멸되거나 국가의 재정적 와해가 초래되고 국민의 불만이 커지면서 혁명이 발발할 수 있는 상황이 도래하는 것을 말한다. 그리고 재형성적 영향이란 국내가 통합되면서 사회적 평준화가 이루어지고 사회개혁이 단행되는 부수적 영향을 말한다. 포터는 국가가 전쟁에 승리했을 경우에는 형성적, 재형성적 영향이 나타날 수 있지만 패전을 겪을 경우에는 분열적 영향이 나타난다고 설명한 바 있다. 포터의 이론을 단순화하면 전쟁의 결과 승전국과 패전국에는 상이한 영향이 결과로 나타난다고 말할 수 있을 것이다.

우선 패전국의 경우에는 분열적 영향에서 요약된 바와 같이 정치체제로서의 국가가 소멸하거나 영토의 축소, 군비의 축소, 국내의 급격한 정치변혁이나 정치지도층의 교체 등이 나타날 수 있다. 전쟁에서의 패배는 전쟁 지도를 담당한 정치지도층에 대한 불만과 저항을 낳는 계기가 된다. 1905년 러일전쟁에서 연전연패를 거듭하게 되자 러시아 국민이 니콜라이 2세(Nikolai II)의 통치에 반감을 갖게 되고 이를 틈타 볼셰비키가 혁명을 선동한 것은 잘 알려진 사실이다. 제1차 세계대전에서의 패전 이후 독일 국민이 빌헬름 2세에게 패전 책임을 물으면서 왕정을 종식시키고 바이마르 공화국의 민주정을 수립한 것도 전쟁이 국내정치체제를 변혁시킨 사례이다. 태평양전쟁 패전 이후 군국주의를 주도했던 일본 군부가 사실상 해체되고 천황도 새로운 헌법 아래에서 상징적인 존재로 전락하면서 실권을 상실

---

26 Bruce Porter, *War and the Rise of the State: The Military Foundations of Modern Politics*, New York: The Free Press, 1994, pp.11-19.

한 것도 정치체제 변혁의 사례이다.

다른 한편 패전국 국민 가운데에서는 전쟁 패배로 인한 굴욕감에 기반하여 내셔널리즘이 강화되는 경향도 나타난다. 보불전쟁 패전 이후 프랑스는 레옹 강베타(Leon Gambetta) 등의 주도로 알사스 로렌 지역의 상실 등 패전의 굴욕을 만회할 날을 기다리면서 민족주의를 강화했다.[27] 제1차 세계대전의 패배 이후 독일 국민 사이에서 패전을 받아들이지 못하고 군비 축소를 강요한 프랑스와 영국 등 전승국에 대한 반감이 고조되면서 이를 기반으로 히틀러의 내셔널리즘 및 인종주의가 손쉽게 확산된 것은 널리 알려진 사실이다.

반면 승전국은 형성적 혹은 재형성적 영향의 개념처럼 승전으로 영토가 늘어나고 팽창된 전시재정에 의해 국가 규모가 커지며 정부 기구도 늘어나고 국내적 통합이 가속화되는 결과를 갖게 된다. 전쟁 수행 과정에서 국가가 전시 경비를 조달하기 위해 조세제도를 강화하고 공채 발행 등을 통해 자원 동원을 최대화하며 이에 따라 국가 재정기구와 관료제도가 발달한다는 점은 이미 조지프 슘페터(Joseph Schumpeter), 찰스 틸리(Charles Tilly), 앤서니 기든스(Anthony Giddens) 등과 같은 학자들이 지적했다.[28]

전시재정을 충당하기 위한 방편으로 조세제도가 확대되면서 이것이 정치적 변화와 사회적 통합의 가속화를 가져오기도 한다. 20세

---

27 강베타는 "항상 잃어버린 영토를 생각하자. 그러나 그것에 대해 말하지는 말자."라고 프랑스 국민을 고무했다. Richard N. Rosecrance, 앞의 책, p.136.

28 Charles Tilly, "War Making and State Making", Peter Evans, D. Rueschemeyer and Theda Skocpol eds., *Bringing the State Back In,* Cambridge: Cambridge University Press, 1985; 찰스 틸리, 『국민국가의 형성과 계보』, 이향순 역, 1994; R. Bean, "War and the Birth of the Nation State", *Journal of Economic History,* 33, 1973 등을 참조하라.

기 초반에 보통선거제가 실시되기 이전 시기에 각국은 참정권을 일정 금액 이상의 납세자에게 부여해왔다. 그런데 전쟁의 발발에 따라 조세가 늘어나고 1인당 납부해야 할 세금도 늘어나면서 선거권자가 증대되는 결과를 낳게 되었다. 예컨대 일본의 경우 러일전쟁과 제1차 세계대전을 치르면서 조세제도가 확대되다 보니 이에 따라 투표권을 가진 선거권자가 늘어나 보다 많은 시민이 선거에 참여할 수 있게 되었고 그 결과 1920년대에 소위 다이쇼(大正) 데모크라시가 발전할 수 있었다고 보는 시각도 존재한다.[29]

승전국은 영토의 확대도 기할 수 있다. 청일전쟁과 러일전쟁 등에서 연승을 거둔 일본은 타이완, 한반도, 사할린, 남만주 등으로 점차 제국의 판도를 확대했다. 이러한 영토 확장은 승전국 내에서 강력한 내셔널리즘을 고취할 수 있다. 패전국 국민이 전쟁의 굴욕 속에서 저항의 내셔널리즘을 키운다면, 승전국 국민은 승전의 열광 속에서 제어되지 않는 팽창의 내셔널리즘과 애국주의를 가질 수 있는 것이다.[30]

이 같은 이론에 따라 여섯 차례에 걸친 전쟁이 일본의 국가체제에 어떠한 영향을 주었는가를 이 책에서 아울러 검토할 것이다.

---

29 三谷太一郎, 「戰時体制と戰後体制」, 『岩波講座近代日本と植民地8: アジアの冷戰と脱植民地』, 岩波書店, 1992.

30 Edward Hallett Carr, "States and Nationalism: The Nation in European History", David Held ed., *States and Societies,* New York: New York University Press, 1983.

3) 전쟁과 국제체제

전쟁은 관여하는 국가들의 국제정치적 위상에 따라 국제질서의 재편에 적지 않은 영향을 미칠 수 있다. 특히 교전당사국 간의 전쟁이 패권전쟁(hegemonic war)의 양상을 띨 경우에 전쟁의 종결로 국제질서는 크게 변화할 수 있다. 패권전쟁이란 기존의 국제질서와 세계 강국(world power)에 불만을 느낀 도전국가(challenger)가 국력을 키워 기존의 국제질서를 주도해온 세계 강국을 도발하는 전쟁 양상을 말한다.[31]

길포드 아이켄베리(Gilford John Ikenberry)는 패권전쟁 이후 전승국에 의한 국제질서 변화의 가능성에 대해 보다 구체적인 이론을 제시했다.[32] 그에 따르면, 대규모 전쟁에서 승리한 국가는 세 가지 선택의 기로에 직면하게 된다. 첫째, 그 힘을 활용하여 패전국과 약소국을 지배하는 제국적 질서가 나타날 수 있다. 둘째, 전승국이 전후의 이익을 챙기지 않고 본국으로 철수하는 선택을 할 수 있다. 이 경우 여타의 국가들에 의해 세력균형의 질서가 나타날 수 있다. 셋째, 전승국이 승전을 바탕으로 여타 국가의 지지를 끌어내 국제질서의 규칙과 제도를 만들면서 자국의 이익도 확보하려고 하는 경우이다. 아이켄베리는 이 가운데 어떠한 질서가 나타날 것인가는 전승국이 어떠한 정치체제를 가지고 있고 전승국과 여타 국가들 간의 국력이

---

31 패권전쟁론에 대해서는 Robert Gilpin, 앞의 책을 참조하라.
32 Gilford John Ikenberry, *After Victory: Institutions, Strategic Restraint, and the Rebuilding of Order after Major War,* Princeton: Princeton University Press, 2001, Chap.3 "Institutional Theory of Order Formation"을 참조하라.

어느 정도의 격차를 가지고 있는가의 여부에 따라 결정된다는 가설을 제시했다. 아이켄베리의 이론은 대규모 전쟁 이후 국제질서가 패권적 질서, 세력균형 질서, 국제제도 등을 통한 합의에 의한 질서의 세 가지 가능성을 갖는다는 것을 지적했다는 점에서 전쟁과 국제질서의 상관관계를 살피는 데 유용한 출발점을 제시한다.

아이켄베리는 패권전쟁 이후 전승국이 강압적이고 전제적인 국가성격을 갖고 있고 여타 국가들과의 국력 격차도 클 경우에 제국적·패권적 질서가 나타날 가능성이 크다고 지적했다. 예컨대 제2차 세계대전에서 승전한 소련이 동유럽을 위성국으로 삼으면서 헝가리 사태나 체코슬로바키아 무력개입에서 보듯이 강압적이고 패권적인 질서를 구축하려고 했다는 것이다. 제국 일본의 경우도 이와 연관하여 살펴볼 필요가 있다.

그런데 패권전쟁 이후 국제질서에는 패권질서가 아닌 세력균형적 질서가 전개되는 경우도 존재한다. 아이켄베리도 전승국이 전승의 이익을 방기하고 일방적인 철수를 할 경우에 세력균형적 질서가 나타날 수 있다고 했다. 또한 그는 패권전쟁 이후에 등장한 패권국이 민주주의 정체를 갖고 있고 여타 약소 전승국들과 더불어 합의로 국제질서를 구축하려는 의지를 갖고 있을 때 국제기구나 국제법 등에 의해 국제현안이 해결되는 국제질서가 등장할 가능성이 높다고 했다.

제국 일본의 경우에는 초기 전쟁 승리의 결과 아시아·태평양 지역에 걸쳐 타이완, 조선, 사할린, 중국, 동남아시아 지역에 대한 영토적 팽창과 식민지 확대가 이루어졌다. 이러한 영역에 대해 제국 일본은 과연 어떠한 입장을 갖고 어떠한 질서를 구축하려고 했던가.

전쟁 이후 일본 정부는 무라야마(村山) 담화(1995)나 아베(安倍)

담화(2015)를 통해 제국 일본의 식민지 통치가 아시아 여러 민족들에게 다대한 손해와 희생을 끼쳤다고 인정했다. 그러나 당시 제국 일본 정부가 식민지 지역에 대해 어떠한 제도를 구축하고 경제, 행정, 사회문화적 정책을 실시했는가에 대해서는 종합적인 비교연구가 충분하지 않은 상황이다.[33]

문제는 제국 일본의 식민 통치로 인한 결과가 한국, 타이완, 필리핀, 인도네시아, 말레이시아, 베트남 등 현대 동아시아 각국의 국가 발전이나 상호 질서와 무관하지 않다는 점이다. 따라서 일본 제국의 식민 통치가 각 지역별로 어떠한 방침 아래 추진되었고 그 영향이 각 지역의 정치경제구조에 어떤 형태로 남겨졌는가를 비교적인 시각에서 살펴볼 필요가 있다.

이상에서 본 바와 같이 근대 일본이 주도한 전쟁들의 원인, 수행 과정, 영향 등에 관한 연구는 근대 일본의 역사뿐만 아니라 한국 근대사, 동아시아 국제관계, 전쟁 연구 등의 분야와 밀접하게 연계되어 있다. 뿐만 아니라 이러한 주제들에 대한 연구는 한국의 외교정책, 한일관계, 동아시아 지역질서의 모색이라는 분야에서 정책적으로 중요한 시사를 주기도 한다.

---

33 시론적인 연구로는 江口圭一, 「帝国日本の東アジア支配」, 『岩波講座近代日本と植民地1: 植民地帝国日本』, 岩波書店, 1992; 駒込武, 『植民地帝国日本の文化統合』, 岩波書店, 1996 등을 참조하라.

2장

메이지 유신 이후 일본의 국가전략논쟁과 대외정책

도쿠가와 바쿠후(德川幕府)는 17세기 초반에 수립된 이래 하나의 완결된 체제였다. 에도(江戶)성에 거주하는 쇼군(將軍)을 정점으로 250여 개 번들이 분산 배치되어 매년 제 번의 다이묘(大名)들이 쇼군이 거처하는 에도에서 바쿠후의 정사(政事)에 참여하도록 하는 산킨고다이(參勤交代) 제도를 통해 충성을 확인했다. 사농공상의 철저한 신분제도하에 지배층을 구성하는 사무라이 계급의 특권이 유지되었다. 서구 기독교의 유입에 대한 경계심에서 대외적으로는 조선과 류큐(琉球)에 대한 통신(通信)관계, 네덜란드와 청국에 대한 통상(通商)관계만 허용했을 뿐 여타 국가들과의 대외관계는 제한했다. 비록 1853년 매슈 페리(Matthew Perry) 제독이 이끄는 미국 함대의 내항이후 도쿠가와 바쿠후가 미국, 영국 등 구미 국가들과 개항장을 개방하는 등 대외정책의 변화를 추구했지만, 바쿠후는 250여 년 동안가장 많은 대외정보를 갖고 정치 및 외교 정책을 담당해오던 일본적통치질서의 중심이었다.

　그러한 도쿠가와 바쿠후 체제가 조슈(長州)와 사쓰마(薩摩) 등 서남 웅번(雄藩)이 조정(朝廷)과 연합하여 추구한 도바쿠(倒幕) 운동의 대상이 되어 1867년 대정봉환(大政奉還)을 강요당했다. 그리고 이해 말인 12월 9일 천황을 정점으로 하는 신정부가 왕정복고(王政復古)를 선언했다. 기존의 바쿠후 질서에 충성을 바치던 사무라이들에게 구체제의 몰락은 받아들이기 힘든 변화였을 것이다. 왕정복고에 불복하는 바쿠후군이 이듬해 1월 신정부에 대한 군사행동에 돌입하여 보신전쟁(戊辰戰爭)이 발발한 것은 충분히 이해될 만한 사건이었다. 그러나 이에 대해 신정부군이 과감한 공세를 지속하자 전황은 바쿠후군에 불리하게 돌아갔다. 결국 1868년 4월 에도 지역이 신정부군에 장악되었고 도호쿠(東北) 지방으로 패퇴한 바쿠후군은 결국 1869년 초에 이르러 진압되었다.

왕정복고를 추진한 서남 웅번 세력은 대외적으로는 천황을 옹립하고 서양 오랑캐를 물리친다는 존황양이(尊皇攘夷)를 표방하면서 개국정책을 추진한 바쿠후와 대립구도를 조성한 바 있다. 그런 까닭에 바쿠후가 추진했던 구미 열강과의 개국정책 방향에 반발했던 민족주의적 경향의 사무라이들은 새로운 천황 중심의 정부가 취할 정책에 기대를 갖고 주시했다. 그러나 메이지(明治) 정부는 보신전쟁 중이던 1868년 3월 14일에 5개조 서문을 발표하면서 "널리 세계에서 새로운 지식을 구한다."는 조항을 포함하여 새로운 정부가 구미 열강과의 개국화친 방침을 지속한다는 점을 명시했다. 이어 관제를 재조직하면서 왕정복고 과정에 공훈을 세운 조정의 공경(公卿)들과 서남 웅번의 실력자들을 중요 관직에 기용하면서 대내외 정책을 새롭게 추진하려고 했다.[1] 그렇다면 주요 관직에 임명된 신생 메이지

---

1 1867년 12월 9일에는 총재(總裁), 의정(議政), 참여(參與)로 구성된 관제를 공표하여 왕정복고 과정에 공훈을 세운 조정 공경들과 서남 웅번의 번주 및 번사들을 주로 임명했다. 1868

정부의 실력자들은 과연 신생 정부가 추구해야 할 국가정책 방향에 대해 어떠한 구상을 갖고 있었던 것일까.[2]

1. 왕정복고 직후 주요 정치세력의 국가구상과 대외정책론

새로운 메이지 정부 아래에서 권력을 장악하고 대내외 정책을 주도했던 인물들은 15명 내지 20여 명 내외의 소규모 집단이었다.[3] 이 가운데에서도 1870년대에 걸쳐 군사, 외교 등에 관해 중요한 정책 의견을 제시하고 핵심적 역할을 수행했던 인물은 조정의 공경 출신이었던 이와쿠라 도모미(岩倉具視, 1825-1833), 조슈번 출신의 번사(藩

년 2월에는 3직분과를 설치했다가 다시 4월에 이를 폐지했다. 1869년 7월 8일에 다시 관제 개혁을 공표하여 내각에 해당하는 태정관(太政官) 예하에 민부, 대장, 병부, 형부, 외무 등 6개 성을 설치했다. 이 외에 의사기관에 해당하는 집의원(集議院) 등을 설치하여 각 번 번사들의 의견을 묻는 기능을 담당하게 했다.

2　메이지 초기의 일본 정치외교에 대한 기존의 연구들은 두 가지 경향을 보이는 것 같다. 하나는 일본 군국주의의 기원을 이 시기로 소급하여 찾으려는 연구로, 1873년의 정한론, 1874년의 타이완 침공, 1875년 이후의 강화도 사건 등에 주목했다. 遠山茂樹, 『日本近代史 1』, 岩波書店, 1975; 石井孝, 『明治初期の日本と東アジア』, 有隣堂, 1982 등이 이에 해당한다. 다른 연구들은 구미 세력의 압력 속에서 일본의 독립과 근대화를 달성하려는 정책적 노력으로 메이지 유신을 파악하려고 했다. 岡義武, 『近代日本政治史1』, 創文社, 1967; Roger F. Hackett, *Yamagata Aritomo in the Rise of Modern Japan, 1838-1922*, Cambridge, Massachusetts: Harvard University Press, 1971; 三谷博, 『明治維新とナショナリズム』, 山川出版社, 1997 등이 이에 해당한다. 필자는 이 두 가지 입장에 유의하면서 메이지 초기의 정치외교를 파악하고자 한다.

3　Roger F. Hackett, "The Meiji Leaders and Modernization: The Case of Yamagata Aritomo", Marius B. Jansen ed., *Changing Japanese Attitudes Toward Modernization*, Princeton: Princeton University Press, 1965, pp.243-244.

士) 기도 다카요시(木戸孝允, 1833-1877)와 오무라 마스지로(大村益次郎, 1824-1869), 사쓰마번 출신의 번사 사이고 다카모리(西鄕隆盛, 1827-1877)와 오쿠보 도시미치(大久保利通, 1830-1878), 정부에는 참여하지 않았지만 게이오 의숙(慶應義塾)을 창설하면서 교육계와 문화계에서 활동한 후쿠자와 유키치(福澤諭吉, 1834-1901) 등을 들 수 있다.[4] 이들은 각기 국권강화론, 군비증강론, 조선 정벌을 전제로 한 강병건설론, 문명개화론 등을 신정부가 역점을 두어 추진해야 할 국가전략으로 개진했다.[5]

1) 군비증강론

바쿠후 군대와 일전을 치르면서 천황 중심의 정권을 형성한 신정부의 핵심 인사들은 강력한 군대 건설의 조속한 필요성에 대해서는 누구나 공감하면서 깊은 관심을 드러냈다. 보신전쟁 과정에서 천황을 옹립하여 바쿠후군과 싸운 군대는 사실 사쓰마, 조슈, 도사(土佐) 등 제 번에서 차출된 부대들이었기 때문에 과연 중앙정부 직할의 군대

---

4 반노 준지(坂野潤治)는 메이지 시대의 최초 10년간 일본을 이끌어나간 인물로 외정론(外征論)을 대표한 사이고 다카모리, 식산흥업 정책을 주도한 오쿠보 도시미치, 온건한 입헌정체론을 대표한 기도 다카요시, 급진적 입헌정체론을 대표한 이타가키 다이스케(板垣退助)를 든 바 있다. 坂野潤治, 『近代日本の出發: 大系日本の歷史13』, 小學館, 1993, p.16. 필자는 이에 더해 공경 출신인 이와쿠라 도모미, 군사정책을 주도했던 오무라 마스지로나 그 후임에 해당하는 야마가타 아리토모(山縣有朋), 지식사회를 대표한 후쿠자와 유키치를 포함하고 싶다.

5 미국의 일본 연구자 사무엘스는 메이지 시기 일본의 국가전략론이 부국강병론(rich nations, strong army)으로 수렴된다고 설명했다. Richard J. Samuels, *Securing Japan: Tokyo's Grand Strategy and the Future of East Asia*, Ithaca, N.Y.: Cornell University Press, 2007, pp.15-17. 필자는 메이지 전반기의 일본에 부국강병론 외에도 다양한 선택지가 존재했음을 보이려고 한다.

를 어떻게 만들 것인가, 그 가운데 육군과 해군을 어떻게 건설할 것인가, 이러한 군대가 대내외적으로 어떤 역할을 수행해야 하는가가 신정부 주요 인사들의 공통 관심사였던 것이다. 특히 도호쿠 지방에서 항전을 계속하던 바쿠후 군대의 패퇴가 분명해지던 1868년 하반기부터 천황을 필두로 태정관(太政官) 등의 최고 정부기관에서 군대 건설의 방식에 대한 하문(下問)과 지시가 집중적으로 군무관(軍務官)과 집의원(集議院) 등 관련 부서에 내려왔다. 1868년 8월 23일에 천황은 각 번마다 상이한 병제(兵制)의 단일화 필요성을 묻는 지시를 내렸고, 10월 23일과 24일에도 우대신(右大臣) 이와쿠라 도모미와 그가 속한 태정관에서 군무관에 거듭 병제의 단일화 방안과 해·육군의 건설 방법에 대한 정책 지시를 하달했다.[6]

이러한 과제들에 대해 당시 군무관을 대표하여 정책을 작성하던 핵심 인물은 부지사(副知事) 오무라 마스지로였다.[7] 오무라 마스지로 등은 1868년 10월경에 작성된 해군 건설 관련 보고를 통해 "자국 수위(守衛)와 외구(外寇) 방어는 물론이고 황국(皇國)의 무위(武威)를 외국에 빛내고 국휘(國輝)를 사방팔방의 오랑캐[四夷八蠻]들에 넘치게 하여 외국이 두려워하도록 하기 위해" 해군을 건설할 필요가 있다고 전제했다. 이 같은 해군을 건설하기 위해 당시 황실과도 인

---

6 메이지 초기에 국방 분야를 담당하던 부서는 여러 차례 그 명칭이 바뀌었다. 1868년 2월에는 육해군무총독(陸海軍務總督) 혹은 군방국(軍防局)이었고, 이해 윤4월에는 군무관(軍務官)으로 개칭되었다. 1869년 7월 8일에는 관제 개편에 따라 병부성(兵部省)으로 다시 개칭되었다.

7 오무라 마스지로는 조슈 출신의 번사로 보신전쟁에 참가하여 전공을 세웠다. 초기 메이지 정부의 국방정책을 총괄하는 군무관의 설립 초창기부터 지사 요시아키(嘉彰) 친왕(親王), 부지사 나가오카 모리요시(長岡護美) 등과 함께 주요 직책을 맡았고, 병부성으로 개칭된 1869년 7월 이후에는 차관급인 병부대보(兵部大輔)의 직책을 담당했다.

접해 있고 서양 군함들이 수시로 정박하는 효고(兵庫)와 고베(神戶) 인근에 해군부대[海軍場]를 설치하고 해군과 관련된 사무를 처리하기 위해 서양과 마찬가지로 육군국과 분리된 해군국을 설치할 필요가 있다고 제언했다. 해군 사관에서부터 해군장(海軍將)에 이르는 계급제도를 부여하고 해군 예하에서 바쿠후 및 제 번에서 헌납된 함선들을 운용하게 해야 한다고 했다. 그리고 해군학교를 세워 12세부터 18세까지의 학생들에게 선박, 조선, 항해술을 교육해야 한다고 하면서 바쿠후 시대에 요코스카(橫須賀) 및 나가사키(長崎)에 설치된 조선소들도 해군에서 관할해야 한다고 했다.[8]

오무라 마스지로는 1869년 태정관 총재(總裁) 산조 사네토미(三條實美)에게 제출한 보고서들을 통해 전반적인 육·해군 건설 방안을 제시했다.[9] 그는 이 문서에서 신정부 내에 사쓰마, 조슈, 도사의 번병(藩兵)들은 있지만 조정 직할의 군대가 부족하고 황국의 병제가 표준화되어 있지 않다고 지적하면서 신정부의 일원화된 육·해군 건설의 필요성을 역설했다. 그는 육군 건설과 관련하여 1870년부터 병력을 모집하여 3년 후에 상비병의 모습을 갖추고 5년 후에 육군 사관을 양성해야 한다는 이정표를 제시했다.[10] 해군 건설과 관련해서는 매년 서양에 주문하거나 자국에서 제작하는 방식으로 1척씩의 군함

---

8 「海軍御創立ニ付見込條件調」,『海軍制度沿革: 卷二』, 明治 원년(월일 미상). 기존 연구에서는 이 문서가 1868년 10월에 조정에서 하달한 해군 건설 방법의 문의에 대한 답신으로 본다. 高橋茂夫,「創建期の舊帝國海軍」,『軍事史學』7-1, 25, 1971.

9 大村益次郎,「朝廷之兵制」(明治 2年頃), 由井正臣·藤原彰·吉田裕 編,『日本近代思想大系4: 軍隊兵士』, 岩波書店, 1989, pp.7-8.

10 이 같은 구상은 오무라가 기존의 번병(藩兵)이 아닌 징병제에 의한 육군 형성을 의도했음을 보여준다.

을 정비하여 3년 후에 해군의 모습을 갖추고 5년 후에 사관을 배출한다는 계획을 제시했다. 이런 방식으로 한다면 5년 후에는 신생 정부의 표준화된 병제가 완성될 수 있다는 것이었다. 그리고 이 과정에서 향후 3년간은 여러 번의 병사들로 하여금 각 지역의 경위를 담당하도록 하고 해군도 기존 함선을 운용하도록 한다는 방안을 추가적으로 제시했다.

오무라는 1869년 6월에는 조정회의[朝議]에 정부 직속의 상비 병력인 어친병(御親兵) 조직 구상에 대해 보고했다.[11] 이 구상에 따르면, 여러 지방의 병력 가운데 25세에서 35세까지의 신체가 건장한 장년들을 뽑아 친병(親兵)을 조직하고 이를 천황 직속 부대로 삼을 뿐만 아니라 지방의 각 요충지에 상비병으로 배치할 것을 건의했다. 이들의 병역 근무 연한은 5년으로 하고 월급을 주어 이를 저축했다가 병역이 면제되는 시기에는 고향 산업에 기여하도록 했다. 또한 지휘관은 부대 내에서 서로 추천하거나 선거하는 방식으로 선출하도록 했다.

이 같은 병부대보(兵部大輔) 오무라 마스지로의 군대건설 구상에 대해 1869년 6월 말에 정부 내에서 찬반 양론이 격심하게 대두했다. 오무라가 해군보다는 육군 건설에 중점을 둔 것에 대해서는 해군 중심의 건설 구상을 가진 이들이 반발했고, 번병이 아닌 징병 방식을 통해 프랑스를 모델로 한 상비군을 건설하려고 한 것에 대해서는 기존의 번병을 선호한 오쿠보 도시미치 등의 불만을 불러일으켰다.[12]

---

11 大村益次郎, 「御親兵組織意見書」(明治 2年 6月), 渡邊幾治郎, 『皇軍建設史: 基礎資料』, 照林堂, 1944, p.55.

12 由井正臣, 「明治初期の建軍構想」, 由井正臣·藤原彰·吉田裕 編, 『日本近代思想大系4: 軍

이 같은 논쟁 구도 속에서 오무라가 1969년 9월 괴한에 피격되어 두 달 뒤에 사망하는 사건이 발생했다.

오무라의 부재 속에 천황은 이해 9월 19일 각 지방의 유력자들로 구성된 의사기관인 집의원에 "해륙(海陸) 2군은 국가의 급무이지만 아직 병제가 정해지지 않았고 군함과 총기도 충실하게 되지 않았다."라고 지적하면서 해륙군을 흥장(興張)하는 방책에 대해 하문했다. 이에 대해 9월 27일 천황이 임석한 가운데 226인의 집의원 멤버들이 아침 9시부터 오후 3시까지 각기 의견을 제시했다.[13] 그 답변 내용을 정리하면 해륙군 가운데 어느 편제를 급선무로 할 것인가에 대해서 답변자 가운데 52명은 해군 우선론을 제기했고 육군 우선론은 1명에 불과했다. 서양 어느 국가의 병식(兵式)을 도입할 것인가에 대해서는 육군은 프랑스식, 해군은 영국식을 채용해야 한다는 의견이 20명, 영국식과 프랑스식을 취사해서 일본식으로 만들어야 한다는 의견이 18명, 육해군 공히 영국식을 채택해야 한다는 의견이 1명이었다.[14] 천황은 재차 이해 11월 23일 집의원에 해군 진흥 방안에 대해 하문했고, 집의원 멤버들은 12월 2일 이와쿠라 도모미, 오쿠보 도시미치 등이 배석한 가운데 이에 대한 답의를 올렸다. 그 주요 답신 내용은 해군 건설을 위해 영국 사관을 고용하고 해외 유학생을 파견하며 바쿠후의 관리들 가운데 해군 지식이 탁월한 자들을 기용할 것 등이었다.[15]

隊兵士』, 岩波書店, 1989, p.429.

13 「海陸軍興張策につき集議院答議」(明治 2年 9月 19日), 由井正臣·藤原彰·吉田裕 編, 『日本近代思想大系4: 軍隊兵士』, 岩波書店, 1989, pp.10-15.

14 淺川道夫, 「維新政權下の議事機關にみる兵制論の位相」, 『政治經濟史學』, 356, 1996. 2, pp.19-21.

물론 집의원은 집행 기능이 없는 의사(議事)기관 정도의 위상을 갖고 있었기 때문에 이 같은 논의들이 직접 정책에 반영된다는 보장은 없었다. 다만 오무라 마스지로가 퇴장한 병부성 내에서 정책 방향을 재정립하는 데 상당한 영향을 미친 점은 사실이다. 특히 오무라 마스지로의 사후인 1869년 12월에 후임 병부대보에 마에바라 잇세이(前原一誠)가 기용되고 오쿠보 도시미치의 천거로 가와무라 스미요시(川村純義), 구로다 기요타카(黑田淸隆) 등의 사쓰마 출신 인사들이 병부대승(兵部大丞)에 임명되면서 오무라가 주도해오던 기존의 정책 방향에 다소 변화가 나타났다.

　　1870년 5월 병부성에서는 태정관에 3개의 정책보고서, 즉 「해군을 창립하고 육군을 정비하여 호국의 태세를 확립할 건」, 「크게 해군을 창립해야 할 건」, 「영국, 프랑스, 그 외 7개국의 국력 및 군비표(軍備表)」 등을 제출했는데, 이들 보고서에서 병부성의 정책 변화가 나타났다.[16] 이 보고서들에서는 우선 러시아가 아시아와 유럽 대륙을 통합하여 보유하려는 의도를 갖고 있다고 판단하면서 근년에는 헤이룽장(黑龍江)과 만주지역을 취하여 홋카이도(北海道)와 조선, 청국, 쓰시마(對馬島) 등까지 밀고 들어오고 있다고 지적했다. 따라서 일본이 경계해야 할 제일의 사안으로 이를 저지할 방책을 강구해

15　松下芳男, 『明治軍制史論』 上卷, 有斐閣, 1956, pp.38-39.
16　이 보고서들의 인용은 다음 자료들에 따른다. 兵部省, 「至急大ニ海軍ヲ創立シ善ク陸軍ヲ整備シテ護國ノ體勢ヲ立ベキノ議」, 『明治三年公文類纂: 卷之一制度』, 1870年 庚午 5月, pp.1-3. 같은 문서가 『海軍制度沿革: 卷二』, pp.36-37에 「海陸軍を 整備해야 할 件」(明治 3년 5월 朔日, 兵部省)으로 실려 있다. 兵部省, 「大ニ海軍ヲ創立スベキノ議」, 『明治三年公文類纂: 卷之一制度』, 庚午 5月, pp.4-10. 이 문서는 『海軍制度沿革: 卷二』, pp.37-40에 「해군을 創立해야 할 件」(明治 3년 5월(日子未詳), 兵部省 建白]으로 실려 있다. 이 보고서들에 대한 자세한 설명은 外山三郎, 『日本海軍史』, 敎育社, 1980, pp.37-38을 참조하라.

야 한다고 했다. 또한 영국과 미국, 프랑스가 각기 기독교를 섬기면서 일본에 포교하려고 하는 가운데 영국은 병력의 위세를 뻗어 국익을 도모하려 한다고 경계했다. 따라서 "만청(滿淸)과 같은 세계에 둘도 없는 대국도 거듭 영국의 침입을 받아 결국에는 수도가 함락당하는 큰 모욕을 받기에 이르렀다."라고 하면서 호국(護國)의 급무인 해륙군을 내실 있게 갖추지 못하면 평시에는 경멸을 받고 전시에는 패배를 당하게 되는 운명에 직면한다고 했다. 특히 "황국이 바다 가운데 독립하여 여러 섬으로 나뉘어 있는 까닭에 해군이 엄중히 갖추어지지 않으면 자호(自護)의 확고함을 보장받지 못한다."라고 하면서 "해군이 우리에게 전혀 결여되어 있는 까닭에 그들이 특히 우리를 멸시하고 불경스런 말을 하며 불법적인 행동을 하기에 이르렀다."라고 개탄했다.

따라서 국체(國體)를 확장시키고 황위(皇威)를 사해(四海)에 선포하기 위해서 함선 200척을 목표로 해군을 증강하고 이를 20척씩으로 구성되는 10개 함대로 만들어 상비병력 2만 5천 명과 더불어 요지에 배치한다는 목표로 해군을 정비할 것을 주장했다. 이러한 해군을 건설하기 위해 향후 7년간 세입의 5분의 1을 군비에 충당할 것도 제안했다. 영국, 프랑스, 미국, 러시아 등이 각기 500~600척의 함선을 보유하고 있지만, 일본이 200척의 군함을 갖는다면 그들의 침공에 충분히 대응할 수 있을 것으로 보았다. 병부성에서는 이 같은 해군 전력을 바탕으로 보다 적극적인 대외정책을 추진해야 한다고 주장했다.

지금은 대정유신(大政維新)으로 황위를 도처에 떨쳐 빛내고 있는 시기로, 외국과의 교제는 날로 날로 빈번하고 러시아 오랑캐[魯虜]의 상태가 특히 이와 같을 때에 황국이 오늘날 할 일은 상하가 한마음이 되고 전국이 협력하여 신속히 강대한 해군을 떨쳐 일으켜 이를 운용하여 수천 년간 빛나는 우리 황국을 지키고 내지(內地)에서 모든 외병(外兵)을 몰아내며 북해(北海)를 개척하여 북단까지 이르고, 게다가 조선을 회복하여 속국(屬國)으로 삼고 서쪽으로 향해서는 지나(支那)와 연결하여 러시아 오랑캐의 강하고 정예로움[强悍]을 눌러 제압하는[壓制] 외에는 없을 것이다.[17]

병부성은 다음 달인 6월에는 별도의 해군 건설 건의서를 제출하여 북변에서의 러시아 위협에 대비한 도쿄(東京)만 주변 해방체제의 강화를 주장했다.[18] 이 문서에서는 러시아가 최근 헤이룽장 및 사할린 지역까지 진출하여 일본의 북부 국경지대를 위협하고 있다고 지적하면서 이에 대비하여 북부 지방의 방어태세를 굳건히 하고 새롭게 수도로 이전된 도쿄만 주변에도 포대를 설치하며 시나가와(品川) 방면에 해군 부대를 배치하고 주요 해역에는 수뢰를 설치하여 러시아와 영국의 연합 해군이 공격해온다고 해도 방어할 수 있는 태세를 갖추어야 한다고 했다.

이같이 병부대보 마에바라 잇세이, 병부대승 가와무라 스미요시, 구로다 기요타카 등이 주축이 된 병부성은 오무라 마스지로 시대와

---

17 兵部省,「大ニ海軍ヲ創立スベキノ議」,『明治三年公文類纂: 卷之一制度』, 庚午 5月, pp.4-10.
18 兵部省,「皇城ノ體裁ヲ定め海軍場ヲ起スノ議」,『明治三年公文類纂卷之一: 制度』, 庚午 6月, pp.44-52.

달리 러시아와 영국 등 구미 열강의 세력 진출에 대한 경계의식을 보다 강하게 가지면서 해군 중심의 군비 건설을 강조하고 이를 바탕으로 한 공격적 대외전략의 가능성도 보인 것이다. 이 같은 대외팽창적 정책론은 사가(佐賀)번 출신으로 참의(參議) 직책을 수행하던 에토 신페이(江藤新平)가 1871년 5월에 좌대신 이와쿠라 도모미에게 제출한 『대외책(對外策)』에서도 발견된다. 그는 이 문서에서 러시아, 영국, 프랑스, 프러시아, 미국 등의 정세를 분석하면서 일본으로서는 향후 5개년 동안 병력 50~60만 명, 군함 30척의 전력을 증강하여 조선을 손에 넣고 중국 대륙을 장악해야 한다고 했다. 그리고 장래에는 미국, 러시아, 프러시아 등과 세계를 놓고 쟁패할 능력을 갖추어야 한다고 했다.[19]

한편 1870년 6월에 바쿠후 시대 해군 건설의 주역이었던 가쓰 가이슈(勝海舟)가 구시대의 능력자 채용 방침에 따라 병부대승으로 기용되었고, 9월에는 1년여 동안 프러시아와 프랑스 등에서 군제 시찰을 하고 귀국한 야마가타 아리토모(山縣有朋)와 사이고 쓰구미치(西鄕從道)가 각각 병부소보에 임명되었다. 야마가타는 곧 마에바라 잇세이의 뒤를 이어 병부대보로 진급했는데, 기존 병부성의 정책 방침을 계승하면서도 징병제 실시와 같은 보다 현실적이고 제도적인 방향으로 군비증강 정책의 궤도를 수정했다. 이러한 방침이 표명된 것은 1871년 12월 24일에 병부대보 야마가타 아리토모, 병부소보 가와무라 스미요시, 사이고 쓰구미치 등이 연명으로 제출한 군비확장 건의를 통해서였다. 이 문서에서 야마가타 등은 군대란 국가를 지키

19 松下芳男, 앞의 책, pp.444-445.

고 백성을 보호하는 요체가 된다고 지적하고 이전 병부성 문서들에서 표명된 것처럼 러시아의 동방진출 정책을 위협요인으로 제기하면서 이에 대응하기 위한 군비충실의 방책을 제시했다. 예컨대 징병제도 채용, 병학료(兵學寮) 등 군사교육기관의 정비, 조병사(造兵司)와 무고사(武庫司) 등 무기제조 담당기관의 강화 등이 그것이었다.[20]

이상에서 살핀 것처럼 메이지 초기에 천황을 정점으로 하는 신정부의 주요 인사들은 각 번의 잡다한 병제를 어떻게 통일하고 육군과 해군을 어떠한 목표 수준으로 증강하며 증강된 전력을 어떤 국가목표를 향해 운용할 것인가 하는 군대 건설 논의를 활발하게 펼쳤다. 집의원 논의 등을 통해 다양하게 분출되었던 군비증강론은 오무라 마스지로, 마에바라 잇세이, 야마가타 아리토모 등 군무관과 병부성에서 실제로 국방정책을 담당했던 인물들에 의해 수렴되면서 종국에는 러시아와 영국 등 구미 각국의 잠재적 군사 위협에 대비하는 차원에서 해륙군 군비증강론이 정립되었다.

2) 조선정벌과 연계한 군비증강론

한편 군비증강론에서 파생된 논의로 조선정벌론이 메이지 초기에 기도 다카요시 등에 의해 주창되었다. 조슈번 번사 출신으로 왕정복고 과정에서 유신 3걸로 불릴 정도로 핵심적 역할을 수행한 기도 다카요시는 메이지 정부 수립 직후 참의로 중용되면서 조선정벌과 연계한 군비증강론을 강력하게 주장했다.[21] 그는 1868년 11월 6일 군

---

20 松下芳男, 앞의 책, pp.114-117.
21 참의는 메이지 초기 정부의 직제에서 태정관의 총재 및 좌대신, 우대신 다음의 위상을

무관 부지사 오무라 마스지로와 나눈 대화를 통해 "황위를 세계에 빛내기 위해" 정부의 총수입을 5로 할 때 그 가운데 3은 해륙군의 군비확장에 충당하고 나머지 1은 정부의 여타 비용, 나머지 1은 구휼 및 만민의 이익을 위해 사용하는 방안을 제안했다. 그리고 군비확장 가운데에서도 황국을 보호하는 데 보다 필요한 해군 함선의 증강을 우선적으로 추진해야 한다고 제안했다.[22]

기도 다카요시는 같은 해 12월 4일 신정부의 의정(議定) 이와쿠라 도모미와의 대화를 통해서는 증강된 군사력을 기반으로 외교사절을 조선에 파견하여 조선의 외교적 무례를 문책하고 조선이 복종하지 않을 때에는 죄를 널리 알려 공격하여 크게 "신주(神州)의 위세를 떨칠 것"을 주장했다.[23] 기도의 조선정벌론은 1869년 1월 오무라 마스지로에게 보낸 서한을 통해 보다 노골적인 형태로 전개되었다. 그는 도호쿠 및 하코다테(函館) 지역에서 바쿠후군에 대한 평정이 완료된 이후에는 신정부의 병력을 동원하여 조선 지역의 부산을 공략해야 한다고 주장했다. 그에 따르면, 조선정벌은 황국의 국체를 세워 흥기(興起)시키는 유일한 방책이었다.

"이곳은 원래 물산금은(物産金銀)의 이익은 없을 것이나 도리어 손

갖는 직위였다. 1871년 7월의 직제 개편 이후에 참의에 재임명된 인물은 기도 다카요시를 포함해 사이고 다카모리, 이타가키 다이스케, 오쿠마 시게노부(大隈重信) 등이었다.

22 「兵制の基本につき木戸孝允日記」(明治 元年 11월 6日), 由井正臣·藤原彰·吉田裕 編, 『日本近代思想大系4: 軍隊兵士』, 岩波書店, 1989, p.5.

23 井上清, 『日本帝國主義の形成』, 岩波書店, 1968, p.3. 여기에서 기도 다카요시가 말한 "조선의 무례"란 메이지 정부가 쓰시마번을 통해 조선에 보내는 문서에서 왕정복고를 통지하면서 그전에는 금기시되었던 "皇"과 "勅" 등의 용어를 사용하자 조선 관헌이 문서의 접수를 거부한 사건을 가리킨다. 石井孝, 앞의 책, p.284.

실이 생각되어도 황국의 큰 방향을 세워서 억만생(億萬生)의 눈을 내외에서 일변(一變)시키고 해류의 여러 기예들을 착실하게 발전시켜 후일 왕국을 흥기시키고 만세(萬世)에 유지시키는 바로는 이 외에는 별다른 방책이 없다. (…) 한지(韓地)의 일은 황국의 국체를 세우는 바로서 오늘날 우내(宇內)의 조리(條理)를 생각하건대 동해(東海)에 광휘(光輝)를 낳게 하는 것은 여기에서 시작되는 것이라고 나는 생각한다. 만일 전쟁이 일어날 때에는 반드시 급박하게 서두르지 말고 무릇 매해의 비용을 정하여 일정 지역을 점령한 후에 약료(掠了)를 세우고 그 힘을 계승하여 나태하지 않고 힘을 다할 때 반드시 2~3년이 지나지 않아 천지가 크게 변하고 실행이 성과를 거두며 만세에 굽히지 않는 황국의 기틀이 점점 다져질 것이라고 말할 수 있다."[24]

기도 다카요시의 조선정벌론은 메이지 정부 내의 오무라 마스지로, 고토 쇼지로(後藤象二郎), 이타가키 다이스케(板垣退助) 등과 같은 유력인사들에게 공유되어갔다. 뿐만 아니라 1869년 7월에 설치된 외무성 내의 주요 관리들 사이에서도 기도의 조선정벌론이 상당한 영향을 미치게 되었다.[25]

태정관의 지시에 따라 종전의 대조선 외교를 담당하던 쓰시마번으로부터 조선 교섭 업무를 물려받게 된 외무성은 1869년 12월 3일 사다 하쿠보(佐田白茅), 모리야마 시게루(森山茂), 사이토 사카에(齊

---

24 井上清, 앞의 책, pp.4-5.
25 小林克己, 「明治初期における大陸外交: 初期征韓論をめぐる木戶と岩倉」, 『歷史評論』, 107, 1959. 7.

藤榮) 등 3명을 현지조사를 위해 조선에 파견했다. 1870년 1월에 귀
국한 이들은 외무성에 건의서를 제출했는데, 사다 하쿠보는 조선에
즉시 출병해야 한다는 강경론을 제안했고, 모리야마와 사이토는 조
선에 사절을 병력을 수행시켜 파견하고 조선이 적대적으로 대응할
경우에는 본격적으로 출병해야 한다고 했다. 이 같은 보고를 기초로
외무성은 태정관에 세 가지 방안의 대조선정책, 즉 첫째, 조선과의
국교 폐지, 둘째, 기도 다카요시를 정사(正使)로 삼아 군함 2척을 파
견하고 이에 조선이 불응할 경우에는 병력 파견, 셋째, 조선은 청국
에 비해 한 단계 낮은 지위에 있으므로 우선 청국을 상대로 외교관
계를 맺고 이어 조선을 다룰 것 등을 검토해줄 것을 건의했다.[26]

한편 기도 다카요시는 외무대록(外務大錄) 사다 하쿠보와 함께 6
월에 「조선정책건백서」를 작성하여 위의 세 가지 방안 가운데 두 번
째 방안, 즉 신정부의 사절을 조선에 파견하여 "황위로 조선을 수복
(綏服)"해야 한다고 건의했다.[27]

한편 외무권대승(外務權大乘) 야나기하라 사키미츠(柳原前光)는
1870년 7월 28일 「조선논고(朝鮮論稿)」를 작성하여 우대신 이와쿠
라 도모미에게 제출하면서 나름의 조선정책을 제시했다. 이 문서에
서 야나기하라는 조선이 지리적으로 북만주와 접해 있고 청국과도
연결되어 있는 곳이기 때문에 일본이 이를 복종시킨다면 "실로 황국
보존의 기초가 되고 차후 만국 경략(經略)과 진취(進取)의 기본이 될
수 있다."라고 보았다. 다만 러시아가 만주의 동북 지방을 잠식하면

---

26 小林克己, 위의 글, pp.69-70.
27 芝原拓自, 「對外觀とナショナリズム」, 芝原拓自·猪隆飼明·池田正博, 『對外觀: 日本近代思
想大系12』, 岩波書店, 1989, p.472.

서 조선도 삼키려고 하는 정세가 전개되고 있고 미국도 조선에 병력을 파견하려는 움직임이 있으니 일본으로서는 출병을 준비해둔 상태로 외무성 관원을 보내 조선에 은위(恩威)를 베풀어 복종시키는 방안을 추진해야 한다고 건의했다.[28] 태정관은 이 같은 다양한 대조선정책 제안 가운데에서 우선 청국과의 수호조규 체결을 추진하는 방침을 결정하고 1870년 8월 야나기하라를 청국에 파견하여 이홍장(李鴻章)과 회견하게 했다.

요컨대 기도 다카요시 등이 주창한 조선정벌론은 메이지 초기에는 정부의 공식적인 정책으로 채택되지 못했다. 특히 그가 1871년 10월 이후 이와쿠라 사절단에 참가하여 구미 각국을 순방하고 귀국한 이후에는 스스로 정한론의 입장을 내려놓게 되었다. 다만 그가 주창한 조선정벌론은 이와쿠라 사절단의 구미 순방 기간에 정권을 담당하던 사이고 다카모리 등에 의해 정한론(征韓論)의 형태로 계승되었다.

3) 국권강화론

병부성이나 에토 신페이 등을 중심으로 아시아 대륙 진출을 목적으로 하는 군비증강론을 제기하고 기도 다카요시 등이 조선정벌론을 주창했을 때, 조정의 공경 출신으로 왕정복고를 주도하고 메이지 정

---

28 柳原前光, 「朝鮮論稿」(1870. 7. 28), 芝原拓自·猪飼隆明·池田正博 編, 『日本近代思想大系 12: 對外觀』, 岩波書店, 1996, pp.14-15. 당시 외무성을 포함한 각 성에는 경(卿), 대보(大輔), 소보(小輔), 대승(大丞), 권대승(權大丞), 소승(少丞) 등의 관직이 있었으며 야나기하라 사키미츠는 국장급 간부의 직위였다고 할 수 있다.

부 출범 이후에는 우대신 및 외무경(外務卿) 등의 최고위직을 역임하던 이와쿠라 도모미는 이 같은 논의들을 조목조목 비판하면서 차별적인 국가건설 구상을 제시했다.

기도 다카요시가 한창 군비증강론과 연계한 조선정벌론을 주장하던 1869년 2월 이와쿠라는 회계 및 외교 문제에 관한 정책의견서를 저술하면서 신생 정부가 강병(强兵)보다는 부국(富國) 건설의 과제 수행에 보다 집중해야 한다고 강조했다.

전함을 사들이고 병기를 구입하는 등의 일은 예로부터 불가결한 일이지만 원래 나라가 부유하게 된 연후에 군대가 강해지는 것이 도리로 나라가 피폐한데 군대만 홀로 강하게 되는 것은 있을 수 없는 일이다. 따라서 오늘날의 방책은 전함, 병기 등은 잠시 뒤로 돌리고 우선 그 국력을 양성함만 같지 못하다고 생각한다. 지금 설령 국내의 10년간 세입을 거두어 전함을 구입한다고 해도 영국 등과 같이 수백 척의 (전력을) 이루기에는 원래부터 계획하기가 힘든 것이다. 동시에 지금 돌연히 수백 척의 전함을 갖춘다고 해도 누구를 장수로 삼고 어느 군사를 승선시키며 누구로 하여금 이 일들을 행하도록 바랄 것인가. 우선 천하의 사람들로 하여금 될 수 있는 한 해군의 조련을 배우게 하는 것만 같지 못하다. 만약 조련이 능숙하게 되어 국가의 부(富)에 따라 전함과 병기를 얼마라도 구입하기를 바란다면 즉각 이를 구할 수 있다. 서양 제국이 몇 년간 풍요의 힘으로써(경제력으로써) 축적한 바의 선박과 기계를 지금 하루아침에 그 융성함을 따라가려고 하면 국력은 헛되이 쇠퇴해지고 병력은 오히려 약하게 될 것이다. 따라서 오늘날에는 단지 국력을 증대하는 것을 시도해서 재

용(財用)을 절약하고 허울을 버리며 실질을 구해 이로써 강병의 근본을 일으키는 일을 필요로 한다.[29]

이같이 이와쿠라가 견지한 부국 건설 우선론의 입장은 기도 다카요시나 병부성 내의 일부 세력들이 주장하던 군비증강 우선론에 대해 비판의 의미를 갖는 것이었다.

또한 이와쿠라는 중국 및 조선과는 바쿠후 시대 이래의 전통적인 통신 및 통상 관계에 기초하여 우의를 지속할 것을 주장했다. 그는 1869년에 작성된 의견서에서 "지나 및 조선과 같은 나라는 옛날부터 교제를 나누고 또 가장 가까운 이웃이었다. 당연히 속히 칙사를 파견하여 우호를 닦고 삼국이 정립하는 세력을 이루어야 한다."라고 하여 메이지 신정부의 성립 이후에도 중국 및 조선과는 전통적인 우호관계를 유지해야 한다고 주장했다.[30] 이 같은 입장은 기도 다카요시 등이 주장하던 조선정벌론을 반박하는 것이었으며 메이지 초기의 아시아 연대론을 상징하는 것이기도 했다.

그는 메이지 정부가 실로 힘을 집중해야 할 과제가 군비확장이나 대외정벌이 아니라 국가권력의 중앙집중화를 통한 국가체제의 강화라고 주장했다. 국가권력의 강화를 우선시하는 국권론(國權論)의 관점에서 그는 바쿠후와 250여 개의 번들이 나뉘어 있던 에도 시대의 정치체제를 탈피하여 천황의 중앙정부를 중심으로 군현제도, 조세

---

29 岩倉具視, 「會計外交等條條意見」(明治 2年 2月), 『岩倉具視關係文書1』, p.319. 이 문장은 후술하듯이 후쿠자와 유키치의 의견과 유사한 면을 보인다.
30 岩倉具視, 위의 글. 이노우에 슈이치(井上壽一)는 1871년 9월에 체결된 청일수호조규는 이와쿠라 도모미 등의 청일제휴론에 의한 것이라고 평가했다. 井上壽一, 『日本外交史講義』, 岩波書店, 2003, p.19.

제도, 법률제도, 군사제도, 교육제도를 통합 내지 집중화해야 한다고 주장했다.

그는 1870년 8월에 작성한 의견서에서 왕정복고 직후 각 번이 봉토(封土)를 조정에 반환하여 군현제도가 개시되기에 이르렀으나 이를 보다 실제화하여 대권(大權)을 단일화해야 한다고 주장했다.[31] 이같은 그의 주장이 1년 후인 1871년 7월에 단행된 폐번치현(廃藩置県)의 배경이 되었을 것으로 추정된다. 또한 그는 행정제도의 중앙집중과 병행하여 형법을 포함한 각종 법률체계의 일원화를 주장했다. 그는 1869년에 작성한 의견서에서 법률의 일원화가 조정을 중심으로 하는 대권 강화의 핵심요소임을 주장했다.[32] 이 같은 입장에서 이와쿠라는 1870년대 중반 이후 사회에서 헌법 제정 관련 논의가 전개되기 시작했을 때 새로 기초될 헌법도 천황 중심의 국가체계를 뒷받침하는 성격을 가져야 한다고 생각했다.[33]

이와쿠라는 정부가 인민을 보호하기 위해 여러 사업을 시행하는 가운데 불가피하게 적지 않은 재원이 소요됨을 인식하고 있었다. 따라서 정부의 부서로 대장성(大藏省)을 설치하여 "천하의 여러 세금이" 이에 납부되도록 해야 하고 관리를 철저히 하여 재원의 고갈을 방지해야 한다고 했다. 또한 금은 등 기준 화폐의 공신력을 유지해야 하고 정부가 인민을 보호하기 위해 지출해야 할 "여러 비용의 용도를 조정"해야 한다고 했다.[34] 에도 시대에는 각 번에 분산되었던

---

31 岩倉具視, 「國體昭明政體確立意見書」(明治 3年 8月), 『岩倉具視關係文書1』, 1927.

32 岩倉具視, 「會計外交等條條意見」(明治 2年 2月), 『岩倉具視關係文書1』, pp.324-325.

33 이 같은 생각은 그의 사후에 헌법 제정의 책임을 담당한 이토 히로부미(伊藤博文)에게 계승된 것으로 보인다.

34 岩倉具視, 「國體昭明政體確立意見書」(明治 3年 8月), 『岩倉具視關係文書1』, 1927.

조세 및 재정지출, 화폐 발행의 중앙집중화에 대한 필요성을 역설했던 것이다.

또한 이와쿠라는 "나라가 부강(富强), 안강(安康)하게 되는 근본 이유는 모두 인지(人智)가 밝은가 밝지 않은가에 관계되기 때문에 금일에 가장 손을 써야 할 급무"는 교육제도의 정비라고 인식했다. 그는 "대중소(大中小) 학교와 같은 것은 모두 사람의 지능과 예술을 강명요득(講明了得)시키는 도구"라고 하면서 국가가 각급 학교의 설립에 주력해야 한다고 보았다. 특히 그는 어린 아동과 부녀자에 대한 교육을 중시했고, 교육 내용과 관련해서는 상법학(商法學) 분야의 교육이 국체 진흥과 밀접하게 관련된다는 인식을 보였다.[35]

이와쿠라는 국가권력의 중앙집중화와 관련하여 군제의 통일도 강조했다. 바쿠후 시대 말기에 각 번은 경쟁적으로 영국, 네덜란드, 프랑스, 독일 등의 군사제도를 도입하여 초보적이나마 육군과 해군을 건설했고 이로 인해 각 번마다 군제가 일정하지 않았다. 이러한 문제의식에서 이와쿠라는 우선 바쿠후 말기에 각 번에서 개별적으로 수립된 군사제도를 중앙정부의 관할하에 중앙집중적으로 통합해야 한다고 강조했다.[36]

국내적으로 국가권력의 중앙집중화가 우선적인 과제라고 본 이와쿠라는 대외적으로는 바쿠후 시대 이래의 개국 정책을 유지해야 한다고 보았다. 그는 메이지 신정부가 바쿠후와 달리 본격적인 '존황양이' 정책을 추진할 것이라고 기대하던 국내 정치세력들에게 더 이상 쇄국정책은 불가하다는 점을 분명하게 밝혔다. 그는 1869년 2

35   岩倉具視, 위의 글.
36   岩倉具視, 「會計外交等條條意見」(明治 2年 2月), 『岩倉具視關係文書1』, pp.320-321.

월 의견서에서 "조약을 지키고 신의를 잃지 않으며 서로 가진 것과 없는 것을 나누는 것은 현재 세계와 함께하는 바로서 우리들이 어찌 홀로 쇄국의 구법에 머무를 수 있겠는가. 하물며 부강을 도모함에 반드시 널리 해외만방과 교통하지 않으면 안 된다."라고 했다. 일본이 부강을 도모하기 위해서는 왕정복고의 과정에서 슬로건으로 내걸었던 양이, 즉 서양 오랑캐를 배척하는 것이 아니라 추가적인 개항을 단행해서라도 해외만방과 교통하는 외교를 해야 한다고 주장한 것이다.[37] 나아가 그는 "외국은 이미 교제의 예로서 공사(公使)를 조정에 파견하고 있으므로 우리나라에서도 칙사를 파견하여 답하지 않으면 안 된다. 또한 조약을 개정하는 일을 말하고 무진전쟁 평정[賊平]의 일을 고해야 한다. 이것은 원래 외교상의 예의이다. 그들이 청하지 않아도 앞서서 파견[發遣]해야 한다."라고 하여 구미 각국에 신생 정부의 수립을 통지하고 바쿠후 시대에 체결된 불평등조약에 대해서는 사절단 파견과 같은 외교를 통해 개정해야 한다는 방침도 밝혔다.[38]

다만 그는 대외관계에서도 국권 강화를 위한 차원에서의 정책이 요구된다고 보아 요코하마(橫浜) 등에 주둔 중인 외국 군대의 철수, 통상과 대외 인적 교류[洋行]에서의 국가 통제 강화 등을 주장했다. 그는 바쿠후 말기에 이루어진 개항 조치로 인해 구미 국가와의 무역

---

37 岩倉具視, 위의 글, pp.323-324. 사실 이와쿠라는 왕정복고 이전 시기에도 죠슈 번사들과의 긴밀한 의견 교환을 통해 일본이 해외 각국과 항해를 열어 부강의 길을 도모해야 한다는 견해를 강하게 갖고 있었다. 安岡昭男, 「岩倉具視の外交政略」, 『法政史學』, 21, 1969. 3, pp.6-8.
38 岩倉具視, 앞의 글. 이 같은 정책 제언이 1871년 이후에 출발한 이와쿠라 사절단으로 구현되고 있음은 잘 알려진 사실이다.

거래가 늘면서 일본의 입장에서는 "국용과 재력을 낭비하는 일이 매우 심해지는" 부작용도 나타나고 있다고 보았다. 이러한 부작용을 방지하기 위해 "무용한 서양 화폐를 들여오는 일을 엄금"하고 통상사(通商司)를 설치하여 대외무역을 관리해야 한다고 제언했다. 또한 상인들의 해외 도항이나 유학생들의 해외 파견에 대해서도 일정한 기준을 세우고 외국 사무를 담당하는 관청의 허가를 받도록 하는 절차를 수립해야 한다고 주장했다.[39]

또한 이와쿠라는 기독교의 국내 포교 등에 대해 "그 독이 한번 황국에 전염된다면 나라 전체가 그들의 노예가 될 것이다."라고 하여 기독교 전교에 대한 반대 입장을 단호하게 표명했다. 같은 관점에서 "외국 오랑캐가 멋대로 그 군함을 우리의 항구 안에 정박시키고 병대를 끌고 상륙하며 오랑캐인들이 우리나라의 법률을 범하는 것을 우리나라에 소치(所置)하는 일이 허가되지 않는 것 등은 가장 나라가 욕된 것의 심한 것이고 외국의 부끄러움의 극한이라고 이를 만하다."라고 하면서 일본 영토에 주둔하는 영국과 프랑스 등 외국 군대의 철수와 외국인에 대한 치외법권 조항의 개선 등을 외교적 과제로 제기했다.[40]

또한 그는 국제정치가 만국공법에 의해 규제되고 각국 간에 평등의 권리가 보장되어야 함에도 불구하고 실제로는 서구 열강에 의해 여타 대륙에 대한 침탈이 진행되고 있고 그 속에서 일본이 독립을 지키기 위해서는 국력의 증진으로 자주적 보호[自護]의 방책을 강구하지 않으면 안 된다는 점도 명백하게 인식했다. 그는 국제정치의

---

39 岩倉具視, 앞의 글.
40 岩倉具視, 앞의 글, p.325.

세계가 일대 바둑판과 같은 것이어서 자칫 일착을 그르치면 국가 망국의 길이 될 수도 있다고 보았다. 특히 그는 러시아에 대한 위협인식을 강조했다. 그는 1869년 2월 의견서에서 "에조(蝦夷) 지방에 러시아가 해(害)가 되는 것은 생각건대 일조일석(一朝一夕)의 일이 아니다. 잠식(蠶食)하고 병탄(倂吞)하는 기세가 충분하여 참으로 큰 우환이라고 이를 만하다. 지금 마땅히 조정의 계획[廟筭]을 세워 단연히 행하는 바가 없다면 큰 우환에 이르는 일은 10년을 기다리지 않으니 어찌 깊이 생각하고 멀리 헤아리지 않을 수 있겠는가."라고 하여 위협론을 바탕으로 한 대러 정책론의 필요성을 제기했다.[41] 이와쿠라 사절단의 귀국 이후인 1875년에 작성된 의견서에서도 "노국(魯國)과 같은 나라는 우리의 화태(樺太)에 잡거(雜居)하여 피아(彼我) 교쟁(交諍)이 끊이지 않았고 이전에는 바쿠후의 유사(遣使)가 회동(會同)했으나 약(約)이 달라 이래(以來) 경계(經堺)의 담판이 이루어지지 못하는 세(勢)가 되었다. 러시아인(魯人)들이 세월이 지나 남침(南侵)하여 북문(北門)의 쇠자물쇠[鎖鑰]가 엄연(嚴然)하지 않기 때문에 후일의 침략도 예방하기 어려울 것이다."라고 하여 향후 러시아의 북부 방면 침략 가능성을 재차 제기했다.[42]

이 같은 이와쿠라의 국가구상은 분명히 기도 다카요시 등이 주창하던 조선정벌론, 병부성의 관료들이나 에토 신페이 등이 주창하던 군비증강론이나 대외팽창론을 견제하는 성격을 가진 것이었다. 특히 그의 중앙집중적 국가체제 강화론 등은 그와 같이 이와쿠라 사절단에 참가한 오쿠보 도시미치나 이토 히로부미(伊藤博文) 등에게 큰

---

41 岩倉具視, 앞의 글.
42 岩倉具視, 「外交ニ關スル上書」(明治 8年 4月), 『岩倉具視關係文書1』, 1927, p.393.

영향을 주면서 그 후 식산흥업 정책이나 천황 중심의 헌법 개정 추진 등으로 이어지는 배경이 되었던 것으로 보인다.

4) 문명개화론

이와쿠라 도모미, 기도 다카요시, 오무라 마스지로 등이 왕정복고 과정에 직접 참가하고 메이지 정부 수립 이후에는 권력을 장악한 실력자로서 국가구상을 개진했던 반면, 후쿠자와 유키치는 정부에 참가하지 않은 자유로운 입장에서 결이 다른 국가구상을 제시했다. 후쿠자와 유키치는 나카쓰(中津)번의 번사 출신으로 1860년에는 견미사절단의 일원으로 선발되어 미국을 체험했고 이러한 견식을 바탕으로 1866년에 『서양사정(西洋事情)』을 저술한 바 있었다. 그리고 왕정복고가 단행된 1868년에는 게이오 의숙을 개설하여 교육과 저술에 힘을 쏟았던 계몽사상가였다.[43]

그는 메이지 정부 초기였던 1875~1876년에 각각 『학문의 권장』과 『문명론의 개략』 등을 저술하면서 메이지 정부가 추진해야 할 국가정책의 방향을 자유롭게 제시했다. 그에게 왕정복고는 "일본의 정풍(政風)이 크게 변하여 밖으로는 만국공법으로 외국과 교제하고 안으로는 인민에게 자유독립의 취지를 보이는"것으로, 특히 "사농공상, 사민(四民)의 지위를 한가지로 한다는" 것은 "개벽 이래의 아름다운 일"에 다름 아니었다.[44] 그러나 후쿠자와는 왕정복고 이후의 일

---

43 와타나베 히로시, 「후쿠자와 유키치의 서원」, 『일본 정치사상사, 17-19세기』, 김선희·박홍규 역, 고려대학교 출판문화원, 2017을 참조하라.

44 福澤諭吉, 『学問のすすめ: 福澤諭吉著作集3』, 慶應義塾大學出版會, 2002(1876), p.10.

본이 문명의 기준으로 보아 여전히 구미 세계에 비해 뒤떨어진 상태에 있다고 보았다. 후쿠자와는 인간이 지식을 연마하여 덕을 갖추고 인품을 고귀하게 만드는 것, 즉 인간 지덕(智德)의 진보가 문명의 핵심이라고 생각했다.[45] 이 같은 문명의 기준에 따를 때 국제사회는 미개(未開), 반개(半開), 문명의 세 층위로 구분할 수 있다고 보았다. 미개사회란 인간이 자연의 힘을 두려워하고 인위적인 은위(恩威)에 의존하면서 우연의 화복(禍福)을 기다릴 뿐 스스로 궁리하는 법이 없는 아프리카나 호주와 같은 사회였다. 이에 반해 문명사회란 인간이 지혜를 닦으며 현재에 만족하지 않고 학문에 힘써 발명의 기초를 쌓는 사회로, 이러한 사회에서는 인간의 기풍이 발랄하며 상공업이 나날이 번창하게 된다. 유럽 여러 나라와 미합중국이 이러한 최상의 문명국 지위에 도달해 있다. 이에 반해 일본은 반개(半開)의 상태, 즉 외형은 버젓한 나라이지만 인간이 사물의 이치를 논할 때 의심을 품고 미심한 점을 캐묻는 용기가 없으며 인간의 교제에서도 관습에 압도되어 규칙의 체제를 갖추지 못한 상태에 있다고 보았다.

후쿠자와는 "야만은 반개로 향하고, 반개는 문명으로 향하며, 그 문명이란 것도 순간순간 진보하는 과정에 있다."라고 하면서 반개의 지위에 속한 일본이 "모름지기 유럽 문명을 목표로 삼아 논의의 본위를 정립하고 그 본위에 의거해서 사물의 이해득실을 논하지 않으면 안 될 것"이라고 했다.[46] 즉, 이미 문명의 단계에 도달한 유럽 문명을 목표로 일본의 발전 방향을 정해야 한다는 것이다.[47]

---

45 후쿠자와 유키치, 『文明論의 槪略』, 광일문화사, 1987(1875), p.50.
46 후쿠자와 유키치, 위의 책, pp.23-24.
47 그가 말년에 저술한 자서전 『福翁自傳』에서는 "서양 문명의 공기를 들이마시고 전국의

그런데 그는 문명화의 과제를 성취하기 위해 국가보다는 일반 인민의 역할이 중요하다고 보았다. 그는 "인민이 있고서 정치가 있는 것이다."라고 하여 정치 혹은 정부의 독립을 위해서는 인민이 정부와 양립하는 지위에 서서 나름의 문명화를 달성해야 한다고 보았다.[48] 그는 "근래 우리 정부가 학교를 세우고 공업을 권장하며 육해군의 제도도 크게 면목을 일신하여 문명의 형태가 대략 정비되었다 해도 인민 중에는 아직 외국에 대하여 우리의 독립을 굳건히 하고 그 앞을 겨루려 하는 자가 없다. (…) 필경 인민에게 독립의 기력이 없을 때에는 그 문명의 형태도 결국 무용의 장물(長物)에 돌아가고 말 것이다."[49]라고 하면서 문명화와 관련된 제도적 정비에 선행하여 인민이 독립의 기력을 양성하는 것이 무엇보다 중요하다고 역설했다.

후쿠자와는 인민이 독립의 기력을 양성하기 위해 일본 전체적으로 학술, 상업, 법률의 발달에 힘을 기울여야 한다고 주장했다. 이러한 세 가지 요소가 향상되지 않으면 국가의 독립을 얻을 수 없다고 단언했다.[50] 따라서 그는 학술, 상업, 법률과 같은 문명의 핵심요소를 갖추기 위해 정부, 상공인, 학자 등이 각각의 역할을 다해야 한다고 강조했다.

인심을 뿌리부터 전복시켜 멀고 먼 동양에 새로운 문명국을 열어 동쪽의 일본이 서쪽의 영국과 대등하지 말라는 법도 없다."라고 하여 그의 필생의 작업이 일본을 영국과 같은 당대 최고 문명으로 만들려는 것이었음을 회고한 바 있다. 와타나베 히로시, 앞의 책, p.422에서 재인용했다.
48 福澤諭吉, 앞의 책, pp.12, 23, 37.
49 福澤諭吉, 앞의 책, p.52.
50 福澤諭吉, 앞의 책, p.38.

인민 일반이 학문에 힘써 독립의 기풍을 갖고 이를 발판으로 문명화를 이룩해야 국가의 독립도 가능하다는 관점에서 후쿠자와는 메이지 초기에 회자되던 국체론 혹은 강병론 등의 국가건설론을 강력하게 비판했다. 그는 국체론 혹은 황학(皇學)이 "옛날로 돌아가 그 가르침을 익히고 상고시대를 규준으로 삼는" 견해라고 보고 이 같은 국가건설론으로는 문명화의 과제를 달성할 수 없다고 비판했다.

또한 그는 독립국가를 건설하기 위해 해군 함선 및 병력 증강을 우선시해야 한다는 군비증강론도 다음과 같이 강력하게 비판했다.

그런 주장의 취지를 살피건대 영국에 천 척의 군함이 있으니, 일본에게도 천 척의 군함이 있으면 반드시 이에 대적할 수 있다고 생각하는 것 같다. (…) 영국에 천 척의 군함이 있다고 해도 군함만 천 척이 있는 것이 아니다. 천 척의 군함이 있다면 만 척의 상선이 있겠고, 만 척의 상선이 있으면 10만 명의 항해사가 있으리라. 그런데 항해사를 양성하기 위해서는 학문이 있어야 한다. 학자도 많고, 상인도 많고, 법률도 정비되고, 장사도 번창하여 사회의 모든 요소를 고루 갖추어서, 천 척의 군함에 상응하는 상황이 될 때에야 비로소 천 척의 군함도 있을 수 있는 법이다. (…) 문명이 구비되지 않은 형편에 유독 군비만을 충분히 갖추겠다고 하는 것은 사물의 균형을 잃고, 실질적인 효능에 적합하지 않은 것이다. 따라서 오늘날 대외관계는 무력만을 갖추어서 유지될 수 있는 성질의 것이 아니다.[51]

---

51 후쿠자와 유키치, 앞의 책, 3장, pp.240-241.

이같이 후쿠자와는 메이지 초기의 당면 과제는 국체론 혹은 강병 우선론에 의거한 국가 건설이 아니라 중등 정도의 지위에 있는 학자들이 실용적인 학문에 힘쓰고 그것을 통해 인민 다수가 학문을 통해 독립의 기력을 갖는 문명개화라고 보았다. 그는 이 같은 문명개화가 일본의 독립을 보전하는 길이 될 것이라고 주장했다.

다만 그는 이미 문명이 발달된 유럽 국가가 경제적 팽창이나 인구 이동에 의해 국민을 해외로 이주시키거나 외국에 자본을 빌려주고 이윤을 취하는 정책을 취하고 있다고 인식했다. 이 과정에서 영국을 위시한 구미 국가들이 여타 지역에 대한 식민 지배와 비인도적 행동을 서슴지 않게 되었다고 보았다. 그는 이러한 구미 국가들에 대한 경계감을 바탕으로 "금후의 형세를 추측하건대 중화제국도 유럽 사람들의 전원(田園)에 불과하게 되리라. 유럽인이 미치는 곳에서는 마치 토지가 그 생명력을 잃고 풀도 나무도 자랄 수 없는 것 같다. 심지어는 인종이 멸망하는 경우도 있다. 이러한 사실을 분명히 알고, 또 일본 역시 동양의 한 나라임을 자각할 경우에는 비록 오늘날까지 대외관계로 크나큰 피해는 입지 않았을망정 후일의 불행을 두려워하지 않을 수 없는 것이다."[52]라고 하면서 일본뿐만 아니라 중국과 조선 등도 서양 제국의 위협에 노출될 것이라고 전망했다.

이러한 형세 판단에 따라 후쿠자와는 청국과 조선 간의 연대 필요성을 강조했다. 그는 1881년 9월에 작성한 글에서 다음과 같이 지적했다.

---

52 후쿠자와 유키치, 앞의 책, p.236.

서양 여러 나라가 위세를 떨치며 동양에 다가오는 모습은 불꽃이 만연한 것과 같다. 가까운 이웃인 지나와 조선은 느리고 둔해서 그 세력에 맞설 수 없음은 목조 가옥의 집이 불에 견딜 수 없는 것과 같다. 무력으로 이들을 보호하고 문명으로 이들을 유도하여 빨리 우리들의 본을 받아 가까운 시일에 문명에 들어가지 않을 수 없게 해야 한다.[53]

다음 해인 1882년 3월 11일에 『시사신보(時事新報)』에 기고한 글을 통해서는 "일본은 강대 문명국이고 조선은 약소 미개국이다. 미개하다면 인도하고 완고하다면 깨우쳐야 한다. 인국(隣國)의 문명을 돕는 것은 일본의 책임이다. 일본은 세계에서 최초로 조선과 수호조규를 체결하고 화친무역을 개시하며 조선을 독립국으로 인정한 최초의 화친국이기 때문에 주한 일본인을 보호하기 위해 필요하다면 파병하여 주류하는 것도 불가피하다. 이는 간섭이 아니라 예방이다."라고 하면서 조선과의 연대론을 확장시켰다.[54] 이러한 연대론은 1884년 갑신정변의 실패로 조선의 개화파들이 몰락한 직후에 『탈아론(脫亞論)』을 저술하기 전까지 그의 대외정책론을 이루었다.

이상에서 살핀 바와 같이 메이지 초기의 주요 정치세력들은 새로운 정부가 추구해야 할 대내외 정책의 방향을 둘러싸고 치열한 국가구상 논의를 벌였다. 기도 다카요시와 오무라 마스지로 등은 군사력

---

53 福澤諭吉, 『時事小言』, 1881. 9; 升味準之輔, 『日本政治史1: 幕末維新, 明治國家の成立』, 東京大學出版會, 1989, p.217에서 재인용했다.
54 福澤諭吉, 「朝鮮の交際を論ず」, 『時事新報』 1882. 3. 11; 田中浩, 『近代日本と自由主義』, 岩波書店, 1993, p.129에서 재인용했다.

건설에 중점을 두었던 반면, 이와쿠라 도모미와 오쿠보 도시미치, 후쿠자와 유키치는 전반적인 국가체제의 정비와 부국우선론의 국가구상을 전개했다. 기도 다카요시와 사이고 다카모리 등은 조선과의 외교 마찰을 구실로 정한론에 입각한 대외정책을 주장한 반면, 이와쿠라 도모미, 후쿠자와 유키치 등은 러시아 등 구미 각국에 대한 위협론을 강조했고 조선 및 청국과는 전통적인 우호관계를 유지하는 것을 선호했다. 이러한 논쟁 구도 속에서 과연 메이지 정부는 어떠한 국가구상을 기조로 국가제도 및 군사제도를 설계해갔던 것일까.

2. 국가체제의 정비와 육해군제도의 건설

1) 군무관과 병부성 체제하의 군대 건설, 1868~1871년

왕정복고 선언 직후의 시기에 메이지 정부는 바쿠후 군대와 전쟁을 치러야 하는 상황 속에서 수시로 관제를 변경했다. 메이지 정부는 1868년 2월 11일 총재, 의정 등의 직위를 설치하고 이와쿠라 도모미, 시마즈 다다요시(島津忠義) 등 의정에 임명된 이들이 내국사무(內國事務), 외국사무(外國事務), 해륙군무(海陸軍務) 등의 임무를 담당하게 했다.[55] 다시 같은 달에는 총재국에 신지(神祗), 내국(內國), 외국(外國), 군방(軍防) 등의 사무국을 두어 관련 업무를 담당하게 했고 해륙군무 등의 업무는 군방국이 계승하도록 했다. 이러한 체제

---

55 이하의 내용은 松下芳男, 앞의 책 등에 따른다.

는 윤4월 21일에 다시 변경되어 군사 관련 업무는 신편된 군무관에서 담당하게 되었다. 군무관은 오무라 마스지로 부지사 등의 주도로 바쿠후 군대와 보신전쟁을 수행하면서 해륙군 등의 기초를 수립하라는 태정관의 지시를 받고 해군국의 설치, 함선의 구입, 요코하마 어학소 등 군사학교의 설치 등을 추진했다.

한편 보신전쟁이 수습되면서 1869년 7월 8일에 다시 관제 개혁이 행해져 내각 격인 태정관 예하에 민부(民部), 대장(大藏), 병부(兵部), 형부(刑部), 영내(營內), 외무(外務) 등의 6개 성이 설치되었고 기존 군무관의 업무는 병부성으로 계승되었다. 병부성 내에는 병부경(兵部卿), 대보(大輔), 소보(小輔), 대승(大丞), 권대승(權大丞) 등의 직제를 두었는데, 병부경에 임명된 천황가의 요시아키(嘉彰) 친왕(親王)보다는 병부대보 오무라 마스지로가 주요 실무를 담당했다. 오무라는 1869년 9월 오사카(大阪)에 육군병학료(陸軍兵學寮)를 설치하고 도쿄 츠키지(築地)에는 바쿠후 시대에 설치된 바 있었던 해군조련소(海軍操鍊所)를 재개하는 등 군사학교의 설립을 주요 과제로 추진했다. 해군조련소는 1870년 11월에는 해군병학료로 개칭되면서 15세에서 19세까지의 유년 생도와 20세 이상 25세 이하의 장년 학생들로 나누어 학생들을 선발했다.[56] 오사카 병학료도 보병, 기병, 포병의 병과로 나누어졌고 33명의 생도들이 1869년 12월에 입교했다.

병부성이 설립되던 시점에 메이지 정부가 직접 관할하던 함선은 간코마루(觀光丸), 후지산(富士山, 1,800톤), 치요다가타(千代田形, 138

---

56 학교장 격인 초대 병학두(兵學頭)는 병부대승(兵部大丞) 가와무라 스미요시(川村純義)가 겸임했고, 이때 입교한 15명의 유년 생도 가운데에는 후일 메이지 해군의 주역 가운데 하나인 야마모토 곤베에(山本權兵衛)가 포함되었다. 外山三郎, 앞의 책, p.28.

톤), 이즈미(和泉), 요슌(陽春, 1,500톤), 세츠(攝津, 920톤), 가와치(河內), 아즈마(東, 1,358톤) 등 8척 내외였다. 이 함선들은 각각 바쿠후나 여타 번들이 상납했거나 외국에서 직접 구입한 것들이었다.[57] 이 외에 사가(佐賀), 가고시마(鹿兒島, 사쓰마), 야마구치(山口, 조슈), 구마모토(熊本) 등 여러 번들이 각자의 함선을 보유하고 있어서 메이지 정부는 점차 각 번 보유의 함선들을 중앙정부에 통합하는 과제를 수행했다.

1870년 2월 9일 병부성 내의 육군괘(陸軍掛)와 해군괘(海軍掛)가 분리되어 육군괘는 육군 관련 업무를, 해군괘는 군함과 운송선의 관리, 해군 조련, 각 번 함선의 통합 등의 업무를 분장하게 되었다. 같은 시기에 조병사(造兵司)가 설치되어 무기 개발 및 제조의 역할을 담당하게 되었다.[58]

1869년 11월 오무라 마스지로의 사후 병부성 내에는 마에바라 잇세이와 야마다 아키요시(山田顯義), 그리고 프러시아 등의 시찰을 마치고 1870년 8월 이후 병부소보로 임명된 야마가타 아리토모, 사이고 쓰구미치 등의 새로운 인물들이 군사정책의 주역으로 부상했다. 이들의 영향 아래 군제의 일원화, 즉 중앙집중적인 군사제도의 건설이 가속화되었다. 1870년 9월 10일 태정관이 포고를 내려 각 번이 군함을 가질 권리와 의무가 없으며 모든 함선은 정부에 귀속되어야 한다는 원칙을 천명했다. 다음 달 10월 2일에는 종전에 여러 번

---

57 松下芳男, 앞의 책, p.131. 마쓰시타 요시오(松下芳男)는 1869년 시점에 메이지 해군이 육군에 비해 유력했다고 평가했다. 다만 도야마 산부로(外山三郎)는 이러한 함선들이 전력으로 서는 미흡했다고 평가했다. 外山三郎, 앞의 책, p.22.

58 조병사는 후일 오사카 포병공창(砲兵工廠)의 전신이 된다.

에서 채택하던 잡다한 병제를 통일하여 해군은 영국식으로, 육군은 프랑스식으로 병제를 통일한다는 포고가 내려졌다.[59] 이 같은 방침에 따라 해군과 육군은 각각 영국과 프랑스 교관단을 초빙하거나 생도들을 해외에 파견하여 선진적인 군사지식과 경험을 익히도록 했다. 1870년 9월 영국 해군대위가 초빙되어 요코하마에서 군함의 포술 교습이 행해진 것을 시초로 1870년에서 1873년 사이에 해군 장교 더글라스(A. L. Douglas)를 포함한 영국 교관단 34명이 해군병학료에 초빙되어 영국식 해군술을 전수했다.[60] 1871년 2월 해군병학료 생도 및 교관 12명이 영국과 미국에 파견되어 해외유학을 실시한 이래 수시로 해군 장교와 사관들이 영국 등 해군 선진국에 파견되어 해군 관련 소양을 익혔다.

1870년 11월에는 육군장교 등으로 구성된 프랑스 교관단이 초빙되어 1875년까지 육군병학료에서 교육을 실시했고, 1872년 4월에는 마르크리(C. A. Marquerie) 중령 이하 15명의 프랑스 장교가 초빙되어 육군의 교육과 훈련을 지원했다.[61] 이와 동시에 프랑스 육군교범도 번역되어 메이지 육군의 기초 군사교리에 큰 영향을 주었다.

병부대보 야마가타가 역점을 두어 추진한 군제정비사업 중의 하나는 종전까지 각 번이 관할하던 병력을 통합하여 정부 직속의 군대, 즉 어친병(御親兵)을 창설하는 것이었다. 이를 위해서는 왕정복고의 주역이었던 사쓰마번과 조슈번의 유력자들을 설득해야 했다.

59　松下芳男, 앞의 책, p.65. 이 같은 방침은 프랑스식 육군 군제를 선호했던 오무라 마스지로의 영향 아래 결정되었다.

60　松下芳男, 앞의 책, p.137.

61　松下芳男, 앞의 책, P.198; 藤原彰, 『日本軍事史』, 日本評論社, 1987, p.47.

이런 관심에서 야마가타는 1870년 12월 이와쿠라 도모미, 오쿠보 도시미치 등과 함께 사쓰마의 사이고 다카모리를 방문하여 어친병 조직 계획을 설명하고 그에 대한 협조를 요청했다. 결국 사쓰마, 조슈, 도사 등 3개 번의 병력을 주축으로 1871년 4월 18일에 어친병이 조직되었다.[62] 메이지 정부 최초의 육군 조직이라고 할 수 있는 어친병은 조슈번에서 파견한 3개 보병대대, 사쓰마번 출신의 4개 보병대대 및 2개 포병대, 도사번을 대표하는 2개 보병대대, 2개 포병대, 1개 기병대 등으로 구성되었다.[63] 메이지 정부는 이 병력들을 중앙과 지방에 나누어 배치했는데, 최초 2개의 진대(鎭臺)로 구성되었던 지방부대 조직은 1871년 8월에는 도쿄, 오사카, 도호쿠, 서부 등의 4개 진대로 확대되었고 중앙 및 지방을 합한 총 병력은 1만 4천 명 규모에 달했다.[64] 이제 중앙정부 직속의 병력을 갖게 된 메이지 정부는 행정과 군제를 중앙집중화하는 국가체제 강화 정책들을 보다 과단성 있게 추진해갈 수 있게 되었다. 1871년 7월에 단행된 폐번치현, 즉 종전의 번들을 폐지하고 중앙정부 직속의 현들을 이에 대치하는 정책, 그리고 이에 따라 여러 번의 상비병을 해산하는 조치를 취한 것 등이 그것이었다.

폐번치현 직후에 태정관의 직제 개편이 단행되었다. 태정관을 정원(正院), 좌원(左院), 우원(右院) 등 3개의 원(院)으로 나누어 좌원이 입법부의 역할을 담당하게 하고 병부성 등 정부 부처는 우원에 소속

62　어친병은 천황의 경호부대만이 아니라 각 지방에 파견되어 배치되는 정규군의 성격을 갖고 있었다.

63　Roger F. Hackett, *Yamagata Aritomo in the Rise of Modern Japan, 1838-1922*, Cambridge, Massachusetts: Harvard University Press, 1971, p.58.

64　松下芳男, 앞의 책, p.95.

되게 했다. 병부성 내의 기존 육군쾌, 해군쾌를 각각 육군부, 해군부로 개칭했고, 육군부에는 군무국, 포병국, 축조국, 회계국, 비사국, 병학료 등의 부서를 설치하여 1만 4천 명의 병력을 관할·운용하게 하고 해군부 내에는 군무국, 조선국, 수로국, 비사국, 회계국, 병학료 등을 두어 당시 보유한 14척의 함선을 관리·운용하게 했다.[65]

2) 육군성과 해군성의 분리 및 주요 군사정책, 1872~1879년

1872년은 이와쿠라 도모미 등 메이지 정부 주요 인사들이 구미 각국을 순방 중이던 시기였다. 이 시기에 국내에 남은 정치세력들은 태양력을 채택하고 학제법령을 발포하는 등 문명개화 정책을 지속적으로 추진했다. 군사정책과 관련해서는 야마가타 아리토모, 사이고 쓰구미치, 가와무라 스미요시 등 병부성의 주요 인사들이 앞서 소개한 것처럼 1871년 12월에 러시아 위협론을 바탕으로 하여 대규모 군비확장의 필요성을 정책의견서로 제출했다.

그러던 차에 1872년 2월 병부성은 태정관의 지시로 육군성과 해군성으로 분리되었다. 그리고 육군경에는 야마가타 아리토모가 임명되었고, 해군경에는 바쿠후 시대 해군 건설의 주역인 가쓰 가이슈가 10월에 발탁되었다. 육군경 야마가타가 가장 역점을 두었던 정책은 징병령의 제정이었다. 1870년 초반에 프러시아를 시찰하면서 그 군제를 관찰할 기회를 가졌던 야마가타는 전임 병부대보 오무라 마스지로와 마찬가지로 종전의 신분제도를 바탕으로 한 군사제도를

65　松下芳男, 앞의 책, pp.101-102.

대체하여 전 국민의 개병제 실시가 메이지 정부의 군제개혁 사업으로서 불가결하다고 판단했다. 야마가타는 네덜란드에서 유학한 경험이 있었던 병부대승 니시 아마네(西周), 프러시아 군사유학 경험을 했던 가쓰라 타로(桂太郞) 등의 조력을 얻어 1873년 1월에 징병령을 공포하기에 이르렀다. 이에 따르면, 체격 불량자, 범죄자, 각 가정의 장남, 현재 군사학교에 재학 중인 생도 등은 예외로 하지만 전체 남성들에 대해서는 3년간의 군복무, 각각 2년의 제1예비역과 제2예비역의 복무를 규정하는 병역 의무를 부과하게 되었다.[66] 징병령 포고 이후 육군 병력은 매년 1만 명 정도의 신규 충원이 가능하게 되었고 이에 따라 종전의 4개 진대도 규모를 확대하게 되었다.

1872년 해군성이 독립적으로 설치되었을 당시에 보유하던 함선 규모는 군함 14척, 운송선 3척 등 총 17척, 13,832톤 수준이었다.[67] 해군경 가쓰 가이슈는 이러한 규모를 훨씬 상회하는 해군력 증강의 비전을 갖고 있었다. 그는 1873년 1월 향후 18년간 함선 104척을 신규 건조한다는 건함계획을 제출했으나 승인되지는 않았다. 기도 다카요시 등은 정부 예산의 5분의 3을 해륙군 군비증강에 지출해야 한다는 강병우선론을 제기했지만, 실제로 메이지 초기의 정부는 군비지출을 억제하는 경향을 보여주었다. 〈표 2-1〉은 1875~1881년간

---

66   松下芳男, 앞의 책, pp.248-252.
67   군함으로는 아즈마(東, 1358톤), 류조(龍驤, 2,530톤), 쓰쿠바(筑波, 1,978톤), 후지산(富士山, 1,000톤), 가스가(春日, 1,269톤), 운요(雲揚, 245톤), 닛신(日進, 1,468톤), 다이이치 테이보(第一丁卯, 125톤), 다이니 테이보(第二丁卯, 125톤), 호쇼(鳳翔, 316톤), 모우슌(孟春, 357톤), 켄코(乾行, 523톤), 치요다가타(千代田形, 138톤), 세츠(摂津, 920톤) 등을 보유했고, 운송선으로는 오사카(大阪, 440톤), 슌부(春風, 885톤), 카이부(快風, 155톤) 등을 보유했다. 海軍大臣官房,『海軍軍備沿革』, 1922, pp.1-2를 참조하라.

표 2-1. 메이지 초기의 군사비 지출 비율, 1875~1881년(단위: 1천 엔)

연도	총 지출	육군비	해군비	군사비/총 지출 비율
1875	69,203	6,960	2,826	14.08
1877	48,428	6,035	3,168	19.00
1879	60,316	7,768	3,080	18.66
1881	83,106	8,209	3,015	16.58

출처: 伊藤正德, 『國防史』, 東洋經濟新報社, 1941, p.70.

메이지 정부의 지출규모와 육해군 예산 비중을 보여주는 자료이다.

표를 보면 메이지 정부 초기에 정부 지출 규모 가운데 육해군 예산의 총액은 전체 지출 대비 14~19% 범위이고 육군 예산이 해군 예산에 비해 두 배 이상임을 알 수 있다. 군사비 총액 규모 면에서 보면 1880년대에 정부 지출의 25% 내외를 군사비에 배정한 것과 비교하여 1870년대에는 메이지 정부가 상대적으로 소극적인 규모의 군사비를 지출했고 그 군사비 가운데에서 육군의 비중이 단연 높았다고 볼 수 있다. 메이지 초기에 일본 정부는 군비증강보다는 여타의 문명개화 사업에 좀 더 정부 지출 비중을 늘렸던 것으로 보인다. 병부성 시대의 군비증강 의견서나 가쓰 가이슈 해군경의 해군증강 의견이 채택되지 않았던 것은 이러한 맥락에서 이해할 수 있지 않을까 한다. 1872년에 포고된 학제 제정 등 여타의 문명개화 정책에 중점을 두면서 군비증강을 억제하던 메이지 초기 정부의 방침은 대외정책에도 적지 않은 영향을 미쳤다.

3. 메이지 초기의 대외정책: 정한론, 타이완 정벌, 조선 개국

1) 정한논쟁

앞서 기도 다카요시, 사이고 다카모리 등의 메이지 정부 실력자들이 외교적 무례를 이유로 조선정벌을 강력하게 주장했음을 보았다. 에토 신페이 등은 더 나아가 일본이 러시아 및 청국에 대해서도 영토 팽창을 해야 한다고 주장한 바 있었다. 이에 대해 이와쿠라 도모미, 후쿠자와 유키치 등은 전반적으로 구미 각국의 잠재적 위협을 지적하면서 청국 및 조선과는 전통적인 유대관계를 지속해야 한다고 반론했다. 그렇다면 메이지 정부는 기도 다카요시 등의 주장에 따라 공세적 대외정책을 추진했던가, 아니면 이와쿠라 도모미나 후쿠자와 유키치의 의견에 따라 청국 및 조선과는 전통적인 우호관계를 유지하면서 군사력의 사용에 제한을 가했던가. 그리고 그 과정에서 1873년까지 어친병의 설치, 징병령의 제정 등으로 1만 명을 상회하는 수준으로 건설된 육군 병력과 17척 정도의 함선을 보유하게 된 해군 병력은 과연 메이지 정부의 대외정책에 어떻게 군사적 수단으로 활용되었는가.

메이지 정부는 청국에 대해서는 일찌감치 근대적 외교관계의 수립을 추진했다. 1870년 7월에 청국과 외교관계를 수립하기 위해 예비교섭을 하기 위한 사절이 파견되었고, 1871년 6월부터 7월에 걸쳐 양국의 전권대신이 본격 교섭을 행한 결과 청일수호조규 및 통상장정, 해관세칙(海關稅則)이 조인되었다. 이 같은 양국 간의 대등한 관계와 상주 외교사절의 주재 등을 규정한 조약에 따라 1874년 7월 일본의 야나기하라 사키미츠가 주청 전권공사에 임명되어 파견되었고, 청국도 1877년 12월 이홍장의 측근 하여장(何如璋)이 초대 주일공사로 부임했다.[68]

메이지 정부는 왕정복고 과정에서 내걸었던 존황양이의 슬로건을 정권 장악 이후 슬그머니 내리고 구미 각국과의 기존 관계 유지를 확인했다. 다만 바쿠후 시대에 체결된 불평등조약을 개정하기 위해 구미 각국에 사절단을 파견하고 아울러 문명개화의 정도가 진척된 이 국가들의 제도와 법률을 조사하여 메이지 정부가 추진하려는 문명개화 정책에 활용하겠다는 방침을 정했다.[69] 1871년 10월 우대신 겸 외무성 이와쿠라 도모미를 중심으로 오쿠보 도시미치, 기도 다카요시, 이토 히로부미 등 메이지 정부의 실력자들이 대거 포함되어 구성된 이와쿠라 사절단이 그것이다. 이와쿠라 사절단은 1873년 8월까지 미국, 영국, 프랑스, 독일, 러시아, 이탈리아 등을 순방하면서 조약 개정을 타진하고 각국의 법률과 제도, 경제 및 교육 관련 정책 등을 광범위하게 관찰했다. 비록 애초에 목표로 했던 불평등조약의 개정에 대해서는 성과를 거두지 못했으나, 이들의 견문기록은 이후 메이지 정부의 문명개화 추진에 큰 도움을 주었다.[70]

한편 이와쿠라 사절단의 구미 각국 순방 중에 일본에 남아 있던 참의 사이고 다카모리, 외무경 소에지마 다네오미(副島種臣) 등 여타

68　歷史學硏究會 編,『日本史史料4: 近代』, 岩波書店, 1997, p.93.

69　中村尙美,『明治國家の形成とアジア』, 龍溪書舍, 1991, pp.7-8.

70　이와쿠라 사절단이 작성한 견문기록인『米歐回覽實記』에 대해서는 田中彰·高田誠二 編,『'米歐回覽實記'の學際的硏究』, 北大圖書刊行會, 1993 등을 참조하라.

실력자들 사이에서는 러시아, 조선, 타이완 등에 대한 무력팽창론이 왕성하게 논의되었다. 1872년 4월과 11월에 걸쳐 외무경 소에지마가 러시아 대리공사와 거듭 회담하면서 사할린과 치시마(千島) 군도의 영유권을 둘러싸고 협상을 벌이는 과정에서 러시아 측으로부터 만족스런 회신이 없자 참의 사이고 다카모리는 "홋카이도에 자신을 총수로 하는 대진영(大陣營)을 설치하고 사쓰마 출신 장수들을 배치하는" 방안을 주장했다.[71] 같은 시기에 사이고는 외무경 소에지마와 협의하여 자신들의 측근 장교인 기타무라 시게요리(北村重賴) 육군 중좌, 베쓰요 신스케(別府晋介) 육군 소좌 등을 조선에, 카바야마 스케노리(樺山資紀) 육군 소좌, 후쿠시마 규세이(福島九成) 육군 소좌 등은 중국 남부와 타이완에, 이케가미 시로(池上四郎) 육군 소좌, 다케치 구마키치(武市熊吉) 육군 소좌 등은 만주에 파견하여 각각 지리 조사 등을 수행하게 했다.[72]

이러한 조사 결과를 바탕으로 사이고는 1873년 8월 조선의 외교적 무례를 구실로 삼아 자신을 조선에 전권대사로 파견해줄 것을 정부에 요청했다. 사이고는 자신이 조선으로부터 무례한 대우를 다시 받는다면 그때 무력 사용을 단행해야 한다고 주장하면서 본격적인 정한논쟁의 불길을 지폈다.[73] 사이고의 이 같은 주장에는 조선을 확실하게 굴복시킨 다음에 포시에트만 인근의 러시아 지역에 진출하여 일본의 안전을 도모해야 한다는 팽창전략론이 깔려 있었다.[74]

71 松下芳男, 앞의 책, p.340.
72 本山幸彦, 「アジアと日本」, 橋川文三·松本三之介, 『近代日本政治思想史1』, 有斐閣, 1971, p.258.
73 石井孝, 앞의 책, p.286.
74 오카 요시타케, 『근대일본정치사』, 장인성 역, 소화, 1996, pp.28-29. 이 책의 원저는 『現

사이고의 측근인 기리노 도시아키(棟野利秋)도 이 시기에 일본이 세계에서 독립하기 위해서는 오로지 정벌을 통해 해외로 나아가야 하며 영국, 프랑스, 프러시아, 러시아 등이 아시아에 힘을 미칠 여유가 없을 때 일본이 먼저 조선, 중국, 만주에 진출해야 한다고 주장했다.[75]

사이고 등의 정한론에 대해 도쿄에 남아 있던 이노우에 가오루(井上馨) 등은 반대 입장을 취했으나 그 기세를 꺾기에는 역부족이었다. 정한론의 주장은 이와쿠라 사절단이 귀국한 이후인 1873년 10월 이와쿠라 본인은 물론 오쿠보 도시미치, 그리고 한때 조선정벌을 주장한 당사자인 기도 다카요시 등의 반박으로 수그러들었다. 이와쿠라는 1873년 10월 태정관에 제출한 의견서에서 아직 "국기(國基)가 견고하다고 말할 수 없는" 시기에 "경솔하게 외사(外事)를 도모해서는 안 된다."라고 건의했다.[76] 오쿠보 도시미치 역시 귀국 직후 정한론에 반대하는 의견서 및 입헌정체에 관한 의견서를 작성하면서 일본이 유신 이래 서구화에 힘쓴 결과 절반 정도 개화의 위상에 도달했는데 대외정벌보다는 향후에도 정치권력을 집중하여 국가 부강에 힘써야 한다고 주장했다.[77] 한때 조선정벌론을 앞장서서 주장했던 기도 다카요시도 이와쿠라 사절단의 귀국 이후 해외 군사원정이 국내 개혁의 지연을 초래할 것이라고 보아 정한론에 반대하는 입장을

代日本小史(政治史)』, みすず書房, 1961이다.

75   오카 요시타케, 위의 책, p.29

76   岩倉具視, 「朝鮮事件ニ關スル奏問書」(明治 6年 10月), 『岩倉具視關係文書1』, pp.363-368.

77   Key-Hiuk Kim, *The Last Phase of the East Asian World Order: Korea, Japan, and the Chinese Empire, 1860-1882*, Berkeley: University of california Press, 1980, p.184; 中村尚美, 앞의 책, pp.17-19.

보였다.[78]

결국 정한론의 주장이 정부 정책에서 배제되면서 그 주창자들인 사이고 다카모리, 이타가키 다이스케, 소에지마 다네오미, 에토 신페이 등이 정부에서 물러났다. 대신 국가체제 강화론자들인 오쿠보 도시미치가 참의 겸 내무경, 가쓰 가이슈가 참의 겸 해군경, 오쿠마 시게노부(大隈重信)가 참의 겸 대장경, 데라시마 무네노리(寺島宗則)가 참의 겸 외무경, 이토 히로부미가 참의 겸 공부경을 담당하면서 이와쿠라 등과 더불어 1870년대 후반의 메이지 정부를 이끌었다.[79]

2) 타이완 정벌

정한론자들은 메이지 정치의 무대에서 퇴장했지만 이들이 제시했던 또 하나의 해외팽창론인 정대론(征臺論), 즉 타이완 정벌론은 메이지 정부의 주도 세력들에게 인계되었다. 타이완 정벌론은 1872년 8월 류큐 제도에 속한 미야코지마(宮古島) 주민들이 타이완에서 살해된 사건에 대해 가고시마현에서 그 문책을 위해 타이완 정벌을 건의한 것에 기인했다. 특히 1872년 10월 류큐의 국왕이 메이지 천황에 의해 류큐 번왕(藩王)에 봉해지고 일본의 귀족 계급인 화족(華族)의 반열에 올라가면서 류큐는 일본의 판도에 속하게 되었다. 그러자 메이지 정부는 기존에 류큐에 대해 종주국의 위상을 갖고 있던 청국과의 사이에 류큐의 귀속 여부에 대한 협의를 실시할 필요성을 갖게 되었다.

---

78 Key-Hiuk Kim, 앞의 책, p.186
79 한상일, 『이토 히로부미와 대한제국』, 까치, 2015, p.97.

메이지 천황은 1872년 12월 소에지마 외무경에게 청국 파견 지시를 내리면서 류큐의 귀속 여부에 관한 문제와 아울러 타이완인들에 의한 류큐 주민 살해 사건을 해결하라는 과제를 부여했다. 이러한 임무를 위임받은 소에지마 외무경은 야나기하라 사키미츠 등과 함께 1873년 3월 12일 군함 류조(龍驤)에 탑승하여 호위함 츠쿠바(筑波)의 호위 속에 청국을 방문했다. 일본 측 대표들은 직예총독(直隷總督) 이홍장 및 총리아문(總理衙門) 관계자들과의 협의에서 류큐의 귀속 문제에 대해서는 상호 의견 차이를 보였으나 타이완에 대해서는 "중국의 정교(政敎)가 미치지 못하는 곳"이라는 답변을 얻어냈다. 이를 실마리로 삼아 일본 측은 "타국이 타이완을 점거하여 일본의 남해(南海) 지역에 위기가 생긴다면 일본 정부가 즉각 타이완을 정벌할 것"이라는 의사를 밝혔다.[80] 이 같은 발언에 대해 청국 측으로부터 별다른 반대 의견이 없자 소에지마 외무경은 1873년 8월 귀국 직후 타이완 출병 계획을 확고하게 정했다. 일본 정부 내부에서 정한논쟁이 가열되던 시기에 타이완 군사원정 계획이 동시에 진행되었던 것이다. 타이완 정벌론자들은 그 지역을 장악할 경우 류큐의 확보에도 용이할 뿐만 아니라 필리핀, 보르네오, 수마트라 등은 물론 중국 남부 지방으로의 세력 확장에도 도움이 된다는 야심적인 논리를 개진했다.[81]

그런데 1873년 10월 이와쿠라 사절단의 귀국 이후 정한론이 집중적인 비판을 받으면서 그 주창자들이 정부에서 이탈하고 외무경

---

80 石井孝, 앞의 책, pp.31-35. 이시이 다카시(石井孝)는 메이지 정부의 외교사절이 해군 군함에 탑승한 것은 야나기하라 사키미츠 일행의 청국 방문이 최초 사례였다고 지적했다.
81 松下芳男, 앞의 책, p.449.

소에지마도 정부를 떠나게 되면서 타이완 정벌론은 정한론과 함께 역사의 무대에서 퇴장하는 듯 보였다. 그러나 정한론을 반박하면서 정부의 핵심세력으로 복귀한 이와쿠라 도모미와 오쿠보 도시미치는 사이고 다카모리와 소에지마 다네오미 등이 주장했던 타이완 정벌론을 계승하려고 했다. 이들로서는 타이완 정벌마저 배제한다면 대외정벌을 주창했던 사무라이 세력들의 반발을 억누르기 어렵다고 보고 국내 민심을 무마하는 차원에서 타이완 정토(征討) 계획을 수용했던 것이다. 그러나 참의 기도 다카요시를 비롯해 육군성의 야마다 아키요시 육군 소장, 미우라 고로(三浦梧樓) 육군 소장 등은 정한론에 반대하던 오쿠보 등이 타이완 정벌을 추진하는 것은 납득할 수 없다고 반박하면서 정부에 사직서를 제출했다.[82]

이러한 논란에도 불구하고 메이지 정부는 1874년 4월 육군 중장 사이고 쓰구미치를 타이완 사무총독에 임명하고 3,658명의 정벌군 병력을 닛신(日進) 등 3척의 군함에 탑승시켜 타이완에 파견했다. 5월 2일 타이완에 상륙한 일본군은 이후 1개월 이상의 교전 끝에 타이완 전역을 평정하고 이해 말인 12월에 도쿄로 귀환했다. 그리고 타이완 교전이 진행되던 1874년 10월 오쿠보 도시미치는 청국에 파견되어 이홍장과 담판을 해서 보상금 50만 냥을 지불 받는 성과도 거두었다. 그런 면에서 1874년의 타이완 정벌은 메이지 유신 이후 신정부가 건설한 육해군 군사력이 외교적 목적을 위해 최초로 운용된 성공적인 사례라고 평가할 수 있고, 대외적으로는 동아시아 지역에 대한 일본 팽창주의의 최초 시도였다고도 볼 수 있다.[83]

---

82 松下芳男, 앞의 책, pp.450-451. 육군경 야마가타 아리토모도 타이완 정벌 계획에는 반대 의사를 표명했다.

요컨대 메이지 정부 초기에 일본의 실력자 이와쿠라와 오쿠보 등은 일본이 건설한 육해군 군사력의 제한을 숙지한 상태에서 청국이 종주권을 장악하고 있던 조선에 대한 군사력 사용은 극력 억제했지만 청국의 주권이 미치지 않았던 타이완에 대해서는 외교 목적을 달성하기 위한 수단으로 군사력을 제한적으로 사용하여 성과를 거두었던 것이다.

3) 강화도 사건과 조선의 개국

타이완 정벌이 추진되고 있던 시점에 메이지 정부의 대외정책의 또 다른 과제는 러시아와의 국경 설정 및 조선과의 외교관계 수립 문제였다. 1874년 2월 산조 사네토미, 이와쿠라 도모미, 오쿠보 도시미치 등 메이지 정부의 수뇌들은 러시아에 공사를 파견하여 양국 간의 국경 문제를 협의함과 동시에 조선에 사절을 파견하여 외교관계를 수립하는 것이 앞으로의 과제가 될 것이라는 논의를 나누었다.[84] 앞서 살펴본 것처럼 메이지 초기의 주요 정치세력들과 식자들은 러시아 위협론을 강하게 공유하고 있었다. 그런데 1874년 11월 러시아와의 교섭을 담당하게 될 전권공사로 임명된 에노모토 다케아키(榎本武揚)는 러시아와의 영토 교섭 문제가 일본의 방위에 관한 현안이 됨은 물론 조선과의 교섭 문제와도 밀접하게 연결되어 있다는 인식을 보였다. 그는 1875년 1월에 작성한 의견서에서 일본 방어의 요지(要地)가 "인후(咽喉)의 땅인 쓰시마와 그에 면해 있는 조선의 대안(對

---

83 Key-Hiuk Kim, 앞의 책에 나타난 평가를 참조하라.
84 石井孝, 앞의 책, p.287.

岸)"이라고 지적했다.[85] 다만 러시아도 표트르(Pyotr) 대제 및 에카테리나(Ekaterina) 대제 시대를 거치면서 연해주 지방을 점거해왔고 앞으로는 "조선 국경에서 만주 해안의 신영지"를 주목하게 될 것이기 때문에 러시아가 선수를 쳐서 쓰시마 지역에 교두보를 점하게 될 때에는 "일본 방해(防海)의 대목적을 잃게 될 것"이라고 우려했다. 따라서 그는 러시아의 남하에 대비하여 일본이 두 가지 방책을 세워 두어야 한다고 제안했다. 첫째 방책은 "지나에 앞서 일본이 (사절을 보내어) 조선을 훈도하여 교의를 두텁게 하면서 일본의 위덕(威德)을 조선 국내에 반양시키도록 하는 것"이고, 둘째 방책은 조선이 일본과 외교 의사가 없을 때에는 "쓰시마 대안에 일본이 교두보를 확보해두는 것"이라고 했다.

이러한 관점에서 메이지 정부는 러시아와의 영토 확정 교섭 및 조선에 대한 개국강요 정책을 동시에 추진했다. 1875년 7월 에노모토는 러시아 수상 알렉산드르 고르차코프(Aleksandr Gorchakov)와 사할린 전체를 러시아에 양여하고 치시마 군도를 일본의 영토로 한다는 조약에 조인했다.[86] 러시아와의 영토 협상이 진행되던 시점인 1875년 5월 4일 해군성의 해군대보 가와무라 스미요시(川村純義)는 태정대신 산조 사네토미의 허가를 받아 해군 소좌 이노우에 요시카

---

85 榎本武揚, 「樺太問題 朝鮮政策につき意見書」(1875. 1. 11), 芝原拓自·猪飼隆明·池田正博 編, 『日本近代思想大系12: 對外觀』, 岩波書店, 1996, p.43. 에노모토 다케아키는 1876년 1월에 작성한 서한에서도 같은 논지를 피력하면서 일본의 정치전략 관점에서 부산 지역을 영유하는 것이 급선무라고 재차 강조했다. 榎本武揚, 「對朝鮮政策につき榎本武揚書翰」(1876. 2. 10), 芝原拓自·猪飼隆明·池田正博 編, 『日本近代思想大系12: 對外觀』, 岩波書店, 1996, pp.45-46.
86 松下芳男, 앞의 책, p.341.

(井上良馨)와 이토 스케유키(伊東祐亨)에게 각각 함정 운요(雲揚)와 다이이치 테이보(第一丁卯)를 지휘하여 부산으로 가도록 했다. 이 두 함정은 5월 25일과 6월 12일 각각 부산에 입항하여 위력 항행을 했고 조선 동해안의 영흥만 등을 항행한 뒤 일본에 귀환했다.[87] 이 가운데 이노우에 요시카가 지휘한 함정 운요는 다시 해군성으로부터 조선 서해안에서 청국 연안까지의 항로 연구를 지시받아 9월 중에 나가사키를 출항하여 조선 서해안으로 접근했다. 운요호가 강화도 초지진 해역에 접근했을 때 연안 포대에서 경계사격이 날아왔고 이에 대해 운요호도 함상에 설치된 110파운드 포와 40파운드 포로 응사했다. 다음날에는 영종진에 상륙하여 조선 병사들과 교전을 벌였는데, 이 결과 일본군 피해는 전사자 1명이었음에 반해 조선 측 전사자는 30~40명에 이르렀다. 운요호는 조선군의 병기와 군수품을 몰수해서 9월 말 나가사키로 귀환했다. 이것이 소위 "강화도 사건"이다.[88]

일본 측 연구자들도 인정하고 있듯이 강화도 사건은 일본 해군에 의한 "명백히 방위를 일탈한 침략행위"였다. 그럼에도 불구하고 산조 사네토미 태정대신은 초량(草梁) 공관 및 거류민 보호를 위해 9월과 10월에 걸쳐 나카무타 쿠라노스케(中牟田倉之助)를 지휘관으로 하여 군함 가스가(春日) 등 3척을 부산에 파견하여 조선을 압박했고, 다음 해 1월에는 구로다 기요타카(黑田淸隆)를 전권대신으로, 이노우에 가오루를 부전권대신으로 하여 6척의 군함과 운송선을 강화

---

87 石井孝, 앞의 책, p.303.
88 石井孝, 앞의 책, pp.314-315. 강화도 사건의 주역인 운요호는 배수량 245톤으로 당시 일본 해군이 보유했던 함선 가운데 가장 작은 편에 속했다.

도에 파견했다. 이렇게 체결된 강화도 조약에서는 제1조에 조선을 자주지방으로 하고 일본과 평등한 권한을 보유하게 하여 중국의 전통적인 종주권을 부정하게 했고, 제2조에는 개항장에 주류하는 일본인에 대한 재판 관할권이 일본 측에 있다고 규정하여 일본인에 대한 치외법권을 허용하게 했다.[89]

강화도 사건 및 조선에 대한 개국 과정은 메이지 일본의 군사 및 외교 정책에서 몇 가지 중요한 의미를 갖는다. 우선, 일본의 방위전략상 요충지로 평가된 조선에 대해 강화도 조약의 체결을 통해 기존 중국의 종주권을 배제하고 일본의 영향력이 작용할 수 있는 여지를 만들었다는 점, 그리고 외교 목적을 위해 메이지 정부의 수립 이후 건설해온 군사력, 특히 해군력이 적절한 수단으로 사용될 수 있었다는 점이다.

사실 강화도 사건을 전후로 하여 메이지 해군은 자신감을 가지게 되면서 활동 범위도 점차 확대했다. 1875년에 군함 츠쿠바는 샌프란시스코와 하와이를 항행했고, 1878년에는 적도를 지나 오스트레일리아 방면까지 항행했다. 1878년에 군함 세이키(淸輝)는 유럽 해역까지 항행한 바 있다.[90] 민간에서도 메이지 유신 이래 일본이 추구해온 국가체제의 강화와 문명개화의 성과를 평가하는 논의가 빈번하게 나타났다. 후쿠자와 유키치는 1876년에 집필한 『학문의 권장』에서 일본의 일반 인민이 독립의 기풍을 조성하는 과제가 남아 있기는 하지만 메이지 정부가 학교를 세우고 공업을 권장하며 육해군의 제도도 크게 면목을 일신하여 문명의 형태가 대략 정비되고 있다고 평

---

89 岡義武, 앞의 책, pp.185-187.
90 外山三郞, 앞의 책, pp.32-33.

가했다.[91] 교육자 겸 정치가 쿠사마 도키요시(草間時福)는 1875년 9월에 기고한 글을 통해 메이지 초기에 일본이 기울인 노력의 성과로 그 개화 진보의 정도는 완고한 중국을 넘어섰고 고루한 조선을 능가하면서 일본이 동양의 거장으로 부상했다고 자부했다.[92] 민간 부문에서의 이러한 자부에도 불구하고 메이지 정부에는 여전히 해결해야 할 국내적 과제가 산적해 있었다. 1876년에는 병부대보를 역임한 마에바라 잇세이가 주도한 하기(萩)의 반란을 진압해야 했고, 1877년에는 사이고 다카모리 등이 일으킨 세이난(西南) 전쟁을 평정해야 했다.[93] 정부가 직면한 과제들을 냉정하게 직시하고 있던 오쿠보 도시미치는 1877년 5월 사망하기 직전에 측근에게 1868년부터 1877년까지 신생 정부에 군대 및 전쟁에 관한 도전이 많았다면 그다음 해인 1878년부터 10년간은 내치(內治)를 정비하고 민산(民産)을 증식시키는 과제가 제기될 것이고 1888년부터 10년간은 후진 현자들을 양성하고 이들에게 부국강병의 과제를 계승시킬 필요가 있다고 했다.[94]

그러나 오쿠보의 전망과 달리 그의 사망 이후의 시점에 일본은 내치 강화와 민산 증식보다는 대외적 팽창을 염두에 둔 군비확장의 길을 선택하기 시작했다.

91　福澤諭吉, 『学問のすすめ: 福澤諭吉著作集3』, 慶應義塾大學出版會, 2002(1876), p.52.

92　草間時福, 「變革を論ず」, 『朝野新聞』, 1875. 9. 29.

93　물론 이 같은 국내 내란의 진압 과정에서 신생 육군이 군대로서 강화되는 계기가 있었고 전쟁 경험도 갖게 된 것이 사실이다. 세이난 전쟁의 경과와 일본 육군의 전투과정에 대해서는 松下芳男, 앞의 책, pp.462-497을 참조하라.

94　中村尙美, 앞의 책, p.37.

3장

1880년대 일본 국가전략의 확장과 대외정책

1. 국력의 증강과 국가전략론의 적극화

국제정치사에서는 개별 국가의 국력이 증강하면 그것을 바탕으로 보다 적극적인 국가전략을 논하는 전략가나 정치가들이 등장하는 경향이 종종 발견된다. 1890년대에 미국의 국력이 증대되자 이를 바탕으로 앨프리드 머핸(Alfred Mahan) 제독이 해외진출과 식민지 확보를 주장하는 적극적 대외전략을 제시했고 이를 시어도어 루스벨트(Theodore Roosevelt) 대통령이 대외정책에 반영한 바 있다. 21세기에 들어서서 중국의 국력이 급부상하자 옌쉐퉁(閻学通)이나 류밍푸(劉明福) 등의 전략가가 국력에 부합하는 적극적 대외전략을 제시하기 시작했고, 시진핑(習近平) 주석이 이러한 구상들을 대외정책에 수용하고 있다. 1868년의 왕정복고 이후 대내적으로 문명개화와 식산흥업, 부국 건설 정책이 진전되고 타이완 정벌에 성공했으며 세이난 전쟁을 평정하는 성과를 거두면서 메이지 정부에서도 1880년대를 전후하여 보다 적극적인 국가전략을 모색하려는 경향이 나타나기 시작했다.

언론인 쿠사마 도키요시는 1875년에 쓴 논설에서 일본의 개화 수준이 청국이나 조선을 넘어섰다고 자부한 바 있다. 이보다 4년 뒤인 1879년 6월에 『요코하마마이니치(横浜毎日)』는 논설을 통해 메이지 유신 이래 일본의 정치체제와 법제도가 진보하여 독일과 러시아와 비교해도 부끄러움이 없고 학술과 문예가 진보한 정도는 포르투갈과 스페인과 비교해도 뒤지지 않으며 산업의 발전은 터키와 이집트보다도 앞서서 동양에서는 상등국(上等國)의 지위에 이르렀고 유럽 국가들과 비교해도 포르투갈, 스페인, 벨기에, 네덜란드 등과 어깨를 나란히 하는 정도에 도달했다고 자평했다.[1] 후쿠자와 유키치도 1881년에 쓴 글을 통해 여전히 유교의 가르침에 머물러 있는 청국이 문명개화에 노력을 기울인 일본에 비해 국력 수준 면에서 10분의 1에 미치지 못할 것이라고 평가한 바 있다.[2]

이러한 국력 증강에 대한 자평을 기반으로 1880년대를 전후하여 일본 내에서 보다 적극적인 국가전략을 모색하려는 움직임이 보이기 시작했다. 1870년대 중반에 이와쿠라 도모미와 후쿠자와 유키치 등은 당시 논의되던 강병 건설 우선론을 비판하면서 부국 우선론을 주장한 바 있었다. 그런데 1879년 4월 후쿠자와의 게이오 의숙 문하생이었던 미노우라 가쓴도(箕浦勝人)는 『유빈호치신문(郵便報知新聞)』에 기고한 글을 통해 영국과 미국 등 세계 각국을 보건대 국가를 부하게 하려면 군사력을 우선 강하게 하는 것이 순서라고 하면서 부국 우선론을 잠꼬대 같은 오류라고 비판했다.[3]

---

1 「東洋諸國の形勢」, 『横浜毎日新聞』, 1879. 6. 27-6. 28.
2 福澤諭吉, 「牛場君朝鮮に行く」, 『時事新報』, 1881; 石河幹明, 『福澤諭吉傳』 第3卷, 岩波書店, 1932, p.296에서 재인용했다.

한편 우에키 에모리(植木枝盛), 오노 아즈사(小野宰), 다루이 도키치(樽井藤吉) 등은 서양 국가들의 아시아 진출과 그에 따른 식민지화의 확대를 우려하면서 일본으로서는 청국 및 조선과 같은 동양 국가들과 제휴하여 서양 국가들에 대항하는 태세를 갖추어야 한다는 정책론을 주장했다. 오노 아즈사의 경우에는 1881년에 저술한『동양외교정략(東洋外交政略)』에서 러시아의 남진 정책이 청국과 조선 양국에 미치고 있다고 지적하면서 일본과 지리적으로 근접한 이 국가들에 피해가 미치면 일본의 국가 이익에도 영향이 미칠 것이라고 우려했다. 이에 대응하기 위해 동양 국가들과 연대하여 힘을 모아 그 침략을 방지해야 한다고 했다.[4]

후쿠자와 유키치도 이러한 문제의식에서 청국 및 조선에 대한 문명개화 지원정책을 강력하게 개진했다. 그는 1881년 9월에 쓴 글을 통해 "서양 여러 나라가 위세를 떨치며 동양에 다가오는 모습은 불꽃이 만연한 것과 같다."라고 하면서 일본의 이웃인 "지나와 조선은 느리고 둔해서 그 세력에 맞설 수 없으니" 일본으로서는 "무력으로 이들을 보호하고 문명으로 이들을 유도하여 빨리 우리들의 본을 받아 가까운 시일에 문명에 들어가지 않을 수 없게 해야 한다."라고 했다.[5] 후쿠자와는 그 방편으로 특히 조선의 개화세력과 화친을 맺어 조선의 미개를 유도하고 인민을 지도해야 한다고 했다. 이를 위해 그는 김옥균 등과 밀접한 연계를 가지면서 자신의 측근들을 조선에

3 箕浦勝人, 「强兵富國論」, 『郵便報知新聞』, 1879. 4. 9-4. 10.

4 咸東珠, 「明治期 일본의 아시아주의와 國權意識」, 『日本歷史研究』, 2, 일본역사연구회, 1995. 9, pp.122-123.

5 福澤諭吉, 『時事小言』, 1881. 9; 升味準之輔, 『日本政治史1: 幕末維新, 明治國家の成立』, 東京大學出版會, 1989, p.217에서 재인용했다.

파견하여 조선의 근대화 정책을 지원하려고 했다.[6]

1870년대와 결이 다른 이러한 국가전략론의 대두는 당대의 정치세력들에게도 영향을 미쳤다. 공교롭게도 1880년대는 왕정복고의 주역으로 메이지 유신의 정치 과정을 견인한 주요 정치세력이 세대교체하던 시기이기도 했다. 유신의 3걸로 불리던 사이고 다카모리, 기도 다카요시, 오쿠보 도시미치 등이 1877년과 1878년에 걸쳐 사망했고, 이들의 후배 세대에 해당하는 이토 히로부미, 야마가타 아리토모, 이노우에 가오루 등이 국내 정치, 군사, 외교 등의 분야에서 메이지 정부의 실력자로 부상했다. 또한 정한논쟁의 와중에 정부에서 물러난 이타가키 다이스케, 오쿠마 시게노부 등이 각각 1881년과 1882년에 자유당 및 입헌개진당을 결성하여 재야에서 민권파 정치세력을 규합하면서 정부에 대항했다. 그렇다면 이 정치세력들은 어떤 국가전략론을 각각 추진했던가.

이토 히로부미는 공부경(工部卿)을 역임하다가 오쿠보의 사후에 그의 뒤를 이어 내무경(內務卿)을 담당하면서 식산흥업 정책 등 국내의 산업기반 정비 및 법제 정비 등의 임무를 담당해나갔다. 1879년에 외무경에 취임한 이노우에 가오루는 구미 국가들과의 불평등조약 개정을 주요 과제로 설정했는데, 동시에 그는 구미 세력의 동양 진출에 대응하기 위한 조선개화 지원론에도 상당히 공명한 것으로 보인다. 1880년 8월 조선에서 수신사(修信使) 자격으로 예조참의 김굉집(金宏集) 등이 방일했을 때, 그는 러시아의 동방 진출 등의 정세를 설명하면서 조선에 대해 외국어학교의 설립, 유학생 파견 등을

---

6 福澤諭吉,「朝鮮の交際を論ず」,『時事新報』, 1882. 3. 11; 石河幹明,『福澤諭吉傳』第3卷, 岩波書店, 1932, p.277 등에서 재인용했다.

조언했다. 또한 하나부사 요시모토(花房義質) 변리공사의 조선 파견에 임해 총기 10종류 등을 조선에 지원했다.[7] 이노우에 가오루의 조선개화 지원정책은 후쿠자와의 그것과 맥락을 같이하는 것으로, 메이지 유신 이후에 일본이 성취한 근대화의 성과를 수출하려는 의미를 가진 것이었다.[8]

강병건설에 관해서는 육군경 야마가타 아리토모와 해군경 가와무라 스미요시 등이 입역자로 활약했다. 야마가타는 이미 1878년과 1880년에 육군 소장 장교들인 가쓰라 타로, 오가와 마타지(小川又次) 등을 주재무관이나 어학연수생 명목으로 청국에 파견하여 지리와 군사시설 등의 현황을 조사하게 하고 그 결과를 집약하여 1880년에 『인방병비략(隣邦兵備略)』을 간행했다.[9] 그는 이 책의 서문에서 영국이 인도를 병탄(併呑)하고 러시아가 터키 및 시베리아 등지로 진출한 것과 같은 사례를 들면서 유럽 각국이 총포, 전함 등의 기술을 발전시키면서 병력을 증강하고 있다고 설명했다. 그러한 유럽 각국과 대치하면서 아무런 군사적 준비가 없다면 결국 영토를 할양당하고 독립을 잃을 것이라고 우려하면서 군비증강의 시급성을 주장했다.[10] 해군경 가와무라도 1881년 12월에 향후 20년간에 걸쳐 60척의 함선을 증강하자는 해군 확장안을 건의했다.[11]

7 井上馨傳記編纂會, 『世外井上公傳』 3, 原書房, 1968, pp.442-447.
8 후쿠자와 유키치와 이노우에 가오루 등의 조선지원론을 메이지 혁명 수출론으로 파악하는 견해는 三谷博, 「比較史上の明治維新: 過程と特徵」, 『明治維新とナショナリズム』, 山川出版社, 1997, p.341이다.
9 中村尙美, 『明治國家の形成とアジア』, 龍溪書舍, 1991, p.129.
10 山縣有朋, 「進隣邦兵備略表」(1880. 11. 30), 由井正臣·藤原彰·吉田裕 編, 『日本近代思想大系4: 軍隊兵士』, 岩波書店, 1989, pp.279-280.
11 外山三郎, 『日本海軍史』, 敎育社, 1980, pp.44-45.

이같이 메이지 유신 시기의 국력 증대를 바탕으로 보다 적극적인 국가전략론이 분출되는 가운데 군비증강론을 보다 촉발시킨 사건이 1882년 7월에 발생했다. 조선에서 발생한 임오군란(壬午軍亂)이 그 것이었다.

2. 임오군란의 발발과 군비증강의 본격화

일본의 근대사 연구들 가운데에는 임오군란의 발발을 계기로 일본 군국주의가 강화되었다거나 중국을 목표로 일본의 군사체제가 강화 되기 시작했다는 평가가 많다.[12] 그렇다면 과연 임오군란을 전후로 일본의 정치외교는 어떤 변화를 겪게 된 것일까.

1882년 7월 23일 조선의 구식군대 병사들이 신식군대와의 차별 대우에 불만을 품고 흥선대원군과의 교감 속에 난을 일으켰고, 이 과정에서 일본 공사관을 습격하여 별기군을 훈련해왔던 호리모토 레이조(堀本禮造) 소위를 살해하는 사건이 발생했다. 조선 주재 공사 하나부사는 급히 인천으로 탈출하여 가까스로 나가사키로 귀국했 다. 이 사건을 접한 일본 정부 내의 강경론자들은 격앙된 반응을 보 였다. 육군경 야마가타는 이를 기화로 인천을 보장 점령하거나 거제 도 혹은 울릉도를 할양받아야 한다는 강경론을 제기했다. 정한론을 주장하면서 1881년에 겐요샤(玄洋社)를 결성했던 후쿠오카(福岡) 출 신의 도야마 미쓰루(頭山滿) 등은 정한의용대(征韓義勇隊)를 조직하

---

12 芝原拓自, 『日本近代史の世界史的位置』, 1981; 藤間生大, 『壬午軍亂と近代東アジア世 界の成立』, 春秋社, 1987 등을 참조하라.

여 조선에 파견하려는 움직임까지 보였다.[13]

일본의 대응은 청국의 직예총독 이홍장이 병력을 출동시켜 군란을 배후에서 지도하던 흥선대원군을 체포하고 민비 세력을 정권에 복귀시키면서 난을 수습한 이후에도 잠잠해지지 않았다. 8월 9일 주일 청국공사를 통해 청국이 조선속국론에 근거하여 사건 처리를 담당할 것이고 일본 공사관에 대한 경비도 파견된 청국군이 담당하겠다는 방침을 전달해왔기 때문이다.

육군경 야마가타 아리모토와 내무경 야마다 아키요시 등은 청국과 일전을 겨룰 각오를 해야 한다는 대청 개전론을 강경하게 제기했다.[14] 야마가타는 한술 더 떠 8월 15일 참사원 의장 자격으로 해군 함선의 증강에 중점을 둔 군비증강론을 제기했다.[15] 이 문서에서 야마가타는 해군경 가와무라 스미요시가 발표했던 건함 계획을 상기시키면서 청국을 상대로 하는 해군 군함 48척을 목표로 함선을 증강해야 하며 이 함대를 서해와 동해 기지에 각각 분산 배치해야 한다고 했다. 그리고 함대 증강에 따른 재정 문제를 해결하기 위해 연초세 등의 세제를 마련해야 한다고 제안했다.[16]

같은 시기에 우대신 이와쿠라 도모미도 기존의 육군 병력 규모

---

13 升味準之輔, 앞의 책, p.216.

14 야마다 아키요시는 당시 독일에 파견되어 있던 이토 히로부미에게 보내는 서한을 통해 대청 개전론을 주장했다. 高橋秀直,「形成期明治國家の軍備擴張政策: 壬午事變後の軍擴決定をめぐって」,『史學雜誌』, 99(8), 東京大學史學會, 1990. 8, pp.7, 24.

15 참사원은 1882년에 기존의 태정관 직제를 통합한 조직으로, 이토 히로부미가 독일로 출국하기 직전까지 담당했던 관직이었다.

16 The Center for East Asian Cultural Studies, *Meiji Japan through Contemporary Sources*, 3, Tokyo: Hinode Co., 1972, pp.244-245. 다만 야마가타 아리모토는 이 문서에서 징병령에 의해 충원되고 있는 육군 병력 4만 명의 규모가 불충분하다고 인정했으나 증원 방법에 대해서는 언급하지 않았다.

는 족한 수준이지만 조선에서의 사변에 임해 현재 수준의 군함으로 는 파견하기에 부족함이 드러났으니 우선 청국을 염두에 두고 해군 을 확장할 필요성이 있다고 했다. 그리고 해군 군함을 증강하기 위 해 비상세를 징수할 필요가 있다고 제언했다.[17] 다만 이와쿠라는 야 마가타와 달리 조선 문제로 인해 청국과 전단을 여는 것은 오히려 유럽 상인들이 무기를 파는 기회만 제공하게 될 뿐이라고 하여 일본 의 국익과 무익하다고 단언했다. 이런 연유로 이와쿠라는 외무경 이 노우에 가오루와 참사원 의관(議官) 이노우에 고와시(井上毅)가 강 구하던 외교적 해결책을 지지했다. 이노우에 고와시는 9월에 작성 한 「조선정략의견안(朝鮮政略意見案)」을 통해 장차 조선 지역에 대해 유럽 국가들이 요지를 점령하고 내정에 간섭할 가능성이 높다고 예 상하면서 일본으로서는 동양에서의 균세(均勢)를 지키기 위해 러시 아의 남하를 방어하면서 조선의 독립을 보호한다는 목표를 설정해 야 한다고 했다. 그 방편으로 그는 청국, 미국, 영국, 독일, 일본이 회 동하여 조선을 중립국으로 삼고 공동 보호하는 방안을 제시했다. 이 경우에 청국이 조선의 내정에 쉽게 간섭하지 못할 것이고 동양의 안 전도 기할 수 있다는 것이었다.[18]

외무경 이노우에 가오루는 이 같은 안을 토대로 태정대신 산조 사네토미에게 조선정책에 관한 세 가지 방안을 제시했다. 첫째, 관계 열강과 협력하여 조선의 독립을 승인하게 하는 방안, 둘째, 청국과 직접 교섭하여 조선의 종속 문제를 해결하는 방안, 셋째, 조선 내의

17 岩倉具視, 「海軍擴張につき意見書」(明治 15年 9月), 由井正臣·藤原彰·吉田裕 編, 『日本 近代思想大系4: 軍隊兵士』, 岩波書店, 1989, p.290.
18 井上毅, 「朝鮮政略意見案」, 1882. 9. 17, pp.52-54.

개화세력을 지원하여 자발적으로 독립의 결실을 맺게 하는 방안이
그것이었다. 결국 일본 정부는 유럽에 파견되어 있던 이토 히로부미
의 의견도 참조하면서 청국과의 직접적인 무력 대결을 회피하고 소
극적으로 조선 개화파들에 대한 지원을 계속 실시하면서 조선이 각
국과 조약을 체결하게 하여 점진적으로 독립의 지위를 얻게 한다는
대응책을 선택했다.[19]

결국 임오군란은 1882년 8월 30일 청국과 일본 간에 제물포조약
을 체결함으로써 수습의 실마리를 찾게 되었다. 즉, 조선 정부는 일
본에 배상금 50만 엔을 지불하고 일본은 공사관 경비를 위해 1,000
명의 경비병력을 주둔할 수 있게 되었으며, 청국은 3,000명의 병력
을 주둔시키고 중조상민수륙무역장정을 통해 조선이 청국의 속국임
을 명기하게 한 것이다.

이같이 임오군란 발발 직후에 일본 정부 내에서 야마가타 등이
주장했던 개전 불사론이 선택되지 않고 이노우에 가오루 등이 제시
한 점진적인 조선 독립 지원론이 채택된 배경에는 당시 청일 양국의
군사력 격차에 대한 고려가 작용했던 것으로 보인다. 1880년 초반
의 시점에 일본 해군은 1875년에 영국에 주문하여 1878년에 도입한
2,200~3,700톤급의 철갑함 3척을 포함하여 총 20척의 함선을 보유
하고 있었으나 이 가운데 전투 수행에 적합한 함선은 10여 척에 불
과했다. 이에 비해 청국은 1880년에 발주한 7,430톤급의 철갑함 정

---

19 井上馨傳記編纂會, 『世外井上公傳』 3, 原書房, 1968, pp.492-495; 安岡昭男, 「井上馨論」,
日本國際政治學會 編, 『日本外交史研究: 外交指導者論』, 有斐閣, 1967, p.6. 이 같은 방침에
대해서는 정부 측 신문인 『도쿄아사히신문(東京朝日新聞)』은 물론이고 자유당 계열의 『지유신
문(自由新聞)』도 동조하는 논조를 보였다고 한다. 高橋秀直, 앞의 글, pp.26-28.

원(定遠)과 진원(鎭遠)을 포함하여 총 37척의 함정을 보유했고 이 가운데 외양에서의 전투에 적합한 함선은 22척으로 평가되었다.[20] 이러한 해군력의 열세에 대한 인식이 일본이 대청 개전론의 주장을 억제한 중요한 요인이었을 것으로 생각된다.

이로 인해 임오군란이 수습된 이후에 일본 내에서는 청국을 가상의 적으로 하는 해군증강론이 더욱 적극적으로 제기되었고 관련된 정책을 추진하는 것이 탄력을 받게 되었다. 1881년에 이미 해군 확장 건의를 제기한 바 있는 해군경 가와무라 스미요시는 1882년 11월 15일 해군 확장 방안을 재차 상신(上申)했다. 이에 따르면, 현재 보유 함정 12척에 더해 향후 8개년간 48척을 건조하여 총 60척의 함대를 보유하자는 구상이었다.[21] 한때 강병보다는 부국 건설에 국가정책의 중점을 두어야 한다고 주장했던 후쿠자와 유키치가 "초미의 급무"로 군비확장을 서둘러야 한다는 입장을 밝힌 것이 이때였다. 그는 1882년 11월경에 저술한 「병론(兵論)」을 통해 당대의 국제정세가 "도리(道理)의 세계가 아니고 무력의 세계"라고 진단하면서 이러한 현실에서는 "병력을 버리고 의뢰할 만한 것이 있겠는가."라고 반문했다. 그러면서 "금일 일본의 병비는 나라의 비율로 본다면 충분한 것이 아님은 명확하다."라고 하면서 각종 세금의 징수를 통해서라도 군비증강을 위한 재원을 확보할 필요가 있음을 주장했다.[22]

---

20 高橋秀直, 앞의 글, pp.32-34.
21 高橋秀直, 앞의 글, p.11; 外山三郞, 앞의 책, pp.44-45.
22 福澤諭吉, 「兵論」. 이 문서는 1882년 11월 8일에 야마가타 아리토모에게도 전달되었다. 慶應義塾 編纂, 『福澤諭吉全集』 第17卷, 岩波書店, 1971, p.523.

이 같은 군비증강론의 흐름 속에서 정부는 1882년 12월 지방장관 회의를 소집했고, 이 자리에서 메이지 천황은 군비확장이 급무임을 선언하는 칙어를 발표했다. 이 칙어에서는 8개년간의 계속 사업으로 대함 5척, 중소함 15척을 포함한 총 32척의 군함을 건조하는 방안을 제시했고 소요되는 재원을 충당하기 위해 주세, 연초세, 회사세 등의 증세 방침을 밝혔다.[23] 이와 병행하여 기존의 육군 병력 규모인 4만 명 충족을 상회하는 전력증강안도 승인되었다.

이 같은 해군증강 및 재원 확보 방침에 따라 마쓰카타 마사요시(松方正義) 대장경은 〈표 3-1〉과 같은 군비확장 예산안을 작성했다. 표에 따르면, 1883년 이후에 신형 함정의 건조에 매년 300만 엔이 신규 편성되었고 그 유지비도 매년 100만 엔에서 400만 엔까지 추가로 편성되었다. 육군도 병력 증가 및 포대 신설 등으로 매년 234만 엔 정도가 신규 편성되었다. 다만 육군에 비해 해군 분야에 두 배 이상의 예산을 투입하는 계획이었음을 볼 때 임오군란 직후의 군비증강은 해군 전력을 육성하는 데 중점을 두었음을 알 수 있다.

이 같은 예산 증액의 결과 임오군란 이후 일본의 육군과 해군 예산을 합한 군사비 총액은 국가예산의 20%를 상회하는 수준으로 증액되었고, 이 같은 경향은 1890년대까지 지속되었다. 〈표 3-2〉에 따르면, 1880년대 이전까지 국가지출 가운데 연간 15% 내외의 비율을 보였던 육해군 군사비 총액은 임오군란 이후의 시기부터 20%를 상회하여 1890년의 시점에는 거의 30%에 육박하는 수준으로 증액되었다. 이 같은 예산 증액의 실태를 볼 때 임오군란 이후 일본이 군사

---

23 岡義武, 『近代日本政治史1』, 創文社, 1967, p.245.

표 3-1. 1882년 군비확장 예산계획 및 1883년 수정안(단위: 1천 엔)[24]

	1883년	1884년	1885년	1886년	1887년	1888년	1889년	1890년
1. 신함 제조비	3,000 (4,384)	3,000 (4,388)	3,000 (2133)	3,000 (2415)	3000 (3330)	3,000 (3330)	3,000 (3330)	3,000 (3330)
2. 신함 유지비	500 (250)	1,000 (404)	1500 (599)	2,000 (799)	2,500 (999)	3,000 (1200)	3,500 (1398)	4,000 (1598)
3. 육군 병구(兵員) 증가비	1,500	1,500 (2000)	1,500 (4000)	1,500 (4000)	1,500 (4000)	1,500 (4000)	1,500 (4000)	1,500 (4000)
4. 동경포대 건축 및 비품비	240	240	240+ 600	240+ 600	240+ 600	240+ 600	240+ 600	240+ 600
5. 해군 합계액 (1+2)	3,500 (4,634)	4,000 (4792)	4,500 (2732)	5,000 (3214)	5,500 (4329)	6,000 (4530)	6,500 (4728)	7,000 (4928)
6. 육군 합계액 (3+4)	1,740 (1740)	1,740 (2240)	2,340 (4840)	2,340 (4840)	2,340 (4840)	2,340 (4840)	2,340 (4840)	2,340 (4840)
7. 이상 합계액	5,240 (6374)	5,740 (7032)	6,840 (7572)	7,340 (8054)	7,840 (9169)	8,340 (9370)	8,840 (9568)	9,340 (9768)
8. 증세 금액	7,500	7,500	7,500	7,500	7,500	7,500	7,500	7,500
9. 과부족	2,260 (1126)	1,760 (468)	660 (-72)	160 (-554)	-340 (-1669)	-840 (-1870)	-1340 (-2068)	-1840 (-2268)

* 1883년 수정안의 수치는 ( )에 표시했다.

체제의 강화에 적극성을 보였고 해외정벌이 가능한 군대로 변화하기 시작했다는 기존 연구들의 평가가 나름대로 타당성을 갖고 있는 것으로 볼 수 있다.[25]

24   高橋秀直, 앞의 글, p.16.
25   다카하시 히데나오(高橋秀直)는 임오군란 이후 군비확장을 계기로 일본 군대가 해외정벌이 가능한 군대로 변모했고 이러한 골격이 청일전쟁으로 이어졌다고 분석했다. 高橋秀直, 앞의 글을 참조하라.

표 3-2. 1880년대 일본의 군사비 지출 비율, 1881~1890년(단위: 1천 엔)

연도	총 지출	육군비	해군비	군사비/총 지출 비율
1881	83,106	8,209	3,015	16.58
1883	83,107	10,250	3,080	21.15
1885	61,115	9,606	2,635	25.37
1887	79,453	12,050	4,942	28.51
1888	81,504	11,821	5,469	26.53
1889	79,714	12,206	5,277	29.41
1890	82,125	12,438	5,786	29.82

출처: 伊藤正德, 『國防史』, 東洋經濟新報社, 1941, p.70.

3. 대청(對淸) 가상 적국론의 대두

임오군란의 발발을 계기로 전개된 청의 조선에 대한 속국 지위의 강화는 일본 조야에 아시아 연대론적인 담론을 약화시키고 오히려 청국을 가상 적국으로 상정하는 논의를 일반화하는 결과를 가져왔다. 이 같은 논의는 민권파 계열 정당과 언론인들, 정부 내의 군 관련 인사들이 주도했다. 자유당이 운영하는 『지유신문(自由新聞)』은 1884년 4월에 「조선에 대한 정략을 논함」이라는 논설을 5회에 걸쳐 게재하면서 청국이 조선을 종속시켜 제멋대로 폭위(暴威)를 휘두르고 있다고 비판했다. 그러면서 조선이 순연한 독립국이 되게 하는 것이 일본의 동양 정략에서 긴급한 사안이라고 주장했다.[26] 이 신문은 다시 10월 5일에는 서양 열강들의 아시아 침략이 격렬하여 아시아 국

---

26 升味準之輔, 앞의 책, p.219.

가들의 독립이 파괴될 수 있는 상황이 전개되고 있다고 지적하면서 일본도 이러한 상황에 대응하여 스스로 국권을 확장하는 수단을 행하지 않으면 안 된다고 주장하는 논설을 게재했다.[27] 그러면서 우선 "가까운 곳"에서 국권 확장을 추진해야 한다는 주장을 제시했다.

이러한 국권확장론을 바탕으로 자유당과 개진당 등 민권파 계열 정치세력들은 청국 및 조선에 정치적 변화가 발생할 때마다 대청 개전과 대륙에의 진출을 주장하기 시작했다. 1884년 8월 청국과 프랑스 간에 전쟁이 발발했을 때 규슈(九州) 지역에서 활동하던 국권론자들은 청국 공략을 위한 준비작업으로 상하이(上海)에 동양학관(東洋學館)을 설립했고 겐요샤의 회원 90여 명은 청국에 건너가기도 했다.[28] 1884년 12월 조선에서 갑신정변이 발발하여 김옥균 등 개화파 인사들이 조선 주재 일본 공사 다케조에 신이치로(竹添進一郎)와 일본 병력의 지원으로 3일 천하를 열었지만 결국 청국의 무력 진압에 밀려 일본에 망명했고 조선 주재 일본군도 청국군에 패퇴하게 되었다. 이러한 사태에 직면해서 자유당과 개진당 등 민권파 계열 정당들은 전쟁에 대비한 의용군을 조직하자고 주장하면서 청과의 주전론을 주창했다.

정부 내에서는 1885년 내각제로 개편한 이후 내무대신을 담당하게 된 야마가타 아리토모가 청국과의 대결론을 견지했다. 그는 1886년에 작성한 의견서에서 일본이 취해야 할 정략은 조선이 철저하게 청국과의 종속관계를 탈피하여 자주독립의 국가가 되게 하는 것이

---

27 함동주, 「明治期 일본의 아시아주의와 國權意識」, 『日本歷史研究』, 2, 일본역사연구회, 1995. 9, p.137.
28 升味準之輔, 앞의 책, p.219.

라고 주장했다.[29] 이를 통해 유럽의 강국들이 조선을 약탈하여 점유할 수 있는 가능성을 방지하는 것이 일본의 안위에 중요한 문제라고 주장했다. 그러면서 조선의 지위에 대한 일본과 청국 간의 분규가 아직 해결되지 않았다고 했다. 그는 다시 육군 내의 교육사령관 격인 감군(監軍)의 직위를 맡아 군사업무를 담당하던 시기인 1888년 1월에 작성한 의견서를 통해 영국과 러시아가 세계적으로 대립하고 있는 양상을 설명하면서, 이러한 대립이 아시아 지역에 미칠 경우 아프가니스탄이나 조선이 그 대상이 될 것이라고 하고 그 경우 일본과 청국 간에 분규가 발생할 수 있다고 전망하기도 했다.[30]

이 같은 대청 개전론의 주장에 맞서 아직은 청국과의 전쟁을 회피하고 외교적으로 현안을 해결해야 한다는 입장을 관철한 세력은 1885년 초대 총리대신으로 지명된 이토 히로부미와 외무대신 이노우에 가오루 등이었다. 갑신정변 발발 이후 이노우에 가오루는 조선에 파견되어 1885년 1월에 조선 정부와 한성조약을 체결하여 조선 정부로부터 배상금을 받았고, 이토 히로부미는 청국 톈진(天津)에서 이홍장 등과 교섭을 벌여 1885년 4월에 청일 양국군이 동시에 조선에서 철수하고 장차 조선에 출병할 때에는 상호 통지한다는 내용의 톈진조약을 체결했다. 한성조약 및 톈진조약의 체결로 갑신정변이 수습되던 시기인 1885년 2월 참사원 의관 이노우에 고와시는 갑신정변의 처리에 관한 의견서를 제출했다.[31] 이 의견서에서 그는 메

29 藤村道生, 『山縣有朋』, 吉川弘文館, 1961, p.156.
30 中村尙美, 앞의 책, pp.144-146.
31 井上毅, 「甲申事變處理につき意見案」(1885. 2), 芝原拓自·猪飼隆明·池田正博 編, 『日本近代思想大系12: 對外觀』, 岩波書店, 1996, pp.59-60.

이지 유신 이후 일본과 청국 간의 외교관계 흐름을 요약하면서 이번 조선에서의 사변으로 양국 간의 결렬은 이미 피할 수 없는 상황이 되어버렸다고 분석했다. 다만 이번 경우에는 전쟁을 하지 않고 화친해야 할 시기라는 의견을 개진했다. 이 같은 이노우에의 의견서는 결과적으로 이토 히로부미 총리를 포함한 메이지 정부가 한성조약 및 텐진조약의 체결을 통해 청과의 갈등 현안을 수습하는 외교정책론을 잘 집약하는 것이었다.

임오군란 이후 갑신정변을 거친 시기에 나타난 일본 대외정책론의 제 양상을 상징적으로 잘 보여주는 문헌이 1887년 나카에 초민(中江兆民)이 저술한 『삼취인경륜문답(三醉人經綸問答)』이 아닐까 한다.[32] 이 책은 양학신사(洋學紳士), 호걸군(豪傑君), 남해선생(南海先生) 등 3명의 등장인물이 각각 술에 얼근하게 취한 상태에서 일본을 둘러싼 대내외 정세를 분석하고 향후의 대외전략을 논하는 스토리로 구성되었다. 첫 번째 등장인물인 양학신사는 영국, 프랑스, 독일, 러시아 등 가장 강대한 유럽 국가들이 어떻게 부강을 이루었는가를 소개한 다음, 일본도 "민주와 평등의 제도를 확립하여 사람들의 신체를 그들 자신에게 돌려주고 요새를 부수어 군비를 철폐함으로써 타국에 살인을 범할 의지가 없음을 표명하거나 타국 또한 그러한 의지가 없으리라고 믿고 있음을 보여주어 나라 전체를 도덕의 화원(花園), 학문의 밭으로 삼는 것"이 향후 취해야 할 국가전략의 방향이라고 설파했다. 의회를 설치하고 성년에게 피선거권을 부여하며 학교를 세워 수업료 없이 교육하고 사형제도를 철폐하며 언론, 출판, 집

---

32 이하의 인용은 나카에 초민, 『삼취인경륜문답(三醉人經綸問答)』, 연구공간 수유너머 일본 근대사상팀 역, 소명출판, 2005(1887)에 따른다.

회, 결사의 자유를 보장하면서 "시험 삼아 이 아시아의 작은 나라를 민주, 평등, 도덕, 학문의 실험실로 삼고 싶다."라는 비전을 제시했다.[33] 이러한 국가를 건설할 경우 국가 간의 전쟁 가능성은 사라지고 만민은 행복하게 살 수 있다는 전망도 내보였다.

이에 반해 호걸군(豪傑君)은 러시아, 독일, 프랑스가 각각 백여만 명의 병력으로 터키, 안남 등을 영유하면서 아시아로 세력을 확장하고 있으며 영국도 군함 백여 척을 앞세워 전 지구상에 식민지를 확장하고 있다고 반론했다. 그러한 상황에서 호걸군은 "수많은 호랑이와 이리가 호시탐탐 기회를 엿보고 있는 상황에서 나라를 다스리는 자는 군비 이 외에 무엇에 의지하여 나라를 보전할 수 있겠습니까"라고 하면서 이 같은 전략을 실행하기 위해 무엇보다 중요한 것은 군비증강이라고 확언했다. 따라서 일본이 취해야 할 전략은 강력한 군대와 함대를 건설하여 "나라 안의 장정을 죄다 모아 그 큰 나라에 가서 그 땅을 우리 영토로 삼아 조국을 소국에서 대국으로 만들고 약한 나라에서 강한 나라로 만들며 가난한 나라에서 부유한 나라로 만드는 것"이라고 주장했다. 이에 더해 "국내 정치를 정비하고 제도를 개정하며 풍속을 새롭게 해서 머지않아 후세에 문명국이 될 준비를 하기 위해 개혁 계획을 방해하는 연구원소를 몽땅 도려내버리는 것"도 제2의 전략으로 필요하다고 했다.[34]

이에 대해 남해선생은 양학신사가 주장하는 민주제도의 정착과 호걸군이 주장하는 대륙침략주의가 모두 유럽의 형세에 대한 지나친 염려에서 나온 것이라고 일축하면서 실은 유럽 국가들도 세력균

33 나카에 초민, 위의 책, pp.73-77.
34 나카에 초민, 앞의 책, pp.92-123.

형을 유지하면서 국제법에 따라 국제관계를 유지해오고 있다는 대안적인 분석을 제시했다. 이러한 입장에서 남해선생은 "외교상의 훌륭한 정책이란 세계 어느 나라와도 평화우호관계를 돈독히 하고 어쩔 수 없는 경우라도 어디까지나 방위전략을 채택하여 멀리 군대를 출정시키는 데 드는 노고와 비용을 피해서 인민 어깨의 무거운 짐을 가볍게 하려고 진력하는 것"이라고 주장했다. 이러한 논리에서 그는 호걸군이 말하듯 "큰 나라가 아시아에 있다면 서로 동맹을 맺고 형제국이 되어서 위급할 때 서로 도움으로써 각각 자국의 위기에서 벗어나"는 것이 필요하며 "무턱대고 무기를 들고 경솔하게 옆 나라를 도발해 적으로 만들어 죄도 없는 인민의 생명을 총알받이로 삼는 것은 정말이지 형편없는 책략"이라고 비판했다. 그러면서 그는 "중국 같은 나라는 풍속과 풍습으로 보나 문물과 품격으로 보나 지리적으로 보더라도 아시아의 소국으로서는 언제나 우호관계를 돈독히 해야 할 상대이며 그런 까닭에 서로가 원한을 품지 않도록 노력"해야 한다는 대안을 제시했다. "그저 일시적인 국위선양 따위의 생각에 사로잡혀 대수롭지 않은 오해를 구실로 해서 함부로 분쟁을 부추기는 것"은 어리석은 행위라고 하면서 대청 개전론을 주장하는 호걸군의 입장을 반박했다.[35]

나카에 초민의 이 인상적인 책에 등장하는 3명의 인물은 당대 정치세력들의 국가전략론과 대응하고 있는 것으로 보인다. 양학신사는 서구 국가들과의 대등한 조약 개정을 추진하면서 서양 법제의 수용 등에 힘쓰던 이노우에 가오루 외무대신 등을 표상하고 있고, 호

35 　나카에 초민, 앞의 책, pp.136-140.

걸군은 야마가타 아리토모나 민권파 계열 국권확장론자들을 상징하고 있는 것으로 보인다.[36] 그리고 청국 등과의 평화전략을 제시한 남해선생은 아시아 연대론자들을 연상시킨다. 요컨대 나카에 초민의 이 책은 1880년대 후반 시점에 존재하던 일본 대외정책론의 다양한 스펙트럼을 요약해서 보여주고 있는 것이다. 이 같은 다양한 스펙트럼 속에서 1880년대 후반에 일본에는 호걸군과 같은 군비증강론자와 대륙진출론자들의 정치적 영향력이 점차 증대되어갔다.

36 이노우에 가오루 외무대신은 1887년 7월 9일에 조약개정문제 의견서를 통해 아시아와 아프리카 양 대륙이 유럽 각국의 각축장이 되고 있는 현실 속에서 일본이 "만세불굴의 기초를 세우는 것은 일본 제국 및 인민을 유럽 국가들처럼 만들고 유럽 인민과 같이 만드는 것"이라고 했다. 그는 이러한 논리를 앞세워 유럽의 법제를 일본에 그대로 수용하려 했고 외국인 판사도 기용하려 했으며 재판소에서의 영어 사용을 의무화하려 했다. 井上馨,「條約改正問題意見書」(1887. 7. 9), 芝原拓自·猪飼隆明·池田正博 編,『日本近代思想大系12: 對外觀』, 岩波書店, 1996, pp.62-65.

4장

청일전쟁

1. 전쟁 발발의 배경

케네스 월츠는 동서고금 사상가들의 관련 저작을 분석하면서 전쟁의 발생 요인에는 인간, 국가, 국제체제의 세 요소가 작용한다고 밝혔다. 즉, 인간의 내면에 작용하는 호전적 심리, 국가 차원에서의 전쟁 준비, 국제체제상의 대립적인 국가관계의 존재 등이 전쟁 발생의 구조적 원인을 이룬다는 것이다. 이러한 분석에 비추어본다면 1894년에 발발한 청일전쟁의 원인은 어떻게 설명할 수 있는가. 왜 메이지 유신 이후 문명개화와 부국강병의 국가전략에 매진하던 일본인들이 현해탄을 건너와 전통적 동아시아 질서의 맹주인 청국에 한반도와 대륙 각처를 무대로 전쟁을 도발한 것일까.

첫 번째 요인으로 지적할 수 있는 것은 1890년대의 시점까지 일본이 근대적 육해군의 전력증강에 상당한 성과를 거두었고 이를 바탕으로 청국에 대한 군사적 자신감을 갖게 된 것이다. 임오군란 이후 일본 내에서 조선에 대한 청국의 종주국적인 영향력을 배제해야 한다는 전략론이 배태되었음은 앞서 살펴본 바 있다. 그리고 청국을 가상 적국으로 간주하면서 군사예산을 확대하여 해군증강에 착수하고 있음도 살펴보았다. 이에 따라 1883년 최초의 건함 계획에 이어 1886년과 1888년에는 사이고 쓰구미치 해군대신에 의해 제1기와 제2기 해군확장 계획이 추진되었다. 특히 사이고에 의한 제1기 해군확장 계획에는 1886년 8월에 나가사키에 내항하여 배수량 7,144톤의 위용을 자랑했던 청국 북양함대의 주력함 정원과 진원에 대항하기 위한 배수량 4,278톤급의 이츠쿠시마(嚴島), 마쓰시마(松島), 하시다테(橋立) 등의 군함건조 계획이 포함되었다.[1] 1890년에도 카바야마 스케노리(樺山資紀) 해군대신이 군함증강 계획을 추진했고, 1893년 2월에는 메이지 천황이 황실 경비 30만 엔을 군함건조비에 충당하도록 하는 특별조치를 내리면서 건함 계획의 추진에 힘을 보탰다.[2]

이 같은 해군증강 노력의 결과 1894년 시점에 일본 해군은 배수량 3,000~4,000톤급의 군함 30척 내외와 수뢰정 24척 등 총 배수량 6만 톤 전후의 해군 전력을 보유하게 되었다.[3] 해군은 이 함정들을 배수량 2,000톤 이상의 주력함으로 구성된 상비함대와 2,000톤 이하의 중소형 저속함으로 구성된 서해함대로 나누어 배치하고 운용했다. 그리고 1893년 5월에는 해군성으로부터 군령 기능을 담당하는 군령부(軍令部)를 독립시켜 천황의 통수권하에 작전을 수행하는

---

1 이 함정들은 프랑스에 발주되어 1892년 일본에 회항했다. 外山三郎, 『日本海軍史』, 敎育社, 1980, p.46.
2 平間洋一 編, 『連合艦隊』, 實業之日本社, 2002, p.140.
3 청일전쟁 개전 이전 시기의 일본 해군 전력 현황에 대해서는 연구마다 약간의 차이가 있다. 후지와라 아키라(藤原彰)는 28척의 군함, 배수량 57,600톤으로 설명했지만, 히라마 요이치(平間洋一)는 군함 31척, 수뢰정 24척 등 총 55척, 배수량 61,400톤으로 소개했다. 藤原彰, 『日本軍事史』, 엄수현 역, 시사일본어사, 1994(1987) 및 平間洋一, 앞의 책, p.141을 참조하라.

역할을 담당하게 했다.

해군의 전력증강과 병행하여 육군도 전력증강 및 편제 재정비를 추진했다. 1873년 징병령 제정 이후 4개, 나아가 6개 진대(鎭臺)로 편성되었던 육군은 1888년 5월에 사단(師團) 제도를 채택하면서 총 병력 5만 6천 명으로 구성된 7개 사단 체제로 재편되었다.[4] 1889년 1월에는 징병령이 개정되어 종전에 독자(獨子)나 학생 신분에 대해 군 복무를 면제시켜주는 방편으로 활용되었던 면역제도와 대인(代人)제도를 철폐하여 더 많은 병역자원을 확보할 수 있는 제도적 토대를 마련했다. 육군은 이미 1878년 12월 독일 무관으로 근무했던 가쓰라 타로의 건의를 받아들여 육군성으로부터 참모본부를 분리시켜 육군성은 군정 업무를, 참모본부는 군령 업무를 관할하도록 한 바 있었다. 이러한 체제하에 1889년 2월에는 메이지 헌법을 제정하고 제11조에 천황의 통수대권을 규정함으로써 참모본부의 군령권이 내각에 속한 육군성을 거치지 않고 직접 천황에게 직결되도록 했다.[5] 그리고 천황의 군통수권을 보좌하기 위해 1893년에 관련 조례를 제정하여 전시에는 대본영을 설치할 수 있게 했다.

1870년 보불전쟁에서 프러시아가 승리한 이후 야마가타 아리토모, 가쓰라 타로 등 일본 육군의 실력자들은 종전에 일본 육군이 참

---

4 宇野俊一, 『明治國家の軌跡』, 梓出版社, 1994, p.27. 통상 1개 사단은 보병 2개 연대, 포병 1개 연대, 기병 대대 등으로 구성되었다.
5 大江志乃夫, 『日本の參謀本部』, 中公新書, 1985, pp.34-35. 단 메이지 헌법 제12조에서는 육해군의 편제에 대해, 제13조에서는 선전, 강화, 조약체결권 등에 대해 내각의 보필권을 규정하고 있어서 내각에 속한 총리와 육군상 및 해군상도 군사문제에 관한 천황의 통수권에 관여할 수 있다는 해석이 존재한다. 이러한 해석에 대해서는 藤原彰, 『昭和天皇の十五年戦争』, 青木書店, 1991, p.59를 참조하라.

조했던 프랑스식 모델을 탈피하여 군사제도나 훈련 면에서 프러시아의 발달된 군사체제를 수용하려는 노력을 기울였다. 1882년부터 1887년까지 독일에 군사유학으로 파견되었던 다무라 이요조(田村怡與造)가 군의관으로 유학을 왔던 모리 오가이(森鷗外)와 함께 카를 클라우제비츠(Karl Clausewitz)의 『전쟁론』 일부를 번역하여 일본에 소개했다.[6] 1885년 3월에는 독일 육군의 야콥 멕켈(Jakob Meckel) 소령을 육군대학 교관으로 초빙하여 3년간 일본의 청년 장교들에게 독일식 군사전략을 교육하게 했다. 멕켈 소령은 오스트리아 및 프랑스와의 전쟁을 승리로 이끈 몰트케의 전략을 일본 장교들에게 소개하면서 전쟁 수행에서 철도 등 운송수단 발달의 필요성을 강조하고 직접 장교 학생들과 더불어 야전 숙영을 하는 등 실전을 방불케 하는 교육을 실시했다.

육군은 국산 병기의 개발에도 노력을 기울였다. 포병장교였던 무라타 쓰네요시(村田經芳)가 영국에서 도입한 제철기계를 이용하여 프랑스 총을 모델로 한 무라타총을 1880년에 개발했고 1885년에는 개량형을 제작했다. 개량형 무라타총은 11밀리미터 구경에 사정거리가 2,400미터였는데, 도쿄 포병공창에서 대량 생산되어 각 사단에 보급되었다. 1889년에는 무라타 연발총이 개발되어 역시 근위사단 및 제4사단 등에 보급되었다. 오사카 포병공창에서는 이탈리아 기사를 고용하여 1885년부터 7센티미터 청동 야포를 생산하여 포병에 공급하기 시작했다. 이 같은 무라타총 및 청동포의 전력을 바탕으로 일본 육군은 당시 프랑스와 독일 등이 채택하고 있던 백병전식 보병

---

6 이들이 번역한 부분과 육군사관학교에서 번역한 부분을 합본하여 『전쟁론』 전체가 『大戰學理』라는 제목으로 일본에 소개된 것은 1903년이었다. 大江志乃夫, 앞의 책, p.82.

그림 4-1. 무라타 연발총

전술을 구사하게 되었다. 즉, 적의 진지에 포병 화력의 지원을 받으며 산개대형으로 전진하다가 근거리에 접근하면 제1선의 산병이 소총으로 사격하면서 총검돌격을 감행하는 전술을 거듭 훈련했던 것이다.[7]

이 같은 육해군의 전력증강을 바탕으로 일본 전략가들은 청국과의 전쟁에 대비하는 작전계획도 강구했다. 1887년 육군 참모본부의 제2국장 오가와 마타지는 청국과의 전쟁이 발발할 경우에 총 8개 사단을 청국에 파견하여 베이징을 공략하고 청국 황제를 포획한다는 공세적인 작전계획을 입안했다. 이 계획에 따를 경우 해군의 옹호하에 6개 사단을 보하이만(渤海灣)에 상륙시켜 베이징 방면으로 진격하게 하고 동시에 2개 사단을 양쯔강 연안에 파견하여 남방 지역에서 청국 지원군이 북상하는 것을 저지한다는 것이었다.[8]

이 같은 작전계획의 입안에 따라 청국의 동향에 대한 정보 파악 및 육해군의 합동훈련도 실시했다. 1890년 3월 나고야(名古屋)에서 메이지 천황이 임석한 가운데 대규모 육해군 연합 대연습을 실시했

7　이상은 藤原彰, 앞의 책, p.117 등에 따른다.
8　齊藤聖二, 『日淸戰爭の軍事戰略』, 芙蓉書房, 2003, p.37; 黒川雄三, 『近代日本の軍事戰略概史』, 芙蓉書房, 2003, p.45.

다.[9] 특히 훈련 내용 가운데 상륙작전이 비중 있게 포함된 것으로 보아 당시 일본이 한반도 및 대륙에 대한 도양 및 상륙작전을 염두에 두고 있었음을 추측할 수 있다. 1893년 4월에는 육군 참모차장 가와카미 소로쿠(川上操六)가 3개월에 걸쳐 텐진의 무비학당, 난징(南京)의 포병공창, 조선 한양의 소총제조소 등 조선과 청국의 주요 군사시설을 방문했다. 이 시찰 결과 가와카미 참모차장은 청국의 군사력이 두려워할 만한 것이 아니라는 판단을 내렸다. 일본은 1880년대부터 육군 청년 장교들을 조선과 청국에 파견하여 현지 정보를 수집한 바 있는데, 가와카미 참모차장의 대륙 시찰도 그러한 활동의 연장선상에서 이루어졌다고 볼 수 있다.

청국도 1870년대 이후 근대적인 육해군의 전력증강을 도모해왔다. 태평천국의 난이 발생했을 당시에 증국번(曾國藩)이 조직한 상군(湘軍)과 더불어 회군(淮軍)을 조직하여 난을 평정하는 데 공을 세웠던 이홍장은 베이징 및 텐진 지역의 국방과 대외관계를 담당하던 직예(直隷)총독에 임명된 이후 회군을 주축으로 신식군대인 연군(練軍)을 편성하여 근대화에 힘을 기울였다. 일본과 마찬가지로 독일 육군 장교를 교관으로 초빙하여 근대적 군대 교육을 받게 했고, 텐진에 기기제조국을 설치하여 모젤 소총 및 크루프 야포의 탄약을 제조하게 했다. 청일전쟁 직전 시기까지 이홍장이 관할하는 청국의 북양 육군은 웨이하이웨이(威海衛), 뤼순(旅順), 다롄(大連), 산둥성(山東省), 직예 등의 제1방어선에 2만 명, 그 후방의 제2방어선에 1만 명 등 총 3만 명의 병력을 배치했고, 그 규모와 장비 수준 등은 일본 육

---

9 齊藤聖二, 위의 책, p.17.

그림 4-2. 청국 북양함대 진원함

그림 4-3. 청일전쟁 시기 일본 해군 마쓰시마함

군에 비해 떨어지지 않는 것으로 평가되었다.[10]

청국의 해군은 북양수사(北洋水師), 남양수사(南洋水師), 광동수사(廣東水師), 복건수사(福建水師)의 4개 함대로 구성되어 있었다. 이

---

10   田保橋潔, 『日淸戰役外交史の硏究』, 東洋文庫, 1951, pp.292-294.

표 4-1. 개전 직전 청일 양국의 육해군 주요 전력 비교

	청국	일본
육군	직예총독 직속 총 병력 3만 명	7개 사단, 병력 5만 6천 명
해군	4개 함대 가운데 북양함대 주요 전력 진원(鎭遠)형 전함 2척, 배수량 7,335톤, 속력 14.5노트, 30.5센티 포 4문 장착 내원(來遠)형 순양함 2척, 배수량 2,850톤 제원(濟遠)형, 배수량 2,440톤 치원(致遠)형 순양함, 배수량 2,300톤 주요 함선 속력 7노트	2개 함대, 상비함대 및 서해함대 하시다테(橋立, 4,274톤, 32센티 포 1문 장착, 12센티 속사포 탑재), 나니와(浪速, 3,709톤, 18노트, 영국 건조), 후소(扶桑, 3,777톤, 13노트, 영국 건조), 다카치호(高千穗, 영국 건조), 마쓰시마(松島, 4,278톤, 프랑스 건조), 이쓰쿠시마(嚴島, 4,278톤, 프랑스 건조), 요시노(吉野, 12센티 및 15센티 속사포 탑재)

가운데 가장 강력했던 것은 이홍장이 1870년대 후반부터 육성해온 북양수사로, 1890년 시점에 배수량 7,000톤급의 정원과 진원 등 전함 2척, 순양함 7척, 수뢰정 6척의 전력을 보유했다. 북양수사는 총독 정여창(鄭汝昌)을 정점으로 좌익총병 임태증(林泰曾)과 우익총병 유보담(劉步蟾)이 지휘하는 체계를 갖추고 있었는데, 청일전쟁 개전 직후에는 광동수사 및 복건수사 소속의 함정까지 합류하여 군함 19척, 수뢰정 7척, 총 배수량 38,766톤의 전력을 갖추게 되었다.[11] 이상에서 살핀 바와 같이 개전 직전 청일 양국의 육군과 해군의 주요 전력과 부대 편제를 비교하면 〈표 4-1〉과 같다.[12]

청국의 육해군과 비교하여 전혀 열등하지 않은 전력을 보유한 메이지 정부의 실력자들은 이제 자신들의 문명개화나 식산흥업뿐만

11 田保橋潔, 앞의 책, pp.287-288, 292. 총독 정여창은 양쯔강 유역에서 비적 토벌에 종사하다가 승진한 인사로 신식 해군의 지휘 경험이 부족했다고 평가된다. 총병 유보담은 청국이 건립한 해군학교 선정학당의 제1기 졸업생으로 구미 각국에 유학하는 등 근대적 해군 교육을 받은 실세였다고 한다.
12 藤原彰, 앞의 책을 참조하라. 田保橋潔, 앞의 책, p.292.

아니라 군사적 성취에 대해 자신감을 갖게 되었고, 이를 바탕으로 대외정책 면에서 보다 공세적인 입장을 취할 수 있게 되었다. 1893년 11월 중의원 연설에 나선 이토 정부의 외무대신 무쓰 무네미쓰(陸奧宗光)는 메이지 초기와 당대를 비교하여 교역액이 3천만 엔에서 1억 6천여만 엔으로 증대되었을 뿐만 아니라 3,000마일에 가까운 철도도 부설되었고 1만 마일의 전선도 부설되었다고 자부했다. 나아가 바다에서는 수백 척의 서양형 상선과 40척에 가까운 군함을 운용하고 있고 상비병은 15만 명에 달하여 유럽 강국에도 뒤지지 않는다고 자평했다.[13]

1889년 12월에 총리대신으로 임명된 야마가타 아리토모는 이전 시기에 견지해온 국제정세관을 바탕으로 보다 중요한 대외전략의 방향을 제시했다. 그는 1890년 3월에 발표한 「외교정략론」을 통해 군비증강의 성과를 바탕으로 국가독립자위의 길을 보다 확고하게 다져야 한다고 주장했다. 그에 따르면 국가독립자위의 길에는 두 가지가 있는데, 하나는 주권선(主權線)을 방어하며 타국으로부터의 침해를 용서하지 않는 것이고, 다른 하나는 이익선(利益線)을 방호하여 자신의 형세를 잃지 않는 것이다. 그는 주권선이 일본의 본토를 의미한다면, 이익선은 바로 조선에 있다고 하면서 일본으로서는 조선국의 중립을 유지하는 것이 국가 이익에 매우 중요하다고 했다. 이러한 견해를 바탕으로 그는 일본이 우선은 텐진조약을 유지하고 나아가 일본, 청국, 영국, 독일 등이 연합보호의 방책을 강구하여 조선이 항구 중립을 유지하게 해야 한다고 주장했다.[14] 그는

13 坂野潤治, 『近代日本の出發: 大系日本の歴史13』, 小學館, 1993, p.243.
14 岡義武, 『山縣有朋』, 岩波書店, 1958, p.51.

이 같은 내용을 1890년 12월 제국의회에서 행한 연설에서도 재차 강조했다.

야마가타는 이후 1892년 8월 이토 히로부미 내각의 재출범 이후 사법대신을 담당하다가 1893년 천황 직속의 최고자문기관인 추밀원(樞密院) 의장에 취임했다. 이해 10월에 그는 시베리아 시찰을 마치고 돌아온 육군 중좌 후쿠시마 야스마사(福島安正)의 보고서에 기반하여 정부에 다시 장문의 의견서를 제출했다. 야마가타는 이 의견서에서 러시아가 시베리아 철도의 부설을 통해 몽고 및 청국으로 세력을 뻗치려 하고 있고, 프랑스는 광시(廣西)와 광둥(廣東) 지방으로 진출하려 하고, 영국도 윈난(雲南) 및 쓰촨(四川) 방면으로 이권을 확장하려 하고 있다고 분석했다. 이러한 유럽 국가들의 군사력 건설과 세력 팽창에 대응하여 청국이 도저히 대항할 국력이 없다고 평가하면서 "동양에 향후 10년이 지나지 않아 화기(禍機)가 파열할 것"이라고 전망하고 "이에 대비하는 것이 국가 백년의 상계(上計)"가 될 것이라고 했다. 그렇기 때문에 일본으로서는 영국, 프랑스, 러시아 등 유럽 열강을 "적수"로 간주하면서 향후 8~9년간에 걸쳐 해군 확장에 중점을 둔 군비증강에 주력해야 한다고 주장했다.[15] 야마가타가 주장한 바와 같이 메이지 정부의 주요 정치세력들은 러시아의 남진, 영국과 프랑스의 아시아 진출, 그에 더한 청국의 약체화 등 일본을 둘러싼 국제정세를 위협적인 양상으로 간주하고, 일본 본토뿐만 아니라 본토의 안위에 밀접히 연관된 조선을 일본의 영향권 아래두기 위해 군비증강의 방책을 우선적인 국가전략으로 강구하고 있

---

15 德富蘇峰, 『公爵山縣有朋傳』 下卷, 原書房, 1969, pp.98-108; 岡義武, 앞의 책, pp.56-58.

었던 것이다. 이러한 요소들이 청일전쟁 발발의 구조적인 배경이 되었던 것으로 보인다.

2. 개전과 초기 경과

야마가타가 10년 내에 전개될 것으로 전망했던 "동양 화기의 파열"은 예상보다 빨리 다가왔다. 1894년 4월 조선 남부지방에서 동학농민혁명이 발발했다. 조선 정부는 초토사(招討使) 홍계훈 등을 파견하여 진압에 나섰으나 형세가 여의치 않자 청국 정부에 원병을 요청했다. 6월 초가 되자 조선의 요청을 받은 청국에서 이홍장의 지휘하에 원병이 파견되고 있다는 정보가 조선 주재 대리공사 스기무라 후카시(杉村濬), 텐진 주재 아라카와(荒川) 영사, 베이징 주재 무관 가미오(神尾) 육군 소좌 등을 통해 일본 정부에 전해졌다.[16]

조선과 청국의 동향을 예의 주시하고 있던 이토 히로부미 정부는 6월 2일 각의를 개최하여 일본의 대응방안을 협의했다. 이 각의에서 이토 총리와 무쓰 무네미쓰 외무대신의 주도로 일본도 1885년에 청국과 체결한 텐진조약에 따라 상당수의 군대를 파견하여 조선 주재 일본 공사관과 거류민을 보호하고 조선에서 일청 양국에 의한 세력 균형을 유지한다는 방침이 결정되었다.[17] 무쓰 무네미쓰 외상은 1896년에 출간한 회고록에서 이토 정부가 "처음부터 피동자적인 위치에 있었음에도 만일 최후의 수단을 써야 할 때에는 주저 없이 써야 한

---

16 무쓰 무네미쓰, 『건건록(蹇蹇錄)』, 김승일 역, 범우사, 1993(1896), pp.41-42.
17 德富蘇峰, 앞의 책, p.121; 무쓰 무네미쓰, 앞의 책, pp.42-48.

다는 결심"을 하고 있었다고 밝혔다.[18] 사실 무쓰 외상은 이미 5월 21일에 이토 총리에게 조선 동학농민군의 활동에 대비하여 조선에 군함을 파견할 필요가 있을 것이라고 보고했고, 해군 및 육군과는 함정 및 병력 파견에 대해 협의를 해두었고 민간 해운회사인 우선공사(郵船公社)에도 운수 및 군수품의 징발 여부를 지시해두었다.[19]

이 같은 내각의 결정 이후인 6월 5일 육군참모본부에 천황의 통수권을 보좌하기 위한 대본영이 처음으로 설치되었고[20] 히로시마(広島)에 배치된 제5사단에 동원령이 내려졌다.[21] 6월 9일에는 참모본부 소속의 후쿠시마 야스마사 중좌, 우에하라 류사쿠(上原勇作) 소좌 등이 포함된 일본 육군 선발대가 제물포에 상륙했다. 그런데 조선에서의 상황이 묘하게 변했다. 6월 11일 동학농민군이 조선 정부군과 전주에서 화의를 맺고 철수하게 된 것이다.

동학농민군의 철수에 따라 파병의 명분을 잃게 된 일본 정부는 6월 14일 각의를 열어 향후 대책을 논의했다. 이 회의에서 이토 총리와 무쓰 외상 등은 동학농민군 반란을 진압한 이후 일본과 청국이 조선에 대해 공동 내정개혁을 실시하고 이 과정에서 조선 내에 경비 병력을 주둔시키도록 하자는 방안을 짜냈다.[22] 그런데 이 같은 방안

18 무쓰 무네미쓰, 앞의 책, p.39.
19 무쓰 무네미쓰, 앞의 책, p.35; 坂野潤治, 앞의 책, p.246.
20 대본영의 구성원은 천황을 위시하여 육군 참모총장, 차장, 해군 군령부장, 차장, 육군대신, 해군대신, 감군(監軍), 추밀원 의장 등 12명 내외였으며, 전쟁 기간 중에는 매주 화요일과 금요일에 정례적으로 개최되었다. Stewart Lone, *Japan's First Modern War: Army and Society in the Conflict with China, 1894-95,* London: MacMillan Press, 1994, pp.32-33.
21 藤村道生, 『山縣有朋』, 吉川弘文館, 1961, p.159.
22 무쓰는 이에 더해 청국 측이 일본의 제안에 찬동하지 않으면 일본 단독으로 조선에 대한 내정개혁을 단행한다는 추가 구상을 포함시켰다. 무쓰 무네미쓰, 앞의 책, pp.57-58.

을 전달받은 청국 측 이홍장은 6월 21일 조선의 개혁은 스스로 행할 일이며 양국은 조선 내의 사변이 평정되면 각기 군대를 철수해야 한다는 답변서를 회신해왔다.

청국과의 협의가 결렬될 양상이 나타나자 일본 정부는 외교와 군사 면에서 보다 대담하고 도발적인 대응을 하기 시작했다. 외교적으로는 무쓰 외상이 강구한 바에 따라 일본 단독으로 작성한 조선내정개혁안을 조선 정부에 강요하는 수순을 취했다. 6월 26일 조선 주재 오오토리 케이스케(大鳥圭介) 공사가 국왕 고종에게 내정개혁안을 제안했고 다시 7월 10일 오오토리 공사가 조선 정부에 5개조 26항목으로 된 내정개혁안을 제시했다.[23] 동시에 군사적으로는 참모본부 등이 중심이 되어 청국과의 전쟁에 대비한 육해공 공동작전계획을 작성했다. 6월 21일에 작성된 작전계획에 따르면, 우선 제5사단을 조선에 파견하고 황해와 보하이 해역에서 제해권 장악을 추진하도록 했다. 그리고 제해권이 장악된 경우에는 육군 주력부대를 보하이만에 수송하여 청국의 중심부 베이징과 연결된 직예평야에서 대결전을 수행하며, 제해권을 제압하지 못한 경우에는 제한적으로 육군을 조선에 진출시켜 조선의 독립을 확보하며, 제해권을 청국에 내주는 경우에는 조선에 잔류한 제5사단을 지원하고 일본 본토의 방어태세를 강화하여 청국의 공격 가능성에 대비하도록 했다.[24] 육해군 공동작전계획의 성안에 막후 역할을 수행한 메이지 육해군 건설

---

23 森山茂德, 『近代日韓關係史研究: 朝鮮植民地化と國際關係』, 東京大學出版會, 1987, pp.23-24. 당시 제시된 조선내정개혁안에는 조선 정부의 재정 상황 조사, 중앙 및 지방정부 관리의 부패 척결, 공채 발행을 통한 재정 상황의 개선 등이 포함되었다. 무쓰 무네미쓰, 앞의 책, p.58.

24 藤原彰, 앞의 책, pp.102-103; 黑川雄三, 앞의 책, p.46.

그림 4-4. 무쓰 무네미쓰(1844-1897)

그림 4-5. 야마가타 아리토모
(1838-1922)

의 주역 야마가타 아리토모는 6월 24일 정부에 별도의 건의서를 내어 청국과 교전이 벌어지게 되면 제5사단 및 제3사단을 부산으로 이동시켜 근거지로 삼고 부산에서 한성까지 전신을 부설하여 군 통신선을 확보하며 전황의 전개에 따라 대본영을 시모노세키(下關)로 옮긴 이후 다시 부산으로 이동시키는 방안을 제안하기도 했다.[25]

외무대신 무쓰는 회고록에서 전쟁 개시 이전에 "당국자들이 외교와 군사 양 측면을 동시에 시행하지 않으면 안 되었다."라고 하면서 "외교에서는 피동적 지위를 취하게 했고 군사에서는 언제든 기선을 제압할 수 있도록 했다."라고 회상한 바 있다. 이 회고처럼 개전

25 德富蘇峰, 앞의 책, pp.131-132; Roger F. Hackett, *Yamagata Aritomo in the Rise of Modern Japan, 1838-1922*, Cambridge, Massachusetts: Harvard University Press, 1971, p.161.

이전 시기에 무쓰가 주도하는 대청 및 대조선 외교와 추밀원 의장 야마가타 및 참모본부가 주도하는 육해공 공동작전계획 성안이 밀접하게 맞물리면서 추진되었던 것이다.[26]

7월 중순에 접어들면서 일본 정부는 청국과의 전쟁을 각오하면서 보다 도발적인 외교 및 군사 행태를 취했다. 7월 12일 무쓰 외상은 오오토리 공사에게 어떠한 구실을 만들어서라도 실제적인 행동을 취할 것을 지시했다. 이에 따라 오오토리 공사는 7월 19일 조선 정부에 청국과의 종속관계를 파기하고 조선 내의 청국 군대를 철퇴하도록 강요했다.[27] 동시에 7월 19일 기존의 상비함대와 서해함대를 통합한 연합함대가 편성되었고, 일본 정부는 연합함대 사령장관에 임명된 이토 스케유키(伊東祐亨) 제독에게 제해권 획득 명령을 하달했다.[28] 이에 따라 연합함대는 7월 23일 사세보(佐世保)를 출항하여 황해 해상으로 북상하기 시작했다.

연합함대가 사세보를 출항하던 7월 23일 용산에 주둔 중이던 일본 선발대 병력이 조선 궁궐에 접근했다. 경비 중이던 조선 병력들이 발포하자 일본군이 무단으로 궁궐에 난입하여 국왕 고종을 유폐하고 대원군을 내세워 내정개혁을 추진하게 했다. 이에 따라 7월 27일에 조선 정부 내에 군국기무처가 설치되고 김굉집, 어윤중, 김가진, 유길준 등이 발탁되면서 일본이 요구해온 내정개혁의 실무를 요구받게 되었다.[29]

---

26 도쿠토미 소호(德富蘇峰)는 야마가타 아리토모가 청일전쟁 시에 일관되게 주전론의 입장을 전개하면서 작전계획을 수립하고 천황 및 이토 내각에 개전을 설득한 공이 크다고 평가했다. 德富蘇峰, 앞의 책, p.118.
27 무쓰 무네미쓰, 앞의 책, p.79, 141; 田保橋潔, 앞의 책, p.282.
28 平間洋一 앞의 책, p.140.

조선 궁정을 무력으로 제압한 일본군은 육전과 해전에서 청국 군대와 교전을 불사했다. 황해 해상으로 북상하던 일본 연합함대 소속의 군함 아키노시마(秋津洲), 요시노(吉野), 나니와(浪速)는 7월 25일 아산만 근해인 풍도 해상에서 청국 군함 제원(濟遠) 및 광을(廣乙) 등과 조우했다. 북양함대와 일본 연합함대 간의 최초의 해전으로 기록된 이 풍도해전에서 교전 끝에 청국의 광을함이 나포당하고 영국 국기를 달았던 수송선 고승(高升)호가 격침당했다.[30] 3일 뒤인 7월 28일 충청도 성환 지역에서 동학농민군을 진압하기 위해 파견되었던 청국 북양육군 소속 3천 명 병력이 한성에서 남하한 일본 선발대 오시마 요시마사(大島義昌) 혼성여단과 육전 전투를 벌였고 결국 청국 군대가 패퇴했다.

육전과 해전에서 일본에 거듭 불의의 패배를 당한 청국 조정에서는 대일 강경책이 분출했다. 7월 25일 공부낭중(工部郞中) 서방(瑞方)은 상서를 올려 동삼성(東三省) 지역의 병사를 징모하는 등 군비를 개혁하고 조선의 거문도를 점령할 것을 건의했다. 어사(御使) 양신(楊晨)은 북양해군을 출동시켜 쓰시마와 이키(壹岐)를 점령하고 남양수사 함선들을 발진시켜 도쿄만의 우라가(浦賀)와 시나가와(品川) 일대를 공격할 것을 건의했다.[31] 이 같은 강경론을 배경으로 청국은 8월 1일 일본에 정식으로 선전포고를 했고 일본도 8월 2일 청국에 선전포고를 발포했다.

29　田保橋潔, 앞의 책, p.330. 한편 론은 당시 조선 궁성에 난입한 일본군이 국왕을 유폐하는 근시안적인 정책(lack of forethought)을 취하면서 일반 인민의 지지를 받지 못했다고 지적했다. Stewart Lone, 앞의 책, pp.126-127.
30　무쓰 무네미쓰, 앞의 책, p.144; 田保橋潔, 앞의 책, p.283.
31　田保橋潔, 앞의 책, p.279.

황해 해상에서 제해권을 장악하고 선전포고까지 단행한 이후에 일본 육군과 해군의 작전은 주저할 것이 없었다. 8월 2일부터 나흘에 걸쳐 육군 제5사단[사단장 노즈 미치츠라(野津道貫)]이 부산에 상륙하여 8월 19일까지 한성에 도달했다.[32] 8월 8일에는 조선에 파견된 제3사단(사단장 가쓰라 타로) 및 제5사단을 통합 지휘하는 제1군 사령부가 편성되었고 사령관에는 추밀원 의장 야마가타 아리토모가 임명되었다. 야마가타는 9월 12일 인천에 도착하여 9월 13일 한성에 이르렀고 평양 전투의 지휘를 위해 북상했다.[33]

초기 전투를 승리로 장식한 일본 정부는 향후 대조선 정책과 군사전략에 대한 방침을 정해야 했다. 8월 17일에 열린 각의에서 무쓰 외상은 장래의 조선정책에 대해 네 가지 대안, 즉 첫째, 조선의 자주를 인정하면서 불간섭 정책 견지, 둘째, 외부 간섭이나 권리 침해를 저지하면서 일본에 의한 실질적 보호국화 방안, 셋째, 일본과 청국 양국에 의한 공동보호국화 정책, 넷째, 벨기에 혹은 스위스와 같은 중립화 정책 등을 제시하고 논의를 유도했다. 논의 결과 각의에서는 결국 두 번째 방안, 즉 조선을 일본에 의한 실질적인 보호국으로 만든다는 방안을 채택했다. 이에 따라 8월 20일 무쓰 외상은 대본영 명의로 조선 주재 사령관들에게 훈령을 발령하여 조선이 일본

32 일본 육군 병력이 제물포에 상륙하는 것이 병력 이동상 가장 합리적이었으나 아직 황해 제해권을 완전하게 장악하지 않았다고 판단한 일본 정부는 제5사단을 부산에 상륙시켜 육로로 한성까지 이동하게 했다. 무쓰 무네미쓰, 앞의 책, p.161.
33 1890년 총리대신 취임 이후에 발표한 외교정략론에서 조선을 일본의 이익선이라고 규정한 바 있었던 야마가타는 후일 이 시기가 자신의 인생에서 가장 기쁜 때였다고 회상했다. 한편 외상 무쓰는 야마가타의 국제법 관련 보좌를 위해 하버드에서 국제법을 전공하고 베이징 공사를 역임한 고무라 주타로(小村壽太郎)를 동행시켰다. Stewart Lone, 앞의 책, p.32. 참모장은 1888년에 대청 작전계획을 입안했던 오가와 마타지(小川又次)가 담당했다.

의 적이 아니라 동맹임을 강조하고 현지 인민과 조화로운 관계를 유지하도록 지시했다.[34] 또한 조선 주재 공사에게 조선 정부와의 일한 공수동맹을 제안하도록 했다. 이 같은 대조선 정책 방침에 따라 8월 26일 일본과 조선 정부 간에 공수동맹조약이 조인되었다. 주요 내용은 다음과 같다.

제1조, 이 맹약은 청국 군대를 조선 영외로 철퇴시키고 조선국의 독립자주를 견고하게 하여 일조(日朝) 양국의 이익을 증진하는 것을 목적으로 한다.

제2조, 일본국은 청국에 대해 공수의 전쟁에 임하고 조선국은 일본 군대의 진퇴 및 그 양식 준비를 위해 편의를 제공한다.

제3조, 이 맹약은 청국에 대하여 평화조약이 이루어질 때 폐기할 수 있다.[35]

동시에 일본 정부는 초기 승전을 바탕으로 향후 추진해야 할 군사작전의 방침에 대해 새로운 계획을 작성했다. 8월 31일에 결정된 동계작전방침은 두 가지 주요 내용으로 구성되었다. 첫째, 제5사단과 제3사단으로 구성된 제1군은 야마가타 대장의 인솔하에 조선 국내를 소탕하고 이어 압록강을 도하하여 만주의 봉황성(鳳凰城) 방면으로 진격한다. 둘째, 제1사단, 제2사단, 제6사단으로 제2군 사령부를 편성하고 육군대신이던 오야마 이와오(大山巖) 대장을 사령관으

---

34 무쓰 무네미쓰, 앞의 책, pp.162-163; 森山茂德, 앞의 책, p.29; Stewart Lone, 앞의 책, p.131 등을 종합했다.
35 무쓰 무네미쓰, 앞의 책, p.155; 田保橋潔, 앞의 책, pp.338-339.

로 하여 랴오둥(遼東)반도에 상륙하여 진저우(金州), 다롄, 뤼순 방면으로 진격하게 한다. 그리고 제1군과 제2군의 작전은 11월 중에 완료하게 한다는 것이었다.[36]

이 같은 군사계획에 따라 야마가타가 지휘하는 제1군은 평양을 거쳐 압록강으로 진격하는 작전을 지속했다. 이 과정에서 9월 15일 평양성을 방어하던 청국 육군과 일본 육군이 재차 교전에 돌입했다. 한성에서 북상한 병력과 원산에 상륙해서 한반도를 횡단하여 평양으로 기동한 병력을 규합한 3만여 명의 일본 육군은 평양성에 은거하던 청국군에 2개 이상의 축선에서 일제히 공세를 벌여 하루 만에 격파하고 평양을 점령했다. 이틀 뒤인 9월 17일에는 황해상에서 일본 연합함대 11척의 함정과 청국 북양함대 12척의 함선 간에 황해해전이 전개되었다. 일본 해군은 기동력과 속사포의 이점을 살려 청국 함정 5척을 격침하는 전과를 올리면서 해전에서 재차 승리를 거두었다.[37]

평양전투의 승리 이후 제1군 병력은 10월 14일 압록강을 도하했다. 황해해전의 승리로 제해권을 장악하자 제2군의 선발 제1사단이 10월 24일 사령관 오야마 대장의 지휘하에 랴오둥반도 남안에 상륙했다. 이로써 청일 간의 전장은 이제 만주지역으로 확대되었다.

---

36 齊藤聖二, 앞의 책, p.158.
37 坂野潤治, 앞의 책, p.252; 藤原彰, 앞의 책도 참조하라. 한편 강성학 교수는 북양대신 이홍장이 북양함대 전력에 압록강과 웨이하이웨이를 잇는 해상선의 동쪽으로 진출하지 말라는 방어 위주의 전략 지시를 내린 것이 전략상 오류였다고 지적했다. 이러한 지시 결과 일본의 병력 수송을 해양에서 차단하지 못했다는 것이다. 강성학, 「용과 사무라이의 결투: 중(청)일전쟁(1894-95)의 군사전략적 평가」, 『국제정치논총』, 45(4), 2005 겨울, pp.17-18.

3. 절대전쟁론과 제한전쟁론의 대립

한편 8월 17일의 각의에서 결정된 것처럼 조선을 실질적인 보호국으로 만든다는 방침을 구현하기 위해 10월에 오오토리 조선 공사가 교체되고 후임에 내무대신을 맡고 있던 이노우에 가오루가 임명되었다. 이노우에 가오루는 내무대신은 물론 1877년부터 10여 년간 외무대신도 역임했던 메이지 정부의 거물이었다. 이로써 청일전쟁 과정 중에 조선과 만주에서는 총리대신 경험자인 제1군 사령관 야마가타 아리토모와 육군대신 출신인 제2군 사령관 오야마 이와오 등 메이지 정부의 실력자들이 외교와 군사 정책의 책임자로 총동원되는 양상이 전개되었다. 다만 이들이 각기 추진했던 정책에 서로 목표하는 바가 상이한 모습도 나타났다.

이노우에 가오루 공사는 이토 내각이 결정했던 조선에 대한 실질적 보호국화 방침에 따라 다음과 같은 몇 가지 정책을 추진했다. 첫째, 법률을 제정하고 일본인 고문관을 군국기무처의 각 아문에 배치함으로써 근대적인 법치국가의 체제를 갖추도록 했다. 둘째, 왕실 사무를 관장하는 궁내부와 군국기무처를 분리하고 군국기무처의 정책 결정권을 강화함으로써 국왕의 자의적인 정치 관여를 제한하고 정책결정체계의 일원화를 도모하려고 했다. 셋째, 조선 정부에 500만 엔 규모의 차관 공여를 실시하여 조선을 대일 경제에 종속시키려고 했다. 이노우에 공사의 이 같은 대조선 정책은 영국이 이집트에 행했던 정책을 모델로 한 것이라고 평가되었다.[38]

---

38 德富蘇峰, 앞의 책, pp.254-258; 森山茂德, 앞의 책, pp.30-31; Stewart Lone, 앞의 책, p.129.

한편 압록강을 도하하여 구련성(九連城) 방면에 진출해 있던 야마가타 아리토모는 11월 초에 대조선 정책 및 향후 전략방침 등에 관한 2건의 정책의견서를 작성하여 본국 정부에 제출했다. 11월 7일에 작성하여 천황에게 제출한 의견서는 대조선 정책에 관련된 것이었는데, 그는 이번 전쟁의 목적이 조선의 독립을 지원하여 청국의 간섭을 면하게 하려는 것이었음을 상기하면서 다만 자신이 직접 조선의 상황을 관찰하건대 백성들이 "암우(暗愚)하여 산업에 힘쓰지 않고" "진취의 기상이 결핍"되어 조선의 독립을 지원하는 것이 매우 어려운 과업이라고 전망했다. 따라서 애초의 목표에 따라 조선의 독립을 지원하고 일본의 이익을 온전히 하기 위해 두 가지 방책이 필요하다고 했다. 첫째는 부산에서 한성을 거쳐 의주에 이르는 철도를 부설하는 것이고, 둘째는 평양 이북 지역에 일본인을 이식(移植)시키는 것이라고 했다. 야마가타는 한반도를 횡단하는 철도가 결국 "후일 지나를 횡단하여 직접 인도로 통하는 도로"가 될 것이라고 호언하면서 일본이 동아대륙에 패권을 펼치기 위해 필요하다고 주장했다. 또한 그는 한반도 북부지역에 일본인들을 이주시킴으로써 청국의 영향력을 단절할 수 있다고 보았다.[39] 야마가타의 조선정책론은 군사적 강압에 중점을 둔 것으로 정치개혁 및 경제적 이권의 확보를 추구한 이노우에 공사의 조선정책론과 중점이 다른 것이었다.[40]

---

39 德富蘇峰, 앞의 책, pp.255-58; 岡義武, 앞의 책, pp.61-62. 론은 야마가타의 이러한 주장을 '철도제국주의(railway imperialism)'라고 불렀다. Stewart Lone, 앞의 책, p.125.
40 오타 요시타케(岡義武)는 이노우에 가오루의 정책이 유화파의 입장을 대표하는 것이라고 한다면 야마가타 아리토모의 그것은 적극파, 주전론자의 성향을 가진 것이었다고 대비했다. 岡義武, 앞의 책, p.170. 도쿠토미 소호도 야마가타 아리토모의 정책론이 국방정책에 중점을 둔 것이라고 한다면 이노우에 가오루의 조선정책은 형식적 개혁을 강조한 것이라고 비

제1군 사령관으로서 만주 방면에서의 군사작전을 책임진 야마가타는 11월 3일에 작성하여 대본영에 제출한 보고서에서 청나라를 정복하기 위한 세 가지 방책, 즉 정청삼책(征淸三策)을 제시했다. 이에 따르면, 첫째, 제2군이 베이징 북쪽의 산해관(山海關)에 상륙하여 공격의 근거지를 점령하고, 둘째, 제1군이 만주의 수도 펑톈성(奉天省)을 공격하며, 셋째, 동계 기간에는 제1군과 제2군이 뤼순반도에서 합류하여 혹한기에 대비해야 한다는 것이었다.[41] 야마가타의 이같은 작전계획은 개전 초기였던 6월 21일에 참모본부에서 작성했던 작전계획, 즉 베이징 근교의 직예 평야에서 청국군과 일대 결전을 도모한다는 구상과 맥락을 같이하는 것이었다.

사실 일본의 육해군이 청국군에 연전연승을 거듭하자 일본 국내에서는 개전 초기에 만연했던 중화제국에 대한 두려움이 사라지고 보다 강경한 대청 결전론이 팽배해졌다. 후쿠자와 유키치 등은 이 전쟁을 문명을 대표하는 일본과 야만을 상징하는 청국과의 전쟁이라고 표현했다. 민권파를 대표하는 자유당의 당보도 이 같은 인식을 공유하면서 베이징 점령 이후 일본이 동양의 맹주가 되어 동양의 세력균형을 지배하면서 세계 열국의 지위에 올라가야 한다는 과감한 논조를 거듭 게재했다.[42] 같은 민권파 정당인 개진당은 보다 강경한 대청 전쟁의 수행을 주장했다. 당 총리 오쿠마 시게노부는 1894년 12월 28일에 『개진당보(改進黨報)』에 기고한 글을 통해 청국 4백

교했다. 德富蘇峰, 앞의 책, p.254.

41 德富蘇峰, 앞의 책, p.176.

42 岡義武, 「日淸戰爭と當時における對外意識」, 『岡義武著作集』, 岩波書店, 1993, pp.171-172에서 재인용.

여 주를 유린하여 청국의 굴복을 받아낸 이후 필요하다면 중국 대륙을 영구 점령하여 동화정책으로 통치해야 한다고 했다. 개진당의 중진 오자키 유키오(尾崎行雄)도 1894년 10월 20일과 12월 8일 등에 당보에 기고한 글을 통해 서력동점을 막기 위해 베이징을 점령하여 청국을 천황의 주권하에 두고 이를 통해 유럽 제국에 대항해야 한다고 주장했다.[43] 야마가타의 정청책은 이 같은 국내 여론과도 부합하는 작전방향을 제시한 것이었다.

연전연승의 분위기 속에 만주에서 작전 중인 일본군은 애초에 본국 정부에서 훈시한 국제법 준수 지시를 무시하고 전승의 분위기에 도취되어 양민을 학살하는 사건을 저지르기도 했다.[44] 11월 21일 뤼순을 점령한 일본 육군의 제2군은 부녀자 및 어린이들을 포함한 현지 주민들을 대규모로 살육했는데, 이 사건을 취재한 외신 기자 제임스 그리맨(James Greeman)은 피해자의 수가 6만 명에 이른다는 기사를 타전했다.[45] 청일전쟁의 양상에 비상한 관심을 가지고 지켜보던 영국, 러시아 등의 열강들도 일본군이 베이징을 공격할 가능성에 대한 우려를 시사하기 시작했다. 이 같은 상황 전개에 직면하여 이토 총리와 무쓰 외상은 야마가타 제1군 사령관 및 참모본부가 상

---

43 岡義武, 앞의 글, pp.174-175.
44 이토 총리는 제1군 사령관 야마가타 아리모토에게는 국제법을 전공한 외교관 고무라 주타로를, 제2군 사령관 오야마 이와오(大山巖)에게는 역시 육군대학에서 국제법을 가르치던 아리가 나가오(有賀長雄)를 각각 법률고문으로 배속해 전쟁 수행을 보좌하게 했다. Alexis Dudden, *Japan's Colonization of Korea: Discourse and Power,* Honolulu: University of Hawaii Press, 2005, p.69.
45 Stewart Lone, 앞의 책, p.143, 156. 외무대신 무쓰도 회고록에서 뤼순 학살 사건의 생존자는 30여 명뿐이었으며 이에 대해 영국의 국제법 학자들도 사건의 야만성을 개탄했다고 기록했다. 무쓰 무네미쓰, 앞의 책, p.132.

정한 군사전략의 변경을 고려하지 않을 수 없었다. 무쓰 외상은 당시 일본 국민의 대다수가 "일본의 욱일승천(旭日昇天)하는 군대가 언제쯤 베이징 성문에 진입할까 하는 문제만을 생각"했다고 지적하면서 "쓸데없는 애국심이 만연하여 그 본연의 길을 알지 못하는 사람들의 애국심이 국가의 대계를 그르치는 경우"가 있을 수 있다고 경계했다.[46] 이 같은 판단을 공유하면서 이토 총리는 대본영에 보하이만 북부 해안에 대한 상륙작전 계획을 중지하고 그 대신 산둥반도의 웨이하이웨이 공략 및 타이완 점령작전을 실시할 것을 제의했다. 또한 이토 총리는 야마가타 제1군 사령관을 신병 치료를 이유로 본국에 소환할 것을 천황에게 건의했다.[47]

이 같은 이토 총리의 군사작전 변경 요구 및 제1군 사령관의 소환 건의는 메이지 헌법하의 통수권 체계를 고려할 때 이례적인 것이었다. 메이지 헌법 아래에서의 군사작전은 천황의 통수권하에 육군 참모본부 및 해군 군령부에 직접 연결되는 것이고 내각 총리라고 하더라도 관여할 수 없도록 되어 있었기 때문이다. 다만 이토 총리가 메이지 헌법의 입역자이고 유신정부의 초대 총리라는 권위의 상징이었기 때문에 후대의 사례들과 다르게 그와 무쓰 외상은 대본영에 참석할 수 있었고 군사작전에 대한 의견도 제시할 수 있었다. 이러한 특수성 때문에 이토 총리의 군사작전 변경과 사령관에 대한 과감한 인사조치 건의가 가감 없이 대본영 회의에 충분하게 반영되었던 것이다.

12월 6일 제2군 사령관 오야마 이와오 대장과 연합함대 사령장관 이토 스케유키 제독이 회담을 갖고 동계 기간 중 대륙에서 군사

---

46 무쓰 무네미쓰, 앞의 책, pp.179-181.
47 Stewart Lone, 앞의 책, p.42; 齊藤聖二, 앞의 책, p.167.

작전을 실행하는 것은 위험성이 있기 때문에 작전방향을 이토 총리의 요구에 따라 웨이하이웨이로 전환할 것을 대본영에 건의했다. 이러한 건의에 따라 12월 8일부터 대본영 회의가 열려 결국 보하이만 북부 해안지대에 대한 상륙작전을 연기하고 대신 육군 병력을 산둥반도 웨이하이웨이에 상륙시켜 청국의 북양함대 기지를 격파하는 것으로 작전 방향이 변경되었다.[48] 같은 시기인 12월 7일에는 야마가타 제1군 사령관을 위장병 치료를 위해 본국으로 소환한다는 천황의 조칙(詔勅)이 내려졌고, 12월 18일에는 제1군 사령관의 면직 및 감군(監軍)으로의 보직 전환이 결정되었다.[49] 이 같은 작전방침 변경 및 인사조치는 야마가타 및 개진당 계열의 정치가들이 주장하던 청국에의 절대전쟁 전략이 포기되고 이토 총리와 무쓰 외상의 주도로 제한전쟁 전략이 채택되었음을 의미한다.[50] 청일전쟁의 시점까지는 일본에서 정치가에 의한 전쟁 지도, 즉 군 지휘관들에 대한 문민 통제가 작동되고 있었던 것이다.

이 같은 작전방침 변경에 따라 1895년 1월 20일 제2군 예하 병력이 해군의 호위를 받으며 산둥반도에 상륙하여 웨이하이웨이에 대한 공략작전을 실시했다. 이 작전의 결과 2월 12일까지 이 기지를 모항으로 사용했던 청국 북양함대 전력이 궤멸되었다. 동시에 육군과 해군은 타이완 방면에 위치한 평후(澎湖)제도를 공략하는 남방작전

---

48 齊藤聖二, 앞의 책, p.168.
49 德富蘇峰, 앞의 책, p.186, 195.
50 필자는 이 같은 주장을 「청일전쟁 전후 일본의 대외전략과 군사정책: '근대화 우선론'과 '대륙팽창론'의 상호 대립과 전개를 중심으로」, 『한국정치외교사논총』, 36(1), 한국정치외교사학회, 2014. 8에서 제시한 바 있다. 비슷한 의견으로는 大江志乃夫, 앞의 책, p.72를 참조하라.

을 성공적으로 실시했다.[51]

4. 시모노세키 강화협상과 전후 질서

만주 및 산둥반도, 평후제도에 대한 작전이 성공적으로 마무리되면서 일본 정부는 강화회의 준비에 착수했다. 1895년 1월 27일 히로시마의 대본영에서 이토 총리, 야마가타 감군, 사이고 쓰구미치 해군대신, 카바야마 스케노리 해군 군령부장, 가와카미 소로쿠 육군 참모차장, 무쓰 외상 등이 참가한 가운데 어전회의가 개최되어 청국과의 강화회의 의제를 논의했다. 무쓰 외상은 강화협상의 의제로 조선의 독립 확인, 청국으로부터 획득할 할양 지역과 배상금, 청국 내에서의 통상과 항해에 관한 제 권리 규정 등이 주요 항목이 될 것이라고 보고했다.[52] 이에 대해 육군 측에서는 랴오둥반도를 할양지로 포함해야 한다고 주문했고 해군에서는 타이완 할양을 요구했다.[53]

  청국과의 강화회의 여건이 조성되자 정부 내외에서 강화조건에 대해 다양한 의견이 봇물처럼 제기되었다. 후쿠자와 유키치 등은 자신이 발행하는 『시사신보』를 통해 랴오둥반도, 타이완, 산둥반도의 할양을 주장했다. 개진당과 자유당 등 대외 강경파 세력들은 더 나아가 청국의 복수 가능성을 억제하고 동아시아의 평화를 담보하기 위해 지린성(吉林省), 산둥성(山東省), 푸젠성(福建省), 광둥성(廣東

---

51 德富蘇峰, 앞의 책, p.207.
52 무쓰 무네미쓰, 앞의 책, p.227.
53 坂野潤治, 앞의 책, p.254.

省), 헤이룽장성 등에서 3~4개 성을 할양 받아야 하며 군비 배상금도 3억 엔 이상을 요구해야 한다는 의견을 제기했다.[54] 한편 귀족원 의원인 다니 간조(谷干城) 자작은 1866년 프러시아-오스트리아 전쟁의 역사를 예로 들며 장차 일청 양국의 친교를 위해 할양지의 요구를 아예 제기하지 말 것을 이토 총리에게 건의했다.[55]

한편 러시아 등 구미 열강은 전승국 일본이 중국 대륙에서 할양지를 확보하는 것을 경계했다. 2월 14일 무쓰 외상을 방문한 러시아 공사 미하일 히트로포(Mikhail Hitrovo)는 일본이 타이완을 할양하는 것은 반대하지 않으나 중국 대륙에 판도를 확장하는 것은 일본에 반드시 득책이 되지 않을 것이라는 의사를 전달했다.[56] 이 같은 외국 여론에 유의하여 러시아 주재 공사 니시 도쿠지로(西德次郎), 제3사단장 가쓰라 타로 등은 타이완의 할양은 추구하되 랴오둥반도의 할양에는 신중을 기할 것을 주문하기도 했다.[57]

다른 한편 사이고 쓰구미치 해군대신, 가와카미 소로쿠 육군 참모차장 등은 청국과의 강화협상 자체에 반대하면서 청국과의 결전을 추진해야 한다는 강경론을 주장했다. 시모노세키에서 청국 북양대신 이홍장과 이토 총리가 강화회담을 벌이던 1895년 3월에도 이들은 육군의 제4사단과 근위사단을 투입하여 베이징 근교에서 직예결전을 벌일 준비를 지속했다. 카바야마 스케노리 해군 군령부장도 이노우에 요시카 서해함대 사령관에게 4월에 시행될 직예결전을 위

---

54 무쓰 무네미쓰, 앞의 책, pp.223-224.
55 德富蘇峰, 앞의 책, p.217. 무쓰 외상도 다니 간조 자작의 건의가 일리가 있다고 보았으나 당시 여론상 수용할 수 없었다고 회고했다. 무쓰 무네미쓰, 앞의 책, p.224.
56 德富蘇峰, 앞의 책, pp.234-235.
57 德富蘇峰, 앞의 책, p.217.

한 군사적 준비를 갖추라는 지시를 내렸다.[58]

이러한 정부 내외의 다양한 흐름 속에서 이토 총리는 4월 17일 청국 북양대신 이홍장과 시모노세키 강화조약에 조인했다. 이 결과 청국은 조선의 독립을 인정하고 일본에 랴오둥반도, 타이완, 펑후제도를 할양하며 전쟁 배상금으로 2억 냥(3억 엔)을 지불할 것에 합의했다. 일본 정부는 육군대신으로 복귀한 야마가타 아리토모를 랴오둥반도 뤼순에 파견하여 제1군 및 제2군 사령관에게 강화조약의 내용을 설명하게 하고 그 수용을 지시했다. 이로써 청국과의 직예결전에 대비하던 육해군의 움직임을 누그러뜨렸다.[59]

그러나 시모노세키 강화조약에 대한 더 큰 도전이 외부에서 다가왔다. 4월 23일 러시아, 독일, 프랑스 3개국의 주일 공사가 랴오둥반도의 할양에 반대한다는 의견을 제출하였다. 소위 삼국간섭이 발생한 것이다. 이에 대해 이토 정부는 긴급 어전회의를 개최하여 대응 방안을 협의했다. 3국의 간섭을 거절하는 강경론도 논의되었으나 결국 구미 열강의 권고를 수용하여 랴오둥반도를 청국에 환부하는 결정을 하지 않을 수 없었다. 이 같은 방침은 5월 5일 러시아, 독일, 프랑스 3국에 통보되었다. 일본은 청일전쟁의 전장에서는 승리를 거두었으나 전후 처리를 위한 외교에서는 뼈아픈 패배를 경험한 것이다.

비록 3국의 간섭에 굴복하기는 했으나 청일전쟁은 메이지 유신 이후 일본이 근대적인 육군과 해군을 건설한 이래 거둔 최초의 대규모 해외전쟁의 승전 사례였다. 전통적인 중화질서의 맹주였던 청국

58　시모노세키 강화조약의 협상 중에 육해군 지휘부가 추진하던 청국과의 직예결전 준비 상황에 대해서는 齊藤聖二, 앞의 책, p.183, 192, 194 등을 참조하라.

59　齊藤聖二, 앞의 책, p.205.

을 상대로 일본이 승전을 거둔 데에는 다음과 같은 요인이 작용했던 것으로 보인다. 첫째, 메이지 유신 이래 일본이 부국강병 정책의 일환으로 건설한 육해군의 제도와 전력이 청국의 그것에 비해 상대적으로 잘 발달되었고 수준도 높았다. 육군의 경우 징병제를 통해 징집된 병사들이 무라타총 같은 근대적 병기를 지급받으면서 사단제도하에서 충분한 훈련을 받았던 반면, 청국 북양육군은 그러한 일원적인 군사체제 면에서 미흡한 점이 적지 않았다. 둘째, 야전에서 작전지휘를 담당한 육해군 지휘관들이 메이지 유신 이래 이미 해외유학과 국내 군사교육기관을 통해 충분히 군사교육을 받았던 경험을 갖고 있었던 반면 청국 지휘관들은 그러한 경험이 상대적으로 미흡했다. 셋째, 육군과 해군 간의 작전방향의 조정이 긴밀하게 이루어졌다. 대본영에서 군정 및 군령을 총괄하는 육해군 대신 및 참모부 간에 정책 협조가 효율적으로 이루어졌고 야전에서도 제1군 및 제2군, 연합함대 간에 수시로 의사소통과 작전 협조가 원활하게 진행되었다. 야마가타 제1군 사령관과 가와카미 참모차장, 사이고 해군대신과 카바야마 해군 군령부장은 전쟁 준비 단계에서부터 전개 과정에 이르는 동안 육해군의 전력운용 방향에 대해 적절한 지침을 강구하고 예하 부대에 하달했다. 넷째, 무엇보다도 정치외교전략과 군사전략이 잘 조화될 수 있었다. 이토 총리와 무쓰 외상은 국제정세를 감안하면서 적시에 적절한 정치외교적 판단을 내렸고 대본영 회의를 통해 군 지휘부와의 정책 조정을 도모했다. 이러한 요소들이 청일전쟁을 승리로 이끈 일본 내부의 요인들이었던 것으로 보인다.[60]

60 齊藤聖二, 앞의 책, p.208; 黑川雄三, 앞의 책, p.47; 강성학, 앞의 글, pp.20-22 등을 종합했다.

청일전쟁의 승전 이후 일본의 국내외 위상은 전쟁 이전 단계와 비교하여 현격하게 달라졌다. 육군본부가 1904년에 편찬한 청일전쟁 공간사 『메이지 27-28년 일청전사(日淸戰史)』에서 평가하고 있듯이 청일전쟁의 결과 일본은 조선 문제를 자국의 국가 이익에 유리하게 해결했고 타이완과 평후제도 같은 신영지를 획득했으며 국민정신을 드높였고 군사기술을 진보시켰으며 국제적 지위의 향상을 이룩했다.[61] 이러한 성과를 바탕으로 일본의 지도자들은 대내외적으로 새로운 과제에 직면했다. 국내적으로는 전쟁 승리 이후의 국가적 목표를 어떻게 설정하느냐의 문제가 대두했다.

전쟁 이후에도 청국과의 화친 유지를 주장하던 다니 간조 자작 같은 이는 군비 확장에 반대하면서 식산흥업과 교육에 중점을 두어야 한다고 주장했다.[62] 그러나 그 같은 평화주의자의 주장은 청일전쟁 이후의 일본 국내 정치에서 설 땅이 협소했다. 오히려 청일전쟁을 승리로 이끈 주역 가운데 한 사람인 야마가타 아리토모 등이 강구한 국가전략이 전쟁 이후 일본의 정치와 외교를 지배했다. 육군대신 야마가타는 시모노세키 강화조약의 체결 직전인 1895년 4월 15일에 작성한 정책건의서에서 향후 청국이 복수의 마음으로 군비증강을 할 것이고 러시아, 영국, 프랑스도 동양에서 지속적으로 병력을 증대할 것으로 예상했다. 일본은 전승의 기세에 편승하여 동양의 맹주가 되겠다는 전략을 가져야 하며 이를 위해 주권선의 유지를 넘어 이익선의 개장(開張)을 계획해야 한다고 주장했다. 이를 위해 기존의 육군 병력 7개 사단에 더해 6개 사단을 증설하여 13개 사단 체제

---

61 齊藤聖二, 앞의 책, p.223에서 재인용했다.
62 齊藤聖二, 앞의 책, p.244.

를 육성하는 군비증강이 필요하다고 했다.[63]

"이익선의 개장"을 구현하기 위해 군비확장의 필요성을 주창한 육군대신 야마가타의 전략방침에 대해 참모본부도 적극 호응했다. 1895년 8월 12일 참모본부는 육군대신 및 차관, 감군 등이 참가한 육군 내부회의를 거쳐 8월 31일에 「육군 확장의 이유」라는 보고서를 작성하여 내각에 제출했다. 이에 따르면, 향후 병력증강의 표준은 청국이 아니라 러시아를 지향해야 한다고 했다. 특히 시베리아 철도가 완성되면 러시아는 13만 명의 병력을 극동지역에 파견하는 것이 가능해지기 때문에 일본으로서는 이에 대응하기 위해 국내를 방어하기 위한 4만 명의 병력 이 외에 17만 명 규모의 병력, 즉 평시 14개 사단 규모의 전력을 갖추어야 한다는 논리를 전개했다. 참모본부는 이러한 전력을 기반으로 일본 육군이 취해야 할 전략은 "우리로부터 나아가 공세를 취하여 적의 병력을 좌절시키는" "공세적 방어주의" 라고 주장했다.[64] 이러한 군비증강 전략을 바탕으로 이토 히로부미 내각은 최종적으로 육군 6개 사단의 증설을 결정했으며 해군도 전함 6척, 순양함 6척을 표준으로 하는 6·6함대 건설을 당면 건함 계획의 목표로 설정했다.[65]

대외적으로 일본은 3국 간섭에 의해 비록 랴오둥반도를 청국에 반환할 수밖에 없었으나, 시모노세키 조약에서 합의한 바에 따라 조선에 대한 독립을 청국으로부터 확인받았고 그에 더해 타이완을 할

63 德富蘇峰, 앞의 책, pp.241-242; 岡義武, 앞의 글, p.62; Roger F. Hackett, 앞의 책, pp.168-169.
64 齊藤聖二, 앞의 책, pp.231-232.
65 黑川雄三, 앞의 책, p.36.

양 받았다. 따라서 일본 정부는 조선에 대한 자국의 영향력을 확대하고 타이완에 대한 식민통치의 확립을 대외정책의 중심과제로 안게 되었다. 이러한 목표 아래 일본 정부는 조선에 대해서는 한성 주재 이노우에 공사를 귀국시키고 그 후임에 육군 중장 출신인 미우라 고로(三浦梧樓) 공사를 파견하여 영향력을 확대하고자 했다. 할양이 결정된 타이완에 대해서는 5월 29일 일본 병력을 상륙시켜 저항하는 원주민들을 진압했고, 6월 17일에는 카바야마 스케노리 해군 군령부장이 초대 타이완 총독에 임명되면서 시무식을 타이베이에서 거행했다. 그리고 1896년 3월에는 탁식무성(拓殖務省)을 정부 부서로 설치하여 식민지 지역의 행정을 담당하게 했다. 이토 히로부미 총리도 1896년 1월 11일 귀족원에서 행한 연설을 통해 전후 평화를 회복하여 국력을 배양해가는 것이 국가의 가장 중요한 급무이며 그 과정에서 타이완 신영지에 일본 인민을 이식하여 장래의 발달을 도모하는 것이 긴요하다는 의견을 피력했다.[66]

그런데 조선에 대한 미우라 공사의 정책은 강압적 성격이 지나치게 강하여 10월 8일에 을미사변을 일으켜 민비를 살해하는 만행으로 이어졌다. 이 때문에 국왕 고종이 다음 해 2월에 러시아 공사관으로 피신하는 등 조선에서 일본에 대한 적대감을 불러일으켰다.[67] 타이완에 대한 일본의 통치도 군사적 성격이 강했다. 탁식무성의 대신

---

66 伊藤博文,「戰後經營とは何ぞ」(1896. 1. 11, 제9의회 귀족원), 平塚篤 編,『伊藤博文演說集: 續伊藤博文秘錄』, 原書房, 1982(1929), pp.10-11.

67 미우라 공사는 후일 일본 법정에서 증거 불충분으로 석방되었다. 이노키 마사미치(猪木正道) 같은 일본 학자는 민비 살해 사건으로 드러난 일본의 무법자 같은 만행이 일본의 국제적 신용을 손상시키고 국익을 현저하게 저해했다고 평가했다. 猪木正道,『軍國日本の興亡』, 中央公論新社, 1996, pp.16-17.

은 육군대신이 겸임했다. 타이완 총독에도 제2대 가쓰라 타로(재임 기간 1896. 6-1896. 10), 제3대 노기 마레스케(乃木希典, 1896. 10-1898. 2), 제4대 고다마 겐타로(兒玉原太郎, 1898. 2-1906. 4) 등 군인 출신 들이 임명되면서 일종의 군정통치를 실시했다.[68] 군인 출신 총독들 의 주요 업무가 헌병대를 동원한 시가지 치안 유지, 정규병을 동원 한 산악지대에서의 저항세력 색출 및 처벌 등에서 벗어나지 못하게 되자 이에 대한 반성이 일본 정부 내부에서도 제기되었다. 1896년 1 월 외무성 차관 하라 다카시(原敬)는 이토 총리에게 제출한 건의서 를 통해 독일이 알사스-로렌 지역을 통치하고 프랑스가 알제리에 식민통치를 한 방식을 원용하여 타이완에 대해서도 일본 본토와 동 일한 제도와 통치방식을 적용할 필요가 있다고 제언했다. 이를 위해 현역 무관 총독제를 변경하여 문관 출신의 행정관을 타이완 총독으 로 기용할 것을 주장했다. 이러한 주장에 대해 일부 정부 관료들은 하라의 주장에 동의했으나 결국 고다마 겐타로, 가와카미 소로쿠 등 군부 인사들의 반발에 부딪혀 현역 무관 총독제는 당분간 유지되었 다.[69]

청일전쟁에서 승리하기는 했지만 타이완과 같은 규모의 식민지 를 이전에 갖지 못했던 일본으로서는 경험이 미숙한 가운데 서서히 제국으로 성장해가고 있었던 것이다.

---

68 타이완 총독부의 예하기관으로 민정국, 육군국, 해군국의 3국이 설치되었다. 大江志乃 夫, 「植民地戰爭と總督府の成立」, 『岩波講座近代日本と植民地2: 帝國統治の構造』, 岩波書店, 1992, pp.18-19.
69 大江志乃夫, 위의 글, pp.19-20; 千葉功, 「列强への道をたどる日本と東アジア情勢」, 川島 眞·服部龍二, 『東アジア國際政治史』, 名古屋大学出版会, 2007, p.63.

5장

러일전쟁

1. 러일 협상론과 개전론의 대립

메이지 유신 이래 일본의 위정자와 식자들은 구미 열강의 아시아 진출을 일본의 안위에 대한 잠재적 위협으로 간주해왔다. 특히 구미 열강 가운데에서도 지리적으로 일본 열도와 인접한 러시아의 남하 가능성을 우려해왔다. 1870년과 1871년 병부성에서 제출한 군비확장 관련 의견서, 그리고 1888년 감군의 직책을 담당하던 시기에 야마가타 아리토모가 제출한 의견서 등에서 러시아 위협론이 지속적으로 제기되어왔다. 특히 후자의 의견서에서 야마가타는 러시아가 추진하던 시베리아 철도 공사를 지적하면서 이 철도가 완성될 경우 대규모 러시아 병력의 극동 파견이 가능해져서 일본의 안위에 위협이 될 수 있다고 지적한 바 있다.[1]

이 같은 러시아 위협론은 청일전쟁에서 일본이 승리한 이후에도 여전히 일본 위정자들의 의식 속에서 사라지지 않았다. 특히 청

---

1 中村尙美, 『明治國家の形成とアジア』, 龍溪書舍, 1991, pp.144-146.

일전쟁의 승전을 통해 조선에 대한 청국의 종주권을 종식시키고 이익선으로서의 조선 독립을 확보한 일본으로서 러시아의 만주 및 한반도 진출 가능성은 잠재적 위협의 대상이었다. 이러한 문제의식에서 1896년 6월 러시아 황제 니콜라이 2세의 대관식에 참석한 야마가타 아리토모는 러시아 외상 로바노프 로스토프스키(Lobanov Rostovsky)와 협정을 맺고 조선의 재정에 대해 양국이 공동으로 관여하고 조선 내에 부설된 전신선에 대해서도 각각의 권리를 인정하며 조선에 출병하지 않을 것을 상호 확인했다.[2] 1898년 4월 25일에는 일본 외상 니시 도쿠지로와 러시아 공사 로만 로젠(Roman Rosen) 간에 니시-로젠 협정이 맺어져서 양국 정부가 조선의 독립을 인정하고 조선의 내정에 간섭하지 않을 것을 재차 확인했다.[3]

그러나 러시아는 점차 만주와 한반도 방면으로 팽창하려는 움직임을 보였다. 1897년 11월 중국 산둥성에서 독일 선교사가 살해당한 사건이 발생하여 독일군이 칭다오(靑島)에 파병되고 결국 1898년 3월 청국과 독일 간에 자오저우만(膠州灣) 지역을 25년간 조차(租借)한다는 합의가 이루어졌다. 그러자 1898년 3월 러시아도 청국과 남만주의 뤼순과 다롄을 25년간 조차하고 동청철도의 남부지선, 즉 남만주철도 부설권도 부여받는 합의를 맺었다.[4] 러시아는 더 나아가 한반도 남단의 토지를 매수하려는 움직임도 보였고 1899년 5월에는

---

2 德富蘇峰, 『公爵山縣有朋傳』 下卷, 原書房, 1969, p.273; 山室信一, 『日露戰爭の世紀』, 岩波書店, 2005, p.58.
3 강성학, 『시베리아 횡단열차와 사무라이: 러일전쟁의 외교와 군사전략』, 고려대학교 출판부, 1999, p.169.
4 이에 대해 영국도 산둥반도 웨이하이웨이를 조차하여 러시아에 대응했다. 橫手愼二, 『日露戰爭史』, 中公新書, 2005, p.24; 강성학, 앞의 책, p.165.

마산지역의 해안에 대한 측량도 시도했다.

1898년 11월에 제2차 내각을 구성한 야마가타 총리와 육군상에 임명된 가쓰라 타로 등은 러시아의 남하 동향에 촉각을 곤두세우면서 육해군 증강을 국정의 우선적인 사업으로 설정했고 그 재원을 마련하기 위해 지조증징(地租增徵), 즉 토지세의 인상을 추진했다. 이와 동시에 야마가타는 청일전쟁 시기부터 주장해온 한반도 철도 건설론을 바탕으로 경인철도 부설권의 매수와 경부철도 부설을 추진했다.[5] 야마가타 총리는 1899년 10월에 기초한 「대한(對韓)정책의견서」에서 러시아의 뤼순 및 다롄 조차와 한반도 남동 연안에서의 토지 차용 시도에 대해 일본이 취해야 할 정략은 "육해군의 병력과 재정의 실력을 강구하여 장래의 방침을 일정하게 하는 것"이라고 환기시켰다. 그리고 만일 러시아가 마산이나 거제도 등지에 해군기지를 설치하려고 대한제국 정부를 협박할 경우에는 그 중지를 설득하거나 "제국의 존망과 흥폐에 관한 중요 문제로 받아들여" 어전회의를 통해 대책을 강구해야 한다고 주장했다.[6]

그러나 일본 위정자들의 우려에도 아랑곳없이 러시아의 만주 방면 진출은 계속되었다. 1899년 청국 내에서 의화단의 난이 발생하면서 베이징 주재 각국 공사관도 위협에 처하게 되자 러시아, 독일, 영국, 프랑스 등 구미 열강들이 병력을 청국에 파병하여 공동 개입을 단행했다. 일본도 데라우치 마사타케(寺內正毅)를 사령관으로 하는

---

5 이에 대해 이토 히로부미와 이노우에 가오루는 경부철도의 건설이 러시아를 자극할 수 있다고 하여 이의를 제기했다. 岡義武, 『山縣有朋』, 岩波書店, 1958, p.79.
6 橫手愼二, 앞의 책, p.26. 이 시기에 육군 중견 장교인 다무라 이요조(田村怡與造), 후쿠시마 야스마사(福島安正), 나가오카 가이시(長岡外史) 등도 진해만 지역을 러시아가 장악한다면 장래 일본에 가망이 없다는 의견을 공유했다고 한다. 橫手愼二, 앞의 책, p.39.

병력을 청국에 파병했고 1900년 8월 사변을 수습하는 데 공헌했다. 이러한 과정에서 러시아는 18만 명 정도의 병력을 만주에 주둔시키게 되었다.[7]

군사력의 주둔을 기반으로 러시아가 점차 만주 및 한반도에 대한 영향력을 확대하려는 조짐이 강해지자 일본 사회 내에서도 러시아 경계론이 분출했다. 1900년 9월 화족 출신의 정치가 고노에 아쓰마로(近衛篤磨)는 동아동문회 등 대외 강경세력과 도쿄제국대학 교수 도미즈 히론도(戶水寬人) 등을 주축으로 국민동맹회를 결성하여 대한제국을 세력 범위로 확보해야 하며 그를 위해 러시아를 만주에서 배제하고 상황에 따라 러시아와의 전쟁도 불사해야 한다는 강경론을 전개했다.[8] 1901년에는 우치다 료헤이(內田良平)가 고쿠류카이(黑龍會)를 결성하여 대러시아 결전을 통해 만주, 몽고, 시베리아에 걸친 대륙 경영을 추진할 것을 주장했다.[9] 이러한 여론을 배경으로 일본 육군이 1900년에 러시아를 상대로 한 최초의 작전계획 시안을 작성했다. 이 시안은 세 가지 방안, 즉 첫째, 2개 사단으로 뤼순 공략, 둘째, 약 10개 사단으로 만주 방면에서 하얼빈(哈爾濱) 방면으로 작전 전개, 셋째, 북한 지방 혹은 연해주, 아니면 이 양 방면으로 상륙하여 니콜리스크(우수리스크)를 향하여 진격한다는 것이었다.[10] 이러한 시안들은 육군의 정식 작전계획으로 채택되지는

7 Roger F. Hackett, *Yamagata Aritomo in the Rise of Modern Japan, 1838-1922*, Cambridge, Massachusetts: Harvard University Press, 1971, p.206; 강성학, 앞의 책, p.217.
8 坂野潤治, 『近代日本の出發: 大系日本の歷史13』, 小學館, 1993, p.312; 山室信一, 앞의 책, p.72.
9 山室信一, 앞의 책, p.45.
10 조명철, 「러일전쟁기 군사전략과 국가의사의 결정과정」, 『일본역사연구』, 일본역사연구

않았지만 러시아 병력의 만주 진출에 대응하여 일본군 당국이 상황을 심각하게 인식하고 있었음을 잘 보여준다. 이 같은 일본 내의 동향에도 아랑곳하지 않고 러시아는 만주 및 한반도에 대한 영향력의 확대 방안을 다각도로 추진했다. 1901년 1월 주일 러시아 공사 알렉산드르 이즈볼스키(Aleksandr Izvokkii)는 일본 측에 열강들의 공동 보조하에 대한제국을 중립국화하는 방안을 타진했다. 그러나 이 제안에 대해 일본 외무성은 대한제국에 대한 일본의 영향력을 약화시키기 위한 의도를 가진 것으로 보아 더욱 경계하는 태도를 가지게 되었다.[11]

이 시기를 전후하여 일본의 위정자들 사이에는 러시아의 한반도 진출 가능성에 대해 두 가지 다른 대응방식이 나타났다. 이토 히로부미는 러시아와의 협상을 통해 만한교환론, 즉 만주에 대한 러시아의 기득권을 인정해주는 대신 대한제국에 대해서는 일본의 권리를 승인받는 방식으로 양국 간의 대립 가능성을 풀어나가려고 했다. 이 같은 구상에 따라 이토는 1901년 9월 러시아를 방문하기 위해 출국했고 같은 해 11월 말부터 페테르스부르크에서 러시아 재무상 세르게이 비테(Sergei Vitte) 등과 회담했다.[12] 한편 야마가타는 러시아에 필적하는 구미 열강과 동맹을 맺어 러시아에 대항해야 한다고 주장했다. 1901년 4월 24일 야마가타가 작성한 「동양동맹론(東洋同盟論)」에서는 러시아가 철도 부설과 뤼순과 다롄의 조차 등을 통해 만

회, 1995. 9, p.147.
11 橫手愼二, 앞의 책, p.69.
12 당시 일본에서 러시아로 가기 위해서는 태평양 → 미국 대륙 횡단 → 프랑스 도착 → 독일 경유 → 페테르스부르크의 경로를 거쳤다. Roger F. Hackett, 앞의 책, p.217; 橫手愼二, 앞의 책, p.70.

주에 대한 영구 점령을 노리고 있고 향후에 동삼성 일대를 약탈하려 할 것이라고 전망했다.[13] 이 때문에 일본과 러시아가 "조만간 일대 충돌"을 하게 될 것이라고 예상하면서 이 충돌을 피하고 전쟁을 미연에 방지하기 위해서는 영국 혹은 독일과 맹약을 체결하는 것이 대안이 될 수 있다고 제언했다.

이 같은 야마가타의 동맹론에 호응하는 형태로 1901년 4월 가토 다카아키(加藤高明) 외상은 영국 솔즈베리(Salisbury) 내각의 헨리 랜스다운(Henry Lansdowne) 외상에게 양국 간의 동맹체결 가능성을 타진했고 일단 호의적인 반응을 확인했다.[14] 영국과의 동맹체결 정책은 1901년 6월에 성립된 가쓰라 타로 내각의 고무라 주타로(小村壽太郎) 외상에 의해 보다 적극적으로 추진되었다. 고무라 외상은 이전의 이토 히로부미 내각의 대외정책을 "소극적 퇴영(退嬰)정책"이라고 비판하면서 육해군의 확장, 청국 및 대한제국에서의 철도 부설, 적극적 외채 모집에 의한 재정 보충 등을 정책 중점과제로 제기했다. 그리고 그 일환으로 야마가타 등이 제기한 영국과의 동맹체결도 적극적으로 추진했다.[15] 1901년 8월 5일에는 가쓰라 총리의 관저에서 야마가타 등이 참가한 가운데 영국과의 동맹체결에 대한 정부의 방침을 확인했다.

---

13 山縣有朋, 「東洋同盟論」(1901. 4. 24), 大山梓 編, 『山縣有朋意見書』, 原書房, 1966, pp.265-267. 야마가타 외에 가토 다카아키(加藤高明) 주영 공사, 고무라 주타로 외상 등이 일본과 영국 양국의 제휴 필요성을 주장했다. 猪木正道, 『軍國日本の興亡』, 中央公論新社, 1996, pp.19-20.

14 Roger F. Hackett, 앞의 책, p.216.

15 모리야마 시게노리(森山茂德)는 이러한 고무라 외상의 정책 방향을 "적극적 대외발전정책"이라고 평가했다. 森山茂德, 『近代日韓關係史研究: 朝鮮植民地化と國際關係』, 東京大學出版會, 1987, p.100; 坂野潤治, 앞의 책, p.321도 참조하라.

한편 영국은 1899년에 남아프리카에서 발생한 보아전쟁에 대처해야 했고, 1890년대 후반 이래 독일의 급속한 해군력 증강으로 촉발된 건함 경쟁에 대응하는 과정에서 도버에 기지를 둔 본국 함대와 지브롤터 기지를 중심으로 하는 해협 함대를 증강하면서 기존에 운용했던 인도 및 태평양 함대 등을 폐지하고 홍콩에 기지를 둔 중국 방면 함대를 축소하고자 했다.[16] 이러한 상황에서 일본과의 동맹체결은 러시아의 남하에 대응할 뿐만 아니라 영국의 철수로 인해 발생하는 동아시아 지역의 힘의 공백을 메꾸는 의의를 갖는 것이었다.

이러한 양국 간의 전략적 이해가 수렴되면서 1902년 1월 영일동맹조약이 양국 간에 조인되었다. 일본 최초의 동맹체결 사례인 영일동맹조약은 영국이 청국에 대해, 일본이 만주와 대한제국에 대해 특수권익을 갖는다는 점을 상호 인정하고 체약국 가운데 한 나라가 타국과 교전하는 경우 다른 나라는 중립을 지키고 제3국이 참전하는 경우 체약국이 참전하여 동맹국을 원조한다는 내용을 담고 있었다.[17] 체약국 가운데 일국이 타국과 교전상태에 돌입했을 경우 무조건적인 지원 의무를 부과하지 않았다는 점에서 영국으로서는 부담이 상대적으로 적은 조약이었다.[18] 그러나 지원 의무가 제한적이었다고 해도 영일동맹의 체결이 일본의 외교와 군사에 미친 긍정적인 영향

16 野村實, 『日本海軍の歷史』, 吉川弘文館, 2002, pp.73-74.

17 山室信一, 앞의 책, p.98; 猪木正道, 앞의 책, p.23.

18 1902년 7월에 수상에 취임한 아서 밸푸어(Arthur Balfour)는 영국이 암스테르담이나 홀랜드를 둘러싸고 프랑스나 독일과 교전할 경우 일본은 지원하러 오지 않을 것이며 역시 영국이 인도에서 분쟁에 관여한다고 해도 일본이 참전하지 않을 것이라고 발언하면서 이 점을 확인했다. Ian H. Nish, *The Anglo-Japanese Alliance: The Diplomacy of Two Island Empires, 1894-1907*, London: The Athlone Press, 1985(1966), p.275.

은 결코 적지 않았다.

최강대국 영국과의 동맹체결로 인해 일본의 국제적 지위와 신뢰도가 상승하면서 국제금융시장에서의 자금 조달이 보다 용이해졌다.[19] 이 조약으로 극동지역에서 제3국보다 우월한 해군력의 유지가 합의되면서 일본에서 해군력 증강이 보다 촉진되었다. 그 일환으로 1902년에만 세 차례에 걸쳐 영국과 일본의 육해군 간 협의가 요코스카(橫須賀)와 런던 등지에서 개최되었다.[20] 요코스카에서 5월에 개최된 영일 간 해군협의에서는 러시아와의 전쟁이 발생할 경우 쓰시마 해역에서의 제해권 확보를 위해 양국 간 해군 협력을 어떻게 할 것인가가 논의되었다.[21] 7월 7일에 런던에서 개최된 양국 육해군 관계자들 회의에서는 러시아와의 전쟁 발생 시 양국이 동원할 수 있는 병력 규모와 시기 등에 대한 정보 교환이 이루어졌다.[22]

영일동맹의 체결을 바탕으로 일본 육군의 중견 장교들은 러시아에 대한 구체적인 작전계획도 재검토했다. 러시아 군사유학 경험이 있는 육군 참모본부 다나카 기이치(田中義一) 소좌는 1902년 8월 러시아에 대한 작전계획 시안을 작성하여 제출했다. 이 계획에 따르면,

---

19 1902년 시부사와 에이이치(渋沢榮一)와 마쓰카타 마사요시(松方正義)로 구성된 일본 사절단이 영국에 파견되어 경부철도를 건설하기 위한 공채 조달에 성공하기도 했다. Ian Nish, 앞의 책, pp.251-255를 참조하라.

20 1902년 5월 14일에는 일본 요코스카에서, 7월 7일에는 영국 런던에서, 11월 25일에는 다시 도쿄에서 영일 양국의 해군 관계자들의 협의가 지속되었다. Ian Nish, 앞의 책, p.252.

21 黒川雄三, 『近代日本の軍事戰略槪史』, 芙蓉書房, 2003, p.49. 이 회의와 관련하여 해군상 야마모토 곤베가 행한 훈시를 참조하라.

22 일본 측 참가자는 후쿠시마 야스마사 육군 소장, 이주인 고로(伊集院五郞) 상비함대 사령관 등이었다. 이 회의에서 일본은 개전 이후 3주 안에 병력 28만 명을 동원하는 것이 가능하다고 보고했고, 영국의 해외동원 능력은 3개 군단 12만 명으로 확인되었다. 조명철, 앞의 글, p.149.

일본이 황해와 동해상의 제해권을 장악할 경우에 육군이 5개 사단을 남포 방면에 투입하여 만주에서 주작전을 실시하고 2개 사단을 나진에 상륙시켜 우수리 방면에서 보조작전을 수행하도록 했다. 만일 제해권의 장악에 실패하여 쓰시마 해협만을 확보할 경우에는 육군이 한반도 남해안에 상륙하여 북상하도록 했다.[23] 해군도 1903년 3월과 4월 러시아 태평양함대를 상정한 대연습을 실시하기도 했다.[24] 다만 1903년 초의 시점까지 육해군 상층부는 러시아와의 본격적 개전이나 공세적 작전계획에 대해서는 아직 적극적인 입장을 보이지 않았다.

러시아와의 본격적인 개전론이 불거진 것은 1903년 중반 이후의 시기였다. 1902년 4월 러시아는 청국과 만주환부(還付)조약을 체결하여 만주 주둔 병력을 1903년 4월까지 단계적으로 철수하는 것에 합의했다. 그러나 1903년 4월까지 러시아군은 조약상의 합의와 달리 병력을 철수하지 않았다. 오히려 1903년 5월 러시아는 압록강 하구의 용암포 일대를 점거했고 8월에는 대한제국 정부와 조약을 체결하여 이 지역에서 포대와 전신국, 철도를 부설하려는 움직임을 보였다.[25] 이 같은 러시아의 동향에 대해 일본 정부 내외에서 대러 개전론이 격렬하게 제기되었다. 1903년 6월 도쿄제국대학 교수인 도미즈 히론도, 오노즈카 기헤이지(小野塚喜平次) 등 7명이 가쓰라 총리에게 대한제국과 만주를 러시아에 넘길 수 없으며 러시아가 이 같은 요구를 거절하면 전쟁을 불사해야 한다는 건의서를 제출했다. 1903

23 조명철, 앞의 글, pp.151-152.
24 横手愼二, 앞의 책, p.59.
25 山室信一, 앞의 책, p.103.

년 8월 고노에 아쓰마로, 도야마 미쓰루 등은 대로(對露)동지회를 결성하여 만주로부터 러시아 군대를 철수시키고 이 같은 교섭이 결렬될 때에는 개전이 불가피하다는 강경론을 제기했다. 물론 사회주의자 고토쿠 슈스이(幸德秋水), 기독교인 우치무라 간조(內村鑑三) 등은 각자의 이념을 바탕으로 비전론(非戰論)을 주장했으나 대외강경론에 압도되는 양상을 드러냈다.[26]

정부 내에서도 육군성과 해군성, 외무성의 중견간부들 사이에서 러시아와의 조기개전론이 힘을 얻게 되었다. 1903년 6월 8일 육군 참모총장 오야마 이와오가 내부회의를 소집했을 때 총무부장 이구치 쇼고(井口省吾)와 작전부장 마쓰카와 도시타네(松川敏胤) 등이 주도하여 러시아와의 개전론을 적극적으로 제기했다.[27] 특히 이구치는 러시아의 만주 철병 거부가 일본의 국가 이익에 배치됨을 강조하면서 일본으로서는 영국과 미국 두 나라와 협동하여 러시아에 철병을 요구해야 하고 만일 두 나라가 공동보조에 응해오지 않으면 일본 단독으로라도 군사력에 의지하여 목적을 관철해야 한다고 주장했다. 그는 당분간 러시아가 시베리아, 헤이룽장, 관동주 등 극동지역에서 운용할 수 있는 육군 전력은 16만 명인데 모스크바 군관구에 소속된 7만여 명의 증원군이 도착하기 전에 일본 해군이 제해권을 장악하고 육군 전력을 한반도 및 만주지역으로 진출시킨다면 충분히 승산이 있다는 판단을 제시했다.[28] 이 같은 육군 중견층의 전략적 판단은

26 橫手愼二, 앞의 책, p.87; 山室信一, 앞의 책, p. 110.
27 1903년 5월 29일 이구치 쇼고, 마쓰카와 도시타네 등은 해군성의 도미오카 사다야스(富岡定恭), 아키야마 사네유키(秋山眞之), 외무성의 야마자 엔지로(山座円次郎) 등과 회합하고 러시아와 조기 결전을 벌이는 것이 일본의 전도에 유리하다고 의견을 모은 바 있다. 山室信一, 앞의 책, p.103; 橫手愼二, 앞의 책, p.83.

그때까지 러시아와의 대결에 신중한 자세를 보였던 참모총장 오야마의 입장을 변화시키는 계기가 되었다. [28]

1903년 6월 23일 메이지 천황이 임석한 가운데 총리 가쓰라 타로, 외상 고무라 주타로, 육군상 데라우치 마사타케, 해군상 야마모토 곤베에 등이 참가한 어전회의는 일본의 대러정책 방향을 결정하는 중요한 의미를 갖게 되었다. 이 석상에서 외상 고무라 주타로는 대한제국이 일본의 심장부를 겨냥한 비수와 같다고 하면서 해외 열강에 의한 대한제국의 점유는 결코 허용될 수 없다고 했다. 이러한 논리를 바탕으로 그는 러시아가 만주와 한반도로 진출함으로써 대한제국에 대한 궁극적인 지배를 도모하고 있다고 분석하면서 일본으로서는 단호히 각오하고 러시아와의 직접 협상을 통해 대한제국 문제를 해결해야 한다고 했다.[29] 군부를 대표한 오야마 참모총장은 일본에 대해 한반도는 겨드랑이와 같은 위치에 있으며 이를 독립 지역으로 삼는 것은 개국 이래의 국시(國是)였다고 설명하면서 다른 대국이 대한제국을 영유한다면 일본에 2~3시간 안에 도항할 수 있을 것이라고 했다. 그렇기 때문에 러시아와 외교 교섭을 서둘러서 대한제국 문제를 조속히 해결해야 하며 만일 교섭이 안 된다면 일본이 전력상 우위를 점하고 있기 때문에 전쟁이 일어나도 일본에 승산이 있을 것이라고 주장했다.[30] 이 같은 논의를 바탕으로 이날 어전회의에서는 러시아와의 협상을 통해 대한제국에서 일본의 절대적 우위를 확인시키고 만주에서는 러시아의 부분적 우위를 용인하는 목

28 橫手愼二, 앞의 책, pp.83-84; 조명철, 앞의 글, p.165, 168.
29 강성학, 앞의 책, p.267.
30 Ian Nish, 앞의 책, p.268; 조명철, 앞의 글, p.168; 橫手愼二, 앞의 책, pp.52-53,

표를 달성한다는 결정을 내렸다.[31]

한편 러시아도 1903년 7월 초 뤼순에서 알렉세이 쿠로파트킨 (Aleksei Kuropatkin) 육군상, 알렉산드르 베조브라조프(Alexander Bezobrazov), 예브게니 알렉세예프(Evgenii Alekseev) 제독, 베이징 및 도쿄 주재 공사들이 집결하여 향후 극동정책 방향을 협의했다. 러시아 정부의 실력자였던 베조브라조프는 대일 전쟁 강행론을 전 개했으나 바로 직전까지 일본을 방문했던 쿠로파트킨과 알렉세예프 제독은 대일 전쟁이 시기상조라고 반박했다.[32] 결국 극동정책에 관한 한 러시아는 당분간 관망하는 자세를 유지하면서 8월에 극동총독부를 신설하여 알렉세예프 제독을 총독으로 임명했고 이 지역의 군사 및 행정, 외교와 관련된 폭넓은 권한을 위임했다.[33]

이런 상황에서 7월 말에 일본의 고무라 외상이 러시아의 블라디미르 람스도르프(Vladimir Lamsdorff) 외상에게 극동 문제와 관련된 협상을 개시할 것을 제의했고 러시아도 이에 호응하여 8월부터 러일 양국은 각자의 입장을 협상을 통해 상대국에 제안했다.[34] 그 쟁점은 한반도와 관련된 이익과 관할권의 범위를 어떻게 정할 것인가의 문제였다. 일본은 8월 3일의 교섭에서 러시아가 대한제국에 대한 일

31　이 같은 정부 방침에 대해 조기 대러 개전론을 주장하던 참모본부의 이구치 쇼고는 가 쓰라 내각이 우유부단하여 국가 대사를 그르치고 있다고 비판했다. 그의 1903년 10월 8일 일 기를 참조했다. 藤原彰,『昭和天皇の十五年戰爭』, 靑木書店, 1991, p.30; 猪木正道, 앞의 책, pp.30-31; 加藤陽子,『戰爭の論理』, 勁草書房, 2005, p.56 등을 참조하라.

32　横手愼二, 앞의 책, p.91, 94.

33　다만 강성학은 러시아 권력구조의 특성상 외교 문제의 최종적 결정권자는 차르인 니콜라이 2세였다고 지적했다. 강성학, 앞의 책, pp.234-235.

34　이하 1903년 8월부터 12월까지 전개된 러일 양측의 협상안에 대해서는 Ian Nish, 앞의 책, p.267; 横手愼二, 앞의 책, p.97, 100 등을 종합했다.

본의 우세한 이익을 승인하고 그에 대해 일본이 만주에서의 러시아의 철도 경영에 관한 특수이익을 승인할 것을 제안했다. 이에 대해 러시아는 9월 말과 10월 초에 한반도의 북위 39도선 이북을 중립지대로 설정하고 그 이남 지역에서는 일본의 위상을 승인하지만 만주는 일본의 영역 외곽으로 할 것을 역제안했다. 이에 대해 일본은 10월 30일에 대한제국의 국경과 만주 사이의 50킬로미터 회랑을 중립지대로 설정하고 이 지역에 양측의 병력 파병을 불허할 것을 제안했다. 그러자 러시아는 12월 11일에 일본 측 제안을 도외시하는 입장을 보였고 12월 29일에 개최된 어전회의에서 일본과의 교섭 중단을 결정했다. 이 같은 협상 과정에서 일본은 만한교환론의 입장에서 한반도 문제에 대한 일본의 우월한 지위를 확보하려고 했으나 러시아는 한반도에 대한 이권을 확장하려는 태도를 포기하려 하지 않았다.

러일 간 협상의 결렬이 가시화되자 일본 정부는 1903년 12월 21일 육해군에 언제든 출동이 가능하도록 준비하라는 지시를 내렸다.[35] 사실 이 지시 이전에 일본 육해군은 러시아와의 전쟁에 대비한 실질적인 준비를 진행했다. 1903년 7월 육군 참모본부는 총무부장 이구치 쇼고와 작전을 담당하는 제1부장 마스카와 도시타네를 대한제국에 파견하여 개전 시에 필요한 지리 및 도로 조사를 수행하게 했다.[36] 참모본부는 조사 결과를 바탕으로 10월과 12월에 걸쳐 러시아와의 개전 시 한반도와 만주지역에 대한 육군의 상륙 예정지점과 투입부대에 관한 잠정적 작전계획을 수립했다.[37] 또한 12월에는 기존의 상

35 橫手愼二, 앞의 책, p.107.
36 稻葉千晴, 「日露戦争の準備と韓国: 軍事史的視点から」, 2014. 2. 26, 『경인일보』주최 학술회의 발표 논문.

표 5-1. 러일전쟁 개전 직전 양국의 병력 규모 비교[38]

	러시아	일본
육군	9만 8천 명	13개 사단, 18만 명 이 외 예비병력 67만 명
해군	110여 척, 배수량 합계 59만 톤 (태평양함대 전함 7척, 순양함 4척, 기타 군함 2척)	군함 57척, 구축함 19척, 수뢰정 76척 배수량 합계 19만 3천 톤

비함대를 폐지하고 함정의 종류 및 신형함 여부를 구별하여 제1함대, 제2함대, 제3함대로 재편하고 제1함대 및 제2함대를 통합하여 연합함대를 조직했으며 사령관에 도고 헤이하치로(東鄕平八郎) 제독을 임명했다.[39]

1904년 1월의 시점에 극동지역에 배치된 러시아와 일본 양국의 육해군 전력은 〈표 5-1〉과 같다. 러시아의 극동지역 배치 육군 병력 규모는 9만 8천 명이었고, 이 병력은 관동주 수비대에 2만 4천 명, 뤼순 지역에 1만 6천 명 등 극동 각 지역에 분산 배치되었다. 이에 비해 일본 육군은 13개 사단, 총 18만 명의 병력을 보유하고 있었다.

러시아의 해군은 태평양 및 발트, 흑해 함대를 모두 포함할 경우 배수량 합계 59만 톤 규모에 달하는 110여 척 정도의 함정을 보유하고 있었다. 그러나 극동지역의 태평양함대는 뤼순에 전함 7척, 블라디보스토크에 순양함 4척, 제물포 해역에 군함 2척이 각각 분산 배

---

37   상세한 내용은 조명철, 앞의 글, pp.91-93을 참조하라.

38   육군 전력에 관해서는 강성학, 앞의 책, p.290, 298; 橫手愼二, 앞의 책, pp.51-59, 해군 전력에 관해서는 平間洋一, 앞의 책, pp.144-145; 野村實, 앞의 책, p.68 등을 참조하라.

39   제1함대는 전함, 순양함, 구축함을 주로 포함했으며 주력 함대를 구성했다. 제2함대는 장갑순양함, 순양함, 구축함으로 구성되었다. 제3함대는 양쯔강 방면에 파견된 해방함, 포함 등으로 구성되었다. 平間洋一 編, 『連合艦隊』, 實業之日本社, 2002, p.145, 244.

그림 5-1. 일본 연합함대 기함 미카사(三笠)

치되어 있는 정도였다. 이에 비해 일본 해군은 해군상 야마모토 곤
베에가 육성한 배수량 1만 2천 톤 규모의 미카사 등 전함 6척, 장갑
순양함 6척으로 구성된 6·6함대를 포함하여 군함 57척, 구축함 19
척, 수뢰정 76척으로 구성되어 있었으며 배수량 합계는 26만 5천 톤
정도였다.

　　당시 영국, 독일, 프랑스, 오스트리아-합스부르크 제국 등과 더불
어 세계 5대 강국의 하나로 손꼽히던 러시아는 육해군의 전체 전력
규모 면에서 일본을 압도했다. 그러나 극동지역에 배치된 육해군 전
력의 규모만으로 본다면 일본이 결코 불리하지 않았다. 이 점은 일
본의 군사작전 입안을 담당하는 중견 장교들이 비교적 정확하게 파
악하고 있었다. 개전 직전인 1904년 2월 일본 참모본부가 작성한 작
전계획에서는 해군이 러시아 태평양함대를 격파하여 한반도 주변
해역에서 제해권을 장악하는 경우 제1군을 압록강 방면으로 진격시

키고 제2군을 랴오둥반도에 상륙시켜 주작전을 만주에서 벌이면서 러시아군의 주력을 만주 북방에서 격퇴하도록 했다.[40] 특히 다나카 기이치 등 소좌급 장교들은 "싸움의 핵심은 적의 기선을 제압해서 우세한 위치를 점하는 데 있다."라고 주장하면서 러시아 병력의 집중이 이루어지기 전에 랴오둥반도에서 우세한 위치를 점하는 것이 무엇보다 중요하다고 건의했다.[41] 이 같은 중견 및 소장 군인들의 적극 공세 전략에 대해 가쓰라 총리와 고무라 외상도 공명하면서 대러 개전 정책을 준비해나갔다.[42]

이에 비해 러시아 측은 일본의 선제 기습공격 전략에 대해 예측하지 못한 상태였다. 극동 총독 알렉세예프 제독은 일본이 제해권을 장악할 것이라고는 전혀 예상하지 못했고 한반도에 일본 육군이 상륙한다고 해도 원산과 진남포 이남 지역에 국한될 것이라고 판단했다. 그리고 이 경우에 러시아 주력군을 충분히 동원할 수 있고 일본군을 한반도 영내에서 격퇴할 수 있을 것으로 보았다. 육군상 쿠로파트킨은 이보다는 냉정하게 현실을 파악하고 있었다. 그는 일본 육군이 남만주 일대까지 진출할 수 있을 것이라고 전망했고 이 경우 러시아군은 관동주와 뤼순 지역을 청국에 환부하고 북만주로 주력을 철수시켜 모스크바 방면에서 동원되는 병력의 이동을 기다려서 일본에 대한 반격을 준비해야 한다는 군사전략을 강구했다.[43] 그러

---

40 黑川雄三, 앞의 책, pp.51-52.
41 조명철, 앞의 글, p.94.
42 강성학은 가쓰라 타로와 고무라 주타로 등 현직 각료들이 이토 히로부미 등의 원로들과 다르게 일본의 능력에 자신감을 가졌고 보다 공세적인 대외정책을 주도했다고 평가했다. 강성학, 앞의 책, p.263, 268.
43 横手慎二, 앞의 책, pp.105-106.

나 러시아 측은 전반적으로 아시아의 소국으로 간주해온 일본이 자신들을 향해 전쟁을 도발할 것이라고는 생각하지 않았다.

2. 제해권 확보와 선제공격

1) 개전 초기 한반도와 그 연해 전역

러시아와의 외교 교섭이 결렬되자 일본 정부는 1904년 1월과 2월 가쓰라 총리, 고무라 외상, 데라우치 육군상, 야마모토 해군상 등이 참가한 가운데 거듭 각의를 개최하여 전쟁을 통해 일본의 목표를 달성한다는 결정을 내렸다. 그리고 해군 수송선이 준비되기를 기다려서 2월 6일에 러시아와의 외교관계를 단절했고 2월 10일에는 메이지 천황이 개전 선언을 했다.

　외교관계의 단절을 선언한 2월 6일 일본 육군의 선발대격인 제12사단 보병 4개 대대가 사세보에서 수송선에 탑승했고 2월 8일 제물포에 상륙한 뒤 한성에 진입했다. 육군의 한반도 상륙과 동시에 일본 해군 함대들도 극동지역에 분산 배치된 러시아 태평양함대에 맞서 제해권 장악을 시도했다. 2월 8일 연합함대 주력은 러시아 주력함이 정박 중인 뤼순항을 공격하여 전함 2척과 순양함 1척을 대파했고, 제12사단의 상륙작전을 지원하던 제2함대는 제물포에서 출항하던 러시아 포함 코레에츠호와 바략호를 격침했다. 뤼순에서 타격을 입은 러시아 태평양함대는 이후 4월까지 뤼순 항구에 머물며 외양으로 나오지 않았다. 한반도 연안의 제해권을 장악하자 일본은 제12사단의 주력 보병 14연대 등을 애초에 상륙지점으로 계획했던 마산 지역이 아니라 제물포로 변경하여 파병했다.[44]

수도를 장악한 일본은 군사력의 우위를 바탕으로 대한제국 정부를 압박하여 2월 23일 한일의정서를 체결했다. 이 의정서의 주요 내용은 첫째, 일본이 대한제국의 독립과 영토 보전을 보장하고, 둘째, 제3국의 침해 혹은 내란에 의해 대한제국 황실의 안녕과 영토 보전에 위험이 있는 경우에 일본은 필요한 조치를 취할 수 있으며, 셋째, 대한제국 정부는 일본 정부의 행동을 용이하게 하기 위해 충분한 편의를 제공한다는 것이었다.[45] 요컨대 일본은 한반도에의 군대 파견 결정에 대한 정당성을 대한제국 정부로부터 확인받고 향후 전개될 군사작전에 대한 지원도 약속받은 것이다. 이후 일본은 4월 3일 조선주차군(朝鮮駐箚軍)을 편성하여 수도 지역의 치안 유지 및 도로의 안전 확보 임무를 담당하게 하면서 전방에서 작전을 수행하는 일본군의 후방 지원 태세를 갖추었다.[46]

초기 작전이 순조롭게 진행되자 일본은 2월 29일 추가적인 작전계획을 수립했다. 제1군을 편성하여 구로키 다메모토(黑木爲楨) 장군의 지휘하에 진남포에 상륙하여 만주로 진출하게 하고, 제2군을 편성하여 오쿠 야스카타(奧保鞏)의 지휘하에 랴오둥반도에 상륙하도록 하는 계획이었다. 한편 일본과의 전쟁에 돌입하게 되자 러시아도 2월 20일 만주군 사령부를 신설하여 육군상 쿠로파트킨을 사령

---

44 橫手愼二, 앞의 책, pp.114-115; 강성학, 앞의 책, p.307 등을 참조하라.
45 橫手愼二, 앞의 책, p.162.
46 이 부대는 8월 이후 2개 사단 규모로 확대되면서 사령관에 하세가와 요시미치(長谷川好道) 육군 중장이 임명되었다. 森山茂德, 앞의 책, p.204.

관에 임명했다. 이 결과 기존의 극동 총독 알렉세예프 제독과 쿠로 파트킨 만주군 사령관 사이에 전략 수립과 지휘계통상의 혼란이 발생하게 되었다. 참모본부 부속 군사학교를 수석으로 졸업한 경력을 가진 쿠로파트킨 만주군 사령관은 유럽의 군사이론에 따라 병력을 결정적 지점에 집중시켜 일본군을 격파해야 한다는 전략적 사고를 바탕으로 병력을 소규모 단위로 전선에 파견하는 것을 엄격하게 규제하려고 했다. 이에 반해 해군 제독 출신인 알렉세예프 극동 총독은 유럽에서 증원되는 병력들을 전선에 축차적으로 배치해서 방어선을 형성해야 한다고 주장했고, 일본군의 진출이 예상되는 압록강 전선에 병력을 증원하지 않는 쿠로파트킨의 지휘 방침에 불만을 가졌다. 이러한 지휘부의 전략 불일치 속에서 1904년 4월 말의 시점에 극동지역의 러시아 육군의 병력은 블라디보스토크에 3만 명, 랴오양 (遼陽) 지역에 3만 명, 잉커우(營口)에서 가이핑(蓋平)에 이르는 지역에 2만 3천 명, 뤼순 지역에 3만 명, 압록강 지역에 2만 명 정도가 분산 배치되어 있었다.[47]

한편 일본은 2월 29일에 책정된 작전계획에 따라 4월 초까지 3개 사단의 총 4만 2,500명의 병력으로 구성된 제1군 주력을 한반도 북부의 압록강 선까지 진출시켰고, 4월 30일에 제1군 주력은 압록강 도하작전을 감행하면서 이 지역을 방어하는 러시아 수비병력과 최초의 지상전투를 벌였다. 전투 결과 일본 측 전투 손실은 1천여 명 정도였는데 러시아 측은 3천 명 정도의 사상자가 발생하면서 압록강 방어선이 붕괴되었다.

---

47 요코테 신지(橫手愼二)는 러시아 측 자료를 광범위하게 활용하여 이 같은 자료를 제시했다. 橫手愼二, 앞의 책, pp.118-120.

압록강 전투의 승리 직후인 5월 5일 오쿠 야스카타 장군이 지휘하는 제2군이 별다른 제지를 받지 않고 뤼순 북쪽 랴오둥반도에 상륙했다. 제2군은 뤼순 북방 남산(南山)에서 러시아의 방어병력과 교전을 벌여 승리를 거둔 이후 북상하면서 압록강을 도하한 제1군과 더불어 남만주지역의 러시아군을 압박했다. 뤼순 방면에는 추가로 2개 사단을 상륙시켜 이미 주둔하고 있던 1개 사단과 합류해 제3군을 편성하게 하고, 노기 마레스케 장군을 지휘관으로 임명하여 뤼순 요새 공격을 담당하게 했다.[48] 6월 말에는 노즈 미치츠라(野津道貫) 장군을 지휘관으로 하는 제4군을 편성하여 제1군과 제2군 간의 지리적 공백을 메우는 역할을 담당하게 했다. 이로써 6월 말 시점에 일본 육군은 총 13개 사단 가운데 제7사단과 제8사단의 2개 사단만 본토에 남기고 전 병력을 만주에 투입했다. 4개 야전군을 총지휘하기 위해 6월 시점에 일본도 만주군 총사령부를 설치하고 사령관에 오야마 이와오 참모총장을 임명했으며 원로인 야마가타 아리토모가 재차 참모총장을 맡게 되었다.[49] 또한 전선에 파견된 육군 병력에 제공될 무기와 탄약을 보급하기 위해 도쿄와 교토(京都)의 병기공창(兵器工廠)을 총 가동하지 않으면 안 되었다. 군사나 경제 측면에서 일본은 이미 총력전 체제의 징후를 보이고 있었던 것이다.

한편 육전과 해전에서 기선을 제압당한 러시아는 전세를 만회하기 위해 다각적인 방안을 강구했다. 뤼순 지역에 고립된 러시아 태평양함대의 주력 함정들은 외양으로 나와 일본 함대와 교전을 시도

---

48 강성학, 앞의 책, pp.309-311.
49 岡義武, 앞의 책, p.94; 橫手愼二, 앞의 책, p.127. 당시 일본군 1개 사단은 병력 1만 8천 명~2만 명으로 구성되었다.

하거나 블라디보스토크 기지로 귀환하려는 시도를 감행했다. 그러나 4월 13일 뤼순을 출항하여 일본 함대와 교전을 시도했던 기함 페트로파블로프스크호는 일본이 부설한 기뢰에 접촉하면서 침몰하고 말았다.[50] 8월 초순에도 뤼순의 러시아 함대 주력함들이 출항하여 블라디보스토크 방면으로 항행을 시도했으나 일본 연합함대가 황해상에서 이를 포착하여 공격을 가했다. 결국 전함 4척을 포함한 러시아 함대 10척은 뤼순항으로 귀항하지 않을 수 없었다. 블라디보스토크에 기항하고 있던 러시아의 순양함 3척으로 이루어진 소함대도 일본 연안에서 운송선에 대한 공격을 감행하여 일본의 보급선을 차단하려는 작전을 시도했다. 일본은 블라디보스토크 방면의 러시아 해군 활동에 대해서는 제2함대에 대응임무를 부여했다. 결국 8월 14일 울산 해상에서 일본의 수송로 차단 작전을 시도하던 러시아 블라디보스토크 소함대는 제2함대와 조우하여 해전을 벌였고 그 결과 러시아 순양함 1척이 격침되고 나머지 2척도 큰 손해를 입어 이후 사실상 활동을 접게 되었다.[51] 극동지역의 해군 활동이 크게 위축되고 있는 가운데 러시아 정부는 4월 30일에 크론슈타트 출항 준비를 지시해둔 발트함대에 기대를 거는 수밖에 없었다.[52]

---

50 이 사건으로 뤼순함대 사령관 스테판 마카로프(Stepan Makarov) 제독을 포함한 러시아 수병 600명 이상이 사망했다.
51 横手愼二, 앞의 책, pp.138-141.
52 실제 출항은 10월 중순에 가서야 이루어졌다.

2) 만주지역 회전(會戰) 및 쓰시마 해전

압록강을 도하한 일본 제1군과 랴오둥반도에 상륙한 제2군과 제4군은 본국에서 지속적으로 무기와 물자를 공급 받으면서 8월 초순까지 랴오양 방면에 포진했다. 그 규모는 보병 11만 5천 명, 기마병 4천 명을 포함해 13만 4천 명에 달했고 야포도 470문에 달했다. 한편 러시아군도 시베리아 철도를 통해 서부지역에서 병력이 충원되면서 8월 초까지 기마병 1만 2천 명을 포함한 22만 4천 명 정도의 병력이 랴오양 방면에 집결했고 보유 화포는 600여 문에 달했다.[53] 전투 준비가 갖추어지자 일본군은 8월 25일 일제히 공세를 전개했다. 우익 방면에 배치된 제1군이 랴오양 지역 동남방에서 펑톈 방면으로 진격하면서 러시아군의 퇴로를 차단하려고 했다. 이에 호응하여 랴오양 남측면에 배치된 제2군과 제4군이 정면 공격을 감행했다. 이틀에 걸쳐 일본군의 공세가 지속되자 러시아 측 지휘관 쿠로파트킨 장군은 전군에 퇴각 명령을 내렸고 결국 9월 3일 러시아는 랴오양을 상실했다.[54]

랴오양 회전에서 승리를 거둔 일본군은 북상하여 10월 초에 사허(沙河) 지역에서 다시 러시아군과 대치하게 되었다. 일본은 전선의 중심에 제4군을, 우측에 제1군, 좌측에 제2군을 배치하여 동부군과 서부군으로 편성된 러시아군에 맞대응하게 했다. 10월 10일부터

---

53 강성학은 랴오양 전투 당시 일본군의 병력 규모를 11만 5천 명, 러시아군의 병력 규모를 13만 5천 명으로 기록했으나, 이 책에서는 러시아 측 사료까지 대비한 요코테 신지의 자료를 주로 이용했다. 강성학, 앞의 책, p.313; 橫手慎二, 앞의 책, pp.128-131.

54 러시아 측 사상자는 2만 명 내외, 일본 측 사상자는 2만 3천 명이었다. 橫手慎二, 앞의 책, p.131.

일본군이 공세작전을 실시했고, 이틀에 걸친 격전 끝에 제1군이 러시아 동부군을 밀어내면서 주도권을 장악했다. 이어 제2군도 러시아 서부군을 퇴각시키면서 결국 10월 17일 일본은 사허 지역을 장악하는 데 성공했다.[55]

　랴오양과 사허 지역에서 일본과 러시아 간에 대규모 회전이 전개되었던 시기에 랴오둥반도의 뤼순에서는 요새를 둘러싼 양국 간의 쟁탈전이 치열하게 벌어졌다. 뤼순 요새는 러시아 태평양함대가 정박 중인 뤼순 항구를 외곽에서 보호하는 위치에 있었기 때문에 이곳의 점령은 태평양함대의 무력화와 직결되었다. 이 같은 뤼순 전투가 가진 전략적 중요성 때문에 일본은 노기 마레스케 장군이 지휘하는 제3군에 뤼순 요새 공략의 중요한 임무를 부여했던 것이다. 그러나 8월부터 개시된 제3군의 뤼순 요새 공격은 난항을 거듭했다. 8월 19일부터 24일까지 실시된 최초의 공략작전에서 제3군은 러시아 방어병력의 완강한 저항에 밀려 1만 5,800명의 사상자를 내고 철수하지 않을 수 없었다. 10월 중순에 러시아 발트함대가 극동 방면을 향해 출항했다는 정보가 일본 측에 전해진 후 연합함대 사령관 도고 헤이하치로 제독은 뤼순 요새의 러시아 함대를 조속히 무력화해야 발트함대와 해상 결전을 하기 위한 장애를 제거할 수 있다고 판단하고 육군 측에 뤼순 요새의 조기 함락을 재촉했다. 이러한 해군의 요청에 따라 10월 26일부터 31일까지 실시된 제3군의 공격도 결국 3,800명의 인명 피해를 내고 실패로 귀결되었다. 뤼순 요새를 방어하던 러시아군은 기관총을 유효하게 배치했고, 참호를 파고 포병화력의

55　이 전투 결과 일본군 사상자는 2만 497명, 러시아군 사상자 및 행방불명자는 4만 769명이었다.

엄호 속에 고지에 접근하던 일본군은 최종 단계의 백병돌격전에서 기관총의 위력에 압도당하면서 고지 쟁탈에 성공하지 못한 것이다.[56] 발트함대의 극동 방면 회항 이전에 하루 빨리 뤼순 요새를 점령하여 태평양함대의 전력을 무력화해야 한다는 절박한 목적의식을 갖고 있던 일본은 11월 26일부터 재차 공세를 개시했다. 본국에서 신규 증원된 제7사단을 투입하고 만주군 총참모장 고다마 겐타로(兒玉原太郎)가 직접 지휘를 담당하여 실시된 이 공세에서 일본군은 결국 12월 5일 목표로 했던 뤼순 요새의 203고지를 점령했고, 뤼순 항구의 러시아 함정들을 향해 28센티미터 유탄포로 공격하는 것이 가능해졌다. 저항의지가 꺾인 러시아 지휘관 아나톨리 스테셀(Anatoli Stessel) 장군은 1905년 1월 1일 일본군에 항복했고, 뤼순 전투는 가까스로 일본의 승리로 귀결되었다.[57]

뤼순 전투에서 힘겹게 승리한 일본군이 제3군을 만주 북방으로 북상시켜 러시아군을 추격할 기세를 보이자 러시아군은 오히려 반격 태세로 전환했다. 사허 전투 등에 참가하지 않아 전력이 보존되었던 러시아 기병부대가 파벨 미시첸코(Pavel Mishchenko) 장군의 지휘하에 제3군의 북상을 저지할 목적으로 1월 12일 비밀리에 남하하여 잉커우 방면의 철도와 창고를 습격했다. 기습공격에 성과를 올린 러시아군은 좌익에 제1군, 중앙에 제3군, 우익에 제2군을 편성하

---

56 러일전쟁 당시 일본 육군은 31년식 야산포를 주력 장비로 가진 포병 화력으로 적의 보병을 제압하고 무라타 연발총을 휴대한 보병이 산개하여 전진하는 전술을 취했다. 高山信武, 『陸軍大學校の戰略戰術敎育』, 芙蓉書房, 2002, p.26. 이 전술은 후술하는 펑톈 회전과 같은 평야지대의 회전에서는 효과를 볼 수 있었으나 뤼순 전투와 같은 고지에서의 진지 쟁탈전에서는 난항을 겪었다.

57 橫手愼二, 앞의 책, pp.147-148, 155-158; 강성학, 앞의 책, pp.320-323.

여 총 병력 10만 5천 명으로 1월 24일부터 일본군이 야영하고 있던
첸단바오(沈旦堡), 헤이커우타이(黑溝臺) 지역을 점령했다. 그러나
러시아의 공세는 오래가지 않았다. 전열을 정비한 일본군이 러시아
군의 절반에 해당하는 5만 4천 명의 병력으로 반격을 개시하자 1월
28일 쿠로파트킨은 러시아군에 퇴각 명령을 내렸다. 결국 헤이커우
타이 전투도 일본의 승리로 돌아갔다.

이 전투 이후 일본 만주군 총사령부는 러시아와의 일대 결전을
준비하고 뤼순 전투 이후 북상한 제3군을 포함하여 총 25만 명에 달
하는 모든 병력을 펑톈 지역에 집결시켰다.[58] 우익에 압록강군, 중앙
에 제1군, 제4군, 제2군을 배치하고 좌익에 제3군을 포진했으며 이
들 부대가 보유한 장비는 야포 922문, 기관총 268정에 달했다. 이에
맞서는 러시아군은 우익에 제2군 9만 1천 명, 중앙에 제3군 6만 7천
명, 좌익에 제1군 10만 6,500명, 그리고 우익과 좌익 배후에 각각 기
병 7천 명과 보병 8천 명 등 총 병력 29만 2천 명을 배치했고, 이들
이 보유한 장비는 야포 1,386문, 기관총 56정이었다.[59] 펑톈 전투는
2월 22일 일본의 우익에 위치한 압록강군이 러시아 제1군을 견제하
면서 펑톈의 동쪽 푸순(撫順)으로 진격하면서 개시되었다. 이후 일
본군은 중앙에서 러시아 진영에 맹렬한 포격을 가했고 좌익의 제3
군이 서쪽으로 우회하면서 펑톈 북방으로 진출했다. 그러자 일본 제
3군의 정면에서 방어를 취하던 러시아 제2군이 퇴각했고, 이에 따라
중앙과 좌익에 배치된 러시아 제1군과 제3군도 측방이 위협을 받으

---

58 만주군 총사령부는 펑톈 전역을 러일전쟁의 세키가하라(関ヶ原) 전투라고 의의를 부여
했다. 橫手愼二, 앞의 책, p.171.
59 橫手愼二, 앞의 책, p.171.

면서 철퇴하지 않을 수 없었다. 결국 3월 8일에 이르러 전선이 붕괴되면서 쿠로파트킨 장군은 러시아 전군에 퇴각 명령을 내렸다. 펑톈 전투의 결과 일본과 러시아는 각각 7만 명과 9만여 명의 사상자를 냈는데, 특히 일본군에 포로로 잡힌 러시아 병력이 2만 1천 명에 달했다. 거듭된 패전으로 인해 러시아 병력 전체의 사기가 크게 저하되면서 전의를 상실했다는 것을 엿볼 수 있다.[60]

한편 1904년 10월 16일 제2태평양함대로 개칭하면서 지노비 로제스트벤스키(Zinovy Rozhestvensky) 제독의 지휘하에 크론슈타트를 출항한 러시아의 발트함대는 세계 해전사상 가장 원거리의 항행을 이어가며 극동지역으로 접근했다. 배수량 1만 3,500톤의 기함 스보로프를 포함한 전함 4척, 기타 순양함, 장갑해방함, 구축함, 운송선 등으로 구성된 러시아 함대는 모로코 근해에서 2개의 지대로 나뉘어 소형 선박은 수에즈 운하를 통과하고 여타 대형 함정들은 아프리카 대륙의 서단으로 항행했다. 함대의 항행 과정에서 일본과 동맹을 체결한 영국이 러시아 함선에 대해 영국령 기지에서의 석탄 시설 접근을 허가하지 않자 러시아 함대는 프랑스령 혹은 독일령 항구에만 기항하는 어려움을 겪어야 했다. 다시 마다가스카르에서 합류한 러시아 함대는 이곳에서 뤼순 요새의 함락과 러시아 극동함대의 전면 소식을 접할 수 있었으나 다시 극동 방면으로 항행하지 않을 수 없었다. 인도차이나의 캄란만에 잠시 기항한 러시아 함대는 5월 14일에 출항하여 타이완을 우회하여 쓰시마 해협으로 접근했다.

한편 한반도 남부의 진해만에 대기하고 있던 일본 연합함대는 러

---

60 펑톈 회전의 최종일인 3월 10일은 이후 1945년까지 일본 육군기념일로 지정되었다. 猪木正道, 앞의 책, p.46.

시아 함대의 쓰시마 해협 접근 정보를 접수하고 5월 27일 도고 헤이하치로 제독의 지휘하에 출항했다. 쓰시마 해역에서 러시아 함대를 포착한 일본 연합함대는 기함 미카사(三笠)를 앞장세우며 1열로 전진하다가 러시아 함대와의 거리 8천 미터 앞에서 방향을 동북동 방향으로 크게 선회하는 기동을 단행했다. 후일 도고 함대의 선회(To-go's turn), 혹은 정자(丁字) 전법으로 알려지게 된 함대 기동을 한 것이다. 이 결과 일본 주요 함정들의 현측포가 2열로 항행하고 있던 러시아의 선두 함정들에 포격을 집중할 수 있게 되었고, 일본 함대의 집중 포화 속에 러시아 함정들은 27일과 28일에 걸쳐 속속 침몰되는 운명을 맞고 말았다. 결국 블라디보스토크에 귀항할 수 있었던 러시아 함정은 순양함 1척, 구축함 2척에 불과했고 여타 26척의 함정은 침몰하거나 일본에 포획되고 말았다.

쓰시마 해전이 일본 측의 대승으로 종료된 직후 미국 포츠머스에서는 5월 31일부터 미국의 중재로 일본과 러시아 간에 강화회담이 개최되었다. 그러나 강화회담이 진행되는 도중에도 일본의 군사작전은 지속되었다. 7월 4일에서 9일에 걸쳐 신설된 제13사단의 상륙부대가 아오모리(靑森)를 출항하여 사할린 남부지역에 상륙했고 7월 24일에는 북부에 상륙했다. 8월 1일까지 사할린 전토를 점령한 일본군은 유리한 위치에서 포츠머스 강화조약의 결과를 기다리게 되었다.[61]

---

61 일본군의 사할린 전역에 대해서는 橫手愼二, 앞의 책, pp.187-188을 참조하라.

3. 포츠머스 강화조약과 전후 질서

펑톈 전투가 일본의 승리로 끝난 직후인 3월 14일 일본의 만주군 총사령관 오야마 이와오는 본국 정부에 조속히 종전외교를 시행해주도록 요청했다. 비록 연승을 거두었지만 거듭된 격전으로 인해 군대의 피로도가 극도에 달했기 때문이었다. 그러나 참모총장 야마가타 아리토모는 3월 23일에 작성한 의견서에서 러시아가 수십만의 군대를 파견하여 전쟁을 계속할 가능성이 크다고 판단하면서 일본으로서는 하얼빈과 페테르스부르크까지 진격할 각오로 전쟁을 지속해야 한다고 주장했다.[62] 이에 대해 야전의 만주군 총사령부는 야마가타의 전쟁지속론이 지나치게 과도한 전략이라고 판단하고 참모장 고다마 겐타로를 본국 정부에 파견하여 대러 강화교섭의 조속한 개시를 재차 요청했다. 가쓰라 총리 및 고무라 외상도 이 같은 강화개시론에 공조하면서 4월 8일의 각의에서 대러 지구책을 유지하면서 강화를 모색한다는 방침을 결정했다.

결정적으로 쓰시마 해전이 일본의 승리로 귀결되자 5월 31일 고무라 외상은 주미 대사를 통해 미국의 루스벨트 대통령에게 러일 강화협상을 중재해주도록 요청했다. 러시아 정부 일각에서는 대일 전쟁 계속론도 주창되었으나 거듭 패전할 경우 국제적인 위상 손실에 대한 우려도 제기되어 결국 대일 강화협상에 응하기로 의견이 모아졌다. 1905년 8월 초순부터 미국 동부의 항구도시 포츠머스에서 개최된 러시아와 일본의 강화협상에 러시아 측에서는 세르게이 비테

62　山縣有朋, 「政戰兩略槪論」(1905. 3. 23), 大山梓 編, 『山縣有朋意見書』, 原書房, 1966, pp.274-275.

(Sergei Witte) 전 재무상이 대표로 참가했고 일본에서는 고무라 주타로 외상이 대표로 참석했다. 1달여에 걸친 협상 끝에 양측은 일본의 대한제국에 대한 보호와 지도 권리를 인정하고 만주에서 동시 철병하며 만주지역은 청국에 환부할 것, 그리고 일본은 창춘(長春)에서 뤼순까지의 철도 부설 권리를 양도 받으며 랴오둥반도를 할양 받고 일본이 이미 점령한 사할린 북위 50도 이남 지역도 일본에 할양한다는 강화조건에 합의했다.[63]

이 같은 강화조건에도 불구하고 일본 국민은 배상금에 관한 합의가 이루어지지 않았다는 점에 분개하면서 조약의 거부를 요구하고 대표단에 대해 성토하기도 했다.[64] 그러나 포츠머스 강화조약에는 러일전쟁에서 거둔 일본의 군사적 승리를 분명히 외교적 승리로 확대하는 요소가 충분하게 포함되어 있었다. 청일전쟁 당시부터 일본의 외교 목표 가운데 하나였던 한반도에 대한 권리의 확보, 그 외 랴오둥반도와 사할린 50도 이남의 할양 등이 그 같은 성과였다.

일본은 특히 포츠머스 협상이 진행되던 시기에 미국, 영국 등과의 개별적인 외교를 통해 일본의 주요한 전쟁 목적의 하나이기도 했던 한반도에 대한 일본의 권리 확보를 승인받는 주도면밀함을 보였다. 1905년 7월 일본의 가쓰라 총리는 미국 전쟁성 장관 윌리엄 태프트(William Taft)와 이른바 가쓰라-태프트 협정을 체결하여 미국의 필리핀 지배와 일본의 대한제국 보호국화를 상호 승인했다. 1905

---

63   다만 다수의 일본인들이 기대하던 배상금에 대해 일본은 그 요구를 포기했다. 강성학, 앞의 책, p.427; 橫手愼二, 앞의 책, pp.192-194.
64   도쿄 시내 히비야 광장에서 일본 측 협상단에 대한 성토대회가 열렸고, 도쿄제국대학 교수 6명은 연서로 전쟁의 재개를 촉구하는 청원서를 정부에 제출하기도 했다. 강성학, 앞의 책, p.441.

년 8월 12일에는 영일동맹 조약을 개정하면서 대상지역을 동아시아 및 인도 전역으로 확대하고 공수동맹의 성격을 강화하는 내용을 포함하면서 아울러 일본의 대한제국 보호권을 영국이 승인하고 일본은 영국이 인도에 대해 갖는 특수이익을 승인한다는 조항을 추가했다.[65] 이로써 청일전쟁 승리 이후 3국 간섭에 의해 랴오둥반도를 반환했던 외교적 굴욕의 전철을 밟지 않고자 했다.

이 같은 강화조약과 전후 외교의 결과 일본의 판도는 랴오둥반도, 사할린 50도 이남, 한반도로 확대되었다. 일본은 랴오둥반도에 관동총독부를 설치했고, 창춘 이남의 동철철도를 관리하기 위해 1906년에는 남만주철도주식회사를 창립했다. 그리고 철도를 경비하기 위한 명목으로 관동총독부에 수비병력을 배속했는데, 이 병력은 1919년에 관동군으로 재조직되었다.[66] 이로써 일본은 남만주에 대해 행정, 경제, 군사의 지배권을 확대할 수 있는 발판을 마련하게 되었다.[67]

포츠머스 조약으로 획득한 사할린 북위 50도 이남 지역에 대해서도 일본은 지배기구를 갖추게 되었다. 1905년 8월 행정기관으로 사할린민정서(樺太民政署)가 설치되었고 1907년 4월에는 사할린청(樺太廳)으로 개편되었다. 같은 시기에 사할린 지역의 경비부대로 1개

---

65 野村實, 앞의 책, p.74; 森山茂德, 앞의 책, p.196; 北岡伸一, 『日本陸軍と大陸政策, 1906-1928年』, 東京大學出版會, 1978, p.15.

66 江口圭一, 「帝国日本の東アジア支配」, 『岩波講座近代日本と植民地1: 植民地帝国日本』, 岩波書店, 1992, p.169.

67 카는 대규모의 전쟁 승리가 강대국(Great Power)의 지위를 인정받는 결정적인 요소라고 지적하면서 보불전쟁 이후의 독일, 미서전쟁 이후의 미국처럼 일본도 러일전쟁의 승리로 국제사회에서 강대국으로 인정받기 시작했다고 평가했다. Edward Hallett Carr, *The Twenty Year's Crisis, 1919-1939*, New York: Harper Torchbooks, 1939, p.109.

대대가 배치되었고 1939년에는 사할린 혼성여단 규모로 확대되었다.[68]

일본은 포츠머스 강화조약, 가쓰라-태프트 협약, 영일동맹의 개정 등으로 일본의 권리가 승인된 한반도에 1905년 11월 추밀원 의장 이토 히로부미를 파견하여 제2차 한일협약을 체결하여 외교권을 장악했고 통감부를 설치하여 대한제국의 외교와 내정도 감독하게 했다. 그리고 이에 따라 12월에는 이토 히로부미가 초대 통감으로 부임했다.[69] 사실 청일전쟁 이후에 획득하여 총독부를 설치한 타이완과 달리 한반도는 일본으로서는 역사상 처음으로 외교권을 박탈하여 실질적으로 지배하게 된 타국이었다. 일본 정부도 제2차 한일협약 체결에 임해 그와 관련한 법률적 검토를 사전에 치밀하게 진행했다. 외무성은 러일전쟁 개전 1개월 후에 임시취조위원회를 설치하여 국제법상 보호국에 관련된 이론과 사례를 검토했으며, 특히 영국이 이집트에 실시했던 식민 통치와 인도에서 실시했던 토지조사사업 등을 면밀히 검토한 것으로 보인다.[70] 이러한 사전 연구를 바탕으로 이토 히로부미는 11월 16일 대한제국 내각의 각료들에게 일본이 톈진 조약과 시모노세키 조약을 통해 대한제국의 독립적 지위를 확보하는 데 노력했으며 러일전쟁 과정에서도 러시아가 한반도를 병합하려는 시도에 대항하여 전쟁을 통해 대한제국의 영토를 보전했

---

68 江口圭一, 앞의 글, p.171.
69 기타오카 신이치(北岡伸一)는 일본 국내 정치의 맥락에서 이토의 통감 부임을 같은 시기에 참의원 의장으로 임명된 야마가타 아리토모의 번벌 장악력의 강화와 대비했다. 北岡伸一, 앞의 책, p.61.
70 1906년 1월 15일 천황에 대한 진강(進講)에서 문서비서관장 호소카와 준지로(細川潤次郎)가 이집트와 영국의 관계에 대해 설명한 바도 있다. 山室信一, 앞의 책, pp.135-136.

다고 설명했다. 이 같은 설명을 바탕으로 이토는 한규설 총리 등의 반대에도 불구하고 국왕 고종에게 한일협약안을 강압적으로 제시하여 조인에 이르렀다.[71]

1906년에 일본의 국제법학자 아리가 나가오(有賀長雄)는『보호국론』에서 대한제국이 주권을 스스로 행사하지 못하여 보호국인 일본이 외교와 군사권을 행사하는 것이라고 한일협약의 정당성을 설명했다. 그러나 제2차 한일협약의 국제법적 정당성은 당시에도 국제법 학자들 간에 치열한 논쟁의 대상이었다. 프랑스 국제법학자 프란시스 레이(Francis Rey)는 1906년의 논문에서 일본이 공격적 방식으로 대한제국을 강압하여 보호조약을 체결했기 때문에 이 조약은 무효라고 주장했다. 국제적으로 보장된 조약체결의 방식을 침해했다는 것이다.[72] 이러한 논쟁에도 불구하고 일본은 대한제국 정부에 대해 외교적 권리에 더해 군사적 권리 및 사법적 권리도 박탈하는 조치를 계속 취해나갔다. 1907년 7월 24일에 체결된 제3차 한일협약에서 대한제국의 군대를 해산시키고 재판소 및 감옥을 신설하도록 한 것이 그것이다.[73]

71 Alexis Dudden, *Japan's Colonization of Korea: Discourse and Power,* Honolulu: University of Hawaii Press, 2005, pp.47-48. 이노키 마사미치는 이토가 국왕 고종에게 매우 강경하면서 위압적인 자세로 대한제국 외교권의 이양을 요구했다고 기록했다. 猪木正道, 앞의 책, pp.67-68.

72 이후에도 이 조약의 국제법적 정당성에 대해서는 후속 논의들이 이어졌다. 1908년에 미국 예일대학 교수 조지 트럼불(George Trumbull)은 이토의 외교 행위를 옹호하면서 오히려 한국 민족이 호전적인 민족이라고 비판을 가했다. Alexis Dudden, 앞의 책, pp.71-73. 북한 김일성대학 교수 김고신, 한국 서울대학교 이태진 교수 등이 이 조약의 불법성을 주장했으며, 일본학자들 가운데에서도 오에 시노부(大江志乃夫), 야마무로 신이치(山室信一) 등이 강압적 환경에서 체결된 이 협약이 조약으로서 유효하지 않았다고 평가했다. 山室信一, 앞의 책, p. 133; 大江志乃夫, 앞의 글, p. 25.

일본 제국의 판도가 청일전쟁 때 획득했던 타이완에 더해 러일전쟁 이후 한반도, 랴오둥반도, 사할린 북위 50도 이남까지 확대되면서 일본의 위정자들은 향후 일본이 취해야 할 국가전략의 방향을 재검토하지 않으면 안 되었다. 이 문제에 관해 일본 내에서는 크게 두 가지의 전략론이 논의되었다. 하나는 일본이 향후에도 러시아 및 미국을 가상 적으로 설정하면서 계속 군비증강을 하고 팽창정책을 지속해나가야 한다는 개국진취(開國進取)의 전략론이었고, 다른 하나는 대륙지역에서 획득한 영지들을 포기하고 일본 본토의 방어에 주력하면서 오히려 통상정책을 발전시켜야 한다는 방수자위(防守自衛)의 전략론이었다. 전자의 전략은 1906년에 참모본부의 다나카 기이치(田中義一) 중좌가 러일전쟁 이후 취해야 할 국방정책의 방향에 대해 서술한 의견서인 「수감잡록(隨感雜錄)」을 작성하여 육군대신 데라우치와 육군원수 야마가타 등에게 제출하면서 공식화되었다. 야마가타도 이 문서의 내용에 크게 동의하면서 자신도 1906년 10월에 「제국국방방침 사안(私案)」이라는 의견서를 작성하여 러일전쟁 이후에도 제1의 가상 적을 러시아, 제2의 가상 적을 청국으로 설정하여 공세주의를 취해야 한다는 전략 방향을 제시했다.[74] 이 같은 개인적 차원의 의견 제시를 바탕으로 일본 육군과 해군은 공동의 기초작업을 거쳐 1907년 4월 천황의 재가를 얻어 「제국국방방침」을 확정했다. 이 전략문서에서 일본 제국의 육해군은 향후 가상 적으로 제1

73　森山茂德, 앞의 책, pp.213-214. 이노키 마사미치는 일본이 한국에 대국처럼 오만한 자세를 보였던 것은 1939년 3월에 히틀러가 체코슬로바키아에 뮌헨 협정을 강요했던 것과 유사했다고 지적했다. 猪木正道, 앞의 책, p.68.

74　山縣有朋, 「帝國國防方針私案」(1906. 10), 大山梓 編, 『山縣有朋意見書』, 原書房, 1966, pp.291-230.

은 러시아, 제2는 미국을 설정했다. 그리고 이러한 가상 적국에 대항하기 위해 육군에서는 평시 25개 사단, 해군에서는 전함 8척과 순양함 8척으로 구성되는 8·8함대의 전력증강이 필요하며 이를 위한 재원 조달에 진력해야 한다고 했다. 그러면서 향후 국방전략의 방침은 해외로 나아가 공세를 취하는 '개국진취'의 전략이어야 한다고 결론지었다.[75]

한편 이에 대해 반론을 제기하는 국가전략론이 해군 일부에서 나왔다. 해군대학 교관이었던 사토 테츠타로(佐藤鐵太郎) 대좌는 자신의 강의록을 모아 1908년에 간행한 『제국국방사론(帝國國防事論)』에서 '개국진취'의 전략을 비판하고 그에 대한 대안으로 '방수자위' 전략을 제시했다.[76] 그는 대영제국이 유럽 대륙에서 패권을 지속하고 있는 이유가 유럽 대륙을 직접 정복하지 않고 해군력을 증강하면서 세계 교역을 장악하고 있기 때문이라고 설명했다. 따라서 일본도 대륙에서 획득한 영지들을 포기하고 본토 방어에 힘쓰면서 독일이나 미국을 상대로 한 해군력 증강에 중점을 두는 것이 바람직한 국가전략이라고 주장했다.

사토 테츠타로 이외에 언론인 이시바시 탄잔(石橋湛山) 등도 일본이 대륙으로의 팽창을 추구하기보다는 교역과 통상에 중점을 둔 국가가 되어야 한다는 대안적 전략론을 『동양경제신보』 등에 제기

---

75 「제국국방방침」에 관해서는 北岡伸一, 앞의 책, pp.9-13; 조명철, 앞의 글, pp.106-107; 黑川雄三, 앞의 책, pp.69-74 등을 참조하라.

76 佐藤鐵太郎, 『帝國國防史論』(上, 下), 原書房, 1979(1908). 이에 대해서는 박영준, 「러일전쟁 직후 일본 해군의 국가구상과 군사전략론: 사토 테츠타로 『帝國國防史論』(1908)을 중심으로」, 『한국정치외교사논총』, 26(1), 2004. 8을 참조하라.

했다.[77] 그러나 러일전쟁에서 승전한 일본 육해군이 승전 경험을 바탕으로 제기한 대륙팽창적 국가전략을 대체하기에는 역부족이었다. 러시아라는 강대국과의 전쟁에서 승리한 일본은 국가의 판도나 국가전략 측면에서 팽창지향적 성격의 제국으로 변모하고 있었던 것이다.

---

77 이시바시 탄잔의 국가전략론에 대해서는 박영준, 「전전 일본 자유주의자의 국가구상과 동아시아: 石橋湛山의 小일본주의를 중심으로」, 『한국정치학회보』, 39(2), 2005 여름을 참조하라.

6장

제1차 세계대전과 일본

1. 영국과 독일 간의 패권경쟁과 사라예보 사건

제1차 세계대전은 1914년 6월 사라예보에서 세르비아 청년이 오스트리아 황태자를 암살한 사건을 계기로 오스트리아를 지원하는 독일, 그리고 세르비아를 지원하는 러시아와 그 협상국인 영국 및 프랑스가 연쇄적으로 선전포고를 하면서 유럽 지역에서 발발했다. 아시아 지역과는 무관하게 발생한 제1차 세계대전은 전개 과정 중에 아시아 대륙에 그 영향이 파급되었고, 급기야 일본 육해군이 참전하면서 제국 일본의 외교 및 군사 정책, 국제적 위상에도 큰 영향을 주었다. 이 과정을 살펴보기 위해서는 우선 1890년대 이후에 전개된 영국과 독일 간의 패권경쟁을 살펴보지 않을 수 없다.

영국이 빅토리아 여왕 시기에 글로벌 패권의 위상을 지닌 제국으로 팽창했음은 의문의 여지가 없는 사실이다. 인도와 오스트레일리아는 물론 아프리카 지역으로 식민지 팽창을 지속하면서 1860년 시점에 950만 평방킬로미터에 달했던 대영제국의 영토가 1909년 시점에는 1,270만 평방킬로미터로 확장되면서 세계 지표면의 25%를 차지하게 되었다. 이 같은 제국의 판도를 방어하기 위해 1898년 시점에 영국 본토에 정규군 9만 9천 명의 병력이 주둔했고, 인도에는 7만 5천 명, 그 밖의 다른 지역에는 4만 1천 명의 육군 병력이 배치되었다. 그 외에도 10만 명 정도에 달하는 해군 병력이 세계 전역 33개소에 달하는 해군기지 및 석탄보급기지에 배치되어 있었다.[1]

이 같은 영국의 위상에 대해 1891년에 왕위에 오른 독일의 빌헬름 2세는 이전까지 비스마르크가 추구해오던 현상유지적 대외정책과 달리 노골적으로 영국의 패권적 지위에 도전하는 정책을 추구하기 시작했다. 1898년 알프레드 폰 티르피츠(Alfred von Tirpitz) 제독을 해군 참모총장에 기용하여 영국 해군을 추격하기 위한 해군력의 건설을 본격적으로 추진했다. 육군 참모총장 알프레드 폰 슐리펜(Alfred von Schlieffen)은 비스마르크 시대의 몰트케 참모총장과 달리 프랑스, 영국, 러시아를 가상 적으로 설정하는 슐리펜 작전계획을 수차례에 걸쳐 작성하기 시작했다.[2]

이 같은 독일의 도전 속에서 경제적으로나 군사적으로 영독 양국 간의 국력 격차가 좁혀지기 시작했다. 1870년 시점에 독일보다 40%를 상회하던 영국의 GDP는 1913년 시점에 오히려 독일 GDP에 6% 하회하는 수준으로 역전되었고, 세계 총생산량에서 차지하는 비율도 1880년에 23% 대 8%의 영국 우위가 1913년에는 14% 대 15%로 역전되었다. 육군 병력은 원래 73만 명을 동원할 수 있는 영국의 10

---

1   Niall Ferguson, *Empire: The Rise and Demise of the British World Order and the Lessons for Global Powers,* New York: Basic Books, 2002, pp.202-204.
2   Azar Gat, *The Development of Military Thought: The Nineteenth Century,* Oxford: Clarendon Press, 1992, pp.97-98.

개 사단 규모에 비해 450만 명의 병력을 동원할 수 있는 독일의 124개 사단 체제가 강력했다. 또한 1880년대까지 영국이 7:1의 비율로 우위를 점하고 있던 양국 간 해군 함선의 배수량 비율이 1914년 시점에는 2:1까지 격차가 크게 좁혀졌다.[3] 이 같은 경제력 및 군사력의 증강을 배경으로 독일은 해외 식민지 및 조차지를 확대하기 위한 공세적 대외정책을 전개하면서 1898년 중국의 칭다오를 조차하여 해군 함대를 배치했고 1899년에는 미국-스페인 전쟁의 와중에 태평양 지역의 캐롤라인, 마리아나, 마셜 제도 등도 영유했다.[4]

이 같은 독일의 도전에 대해 영국에서도 위기감을 가지고 외교와 군사적인 대응책을 강구했다. 1904년 영국은 프랑스와 영불협상(Entente Cordial)을 체결하여 양국이 각각 이집트와 모로코에 대해 가지고 있던 권리를 상호 인정했다.[5] 이 결과 비스마르크 시기에 독일과 동맹관계를 맺었던 프랑스를 영국 편으로 끌어들이는 성과를 거두었다. 그리고 러일전쟁 종료 이후인 1905년 8월에는 제2차 영일동맹을 체결하여 대한제국에 대한 일본의 권리를 인정하는 동시에 인도와 미얀마 등에 대한 영국의 권리를 인정하게 했다.

또한 영국은 질적으로 우수한 군함의 건조를 적극 추진하여 독일에 대한 해군력의 우세를 유지하고자 했다. 영국은 1905년 10월 포츠머스 해군조선소에서 배수량 1만 8천 톤에 12인치 주포 10문을 탑재한 드레드노트급 전함 건조에 착수하여 1906년 12월에 완공했

---

3 Niall Ferguson, 앞의 책, p.240.
4 정광호, 「미국의 태평양 해양전략 전개에 관한 연구」, 국방대 박사학위논문, 2014, 제3장을 참조하라.
5 Niall Ferguson, 앞의 책, p.240.

고, 1906년에는 배수량 1만 7천 톤에 12인치 주포 9문을 장비한 순양전함 인빈서블을 기공하여 1908년에 완성해서 주력함의 우위를 확보하려고 했다. 이에 대해 독일도 1907년 드레드노트급 전함 건조에 착수하자, 영국은 1909년 배수량 2만 2,200톤에 주포 10문을 장착한 오라이온급 전함과 배수량 2만 6,270톤에 주포 8문을 탑재한 라이온급 순양전함을 기공하여 각각 1912년에 완공함으로써 해군력의 우세를 유지하려고 했다. 소위 슈퍼드레드노트급 전함이 출현한 것이다. 그러자 독일도 1913년 이후에 동급의 전함 건조에 착수했다. 이 같은 건함 경쟁의 결과 1914년 시점에 양국이 보유한 드레드노트급 주력함은 영국 29척, 독일 17척이 되어 영국의 우세가 유지되었으나 양국 간의 해군력 격차가 상당 부분 좁혀졌다.[6]

한편 유럽 대륙에서 영국과 독일 간의 패권경쟁이 진행되던 시기에 북미 대륙에서는 미국이 역시 국력을 증강하면서 대외팽창적인 군사정책을 전개하기 시작했다. 1890년대에 발간된 앨프리드 머핸 제독의 저서 『해양력이 역사에 미친 영향(The Influence of Sea Power upon the History)』의 논지에 따라 미국도 해군 전력을 증강했다. 그리고 태평양으로 세력을 확장하면서 1898년에는 미국-스페인 간의 전쟁을 통해 하와이를 병합하고 괌, 웨이크, 필리핀을 세력 범위로 확대했다.[7] 1905년 러일전쟁 직후에 미국은 가쓰라-태프트 조약을 통해 필리핀에 대한 미국의 우월적 지위를 일본에 승인시켰고, 1909

---

6 山田朗, 『軍備拡張の近代史』, 吉川弘文館, 1997, pp.59-65.
7 Niall Ferguson, *Colossus: The Rise and Fall of the American Empire*, Penguin Books, 2004, pp.46-49; 설인효, 「20세기 초 미 육군 개혁과정: 반(反)군사전통의 극복과 수정」, 서울대 대학원 외교학과 박사학위논문, 2012, pp.79-83.

년 3월에 발족한 태프트 정권은 중국에 대한 문호 개방 및 기회균등 주의를 표방하면서 중국 대륙에 대한 관심도 보였다.[8] 이같이 아시아 지역에 세력을 확장하고 있던 미국은 점차 러일전쟁의 승자인 일본의 육해군 전력을 잠재적인 위협으로 간주하면서 그에 대비한 전략계획을 수립하고 훈련도 실시하게 되었다.[9]

이 같은 1900년대 독일 및 미국의 동향은 영일동맹하에 러일전쟁을 승리로 이끈 일본의 군사 및 대외 정책에도 영향을 미치기에 충분했다. 앞 장에서 살펴보았듯이 1907년에 일본 육해군이 공동으로 작성한 전략문서인 「제국국방방침」은 러일전쟁 이후의 가상 적으로 러시아에 더해 미국을 포함시켰다. 일본의 해군 전략가들은 아시아 지역에서 세력을 확대하고 있던 독일을 향후의 가상 적에 포함하기도 했다. 1908년에 『제국국방사론』을 저술한 해군대학 교관 사토 테츠타로는 세계 7대 해군국으로 영국, 프랑스, 러시아, 독일, 미국, 일본을 들면서 러일전쟁의 승리로 일본이 세계 4위의 해군국 수준에 도달했다고 자평했다. 그러면서 향후 해군의 가상 적국으로 독일과 미국을 적시했는데, 이 가운데 미국과는 동양 평화를 유지하기 위해 우방으로서 관계를 유지해야 한다고 하여 사실상 독일을 제일의 가상 적국으로 간주하는 시각을 제시했다.[10] 이 같은 해군의 가상 적국 인식은 1913년 3월에 해군대학교장 야시로 로쿠로(八代六郎)

---

8   北岡伸一, 『日本陸軍と大陸政策, 1906-1928年』, 東京大學出版會, 1978, p.25.

9   일본과의 태평양 방면에서의 전쟁을 상정한 로언 스티븐스(Rowan Stevens)의 *The Battle of the Pacific* 등이 간행되었고, 육군과 해군, 해병대는 일본과의 전쟁에 대비한 훈련을 실시했다. 1908년 11월에는 드레드노트급 전함을 포함한 16척의 미국 함대가 훈련차 도쿄만을 방문하기도 했다. 平間洋一, 『第一次世界大戰と日本海軍』, 慶応義塾大学出版会, 1998, pp.39-41.

10   佐藤鐵太郎, 『帝國國防史論』(下), 原書房, 1979(1908), pp.253-302.

가 중심이 되어 간행한 소책자 『국방문제의 연구』에도 그대로 이어 졌다.[11]

이러한 전략 개념과 가상 적에 대한 인식하에 일본 육해군은 러 일전쟁 이후에도 지속적으로 군비증강을 추진해나갔다. 육군은 1907년에 「제국국방방침」에서 표명된 것처럼 기존의 17개 사단 체제를 평시 25개 사단 규모까지 증강하는 계획을 추진해나갔다. 1907년에 제17사단 및 제18사단을 편성했고, 재정 문제 때문에 결국 실패로 끝났지만 1912년에도 우에하라 류사쿠(上原勇作) 육군상이 2개 사단의 증설을 추진했다.

해군의 편제 개편 및 군비증강은 보다 원활하게 추진되었다. 러 일전쟁 당시 연합함대를 편성했던 일본 해군은 전쟁 종료 이후에 제1함대, 제2함대 및 남청(南淸)함대로 재편되어 제1함대는 본토 주변 해역의 경비, 제2함대는 한반도 연해 및 청국 북부 해역의 경비, 남청함대(1908년에 제3함대로 개칭)는 타이완 해협, 양쯔강 유역, 남중국해 등의 경비를 담당하게 했다.[12] 해군은 당시 영국이 주도하고 독일도 따라갔던 드레드노트급 신형 함정의 건조에 뒤늦게 착수하여 1909년 전함 세츠 및 가와우치(川内)의 건조에 착수했다. 1910년 5월에는 사이토 마코토(齊藤實) 해군상이 「해군 군비충실의 논의」를 각의에 제출하여 영국과 독일 간의 드레드노트급 및 슈퍼드레드노트급 함정을 위요한 건함 경쟁과 미국의 아시아 지역에의 관여 증대 등을 지적하면서 일본도 그에 대응하여 전함 및 순양전함 각 7척을

---

11   野村實, 『日本海軍の歷史』, 吉川弘文館, 2002, p.81. 이 책자의 간행에는 사토 테츠타로 소장 등 해군대학교 교관들이 참여했다.
12   堀元美, 『連合艦隊の生涯』, 朝日ソノラマ, 1982, p.22; 平間洋一, 앞의 책, p.245.

건조할 필요가 있다고 건의했다.[13] 이에 따라 해군에 중점을 둔 군비
증강 관련 예산이 편성되어 1911년에 배수량 2만 6천 톤에 주포 8문
을 탑재한 당시 세계 최대 규모의 전함 공고(金剛)를 영국에 발주하
는 등 전함 8척과 순양전함 8척을 목표로 한 8·8함대 건설계획이 추
진되었다.[14] 이 같은 군비증강을 반영하여 1906~1913년 일본의 국
방예산은 세출 대비 32.8%, GNP 대비 4.62%의 높은 수준으로 편성
되었다.[15]

　　러일전쟁 이후 일본의 지도층은 메이지 유신 이래의 주역들인 야
마가타 아리토모, 이토 히로부미 등이 원로로 건재한 가운데 이들의
후배 격인 가쓰라 타로, 사이온지 긴모치(西園寺公望) 등이 번갈아
총리를 담당했다. 러일전쟁 종전 직후에 총리를 사직했던 가쓰라는
1908년 7월 사이온지에 뒤이어 총리에 재차 임명되면서 고무라 주
타로를 다시 외상으로 기용했다. 가쓰라 총리와 고무라 외상은 1908
년 9월에 각의에서 발표한 「대외정책방침」을 통해 구미 국가들에 대
해서는 영일동맹의 유지, 일러협약 및 미일협상의 유지 등을 통해
현상유지의 방침을 취하면서도 아시아 방면에서는 청국에 대한 우
월적 지위를 점하면서 만주에 대한 기존의 권리를 공고히 하고 새롭
게 간도(間島)나 안펑(安奉)철도 등에 대한 이권을 확대하고자 했다.
이 같은 입장은 1909년 4월에 대청 정책 관련 의견서를 내각에 제출

13　北岡伸一, 앞의 책, pp.68-69.
14　1905~1914년 일본 해군의 드레드노트 및 슈퍼드레드노트급 군함 증강에 대해서는 山
田朗, 앞의 책, pp.66-68을 참조하라.
15　야마다 아키라(山田朗)는 같은 시기 영국의 군비지출도 국가예산 대비 41%, GNP 대
비 2.71%의 수준에 달하는 등 세계적인 군비확장의 시대였다고 평가했다. 山田朗, 앞의 책,
pp.48-49.

하여 랴오둥반도 및 남만주에 대규모 시정 경영을 행하여 청국의 반환 요구를 불가능하게 할 것을 제안한 야마가타 아리토모의 의견과 부합하는 방향이기도 했다.[16]

대한제국을 합병하는 것에 반대하고 오히려 자치를 부여할 것을 주장한 바 있었던 통감 이토 히로부미가 1909년 10월 하얼빈역에서 안중근 의사에게 암살된 이후 가쓰라 총리와 고무라 외상 등은 야마가타의 지원하에 아예 대한제국에 대한 강제병합을 추진했다.[17] 1910년 7월 8일 각의는 대한제국과의 병합안을 결정하고 국호를 조선으로 바꾼 후 이어 8월에는 기존의 통감부를 총독부로 개칭하면서 초대 조선 총독에 육군상 데라우치 마사타케를 임명했다. 천황의 직접 통제를 받는 데라우치 조선 총독은 1개 사단으로 구성된 조선주차군 사령부와 주차 헌병대를 지휘하면서 조선에 대한 무단통치를 실시하게 되었다.[18]

총독 데라우치는 원로 야마가타 아리모토, 총리 가쓰라 타로와 마찬가지로 조슈 출신의 육군 파벌의 맥을 잇는 인물이었다. 이들 간에는 야마가타를 정점으로 한반도 및 대륙 정책에 대한 공통의 접점이 존재했던 것으로 보인다. 1911년 6월 원로 야마가타가 「군사상의 요구에 기반한 조선, 만주에 있어 철도경영방책」을 작성하여 러

---

16 北岡伸一, 앞의 책, pp.23-24.
17 이토 히로부미는 1907년 7월 29일 경성 일본인구락부에서 신문기자들과의 모임을 통해 일본이 대한제국을 합병할 필요가 없으며 독일이 바바리아에서 하는 바와 같이 자치하도록 해야 한다고 발언했다. 伊藤博文, 「余は天下に公言す」(1907. 7. 29), 平塚篤 編, 『伊藤博文演說集: 續伊藤博文秘錄』, 原書房, 1982(1929), p.231.
18 大江志乃夫, 「植民地戦争と総督府の成立」, 『岩波講座近代日本と植民地2: 帝国統治の構造』, 岩波書店, 1992, pp.27-30. 초대 조선주차군 사령관은 하세가와 요시미치 육군대장이었고 헌병대 사령관은 아카시 모토지로(明石元二郎) 소장이었다.

시아에 의한 시베리아 철도 복선화 계획과 헤이룽장 철도 건설계획이 일본의 안위에 미칠 수 있는 영향을 지적했다. 그러면서 그는 일본도 조선을 종단하여 만주 펑톈으로 이어지는 소위 부봉(釜奉)철도의 복선화, 펑톈-창춘 간 철도의 복선화 등을 통해 만주지역에 일본 육군 병력 100만 명을 100일 이내에 동원할 수 있는 태세를 갖출 것을 주장했다. 이 같은 주장에 대해 조선 총독 데라우치와 그의 영향력이 강했던 육군성 등에서 적극 동조했다.[19]

다만 외무성이나 1911년 8월부터 재차 총리에 취임한 사이온지 긴모치 등은 야마가타나 육군이 추진하는 적극적 대륙정책 방향에 대해 소극적인 반응을 보였다. 이 같은 정책 차이는 1911년 10월 중국에서 신해혁명이 발발하여 청국이 무너지고 쑨원(孫文)이 중화민국 임시정부를 수립하는 격변이 일어나면서 재연되었다. 사이온지 내각은 중국 내의 정변에 대해 비교적 냉정한 입장을 견지했다. 동맹관계인 영국 및 미국과 협조를 유지하면서 청국과는 관계를 개선하고 일본에 대한 신뢰를 유지하도록 했다. 이러한 기조 속에서 만주 권익의 강화와 중국 대륙에 대한 진출은 극력 억제되었다.[20]

이러한 내각의 대중 정책 방침에 대해 육군 내부에서는 불만도 표출되었다. 1911년 10월 15일 육군 참모본부의 제2부장 우쓰노미야 타로(宇都宮太郎)는 「대지나사견(對支那私見)」이라는 문서를 작성하여 구미 열강이 중국을 지배하에 두는 것을 저지해야 한다고 하면서 그 방안으로 일본의 주도하에 중국을 몇 개의 독립국으로 분할하

---

19 이 같은 정책론의 영향하에 1911년 10월과 11월에 압록강 철교가 완성되었고 조선과 만주를 잇는 직통철도도 완성되었다. 北岡伸一, 앞의 책, pp.103-106.
20 北岡伸一, 앞의 책, p.91.

여 보전하는 방안을 제시했다.[21] 야마가타는 1912년 1월에 의견서를 제출해 만주지역에 1~2개 사단을 파견하여 그곳에 대한 권익을 보호하고 러시아에 대한 견제를 도모하자는 방안을 제시했다.[22] 다른 군부 인사들은 사이온지 내각이 견지하고 있던 영일동맹 협조노선에 대해서도 불만을 제기했다. 1912년 1월과 2월에 참모본부 제1부장 유희 미츠에(由比光衛)와 근위보병 제1여단장 다치바나 고이치로(立花小一郎) 등은 사이온지 정부가 영일동맹에 의존하면서 우유부단하게 중국 정세를 방관하고 있다는 불만을 토로했다.

야마가타를 정점으로 적극적 대륙정책을 추진하려는 육군 내의 주요 세력과 영일동맹 등 국제적 흐름을 중시하여 현상유지적 대외정책을 선호하던 외무성 간의 정책 대립은 1913년 2월 20일 해군 출신의 야마모토 곤베에 내각이 등장하면서 보다 표면화되었다. 1913년 외무성 정무국장 아베 모리타로(阿部守太郎)는 「지나에 관한 외교정책의 강령」을 작성하면서 외무성에 의한 외교 통일, 즉 한반도와 만주지역에 대한 군의 독자행동을 억제하는 것을 제도적으로 뒷받침해야 한다고 주장했다. 구체적으로 조선총독부가 그 관할 업무영역을 준수해야 하고 만철과 관동도독부는 외무성의 지시에 따르면서 법외적(法外的) 행동을 취하지 않아야 한다고 했다. 야마모토 내각은 이 같은 정책.제의를 수용하여 1913년 6월 종래 식민지 행정을 담당하던 탁식국을 폐지하고 만철에 대한 감독권은 철도원(鐵道院)으로, 관동도독부에 대한 감독권은 외무성으로 이관하는 조치를 취했다.[23]

21 北岡伸一, 앞의 책, pp.94-95.
22 北岡伸一, 앞의 책, pp.93-94.

야마모토 곤베에 총리는 1913년 6월 군부대신 현역무관제를 개혁하려는 방침을 표명했다. 즉, 현역 육해군 장군과 제독만이 육해군 대신에 임용될 수 있었던 관례를 변경하여 예비역 장성과 제독들도 대신이 될 수 있도록 하자는 것이었다. 육군의 정치적 영향력을 약화시키려는 의도를 가진 것으로 보이는 이러한 정책방침에 대해 육군 내부에서 반발이 제기되었으나, 결국 현역무관제는 야마모토 총리의 의향에 따라 개편되었다.[24]

한편 조선과 만주 방면으로의 세력 진출을 주장하던 육군과 달리 해군 내부에서는 이 시기에 남양(南洋) 방면으로 진출해야 한다는 정책구상이 활발하게 제기되었다. 1913년 해군대학교 교장 야시로 로쿠로 중장 및 사토 테츠타로 소장 등이 작성한『국방문제 연구』에서는 일본이 통상이나 식민지 정책의 발전을 위해 남양 방면으로의 진출을 고려해야 한다고 주장했다. 특히 네덜란드령 인도를 일본의 발전을 위해 가장 중시해야 할 지역으로 주목했다.[25] 정계를 일시 은퇴하여 와세다대학 총장으로 재직하고 있던 오쿠마 시게노부도 1913년 11월『실업(實業)의 일본』이라는 잡지에「남양제도에 웅비하자」라는 논설을 게재하여 북태평양의 도서들에 대한 국가적 진출의 필요성을 환기시켰다.[26]

1914년 3월 지멘스(Siemens) 사건이 발발하여 야마모토 곤베에

23 北岡伸一, 앞의 책, pp.117-118. 기타오카 신이치는 이 같은 조치가 육군의 조선-만주 일체화 정책에 대한 외무성의 제어조치라고 보았다.
24 육군 내 소장 장교 다나카 기이치(田中義一)는 야마모토 총리를 육군의 적이라고까지 비판했다. 北岡伸一, 앞의 책, pp.144-145.
25 平間洋一, 앞의 책, pp.58-59.
26 平間洋一, 앞의 책, p.69.

내각이 총사직하고 그 후임에 바로 오쿠마 시게노부가 노령에도 불구하고 총리로 지명되었다. 오쿠마는 외상에 가토 다카아키, 해군상에 야시로 로쿠로 등을 기용했다. 오쿠마 내각이 발족한 직후인 1914년 6월 28일 사라예보에서 오스트리아 제국의 황태자가 세르비아 청년에게 암살당하는 사건이 발생했다. 이 사건의 파장은 멀리 극동에 위치한 일본에까지 밀려오기 시작했다.

2. 일본의 참전

1) 참전 결정과 1914년 아시아·태평양 방면 전역

세르비아 청년에 의한 오스트리아 황태자 암살 사건으로 인해 한 달 뒤인 7월 28일 오스트리아와 세르비아 간에 교전이 선포되었다. 그러자 세르비아를 지원하기 위해 러시아가 참전을 선언했고, 오스트리아를 지원하기 위해 독일이 8월 1일 러시아와 그 동맹국인 프랑스에 선전포고를 하고 슐리펜 계획을 발동시켰다. 8월 4일에는 영국이 독일에 선전포고를 하고 프랑스 방면에 지원병력을 파견하기 시작했다.[27] 1905년에 개정된 영일동맹은 공수동맹의 성격을 갖고 있었으나 그 적용범위가 인도를 포함한 아시아 지역에 한정되어 있었기 때문에 일본의 참전 의무는 없었다. 그런 연유로 8월 4일 일본은 일단 내외에 중립을 선언했다.[28] 원로인 야마가타 아리토모, 이노우에

27　제1차 세계대전의 원인과 유럽 전역에서의 전개 과정에 대한 국내 연구로는 김정섭, 『낙엽이 지기 전에: 1차 세계대전, 그리고 한반도의 미래』, MiD, 2017 등을 참조하라.

가오루, 마쓰카타 마사요시 등도 개전에 소극적이었다.

그런데 점차 영국 정부로부터 일본에 참전 요구가 전해지기 시작했다. 8월 4일 일본 주재 영국 대사 그린(Greene)은 가토 외상에게 극동지역에서 전화(戰火)가 확대될 경우 일본의 원조를 요청한다고 전했다. 8월 7일 영국의 에드워드 그레이(Edward Grey) 외상은 중국 근해에서 독일의 무장상선을 수색하기 위해 일본의 군사적 지원을 요청해왔다. 윈스턴 처칠(Winston Churchill) 해군상도 극동지역의 영국 해군력이 부족한 상황에서 일본 해군의 협력이 불가결하다는 입장을 보였다.[29]

러일전쟁 이후의 시점에 웨이하이웨이와 홍콩을 기지로 하는 영국의 중국함대에는 전함 6척, 순양함 6척, 2등 순양함 6척의 전력이 배치되어 있었으나, 독일과의 대립이 점차 심화되자 영국 정부는 함정을 본국 주변의 해역으로 회항시키기 시작했다. 그 결과 1912년 시점에 동아시아 방면에는 순양전함 디펜스(배수량 1만 4,600톤), 장갑순양함 미노타우(배수량 1만 4,600톤) 등이 배치되어 있었다. 이에 반해 칭다오를 모항으로 하는 독일의 동양함대는 장갑순양함 샤른호르스트(배수량 1만 1,400톤)와 그나이제나우(배수량 1만 1,400톤), 순양함 엠덴(배수량 3,650톤) 등 5척의 함정으로 총 톤수 2만 1,970톤의 해군력이 활동하고 있었다.[30] 일본은 러일전쟁 당시에 전리품으로 획득한 노후함정 21척을 포함해 구축함 46척, 그 이상의 함정 65척 등 총 톤수 56만 3천 톤에 달하는 세계 5위의 해군력을 보유하고

---

28 平間洋一, 앞의 책, p.17.
29 平間洋一, 앞의 책, pp.30-33.
30 平間洋一, 앞의 책, pp.70-71.

있었다.[31] 따라서 동아시아 해상의 독일 해군 전력을 제압하기 위해서는 처칠 해군상의 판단처럼 동맹관계에 있는 일본 해군의 대독 참전이 절대적이었던 것이다.

일본 내에서도 육해군의 중견 간부들을 중심으로 동아시아 지역에 소재한 독일 군사기지들을 공격하는 것이 일본의 국가 이익에 도움이 된다는 주장이 제기되었다. 육군 차관 오시마 겐이치(大島健一), 참모차장 아카시 모토지로(明石元二郎), 참모본부 제2부장 후쿠다 마사타로(福田雅太郎) 등은 이 기회에 독일의 조차지인 자오저우만을 장악하여 중국 진출의 발판으로 삼고 만주와 몽고 지역을 병합해야 한다는 주장을 개진했다. 해군에서도 이 기회에 트루크와 팔라우 등 남양군도를 일본의 통제 아래 두어 필리핀이나 하와이의 미군에 압박을 가하는 태세를 만들어야 한다는 의견이 제기되었다.[32] 사실 해군 군령부는 이미 8월 2일과 3일 중국 방면을 담당하는 제2함대에 출동 준비를 지시했고 육군의 산둥반도 상륙을 지원하기 위해 자오저우만을 봉쇄하는 작전계획을 입안하는 데 착수했다.[33]

육해군 중견간부들의 이 같은 참전론은 육군상 오카 이치노스케(岡市之助), 해군상 야시로 로쿠로 등과 공유되었고 외상 가토 다카아키도 참전론에 적극 동조하게 되었다. 8월 7일 오쿠마 시게노부 총리 주재로 열린 임시 각의에서 대장상 와카쓰키 레이지로(若槻禮次郎) 등이 재정상의 이유로 반론을 전개했으나 외상 가토는 영국과

---

31 平間洋一, 앞의 책, p.19.
32 육군 측 동향은 北岡伸一, 앞의 책, p.167, 해군 측 동향 및 개전 직후 해군에서 조직한 '일독교전 강화준비위원회'에서 검토한 사항 등에 대해서는 平間洋一, 앞의 책, p.67을 참조하라.
33 平間洋一, 앞의 책, p.20.

그림 6-1. 가토 다카아키(1860-1926)　　　그림 6-2. 오쿠마 시게노부(1838-1922)

의 동맹관계를 중시해야 하고 나아가 독일의 근거지를 동양에서 일 소하는 것이 일본의 국제관계상 이익이 된다는 주장을 강력하게 전 개하면서 참전을 주장했다. 결국 오쿠마 내각은 일본의 대독전 참전 을 결정하고 8월 8일 다이쇼(大正) 천황의 재가를 받았다.[34]

　참전을 결정함에 따라 일본 육해군은 독일 해군기지가 소재한 중 국 산둥성 칭다오 기지에 대한 공략과 독일의 동양함대에 대한 공세 작전을 중점적으로 추진했다. 칭다오 공략작전에 대해 영국은 8월 8

34　이 과정에서 가토 다카아키 외상은 외교정책의 결정과 관계된 원로들의 중요 외교문서 회람 과정을 거치지 않는 등 야마가타 등의 원로들을 배제하는 모습을 보였다. 有馬學, 『日本 の近代4: 「国際化」の中の帝国日本, 1905-1924』, 中央公論社, 1999, p.105. 이에 대해 9월에 야마가타 아리토모, 마쓰카타 마사요시, 오야마 이와오, 이노우에 가오루 등은 오쿠마 시게노 부 총리에 대해 중대 외교정책을 결정할 때에는 사전에 원로들과 협의할 것을 주문하기도 했 다. 岡義武, 『山縣有朋』, 岩波書店, 1958, pp.135-136. 청일전쟁이나 러일전쟁 시기에 절대적 이었던 야마가타 등 원로들의 영향력이 약화되는 경향이 나타나기 시작한 것이다.

일 그린 대사를 통해 영국군도 공동으로 참전하고 싶다는 의향을 전해왔다. 일본 정부는 이 제안을 수용하고 8월 17일 영국 육해군 관계자들과 회합하여 작전계획을 협의했다. 이 결과 9월 1일 「칭다오 공략에 관한 일영 간 육군협정」이 체결되었다. 이 공동작전계획에 따르면 일본 육군에서는 제18사단의 보병 및 포병 총 5만 1,700명, 야포 및 산포 등 140여 문, 항공기 5기 등을 동원하며 공동 참가하는 영국 육군은 일본군의 지휘통제를 받도록 했다.[35] 해군은 사세보에 모항을 둔 일본 제2함대의 순양함 6척, 포함 4척, 해방함 9척, 수뢰정 31척, 특무함정 18척 등 합계 68척의 함정을 동원하며, 영국 해군도 구식전함과 구축함, 병원선 등 3척을 합류시켜 육군 병력의 수송을 지원하고 자오저우만의 해역을 봉쇄하는 작전을 공동으로 실시하기로 했다.

일본 정부는 8월 23일 독일에 최후통첩을 발하여 자오저우만의 조차지를 전부 청국에 환부할 수 있도록 일본에 양도할 것을 요구했다. 이어 8월 27일 해군이 칭다오항이 있는 자오저우만 일대를 해상 봉쇄했고, 9월 2일에는 육군 병력이 해군의 엄호를 받아가며 산둥반도 북안의 룽커우(龍口) 지점에 상륙하기 시작했다. 상륙한 육군은 별다른 저항을 받지 않고 반도를 종횡단하며 1주일 내에 서쪽 방향에 위치한 산둥철도의 전 선로 지역을 장악했고, 11월 7일에는 애초에 목표로 했던 칭다오에서 독일군의 항복을 받아냈다. 작전구역 이외의 지역까지 진출한 일본군의 군사행위에 대해 중국 측은 강하게 반발했으나 가토 외상은 이를 무시했다.[36] 이후 일본은 점령작전이

---

35 平間洋一, 앞의 책, pp.157-159.
36 이 같은 가토 외상의 대중 정책은 원로 야마가타의 정책론과 배치되는 것이었다. 야마가

종료된 이후에도 1922년 워싱턴 조약의 체결로 산둥반도가 중국에 환부될 때까지 산둥반도 지역에 7천 명의 병력을 잔류시켰다.[37]

일본 육군이 영국군과 연합하여 산둥반도 전역에서 작전을 수행하던 시기에 일본 해군은 영국 해군과 협력하여 독일의 동양함대를 추적하기 위한 작전을 전개했다. 전쟁 개전 시에 독일 함대의 장갑순양함 샤른호르스트와 그나이제나우는 지휘관 막시밀리안 폰 슈페(Maximilian von Spee) 중장의 통솔하에 독일령 남양제도를 순항 중이었고, 전쟁 개시 이후에는 칭다오와 홍콩의 중간 지역인 파간에 기항했다. 파간항에는 순양함 엠덴이 호위해온 독일 측 보급선 10여 척도 집결하여 장기전의 태세를 갖추고 있었다. 개전 당시 웨이하이웨이에 기항 중이던 장갑순양함 미노타우 등 영국의 중국함대는 독일 해군의 습격에 대비하여 전 함대를 홍콩에 집결시켰다.[38] 이 같은 상황에서 영국 해군은 8월 7일 극동 해역에서 독일 함대를 수색 및 격파하기 위해 일본 해군의 출동을 요청했다. 영국의 요청을 받은 일본 해군은 8월 10일 야마시타 겐타로(山下源太郎) 군령부 차장의 지시에 따라 4척의 함정으로 지대를 편성하여 독일 함대를 추적했다. 8월 21일에는 중국 연안의 경비를 담당하는 제3함대에 상하이(上海) 이남 해역에서 홍콩 이북 해역에 이르는 항로를 경계하고 통

타는 1차 세계대전 참전을 결정한 이후인 1914년 8월에 오쿠마 총리와 가토 외상에게 제출한 의견서에서 중국에 대해 군사력에 의지해 위압하자는 논의는 단순하다고 비판하면서 일본이 많은 희생을 들여 획득한 만주와 몽고 지역의 권리 유지를 위해서도 러시아 및 중국과 우호협력관계를 유지해야 한다고 제언한 바 있다. 岡義武, 앞의 책, p.138; 北岡伸一, 앞의 책, p.165 등을 참조하라.

37 이상 산둥반도 전역에 대해서는 有馬學, 앞의 책, pp.109-110이 상세하다.

38 平間洋一, 앞의 책, p.71.

상을 보호하도록 지시했고, 순양전함 이부키(伊吹)와 순양함 지쿠마(筑摩)에는 홍콩으로 회항하여 영국 함대와 협동하여 작전을 수행할 것을 아울러 지시했다. 그리고 제1함대 소속 제3전대의 함정 3척[공고, 지쿠마, 쿠라마(鞍馬)]에는 하와이 항로를 경계하기 위해 미드웨이 방면으로 출동할 것을 명했다. 9월 3일에는 다시 제1함대 소속 순양함 지쿠마, 쿠라마, 아사마(淺間) 및 제16구축대의 함정 야마카제(山風)와 우미카제(海風) 등으로 남견지대(南遣支隊)를 편성하게 하고 마리아나 및 캐롤라인 제도 방면을 중심으로 독일 함대를 수색할 것을 지시했다.[39]

한편 독일 동양함대는 9월 중순부터 인도양과 남태평양 방면에서 영국 함대 및 기지에 대한 기습적인 공세를 전개했다. 9월 20일 독일 순양함 쾨니히스베르크가 잔지바르에서 영국 순양함 페가수스를 격침했고, 다음날에는 순양함 엠덴이 인도양의 뱅골만에서 마드라스를 격침했다.[40] 9월 23일에는 샤른호르스트와 그나이제나우가 남태평양의 도서 타히티에 대한 포격을 단행했다.[41] 독일 함대의 위치와 활동이 식별되자 일본 해군은 영국 해군과 정보를 공유하면서 엠덴과 쾨니히스베르크를 제압하기 위해 인도양 방면에 순양전함 이부키, 순양함 지쿠마, 닛신 등을 파견했고, 이미 편성된 남견지대를 제1남견지대로 개칭하고 새롭게 제1함대 소속의 전함 사쓰마, 2등 순양함 히라도(平戸)와 야하기(矢矧)로 제2남견지대를 편성하여 남태평양의 캐롤라인 제도 서측 해역에 파견하여 오스트레일리아

---

39 平間洋一, 앞의 책, p.36.
40 엠덴은 9월에서 10월에 걸쳐 벵골만에서 상선 26척을 격침했다. 山田朗, 앞의 책, p.71.
41 平間洋一, 앞의 책, p.63.

함대와 협동으로 독일 함대에 대응하도록 했다.

이로써 남양제도 방면에는 제1함대 소속의 제1남견지대와 제2남견지대가 각각 활동하게 되었는데, 이 함대들은 본국 해군성과의 협의하에 10월 초부터 남태평양 방면의 도서들을 점령하기 시작했다. 제1남견지대 소속 육전대(陸戰隊)는 10월 3일부터 12일에 걸쳐 캐롤라인 제도의 동측 해역에 위치한 야르토, 쿠사이에, 포나페, 트루크 등을 점령했고, 제2남견지대의 육전대도 캐롤라인 서측 해역의 야프, 팔라우, 앙가우르, 사이판 등 마리아나 제도를 점령했다. 일본은 이들 점령지역의 독일령 도서들에 대해 방비대(防備隊)를 설치하여 군정을 실시하면서 종전 후에 개최될 강화회의에서 그 관할권에 대한 최종 결정이 일본에 유리한 방향으로 내려지기를 기대했다.[42] 일본 해군의 남양제도 점령에 대해 그 인근의 도서 괌을 기지화하고 있던 미국이나 일본을 잠재적인 위협으로 간주하고 있던 오스트레일리아는 불편한 기색을 감추지 않았다.[43] 그러나 독일 함대를 격멸하기 위해 일본 해군과의 협력이 절실했던 영국의 처칠 해군상은 10월 2일 개전 이래 이루어진 일본 해군의 강력한 기여에 대해 사의를 표하면서 사실상 남양제도 점령을 묵인했다.

아시아 방면의 영국 해군은 유럽 해역에서 증강되고 있던 독일 해군과의 세력균형을 위해 전함 5척, 순양함 6척 등의 전력을 본국

---

42 平間洋一, 앞의 책, p.62; 江口圭一, 「帝国日本の東アジア支配」, 『岩波講座近代日本と植民地1: 植民地帝国日本』, 岩波書店, 1992, pp.175-176.
43 미국의 앨프리드 머핸 제독은 남양제도가 일본의 영토로 굳어질 경우에 미국의 안전에 중대한 영향을 미칠 수 있다고 경계했다. 平間洋一, 앞의 책, p.134. 후일 제2차 세계대전 이후 미국의 해양전략가들 사이에서는 일본의 남양제도 영유권을 허용한 것이 일본의 진주만 기습을 초래했다는 평가가 지배적이었다.

으로 회항시키지 않으면 안 되었다. 이로 인해 영국은 남양제도를 점령한 일본 해군에 인도양과 태평양 일대 해역에서 더 많은 지원활동을 해줄 것을 요청하게 되었다. 영국은 오스트레일리아와 뉴질랜드 해역을 경비하기 위해 일본 함정의 파견을 요청했으며, 9월 27일에는 인도양에서 활동하던 순양전함 이부키를 오스트레일리아와 뉴질랜드로부터 유럽 전선으로 파병되는 병력, 즉 ANZAC군 3만 명을 아덴만까지 수송하는 수송선 38척을 경비하기 위해 지원해줄 것을 요청했다. 이 같은 요청에 따라 이부키는 뉴질랜드 웰링턴까지 항행하여 그곳에서 ANZAC군을 승선시킨 수송선 10척 및 오스트레일리아에서 합류한 여타 수송선 28척을 아덴만까지 호위하는 작전을 성공적으로 수행했다.[44]

한편 독일의 동양함대 주력 함정들이 남태평양 방면으로 이동하자 영국은 캐나다 및 오스트레일리아 해군과 연합함대를 구성하고 일본에도 참여를 요청했다. 이에 부응하여 일본 해군은 10월 19일 순양함 2척 및 구식전함 1척으로 구성된 견미지대(遣米支隊)를 편성했고, 이 함대는 영국-캐나다-오스트레일리아 연합함대와 함께 11월 1일 남미 연안의 갈라파고스 제도까지 독일 함대를 추적하는 작전에 참가했다. 12월 초에 영국 해군이 아르헨티나 해역의 포클랜드

---

44   이부키와 함께 호위 업무를 맡았던 오스트레일리아 해군 함정 시드니는 항행 도중 대열에서 이탈하여 독일 순양함 엠덴을 추격·격침하는 성과를 거두기도 했다. 平間洋一, 앞의 책, p.83. 아덴만까지 호송되었던 ANZAC 병력은 1915년에 처칠 해군상이 기획하여 실시한 갈리폴리 상륙작전, 즉 터키 지역에 교두보를 구축하기 위한 작전에 투입되었다. 다만 이 상륙작전은 케말 파샤(Kemal Pasha)가 지휘하는 터키군의 반격으로 성공을 거두지 못했다. Niall Ferguson, *Empire: The Rise and Demise of the British World Order and the Lessons for Global Powers,* New York: Basic Books, 2002, pp.257-260.

그림 6-3. 순양전함 이부키

해전에서 독일 함대를 격파한 이후 일본의 견미지대는 남미 해역에서의 잔적 소탕 임무를 수행했고 이어 오스트레일리아와 뉴질랜드 방면을 경비하는 부가적인 임무도 수행했다.[45]

　이같이 일본 해군은 제1차 세계대전 발발 이후에 영국 해군과 긴밀히 협력했는데, 제3함대는 중국 연안에 대한 경비 임무를 수행하면서 독일 해군의 동향을 탐지했고 제2함대는 일본과 영국 육군이 공동으로 참가한 칭다오 상륙작전을 지원했다. 그리고 제1함대는 제1 및 제2 남견지대와 견미지대 등을 추가 편성하면서 인도양과 남태평양 해역에서 독일 해군의 주력 함정들을 추격하는 작전을 지원했다. 아시아 및 태평양 방면에서 일본 육해군이 거둔 군사적 성과를 높이 평가한 영국은 일본의 유럽 방면 참전을 정식으로 요청했다. 11월 4일 영국이 일본 육군의 다르다넬스 방면 참전을 요청해왔

45　平間洋一, 앞의 책, p.83.

고, 12월에는 해군상 처칠이 일본 함대의 지중해 파견을 재차 타진했다.[46] 일본의 오쿠마 총리는 이 같은 요청에 대해 적극적인 반응을 보이면서 육군 2개 사단 및 해군 함정의 파견을 추진했다. 그러나 육군과 해군 수뇌부에서는 유럽 파병에 대해 부정적인 의견이 많았다. 육군에서는 유럽에 병력을 파병하는 것이 조국의 방위와 동양의 평화를 유지해야 하는 군 본연의 목적에 부합하지 않고 그에 더해 파병에 소요되는 재정적 부담을 감당할 수 없다는 의견을 제시했다.[47] 해군에서도 주력 함정들을 유럽 해역에 파견하여 손실을 입는 경우가 발생한다면 일본의 국방태세에 심각한 결함이 생길 수 있다는 이유를 들어 파병에 반대한다는 의견을 제시했다. 원로 야마가타나 야당 입헌정우회(立憲政友會)의 대표 하라 다카시(原敬) 등도 유럽 파병에 반대하는 입장을 보였다. 결국 가토 다카아키 외상은 이 같은 의견을 집약하여 최종적으로 영국 정부에 파병 불가 의사를 전달했다. 이로 인해 1914년 일본 육해군의 세계대전 참가는 아시아 지역에 위치한 독일 기지와 그 해군력의 격퇴에 목표를 맞춘 산둥반도의 칭다오 전역과 태평양 방면의 해전에 국한하여 제한적으로 이루어졌다. 그러나 이 과정에서 보여준 일본 육해군의 능력은 서부전선 등에서 점차 교착상태를 보이며 독일과의 힘든 접전을 지속하던 영국이나 프랑스 등 연합국 측에는 보다 절실하게 인식되었다.

---

46 영국의 에드워드 그레이(Edward Grey) 외상은 이미 9월 2일에 일본 함대의 지중해 파견을 타진한 바 있었다. 러시아 외상 세르게이 사조노프(Sergei Sazonov)도 8월 31일에 일본 육군의 파견을 요청한 바 있었다. 平間洋一, 앞의 책, p.211, 223.
47 平間洋一, 앞의 책, pp.226-227. 다만 육군 참모본부 제1부장 우가키 가즈시게(宇垣一成)는 유럽 국가들에 대한 영향력 확보라는 점에서 파병에 찬성하는 입장을 보였다.

2) 대중 21개조 요구와 육해군 임시군사조사위원회

1914년 8월 이후 유럽 지역에서는 영국과 프랑스 등 연합국 측이 슐리펜 작전계획에 따라 침공해온 독일군의 공세를 서부전선에서 저지했고, 동부전선에서는 독일이 러시아군의 공세를 탄넨베르크 전투를 통해 격퇴하는 양상이 전개되었다. 1915년에 접어들어서도 서부전선 및 동부전선에서는 피아 양측의 일전일퇴가 거듭되면서 전선은 교착상태를 보였다. 이 같은 유럽 전역의 상황에서 일본의 동향은 어떠했을까.

청다오 전역과 남양제도 방면의 해전에서 영국과 협력하여 대독 승전의 성과를 거둔 일본 정부는 1914년 11월 각의 결정을 통해 중국 대륙에 대한 종합적인 이권 확보의 방침을 확정했다. 1915년 1월 가토 다카아키 외상이 중국에 제시한 21개조의 요구가 그것이다.

21개조는 총 5개 항목으로 구성되어 있었는데, 제1항목은 산둥성에 관한 3개조로 그 내용은 이 지역에 대한 독일 이권을 일본에 양도할 것, 연안도서를 외국에 할양하지 말 것, 산둥성의 주요 도시를 외국인에게 개방할 것 등이었다. 제2항목은 남만주 및 동부 내몽고 관계 7개조로, 이 지역에서 일본이 확보한 관동주 조차권(租借權)과 만철 및 안평철도 관리권 등을 99년간 연장할 것, 농경, 상공업, 광산, 철도 등 각종 이권을 요구하는 내용이었다. 제3항목은 중국이 설립한 제철회사인 한예핑공사(漢冶萍公司)에 관한 2개조로, 일본의 독점적 채굴 허가권을 요구하고 공동 경영을 추진하는 내용이었다. 제4항목은 중국 연안의 항만과 도서들을 외국에 할양하지 말 것을 요구하는 내용이었다. 제5항목은 중국 전토에 관한 요구 7개조로, 화남

(華南)과 화중(華中) 지방의 철도 부설권, 외자 도입에 대한 일본과의 사전 협의 실시, 중앙정부의 재정 및 군사 고문으로 일본인 초빙, 경찰 행정에 일본인 고용, 중국에 일중 공동의 병기창(兵器廠) 설립 등을 요구하는 내용이었다.[48]

이 같은 대중 21개조의 요구가 알려지자 일본 내외에서 다양한 반론이 제기되었다. 야마가타 아리토모, 마쓰카타 마사요시 등 원로들은 오쿠마 내각, 특히 가토 외상의 외교가 근본적으로 협력을 도모해야 할 중국과의 관계에 악영향을 준다고 비판했다. 야마가타는 1915년 2월 오쿠마 총리에게 제출한 의견서를 통해 중국 대륙의 보전을 통해 일본의 발달을 기하고자 한다면 중국으로부터 신뢰감을 얻어야 하고 나아가 러시아와 같은 유럽 강국과 동맹을 체결할 필요가 있다고 주장하기도 했다.[49] 이 같은 입장에서 야마가타 등에게 21개조 요구는 동의할 수 없는 것이었다. 언론인 이시바시 탄잔은 보다 격렬하게 반발했다. 그는 1915년 5월에『동양경제신보』에 게재한 사설을 통해 일본 정부 당국이 대독 개전 이래 노골적인 영토침략책과 경박한 거국일치론을 조장하는 실책을 거듭하고 있다고 지적하면서 오쿠마 내각의 21개조에 입각한 대중 교섭도 그러한 영토침략주의의 산물에 다름 아니라고 비판했다. 그러면서 그 배경에는 군벌의 침략주의 이상이 도사리고 있다고도 했다.[50] 해외에서는 미국의 우드로 윌슨(Woodrow Wilson) 대통령 및 윌리엄 브라이언(William

---

48　黑野耐,『帝國國防方針の研究』, 總和社, 2000, p.96; 北岡伸一,「二十一カ条再考: 日米外交の相互作用」,『年報近代日本研究7: 日本外交の危機認識』, 山川出版, 1985.

49　岡義武, 앞의 책, p.142, 151.

50　石橋湛山,「禍根をのこす外交政策」(1915. 5. 5. 社說), 松尾尊兌 編,『石橋湛山評論集』, 岩波文庫, 1984, pp.55-62.

Bryan) 국무장관이 일본의 제국주의적 대중 정책에 불쾌감을 표시하면서 중국의 주권을 옹호하는 입장을 보였다.[51] 한편 우에하라 류사쿠, 아카시 모토지로, 다나카 기이치 등 육군 내 실력자들은 오히려 오쿠마 내각의 대중 요구 내용이 불충분하고 방식도 강경하지 않다는 이유로 21개조 요구에 불만을 품었다.[52]

이 같은 양면적 여론 속에서 일본 정부는 결국 21개조 가운데 제5항목을 삭제한 요구안을 중국에 제시하며 교섭을 계속했고, 그 결과 1915년 4월 17일 중국이 이를 수락했다. 비록 일본이 21개조의 요구와 관련된 외교 교섭에는 성공을 거두었지만 유럽 열강들이 세계대전으로 인해 아시아 대륙에 관심을 기울일 수 없는 상황에서 중국에 대한 제국주의적 이권을 강압적으로 확보했다는 점에서 21개조 사건은 중국에서는 물론 여타 구미 지역에서도 일본의 대외적 이미지를 악화시키는 결과를 초래했다.

21개조 요구를 어느 정도 관철시킨 일본은 1915년에 텐진 주둔군을 증파하고 1개 사단으로 축소되어 있던 조선주차군에도 1개 사단을 증설한다는 결정을 내렸다.[53] 이로 인해 한반도 및 중국 대륙에 대한 군사력 배치가 보다 강화되었다.

한편 유럽 방면의 전쟁 상황이 장기전의 양상으로 전개되고 서

---

51 기타오카 신이치는 미국의 21개조 비판이 중국 공사 폴 라인슈(Paul Reinsch)가 과장된 정보를 미국 정부에 보고했기 때문이라고 주장했다. 北岡伸一, 앞의 글; 井上壽一, 『日本外交史講義』, 岩波書店, 2003, p.51도 참조하라.
52 北岡伸一, 『日本陸軍と大陸政策, 1906-1928年』, 東京大學出版會, 1978, pp.176-177.
53 이 결정으로 인해 조선주차군에서 제19사단이 함경도 나남 등에 새롭게 배치되었고 제20사단은 경성에 주둔하는 체제를 갖추었다. 宮田節子 編, 『朝鮮軍槪要史』, 不二出版, 1989, pp.6-10.

부전선 등지에서 탱크 등의 신무기들이 선을 보이자 일본의 육해군은 새로운 전쟁 양상을 파악할 필요성을 느끼게 되었다. 이 같은 문제의식에서 1915년 가을에 육군과 해군은 각각 '임시군사조사위원회'를 설치하고 엘리트 청년 장교들을 동원하여 전쟁에 임하는 유럽 각국의 국가체제, 공업 동원 상황, 군의 장비와 전략전술, 교육, 경리 문제 등 제반 양상을 조사하게 했다.[54] 9월 11일에 설치된 육군 임시군사조사위원회는 스가노 히사이치(菅野尙一) 소장을 위원장으로 하여 중위 10명, 대위 34명, 소좌 31명, 중좌 25명, 대좌 5명 등으로 편성되었다. 이 가운데 주축은 일본 육군사관학교 16기생인 나가타 테츠잔(永田鐵山), 오카무라 야스지(岡村寧次), 안도 리키치(安藤利吉) 등이었고, 고참에 속하는 육사 8기생 하야시 센주로(林銑十郞)도 위원회에 포함되었다. 이들은 각각 세계대전에 임하는 유럽 각국의 군 편제, 동원, 교육, 피복, 양곡, 전시 경리, 인마(人馬) 및 위생, 외교와 전략전술, 병참, 축성, 운수, 교통, 병기 등의 다양한 분야를 조사했다. 그리고 그 결과를 매월 발간되는 조사위원회의 『월보(月報)』에 발표하거나 육군 내외의 다양한 강연회를 통해 소개했다. 해군조사위원회는 육군보다 1달 뒤인 10월에 해군성과 군령부에서 중좌 및 대좌급 장교 25명을 선발하여 발족했다. 해군조사위원회도 마찬가지로 전쟁에 동원되는 구미 각국의 전함, 순양함, 잠수함, 항모, 항공기 등에 관한 정보를 수집하고 이를 일본 해군에 반영하려는 노력을 기울였다. 1914년 칭다오 전역 당시 일본군은 항공기를 동원하여 독일 요새에 대한 정찰 및 폭격을 수행한 바 있었다. 그러한 경험을 바

54 이하 육해군이 각각 설치한 군사조사위원회에 대해서는 黑澤文貴, 『大戰間期の日本陸軍』, みすず書房, 2000, pp.24-34; 平間洋一, 앞의 책, pp.269-272를 참조하라.

탕으로 일본 해군은 제1차 세계대전 당시 유럽 각국이 본격적으로 운용하기 시작한 전투기 전력에 특히 관심을 보였다. 그러한 연유로 대전 중에 위관급 장교들을 유럽 전역에 파견하여 항공 전력의 현황을 조사하게 했다. 1914년에는 나카지마 치쿠헤이(中島知久平) 대위가 「항공기 구조에 대한 사견(私見)」을 해군 당국에 제출하면서 어뢰와 기뢰를 탑재한 다수의 비행기가 해군 함대에 상당한 손해를 가할 수 있다는 전략을 제시했다. 이 같은 전략 구상을 바탕으로 일본 해군은 1916년 3개 비행대로 구성된 요코스카 항공대를 신설했고, 민간 기업인 미쓰비시가 기체 및 엔진 제작에 착수했으며, 나카지마 대위 자신도 1917년에 비행기 제작회사를 설립하여 항공기 기체 제작에 직접 뛰어들었다.[55] 1917년에 유럽 지역에 출장으로 파견되었던 해군 장교들이 수행한 항모 관련 조사 결과를 바탕으로 1920년에 일본 최초의 항모 호쇼(鳳翔)를 착공하기도 했다.[56]

흥미로운 것은 군사조사위원회에 참가한 청년 장교들이 세계대전의 양상을 '총력전'으로 파악하고 각국이 '국가총동원' 체제하에 전쟁에 임하고 있다는 인식을 공유했다는 점이다. 이들은 세계대전에 참전한 각국의 현상을 연구하면서 일본도 군사장비뿐만 아니라 이를 뒷받침하는 경제력과 산업체제를 갖추어 유사시 국가총동원 체제를 갖추어야 한다는 생각을 갖게 되었다. 청년 장교들은 자신들이 파악한 '총력전' 개념과 '국가총동원' 체제 구축의 필요성을 『월

---

55 山田朗, 앞의 책, pp.134-139. 야마다 아키라는 나카지마 치쿠헤이의 전략폭격 구상이 1919년과 1921년에 미국의 윌리엄 미첼(William Mitchell)과 이탈리아의 줄리오 두헤(Giulio Douhet)가 제창한 제공권론보다 앞선 것으로 평가했다.

56 鎌田芳朗, 『海軍兵學校物語』, 原書房, 1979, pp.83-84. 이 항모는 세계에서 두 번째 항모로 평가된다.

보』를 통해 소개하고 군 내외의 강연회를 통해 국가총동원 체제 구축의 현실과 필요성을 발신하기 시작했다.[57] 1917년 8월에 참모본부 소속의 고이소 구니아키(小磯國昭) 소좌가 작성한 「제국 국방자원」, 9월에 참모본부 제1과가 간행한 「전국 동원계획 필요의 안건」, 1920년 5월에 나가타 테츠잔 소좌가 작성한 「국가

그림 6-4. 나카지마 치쿠헤이(1884-1949)

총동원에 관한 의견」 등은 이러한 연구 성과의 일부였다. 예컨대 고이소 구니아키 소좌는 보고서에서 전시에 일본이 동원해야 할 병력을 900만 명, 마필을 200만 마리로 추정하고 이를 위해 유럽 국가들이 경제참모본부를 설치하여 전쟁 수행을 위한 경제지원 정책을 병행하고 있듯이 일본도 군수공업을 발전시키고 전시경제를 위한 국방자원 정책을 실시해야 하며 나아가 총력전의 수행에 필요한 자원을 중국 대륙에서 확보해야 한다는 방안을 제시했다.[58] "육군 혁신파" 혹은 "세계대전 세대"라고 불린 이 청년 장교들은 세계대전이 종료된 이후에도 잇세키카이(一夕會) 등의 개별적인 연구모임을 지속해가면서 전략구상을 가다듬었고 1920년대 일본 육군의 대외정책에 큰 영향을 미쳤다.

57 육군 임시군사위원회의 경우 매주 1회 강연회를 개최했으며 육군성 이외의 장소에서도 1916년부터 1922년까지 98회의 강연회를 열었다.
58 黑野耐, 앞의 책, p.103.

3) 해군의 지중해 참전과 육군의 시베리아 출병

오쿠마 내각은 1914년 칭다오 및 남양제도 전역 이후에도 영국과 밀접하게 정보를 공유하면서 인도양 및 태평양 해역에서 해군에 의한 작전을 지속했다. 1916년 2월 독일 무장상선이 인도양에 출현하여 해상교통을 파괴하는 작전을 전개하고 있다는 정보가 전해지면서 영국이 오스트레일리아에서 아덴만에 이르는 항로의 경계와 말라카 해협의 경비를 위해 일본 해군 함정의 파견을 요청해왔다. 이에 응해 오쿠마 내각은 싱가포르에 주둔 중이던 제3함대 소속 제6전대의 경비구역을 확대하여 인도양에 함정 2척을 파견하고 말라카 해협에 구축함 4척을 증파했다.[59]

동시에 오쿠마 내각은 21개조의 요구 이후에도 중국에 대한 강압 정책을 단념하지 않았다. 1915년 12월 위안스카이(袁世凱)가 황제에 즉위한 이후에 오쿠마 내각은 위안스카이 반대 정책을 노골적으로 추진했다. 1916년 3월 7일 오쿠마 내각은 각의 결정을 통해 중국 대륙에 우월한 세력을 확립해야 한다는 목표를 달성하기 위해 위안스카이 세력의 약화, 제정(帝政)의 중지 및 퇴위를 요구하기로 했다.[60] 이 같은 내각의 방침에 따라 외무성은 만주 및 몽고의 각 지방에서 반(反)위안스카이 운동을 지원하기로 했고, 참모차장 다나카 기이치, 참모본부 제2부장 후쿠다 마사타로 등 육군 지휘부는 만주지역에서 장쭤린(張作霖) 세력을 지원하여 위안스카이에 대립하는 독립

---

59 平間洋一, 앞의 책, pp.83-84, 213.
60 기타오카 신이치는 이 같은 정책이 우치다 료헤이(內田良平) 등 대륙 낭인들의 생각과 다를 바가 없었다고 평가했다. 北岡伸一, 앞의 책, p.186.

운동으로 이어지도록 획책했다. 이에 대해 야마가타 아리토모 등 원로들은 위안스카이 정부와의 협조 필요성을 제기하며 오쿠마 내각의 대중 정책을 타국에 대한 내정간섭이라고 비판했다.[61] 그럼에도 불구하고 오쿠마 내각의 대중 정책에는 별다른 영향을 주지 못한 가운데 공교롭게도 1916년 6월 6일 위안스카이가 사망하고 그 후임에 리위안홍(黎元洪)이 대총통 대리로 취임했다.

같은 시기에 일본에서도 오쿠마 내각이 사퇴하고 후임에 데라우치 마사타케 총리가 임명되었다. 조슈 출신의 군벌 소속이고 조선 총독을 지낸 데라우치 총리에게 야마가타 아리토모, 마쓰카타 마사요시 등의 원로는 오쿠마 내각이 견지해온 대중 정책을 변경할 것을 주문했다. 1906년 10월 마쓰카타는 「대지(對支)정책의견」을 저술하여 야마가타 등에게 회람하여 동의를 얻고 이를 다시 데라우치 총리에게 제출했다. 이 문서에서 마쓰카타는 기존 오쿠마 내각의 대중 정책이 중국을 적대시함으로써 세계에 일본 제국의 신용을 실추시키는 결과를 낳았다고 비판하면서 일본으로서는 중국을 형제시하고 친선을 유지하면서 세계의 파란만장한 변화에 대응해야 한다고 주문했다. 그런 관점에서 상호 이익을 돕고 나누는 협리이익(協利併益)의 연대를 만들어 중국인의 마음을 얻어야 한다고 제언했다. 이러한 바탕 위에 일본이 중국에 대한 영토 보전 및 기회균등의 원칙을 준수함으로써 구미 열국과도 협조정책을 취해야 한다고 주장했다.[62]

데라우치 총리는 이 같은 원로들의 주문을 그대로 수용했다. 1917년 1월 9일 데라우치 내각은 각의 논의를 통해 중국의 독립 및

---

61 北岡伸一, 앞의 책, pp.189-190; 黒野耐, 앞의 책, p.97.
62 北岡伸一, 앞의 책, pp.197-198.

영토 보전을 존중하고 영토 할양이나 병합 시도를 하지 않을 것과 일본이 성의를 다해 중국의 개발에 힘쓰고 친교를 증진하면서 일중 제휴를 실현하고 중국의 내정에 대해서는 간섭하지 않되 다만 남만 주, 동부 내몽고, 푸젠, 산둥에서 일본이 갖고 있는 기존의 특수이익 을 증진한다는 방침을 결정했다, 그리고 이 같은 방침에 따라 데라 우치 내각은 중국에 대한 엔차관 제공 등을 추진했다.[63]

데라우치 내각은 오쿠마 내각의 기존 대중 정책을 이같이 변경시 켰을 뿐만 아니라 유럽 지역에서의 전쟁에 대한 입장도 변화시켜나 갔다. 1916년 시점에 유럽 전역은 영국 및 프랑스 등의 연합국과 독 일 간의 전쟁이 일진일퇴의 양상을 거듭하고 있었다. 영국과 독일은 이해 2월의 베르덩 전투, 같은 해 6월의 솜므 전투 등 서부전선 방면 에서 혈전을 치르고 있었고, 6월에는 북해 해역에서 양국의 주력 함 정들이 동원된 유틀란트 해전을 치렀다. 격전 속에서도 전황이 타개 되지 않자 영국은 1916년 12월에 재차 일본에 해군 함정을 케이프 타운과 지중해 방면으로 파견해줄 것을 요청했다. 영국의 요청에 대 해 데라우치 총리와 가토 도모사부로(加藤友三郞) 해군상은 일본이 이미 점령하고 있던 남양군도의 영유를 전후 보장해준다는 조건하 에 함대를 파견할 수 있다는 답신을 보냈고 이에 대해 영국이 응낙 했다. 이 결과 1917년 2월 일본은 순양함 2척 및 구축함 등으로 구 성된 제2특무함대를 편성하여 사토 고조(佐藤皐藏) 해군 소장의 지 휘하에 싱가포르와 아덴만을 경유하여 4월 중순까지 지중해 말타에 파견했고 5월에는 구축함 4척을 증파했다. 이후 제2특무함대는 영국

63　北岡伸一, 앞의 책, pp.199-200; 黑野耐, 앞의 책, p.97.

지중해함대 사령관의 지휘를 받아가며 종전 시까지 1년 9개월여에 걸쳐 연합국 수송선의 호위 임무를 담당하거나 독일 잠수함과의 교전에 참가하는 등의 활동을 전개했다.[64] 일본은 지중해에 파견된 제2특무함대 외에 제1특무함대 및 제3특무함대를 편성하여 각각 오스트레일리아와 뉴질랜드 방면의 경비작전 및 오스트레일리아로부터 아덴만까지의 항로에 대한 선박 호위 작전 임무를 담당하게 했다.[65]

일본 해군이 태평양 방면뿐만 아니라 지중해 해역에 파견되어 활발한 지원활동을 전개하게 되자 유럽 각국은 일본에 육군 병력의 파병도 재요청했다. 1917년 10월 프랑스 외상이 육군 10만 명 규모의 병력 파병을 요청했고, 10월에는 미국 로버트 랜싱(Robert Lansing) 국무장관이 이탈리아 전선으로 일본 병력의 파견을 제안했다. 이에 대해 육군 측은 1개 사단을 파병할 경우 30만 톤 규모의 선박이 필요한데 일본에 그 같은 선박과 경제 능력이 부족하며 독일의 잠수함 활동 때문에 위험부담도 크다는 이유에서 이 요청을 거절했다.[66]

한편 1917년 4월 미국이 본격적으로 세계대전 참전을 선언하자 미국의 랜싱 국무장관은 5월 12일 일본에 태평양 해역에서의 양국 간 대독 군사협력 및 중국 문제를 의제로 협의하자고 제안했다. 일본이 이 제안을 받아들이면서 미일 양국은 9월 8일부터 일본을 대표한 이시이 기쿠지로(石井菊次郎) 전 외상과 랜싱 미국 국무장관 등 양측의 외교 및 해군 관계자들이 참가한 가운데 협상했다. 그 결과

---

64 平間洋一, 앞의 책, pp.214-218. 이 기간 동안 일본 함대는 독일 잠수함과 34회의 교전을 벌였으며, 이 과정에서 구축함 2척이 격침되고 59명의 전사자가 발생하는 손실을 입기도 했다.
65 平間洋一, 앞의 책, pp.84-85.
66 平間洋一, 앞의 책, pp.227-228.

양국이 중국에 대한 영토 보전과 기회균등의 원칙을 확인했고, 유럽 전역에 참가하기 위해 미국 해군이 태평양과 필리핀 방면에서 5척의 군함을 대서양으로 전환배치하기로 함에 따라 발생한 전력 공백을 메우기 위해 일본이 하와이와 필리핀에 각각 순양함 1척과 2척을 파견하기로 합의했다. 이 같은 이시이-랜싱 협정에 따라 11월 15일 일본 순양함이 하와이의 호놀룰루에 입항하여 전쟁 종료 이후인 1919년 1월까지 배치되었다.[67]

해군과 달리 유럽 전선에의 파병을 계속 거부하던 일본 육군은 우연치 않게 1918년 하반기에 러시아 방면으로 출병하게 되었다. 1917년 11월에 러시아에 볼셰비키 혁명이 발발했다. 볼셰비키 정권은 12월에 독일과 휴전조약을 체결하면서 연합국의 전열에서 이탈했다. 이후 러시아 국내에서 볼셰비키 정부의 적군(赤軍)과 이에 반대하는 반혁명파 백군(白軍) 사이에 내전이 확대되었다. 내전의 와중에 러시아에 파병 중이던 체코 군단이 적군에 포위되는 사태가 발생하자 프랑스 등이 체코군을 지원하기 위한 연합군 파병을 요청했다. 사실 일본 육군 내에서는 1917년도 말에 작성한 대러시아 작전계획을 통해 극동지방에 혁명군이 진출할 경우 육군의 전력을 사용하여 이에 대응한다는 작전방침을 수립해두고 있었다. 이로 인해 참모차장 다나카 기이치와 그 예하인 제1부장 우가키 가즈시게(宇垣一成) 등은 극동 러시아에 우호적인 정권을 수립하는 동시에 만주지역에 일본의 세력을 확대하려는 목적에서 육군의 러시아 출병을 주장했다. 이에 대해 원로 야마가타 등은 출병에 반대했다. 야마가타

---

67 疋間洋一, 앞의 책, pp.122-124.

는 데라우치 총리에게 제출한 의견서에서 일본의 시베리아 출병은 영국과 미국에 대일 의구심을 낳게 할 것이라고 우려하면서 반대 입장을 밝혔다.[68] 그런데 미국이 일본에 공동 출병을 제의하면서 시베리아 파병을 결정하게 되자 야마가타 등의 반론도 수그러들게 되었다. 결국 1918년 8월 일본은 요청받은 7천 명을 크게 상회하는 7만 2천 명의 병력 파병을 결정했고 선발대를 블라디보스토크에 상륙시켰다. 이후 일본군은 여타 연합군 파병 병력과 협력하면서 아무르와 치타 지역까지 진출했고, 4년간 시베리아에 주둔하며 이 지역의 분리독립을 도모하는 등 반혁명군을 지원하는 활동을 전개했다.[69]

3. 세계대국으로의 부상

1) 파리 강화회의와 워싱턴 회의

이상에서 살펴본 바와 같이 일본은 유럽에서 제1차 세계대전이 발발하자 동맹국인 영국의 요청에 부응하여 육군을 독일령 산둥 방면 기지에 파병하여 칭다오와 산둥철도를 장악했고 해군을 태평양 지역과 오스트레일리아 방면에 파견하여 독일 함대를 격파하는 데 기여했으며 독일령 남양제도를 장악했다. 영국과 미국 등의 거듭된 요청에 따라 세계대전 말기인 1917년과 1918년에 해군 함대를 지중해까지 파견하여 독일과의 전투에 임했고 육군은 시베리아에 출병하

---

68 北岡伸一, 앞의 책, p.216; 黑野耐, 앞의 책, p.98, 102, 131.
69 黑野耐, 앞의 책, p.124, 131.

여 미국을 위시한 연합국의 일원으로 볼셰비키 혁명군과 교전을 벌였다.

이 같은 참전의 결과 1918년 11월에 독일이 항복하자 일본은 영국, 프랑스, 이탈리아, 그리고 뒤늦게 참전을 결정한 미국과 더불어 5대 전승국의 일원으로 예우를 받게 되었다. 지중해에 파견된 일본 특무함대는 대전 종료 이후에 영국, 프랑스 등에 기항하면서 승전국의 일원으로서 열렬한 환송을 받으며 귀국했고, 호놀룰루에 파견되었던 일본 함정도 1919년 1월에 본국으로 귀환했다. 청일전쟁 및 러일전쟁에 이어 세계대전에서도 승전국의 지위를 얻게 된 일본의 국제적 위상은 세계 5대 강국, 나아가 세계 3대 강국의 하나로 평가받게 되었다.[70] 당시 외교관을 퇴직하고 와세다대학에서 국제법을 가르치고 있던 시노부 준페이(信夫淳平)는 전후 일본의 국제적 위상을 다음과 같이 평가했다.

우리나라는 1894~1895년의 일청(日淸) 전역, 1899년의 의화단 사건을 거쳐 그 실력이 세계에서 인정되었고, 1902년에는 일영동맹이 만들어지고 동양의 치란(治亂)에 대한 중요한 발언권을 획득했다. 나아가 1904~1905년의 대로(對露) 전역의 결과로 세계 최대강국의 하나로 헤아려지게 되었다. 열국은 공연히 우리나라를 대국의 반열에 더해 그 결과 구미의 7대국은 세계의 8대국이 되었다. 그런데 유럽 대전은 독일, 오스트리아, 러시아의 3개국을 대국의 지위에서 탈락시켰다. 그래서 남은 5대국이 세계의 웅국(雄國)으로서 새롭게 국

---

70   猪木正道, 『軍國日本の興亡』, 中央公論新社, 1996, p.127.

제정국에 돌출했고, 국제연맹도 이 새로운 5대국을 추축으로 운용되게 되었다. (…) 최근 별도로 세계의 3대국이라는 말도 있다. 즉 프랑스, 이탈리아를 빼고, 일본, 영국, 미국의 3개국을 일컫는 말이다.[71]

변방국가에서 세계 5대 강국의 하나로 부상한 국제적 위상을 바탕으로 일본의 대내외 정책을 어떠한 방향으로 끌고 갈 것인가의 과제는 종전 직전인 1918년 9월에 데라우치의 뒤를 이어 총리에 지명된 하라 다카시 내각이 이어받게 되었다. 전임자들과 달리 평민 출신으로 입헌정우회 출신의 정당정치인이었던 하라 총리는 승전국인 영국 및 미국과 지속적으로 협력한다는 국제협조 방침을 견지했고 중국 대륙에 대해서는 일중친선의 기조하에 내정에 불간섭한다는 입장을 취했다. 이런 견지에서 1919년 1월부터 세계대전의 전후 처리를 논의하기 위해 파리 강화회의가 개최되었을 때 하라 정부는 사이온지 긴모치, 마키노 노부아키(牧野伸顯) 등을 전권으로 파견하여 미국 대표단을 인솔해온 윌슨 대통령 및 영국의 로이드 조지(Lloyd George) 수상, 주최국 프랑스의 조르주 클레망소(Georges Clemenceau) 수상 등과 더불어 전후 질서를 구축하는 과정에 직접 참가했다. 파리 강화회의는 종전까지 북미 대륙과 극동지역이라는 변방에 머물던 미국과 일본이 이제는 국제무대의 주역으로 등장하고 있음을 세계에 알리는 무대이기도 했다.

1919년 1월부터 6월 말까지 개최된 파리 강화회의의 주요 의제

---

71   원래의 출전은 文明協會 編, 『대전후 세계의 움직임』, 인용은 春名展生, 「近代日本における国際政治論の展開」, 小田川大展·五野井郁夫·高橋良輔 編, 『国際政治哲学』, ナカニシヤ出版, 2011, p.232이다.

그림 6-5. 파리 강화회의에 참가한 일본 대표 마키노와 사이온지

는 패전국 독일에 대한 징벌 조항, 특히 비무장화 문제였고, 그 외에 전승국으로 참가한 월슨 미국 대통령의 새로운 국제질서 요구, 특히 국제연맹(League of Nations)의 창설과 민족자결주의의 요구가 전체 회의의 분위기를 좌우했다.[72] 강화회의를 통해 창설된 국제연맹에는 원칙상 모든 주권국가의 참가가 인정되었으나, 특히 미국, 영국, 프랑스, 이탈리아, 일본 등 주요 승전국들이 위원회(council)를 구성하여 주요 국제문제를 논의하도록 했다.[73] 그 외 일본과 관련해서는 전시에 일본이 군사력을 동원하여 획득한 중국 산둥성 및 남양제도의 처리 문제가 참가국 간에 논의 대상이 되었다. 산둥성 문제와 관련하여 미국은 일본이 획득한 영토상의 권리를 중국 측에 반환시키려고 했다. 1919년 4월 랜싱 국무장관은 일본이 산둥성에서 확보한 권익을 미국, 영국, 프랑스, 이탈리아, 일본으로 구성될 5개국 회의에 이양하고 그 처분을 5개국이 행할 것

72 1918년 1월에 행해진 월슨 대통령의 14개조 연설과 이에 따른 파리 강화회의의 주요 의제에 대해서는 Akira Iriye, *The Cambridge History of American Foreign Relations, vol.3: The Globalizing of America, 1913-1945*, Cambridge: Cambridge University Press, 1993, pp.47-72를 참조하라.

73 다만 위원회 구성 국가들에 대해 거부권(veto)은 부여되지 않았다. Akira Iriye, 앞의 책, p.62.

을 제안했다. 이에 대해 일본 대표단은 산둥성에 대한 일본의 권익 요구가 받아들여지지 않을 경우에 미국이 창설을 제안한 국제연맹 규약에 조인하지 않을 것이라고 강경 대응했다. 또한 미국은 일본이 단독으로 중국에 대한 투자를 독점하는 것을 저지하기 위해 미국, 영국, 프랑스, 일본 등 4개국에 의한 국제차관단의 결성도 제안했다. 이에 대해 일본은 만주와 몽고 지역에 대한 일본의 특수권익을 공동 투자 대상에서 제외해줄 것을 요구했다. 이 같은 중국과 관련된 일본의 요구에 대해 미국도 결국에는 양해하여 산둥성과 만몽지역에 대한 일본의 기존 권익이 확보되었다.[74]

한편 미국은 일본이 점령한 적도 이북 해역의 남양군도에 대해서도 이의를 제기하면서 윌슨 대통령이 표방한 민족자결주의 원칙에 따라 국제연맹의 이름하에 중립국에 위임통치하는 방안을 제안했다. 미국으로서는 일본이 남양군도를 군사적으로 영유하는 사태를 막으려고 한 것이다. 그러나 이 같은 미국의 주장에 대해 일본은 반발했다. 그리고 전시에 일본의 참전 대가로 남양제도에 대한 일본의 권리를 인정하겠다고 약속한 영국이 일본의 주장을 지지했다. 결국 남양제도에 대해서는 국제연맹의 위임하에 일본의 통치를 승인한다는 결정을 내리게 되었다. 미국이 주장한 남양제도의 비군사화 주장을 수용하여 육해군 시설의 건설을 허가하지 않고 토착민에 대한 군사교육도 금지하도록 하는 부가조건이 추가되었다.[75]

이같이 파리 강화회의는 같은 승전국이라고 하더라도 미국과 일본 간에 전시 중에 획득한 점령지역의 전후 처리와 관련해서 상대

---

74   黑野耐, 앞의 책, pp.124-126.
75   平間洋一, 앞의 책, p.136; 有馬學, 앞의 책, pp.177-179; 江口圭一, 앞의 글, p.176.

국에 과도한 이권을 허용하지 않으려는 치열한 외교전이 펼쳐졌던 것이다. 베르사유 강화조약이 체결된 이후 윌슨의 후임으로 취임한 워런 하딩(Warren Harding) 대통령은 1921년 3월 영국, 프랑스, 일본 등의 대표를 워싱턴에 초청하여 각국 간 해군 군축 문제 및 극동 문제를 의제로 국제회의를 개최할 것을 제안했다. 이에 대해 하라 내각은 해군상 가토 도모사부로, 귀족원 의장 도쿠가와 이에사토(德川家達), 주미 대사 시데하라 기주로(幣原喜重郎) 등을 전권으로 하는 대표단을 파견했다.[76] 바야흐로 미국과 일본 간의 외교전이 이제 장소를 바꾸어 워싱턴에서 재연된 것이다.

워싱턴 회의의 주요 쟁점은 해군 군축과 극동 문제의 현안 처리로, 전자와 관련하여 미국, 영국, 일본, 프랑스, 이탈리아 등 5개국 간에 협상이 진행되었다. 해군 군축 문제와 관련해서는 태평양 지역에서 이미 세계대전 과정 중에 일본과 미국의 해군력 경쟁이 치열하게 전개되고 있었던 점이 배경이 되었다. 일본 해군은 전시에 오스트레일리아 및 하와이까지 활동 반경을 확대하면서 남양제도를 장악했고, 독일령 남양제도에 대해서는 전후 국제연맹에 의한 위임통치가 결정된 바 있었다. 전쟁이 종료된 직후인 1920년에는 8·8함대 건설 법안이 가결되어 전함 8척, 순양전함 8척을 건조하는 계획이 진행되었다. 그와 연관하여 1920년 11월 배수량 3만 2,720톤의 위용을 자랑하는 전함 나가토(長門)가 완공되었고, 이어 배수량 3만 9,900톤급의 전함 2척[도사(土佐), 카가(加賀)]과 4만 톤급 순양전함 2척[아카기(赤城), 야마시로(山城)] 등이 기공되었으며,

---

76 幣原喜重郎, 『外交五十年』, 中公文庫, 1987(1951), pp.56-59.

그림 6-6. 일본 최초 항모 호쇼

일본 최초의 항모 호쇼도 이 시기에 착공되었다. 이에 따라 국가 예산에서 점하는 해군 예산은 1918년에 20%를 돌파한 이후 1921년에는 31.65%까지 팽창되었다.[77] 한편 전쟁 과정에서 태평양 소재 해군 전력을 유럽 방면에 전환배치했던 미국은 전쟁이 종료된 1919년 6월 조세푸스 대니얼스(Josephus Daniels) 해군장관이 태평양함대의 창설을 표명하면서 드레드노트급 전함 6척을 포함한 14척의 최신함을 파나마 운하를 경유하여 하와이 등지에 재배치했다.[78] 미국도 1916년에 채택한 '해군법안'에 따라 전함 10척, 순양함 6척을 기간으로 하는 총 81만 3천 톤 규모의 해군력 확장을 추진하고 있었고, 그 일환으로 1921년에 배수량 3만 2,600톤에 달하는 전함 메

---

77 山田朗, 앞의 책, pp.77-81. 육군 예산을 합한 군사 예산 전체가 국가 예산에서 점하는 비율은 1918년 36.2%, 1919년 45.8%, 1920년 47.8%, 1921년 49%에 달했다.
78 平間洋一, 앞의 책, p.130.

릴랜드를 완공한 바 있었다. 이 같은 해군 확장의 결과 국가 예산에서 군사비가 점하는 비율이 미국도 영국과 마찬가지로 20%를 상회하는 실정이 되었고, 이러한 과도한 군사비 지출이 해군군축회의를 제안한 배경이 되었다.[79]

워싱턴 해군군축회의에서 미국 대표 찰스 휴즈(Charles Hughes)는 미국, 영국, 일본 등 각국이 향후 10년간 주력함의 건조를 중지할 것과 각국별 건함 비율을 5:5:3으로 할 것을 제안했다. 미국 측의 제안을 받아들일 경우 일본의 대미 주력함 비율은 60%가 되어 일본 해군에서 줄곧 견지해온 대미 7할론, 즉 공격 측이 방어 측에 비해 50% 이상의 병력 우세를 필요로 하기 때문에 미국이 1.5의 전력을 가지면 일본은 1의 전력을 보유해야 하며 이 같은 비율에 따라 일본 해군의 전력을 미국 대비 70% 수준으로 유지해야 한다는 전력증강의 기준 논리가 무너지는 것이었다. 이 같은 논리에 입각해 해군 측 대표단의 일원인 가토 히로하루(加藤寬治) 해군대학교장은 미국의 제안에 맹반발했다. 그러나 전권 대표인 가토 도모사부로(加藤友三郎) 해군상은 대전 이후 군비 축소의 불가피성을 인식하면서 결국 미국의 제안을 받아들였고, 대신 태평양 지역의 미국 영유령들인 필리핀, 구암, 웨이크 지역의 군사기지를 동결할 것을 제안했다.[80] 결국

79 黑野耐, 앞의 책, p.127; 山田朗, 앞의 책, p.76, 83. 야마다 아키라에 따르면, 1921년 시점에 미국과 일본의 주력함은 각각 20척과 14척이었고 14인치 이상의 주포를 갖는 주력함 보유량은 미국 12척, 일본 10척이었다.
80 가토 도모사부로는 가토 히로하루에게 다음과 같이 조언했다고 한다. "국방은 군인의 전유물이 아니다. 전쟁도 군인만으로 하는 것이 아니다. 민간의 공업력을 발달시키고 무역을 장려하여 국력을 충실하게 하지 않으면 군비의 확충이 있다고 해도 활용할 수 없다." 猪木正道, 앞의 책, pp.128-129에서 재인용. 방위대학교장을 지낸 이노키 마사미치 교수는 가토 도모사부로를 정치와 경제도 아는 군인이었다고 평가했다.

그림 6-7. 가토 도모사부로(1861-1923)　　　그림 6-8. 가토 히로하루(1870-1939)

워싱턴 해군군축조약은 가토 도모사부로의 타협안에 따라 미국, 영국, 일본, 프랑스, 이탈리아 간의 주력함 보유 비율을 5:5:3:1.75:1.75로 유지하고 태평양 지역의 도서들에 대해서는 비무장화를 추진한다는 선에서 최종 합의가 이루어졌다.[81]

　워싱턴 회의에서는 영일동맹의 존속 여부에 관해서도 논의가 이루어졌다. 사실 러시아 혁명의 발발과 독일의 패퇴로 영일동맹의 존속 이유가 퇴색된 것은 사실이었다. 1921년에 개최된 영연방 회의에서 캐나다는 동맹폐지론을 전개했다. 이에 대해 오스트레일리아

81　黒野耐, 앞의 책, p.128; 幣原喜重郎, 앞의 책, p.69, 74. 시데하라 기주로(幣原喜重郎)의 회고록에 따르면, 이 같은 결정으로 가토 도모사부로의 미국 내 평판과 인기는 상상 이상이었다. 다만 이 같은 협정안에 대해 해군 내부에서 워싱턴 해군군축조약을 수용하자는 조약파와 이에 반발하는 함대파의 대립이 생겨났고 가토 히로하루는 함대파의 리더격인 존재가 되었다. 한편 워싱턴 해군군축조약에 따라 미국은 전함 48척 가운데 30척을, 영국은 45척 가운데 20척을, 일본은 27척 가운데 17척을 각각 감축했다. Akira Iriye, 앞의 책, p.77.

와 뉴질랜드 등은 태평양 해역에서 일본 해군이 최강의 전력을 보유하고 있고 그 위협 가능성을 억제하기 위해서는 영일동맹의 존속이 필요하다는 주장을 전개했다. 이 같은 양론 속에 개최된 워싱턴 회의에서 주최국 미국이 영국에 동맹의 폐기를 강력하게 요구했다. 미국의 요구에 대해 영국 대표 아서 벨포어(Arthur Balfour)는 영국, 일본, 미국의 3국 간 군사동맹체결을 제안했다. 이에 대해 미국은 건국 이래 타국과의 동맹체결을 해오지 않았다는 점을 들어 받아들이지 않았다. 일본 대표 시데하라 기주로는 동맹조약의 대안으로 각국 간에 중대한 문제가 생길 경우 서로 협의한다는 협약을 제안했다. 이에 대해 영국이 참가 범위를 확대하여 미국, 영국, 일본, 프랑스 간에 상호 안전보장협약을 체결할 것을 대안으로 제안했다. 이 같은 제안을 여타 국가들이 수용하면서 결국 태평양 현상유지에 관한 미국, 영국, 프랑스, 일본의 4개국 조약이 체결되었고 영일동맹은 폐기되기에 이르렀다.[82]

극동지역의 현안 가운데 중국 문제에 대해서는 미국, 영국, 일본, 프랑스, 이탈리아에 더해 벨기에, 네덜란드, 포르투갈, 중국이 가세한 9개국 회의에서 논의가 이루어졌다. 이 회의에서 미국은 중국에 대한 일본의 우월적 지위를 배제하는 것을 목표로 했고, 그 결과 중국에 대한 문호개방과 기회균등의 원칙이 포괄적으로 합의되었다. 그리고 일본도 1915년에 중국에 요구한 21개조 가운데 제5항목을 철회했고 산둥성에서 획득한 독일 이권도 포기하는 데 합의했다. 이 같은 중국에 관한 9개국 조약 합의에 따라 1917년에 체결된 이시

---

82 幣原喜重郎, 앞의 책, pp.60-64; 平間洋一, 앞의 책, p.93; 黑野耐, 앞의 책, p.129; 井上壽一, 앞의 책, p.59.

이-랜싱 협정은 소멸되었다.[83]

2) 식민지 통치방식의 변화

이상과 같은 파리 강화회의 및 워싱턴 국제회의를 통해 하라 내각은 세계대전의 승전국인 영국 및 미국 등과 긴밀히 협조하면서 국제연맹을 주축으로 한 새로운 국제질서의 구축, 그리고 아시아 지역에서 중국에 대한 문호개방과 기회균등 원칙의 천명, 산둥성에 대한 권리의 반환, 해군 전력에서 주력함 군축 등에 합의함으로써 국제협조의 외교방침을 선명하게 보였다. 새롭게 설립된 국제연맹의 사무차장에 『무사도(武士道)』의 저자로 유명한 영문학자 니토베 이나조(新渡戶稻造)가 선출되어 1920년부터 7년간 국제연맹의 운영에 직접 참가했다. 그 외 국제사법재판소 판사에도 일본인들이 다수 기용되는 등 전후 국제질서의 형성에 일본은 적극 참가하는 모습을 보였다.[84] 또한 하라 내각은 전쟁 기간 중에 시베리아에 파병된 육군 병력을 철수시키려고 했고[85] 새롭게 획득한 남양제도 및 기존의 식민지 지역에 대한 통치방식에서도 변화를 추구했다.

하라 총리는 정치인 출신답게 기존에 식민지에 실시해오던 총독 무관전임제에 불만을 갖고 이를 대폭 변화시키려고 했다. 이미 1918년 4월 남만주에 설치된 관동도독부가 관동청(關東廳)으로 대체되면

83　黑野耐, 앞의 책, pp.128-129; 平間洋一, 앞의 책, p.131.

84　井上壽一, 앞의 책, p.57.

85　시베리아 지역에 파견된 육군 병력에 대해서는 하라 총리의 사후에 그의 후임으로 내각 총리에 임명된 가토 도모사부로 내각이 1922년 6월 철병 결정을 내렸고 1925년까지 완료되었다.

그림 6-9. 하라 다카시(1856-1921)

서 종전의 무관 출신 도독을 대신하여 외교관 출신 하야시 곤스케(林權助)가 초대 관동청 장관에 임명되었다. 타이완에서도 군인 출신이 임명되던 총독 직위에 정치인으로서 귀족원 의원이었던 덴 겐지로(田健治郎)를 임명했다. 조선에서도 3·1운동을 계기로 총독의 무관전임제를 폐지하려고 했으나 군의 원로인 야마가타 등이 반대하여 결국 해군 출신의 사이토 마코토 제독을 조선 총독으로 임명했다.[86] 또한 세계대전 기간 중에 국제연맹의 위임통치 권한이 부여된 남양군도에서도 기존에 설치되어 군정을 실시하던 방비대를 대신하여 총리 직할의 남양청(南洋廳)을 설치하고 군정이 아닌 민정통치를 시행했다.[87] 그리고 하라 총리는 식민지 지역에 본국의 시정과 같은 제도 및 정책을 실시해야 한다는 내지(內地) 연장주의 혹은 동화주의의 입장을 취했다.

다만 하라 총리는 당시 도쿄제국대학 교수였던 야나이하라 다다오(矢內原忠雄)와 요시노 사쿠조(吉野作造), 조선총독부 체신국장 모

---

86 川田稔, 『原敬と山懸有朋』, 中公新書, 1998, pp.200-202. 이러한 배경에서 사이토 마코토 조선 총독은 3·1운동의 영향으로 전임 육군 출신 총독들이 추진하던 무단통치와 달리 문화정치를 표방하게 되었다.
87 江口圭一, 앞의 글, p.176.

치지 로쿠사부로(持地六三郎) 등이 제언한 식민지에 대한 자치권 부여 등의 주장에 대해서는 선을 그었다.[88] 그는 1921년 5월 각의를 통해 결정한 것처럼 만주와 몽고 지역에서 일본이 기존에 갖고 있던 권익은 유지·확보해야 한다는 방침을 갖고 있었고, 러시아 혁명으로 힘의 공백상태가 되어버린 북만주 지역에서도 만철을 하얼빈까지 연장하여 일본의 영향력을 확대하려고 했다. 하라 총리는 기본적으로 영국과 미국 등 국제질서의 주도 국가들과 협조를 유지하면서도 조선이나 만몽 등 일본의 판도에 들어와 있는 지역에서 일본이 확보할 수 있는 이익을 극대화하여 국력을 최대한 강화해야 한다는 입장을 견지하고 있었던 것이다. 동양경제신보사의 이시바시 탄잔 등 진보적인 지식인들처럼 식민지에 대한 자치를 대폭 허용하거나 독립을 허용하겠다는 의도는 전혀 없었다.[89]

다만 하라 내각이 추진하던 국제협조의 대외정책과 군비통제 방침에 대해서 육해군의 중견 장교들, 그리고 극단적 내셔널리즘을 갖게 된 일부 식자들 사이에서 불만이 배태되기 시작했다. 세계대전 종전 직후에는 그다지 영향력을 갖지 못하던 이 그룹들의 발언권은 1920년대 중반을 넘어가면서 일본의 침로(針路)에 크게 영향을 주게 되었다.

---

88 森山茂德,「日本の朝鮮支配と朝鮮民族主義」, 北岡伸一·御厨貴 編,『戦争·复興·発展: 昭和政治史における権力と構想』, 東京大学出版会, 2000, 제1장을 참조하라. 요시노 사쿠조 등의 조선자치론에 대한 비판적 연구로는 한상일,『제국의 시선: 일본의 자유주의 지식인 요시노 사쿠조와 조선문제』, 새물결, 2004를 참조하라.
89 이 같은 그의 정책론은 오히려 군의 원로인 야마가타 등과 일치하는 것이었다. 川田稔, 앞의 책, pp.142-152.

7장

군국주의로의 경로와 만주사변

1. 국제협조론과 총력전 노선의 대립

'군국주의(militarism)'란 일반적으로 1860년대 이후 프러시아에서 나타난 사조 혹은 정책 경향을 가리킨다. 전쟁이 국가 발전에 긍정적 영향을 가져다준다고 인식하면서 군사력의 증강을 당연시하고 전쟁 수행의 주역이 되는 군인과 군대의 지위를 중시한다. 그리고 군대뿐만 아니라 정치, 경제, 사회, 문화의 여타 분야도 전쟁 수행을 위한 역할을 수행하도록 요구하는 국가 건설을 지향한다.[1] 이러한 군국주의가 일본에서 지배적인 경향으로 본격적으로 대두한 시기는 1920년대 이후가 아닐까 한다.

　제1차 세계대전에서 승전국이 된 이후 일본의 식민지 판도는 타이완, 조선, 사할린 북위 50도 이남, 남만주, 남양제도 등지로 확대되었다. 이 같은 식민지 확장은 러일전쟁 이후의 포츠머스 강화조약, 영일동맹 개정 조약, 가쓰라-태프트 조약, 제1차 세계대전 이후의

1　猪木正道, 『軍國日本の興亡』, 中央公論新社, 1996, 서문을 참조하라.

베르사유 강화조약과 워싱턴 조약 등에 의해 사실상 국제적으로 인정되었다. 게다가 전승국의 일원으로서 국제연맹의 주도 국가의 하나가 된 일본은 영국과 미국 등 당시의 패권국가들과 협력관계를 유지하면서 국제적 위상을 드높였다. 그렇다면 그러한 일본이 왜 10여 년 후에 국제연맹을 탈퇴하고 영국 및 미국을 가상 적으로 하는 군비확장을 단행하면서 기존의 국제질서에 도전하게 되었던 것일까. 왜 일본은 다이쇼 데모크라시 시대의 민간 정치가들이 주도하여 내정과 외교를 관장하던 시대에서 벗어나 육군과 해군 출신이 대외정책을 주도하면서 기존의 국제질서 주도국들에 도전하게 되었던 것일까. 일본의 정치외교뿐만 아니라 국제질서의 변화에서도 중요한 의미를 갖는 이러한 질문에 답하기 위해서는 제1차 세계대전 이후 일본 국내에서 발생한 변화들에 주목하지 않으면 안 된다.

1) 국제협조의 노선

제1차 세계대전 이후 일본의 내정과 외교를 담당한 총리들과 그 내각은 1930년대까지는 비교적 일관되게 국제연맹 및 영국 주도하의 국제질서에 협조하려는 기조를 유지했다. 하라 다카시(재임기간 1918~1921. 11. 4) 내각은 베르사유 강화조약에 대표단을 파견하여 영국 및 미국 등과 적극 협력하면서 국제연맹의 창립 등 전후 질서 구축에 참가했다. 뿐만 아니라 1921년 3월부터 9월까지 실시된 황태자 히로히토(裕仁)의 해외순방 대상국으로 프랑스, 영국, 네덜란드, 벨기에, 이탈리아 등 세계대전의 승전국을 주로 포함하여 전후 국제협조를 상징하게끔 했다.[2] 하라 다카시가 급작스럽게 암살된 이후 총리가 된 다카하시 고레키요(高橋是淸, 재임기간 1921. 11~1922. 6)는 재임기간 중에 개최된 워싱턴 군축회의에 대표단을 파견하여 미국, 영국, 프랑스, 이탈리아 등과 주력함을 대상으로 하는 해군 군축에 합의했고 중국 문제에 대해서도 주요 9개 국가들과 현상유지를 기조로 하는 협정을 맺었다. 이어 총리에 지명된 가토 도모사부로(재임기간 1922. 6~1923. 8)는 워싱턴 군축회의에서 일부의 반대를 무릅쓰고 미국 및 영국과의 협의하에 해군 군축을 주도한 장본인이었으며, 이를 바탕으로 총리 재임기간 중 군축회의의 합의에 따라 해군에 대한 군비축소를 단행했다. 러일전쟁 당시 기함이었던 미카사를 비롯한 구식 주력함 10척이 폐기되었고, 건조 중이거나 기공 준비 중이던 함정들의 폐기와 계획 중지 등이 결정되었다. 또한 전함으로 건조 중이던 함정 2척이 군축 대상에서 배제되었던 항모로 전용되기도 했다.[3] 그의 내각에 기용된 야마나시 한조(山梨半造) 육군대신은 육군 군축도 추진하여 1922년부터 1923년에 걸쳐 보병, 기병, 공병, 치중대를 포함한 6만 명 규모의 군축을 단행했다.[4] 이 결과 1921년 시점에 국가 세출의 31%를 점하던 해군 군비는 1923년에는 20.1%로, 1926년에는 14.4%의 비율로 떨어졌고, 육군을 포

2　빅스는 하라 다카시 총리가 국내 우익세력들의 반대에도 불구하고 황태자의 유럽 순방을 추진했다고 설명했다. Herbert P. Bix, *Hirohito and the Making of Modern Japan*, New York: Perennial, 2001, pp.103-119. 황태자의 유럽 순방에 관한 상세한 일지는 그를 수행한 시종무관장 나라 다케지(奈良武次)의 일기를 참조하라. 波多野澄雄·黒沢文貴 編, 『侍従武官長奈良武次日記·回顧録: 第一巻日記』(大正 9年-12年), 柏書房, 2000.

3　이때 폐기된 미카사는 요코스카 항구에 양륙되어 지금까지 기념공원에 보존되어 있다. 당시 전함에서 항공모함으로 개장된 함정은 후일 태평양전쟁 당시 진주만 기습에 동원되었던 아카기(赤城)와 카가(加賀)였다.

4　山田朗, 『軍備拡張の近代史』, 吉川弘文館, 1997, p.90, 103; 北岡伸一, 『日本の近代5: 政党から軍部へ 1924-1941』, 中央公論新社, 1999, p.142.

함한 군사비 전체가 국가 세출에서 점하는 비율도 같은 기간 49%, 32.8%, 27.5% 수준으로 감소되었다.[5] 가토의 사후에 총리에 임명된 해군대장 출신 야마모토 곤베에(재임기간 1923. 8~1924. 1) 내각이나 그 이후 추밀원 의장 출신의 기요우라 게이고(淸浦奎吾, 재임기간 1924. 1~1924. 6) 내각은 각각 재임기간은 짧았으나 군비축소 및 국제협조주의를 견지했다.

그 이후 총리로 지명된 가토 다카아키는 외상에 시데하라 기주로, 육군상에 우가키 가즈시게를 기용했는데, 시데하라 외상은 워싱턴 국제회의의 기조에 따라 중국에 대한 내정 불간섭 정책을 견지했고[6] 기요우라 내각에 이어 다시 육군상에 기용된 우가키는 육군에 대한 군축을 지속적으로 단행했다.[7] 1926년에 1월에 출범한 와카쓰키 레이지로(재임기간 1926. 1~1927. 4) 내각은 새로운 천황으로 즉위한 히로히토 치세의 사실상 첫 번째 내각이었다. 그는 전임 가토 총리와 같은 정당인 헌정회(憲政會) 소속이었고, 내각 구성원들도 큰 변화 없이 유임시켜 대내외 정책에서도 큰 변화를 보이지 않았다. 외상으로 재기용된 시데하라는 1926년 7월부터 개시된 중국 국민당군의 북벌 때문에 중국 거주 외국인들이 피해를 입게 되자 영국 등이 공동 출병을 제안했을 때 내정불간섭 주의를 견지하면서 일절 응

---

5 山田朗, 앞의 책, pp.91-92.
6 1924년에 중국에서 봉천군(奉天軍)과 직예군(直隸軍) 사이에 내전이 발발했을 때 가토 다카아키 총리는 만주의 권익을 보호하기 위해 일본의 무력 개입을 주장했으나, 시데하라 기주로 외상은 다카하시 고레키요 대장상의 지지하에 불개입을 주장하여 관철시켰다. 幣原喜重郎, 『外交五十年』, 中公文庫, 1987(1951), p.113.
7 우가키 가즈시게 육군상은 기존의 21개 사단 규모의 육군에서 보병 4개 사단을 감축하여 17개 사단 규모로 축소했다. 그는 병력의 축소를 보완하여 전차, 고사포, 항공기 등 무기체계의 근대화를 추진했다. 山田朗, 앞의 책, pp.104-107.

하지 않았다.[8] 육군상 우가키도 지속적으로 육군 군축을 추진했다.[9]

1927년 4월에 등장한 다나카 기이치 내각은 헌정회와 라이벌 구도를 형성했던 정우회(政友會)를 기반으로 했고, 다나카 총리 자신도 육군 대장 출신으로 총력전 체제 구축의 필요성을 강조해온 인물이었다. 그는 자신이 직접 외상을 담당하면서 적극적 대외정책을 추진했고, 특히 대중 정책에서 시데하라 노선과 다른 적극외교를 주창하면서 1927년과 1928년에 세 차례에 걸쳐 중국 산둥 지방에 대한 파병을 단행했다.[10] 다만 다나카 내각은 미국과 프랑스 등 국제질서의 주도국가들에 의한 국제질서의 구축과정에는 적극 협조했다. 1928년 8월 27일 미국 국무장관 프랭크 켈로그(Frank Kellogg)와 프랑스 외상 아리스티드 브리앙(Aristide Briand)의 주도로 15개국 대표들이 파리에 집결하여 부전조약(不戰條約), 즉 국제분쟁을 해결하기 위해 전쟁에 호소하는 것을 부정하고 국가의 정책수단으로서 전쟁을 포기할 것에 합의하는 켈로그-브리앙 조약의 조인식이 개최되었다. 이때 다나카 내각은 우치다 고사이(內田康哉)를 전권대신으로 파견하여 조인하게 함으로써 영국과 프랑스 등 국제질서 주도국가가 설계하는 국제질서의 구축 과정에 적극 협조하는 모습을 보였다.[11]

8　幣原喜重郎, 앞의 책, p.118.
9　육군의 군축으로 장교단 규모가 축소되자 실직상태에 처하게 된 육군 장교들을 학교 교련 교관으로 대거 채용한 것이 이때이다. 山田朗, 앞의 책, pp.107-108.
10　1927년 5월 다나카 내각은 병력을 칭다오에 파견하여 지난(濟南)까지 진출시켰다. 1928년 4월에도 1개 사단 병력을 칭다오에 상륙시켜 지난으로 진출시켰다. 大江志乃夫, 『張作霖爆殺: 昭和天皇の統帥』, 中公新書, 1989, p.7, 12; 北岡伸一, 앞의 책, pp.78-79. 이 때문에 중국 대륙에 대한 일본의 침략정책이 다나카 내각에서부터 기인하는 것으로 파악하는 견해도 존재한다.
11　北岡伸一, 앞의 책, p.82; 加藤陽子, 『戰爭の論理』, 勁草書房, 2005, p.113. 켈로그-브리앙 조약으로 제2차 세계대전 이후 전범국가 및 전쟁범죄자들을 재판에 회부하고 그들에게 법적

장쭤린 폭살사건에 대한 보고책임 문제로 다나카 총리가 퇴임한 이후 1929년 7월에 등장한 하마구치 오사치(濱口雄幸, 재임기간 1927. 7~1931. 4) 총리는 헌정회를 계승한 민정당(民政黨) 출신으로 외상에 시데하라 기주로를 재기용하여 국제협조주의를 추진했고, 경제정책 면에서는 긴축재정 정책을 추진했다. 특히 1930년 4월 런던 해군군축회의가 개최되어 영국, 미국, 일본이 참가한 가운데 순양함과 잠수함 등 보조함정에 대한 군축 문제가 협의되었을 때, 하마구치 총리는 전직 총리였던 와카쓰키를 일본 전권대표로 파견하여 대형 순양함은 대미 비율 69.75%, 잠수함은 미일 균등의 5만 2,700톤, 보조함 총 톤수 대미 69.75% 비율 보유에 합의하도록 했다.[12] 이 같은 합의사항에 대해 해군 군령부장 가토 히로하루 등 해군 내의 소위 함대파(艦隊派)들은 대미 해군 열세를 가져온다는 이유로 맹렬하게 반발했으나, 하마구치 총리는 영미 등 국제질서 주도국가들과의 협조를 우선시하는 대외정책 방침을 관철시켰다.

이상에서 살핀 바와 같이 제1차 세계대전 이후 1930년대에 이르기까지 하라 다카시를 위시한 일본의 역대 내각 수반들은 정파의 차이에 아랑곳하지 않고 기본적으로 영국, 미국, 프랑스 등 세계대전 전승국들과 협조를 유지하면서 워싱턴 및 런던 군축회의, 켈로그-브리앙 조약에 적극 참가했고 국제연맹을 핵심으로 하는 국제질서의 현상유지에 보조를 맞추어왔다. 대외정책에 관한 한 이 시기 일본의

책임을 부과할 수 있는 근거가 마련되었다. Akira Iriye, *The Cambridge History of American Foreign Relations, vol.3: The Globalizing of America, 1913-1945*, Cambridge: Cambridge University Press, 1993, p.84.

12 山田朗, 앞의 책, pp.117-119.

국가전략은 국제협조와 군비축소에 중점을 두고 있었다고 해도 과언이 아닐 것이다. 그러나 이러한 국제협조와 군축 노선에 반대하는 대외전략론이 일부 변혁 지향적 사상가들과 소장 정치가들, 육해군의 중견 장교들 사이에서 배태되면서 점차 국가전략 자체에까지 영향을 미치기 시작했다.

2) 총력전 체제와 만몽영유론(滿蒙領有論)의 대두

제1차 세계대전 종전 이후 일본 사회에는 '개조(改造)', '신인(新人)', '해방(解放)'을 표방한 단체 혹은 잡지가 우후죽순처럼 생겨났다.[13] 1918년 12월에 도쿄제국대학 법학부 학생들을 중심으로 '신인회(新人會)'가 결성되었는데, 이 단체는 다음 해부터 잡지『해방(解放)』을 간행하면서 현대의 인류를 침략주의와 전제주의에서 해방해야 한다는 취지를 표명했다. 1919년 8월에는 언론인과 소장 정치가들을 중심으로 '개조동맹(改造同盟)'이 결성되었는데, 이들은 기존의 원로 정치에 반대하여 보통선거제의 확대를 주장했다. 같은 시기에 기타 잇키(北一輝), 오카와 슈메이(大川周明) 등 국가주의자들을 중심으로 유존샤(猶存社)가 결성되었다. 러시아 혁명에 영향을 받아 볼셰비즘이 수용되고 사회주의 동맹이 결성된 것은 그 다음 해인 1920년 12월이었다.

그렇다면 이들이 주장한 '개조' 혹은 '해방'은 과연 무엇으로부터의 변혁을 의미했던 것일까. 물론 이들의 지향점이 반드시 일치된

---

13 有馬学,『日本の近代4:「国際化」の中の帝国日本, 1905-1924』, 中央公論社, 1999, pp.190-214.

것은 아니었다. 어떤 그룹은 미국 윌슨 대통령의 사상에 영향을 받아 전제주의나 군국주의에 대한 반대를 주창했고, 다른 그룹은 볼셰비즘에 영향을 받아 노동운동의 확대를 지향하기도 했다. 유존샤와 같은 단체는 강한 국가주의적 성향을 보이기도 했다. 이러한 새로운 담론 가운데에서 후일 군국주의 일본의 대외정책에 미친 영향의 각도에서 본다면 고노에 후미마로(近衛文麿), 기타 잇키, 이시와라 간지(石原莞爾)의 그것은 상세하게 소개할 필요가 있다.[14]

고노에 후미마로는 황실 측근의 귀족 집안인 고노에 가문 출신으로 러일전쟁 시기에 개전론을 앞장서서 주창했던 고노에 아쓰마로의 아들로 태어났다. 도쿄제국대학을 거쳐 교토제국대학을 졸업한 이후 1918년 파리 강화회의에 참석한 일본 대표단의 수행원으로 참가한 것이 그가 대학 졸업 이후 처음 공직을 수행한 계기가 되었다. 그런데 그는 강화회의의 참가 직전에 저술한「영미(英美) 본위의 평화주의를 배격한다」는 글에서 세계대전은 현상유지를 목적으로 하는 국가들과 현상타파를 추구하는 독일과의 전쟁이었는데 일본은 오히려 독일과 같은 입장이라고 지적했다. 그리고 대전 이후에 만들어진 국제연맹은 경제적으로 후진국을 대국에 병탄시키는 질서를 낳을 수 있다고 하면서 일본이 영국과 미국의 정책을 무조건 수용할 것이 아니라 일본의 정당한 생존권을 위해 싸운다는 각오를 해야 할 것이라고 주장했다.[15] 이 같은 그의 국제질서관은 이후에도 견지되

14　일본 제국주의 대두 과정을 연구한 기존 연구들도 이 시기 위 3명의 사상과 역할에 주목하고 있다. W. G. Beasley, *Japanese Imperialism, 1894-1945*, Clarendon Press, Oxford, 1987, pp.178-182를 참조하라.

15　近衛文麿,「英美本位の平和主義を非す」(1918),『清談錄』, 千倉書房, 2015(1936), pp.182-188. 파리 강화회의에 일본 측 전권으로 참가한 사이온지 긴모치(西園寺公望)는 수행원으로

어 1930년대에 이르면 국제질서를 가진 나라들과 가지지 못한 나라들로 구성된 대립적인 질서로 파악하고 일본은 가지지 못한 나라의 정체성을 가지면서 영국과 미국 등의 가진 나라들에 공평한 영토와 자원 배분을 요구해야 한다고 주장하게 되었다.[16]

국가주의적 단체인 유존샤가 결성된 1919년 그 주축 멤버인 기타 잇키는 「국가개조안원리대강(國家改造案原理大綱)」을 저술했다. 이 문서에서 그는 국내적으로는 개인들의 사유재산 한도 설정, 대자본의 국가 통일, 노동자의 권리 보장, 10개년의 국민교육 실시 등을, 대외적으로는 조선, 사할린, 타이완에 대한 자치제 실시와 참정권 부여, 억압받는 타국 및 타 민족을 위한 전쟁 개시 권리 보유, 만주 및 극동 시베리아 지역의 영유를 위한 개전 등을 추진해야 한다고 주장했다. 그리고 이를 위해 전국에 계엄령을 선포하고 양원을 해산하며 천황 대권을 발동해서 3년간 헌법을 정지하여 보통선거제에 기반한 새로운 정치제도를 구축해야 한다고 했다.[17] 기타 잇키는 당시의 국제질서상 악한(villain)을 영국과 러시아로 간주하고 일본이 국가개조를 행한 이후에 아시아 민족을 대표하여 이 제국들과 맞서는 역할을 해야 한다고 주문했다.[18] 이 같은 기타 잇키의 저술은 마치 메이지 유신 당시에 변혁의 주체였던 사쓰마번과 죠슈번 출신의 사무라

참가한 고노에 후미마로에게 부적절한 논문을 썼다고 질책하기도 했다. 岡義武, 『近衛文麿』, 岩波新書, 1972, pp.10-12; 中西寬, 「近衛文麿『英美本位の平和主義を排す』論文の背景」, 『法学論叢』, 132(4·5·6), 京都大学, 1993도 참조하라.

16 박영준, 「고노에 후미마로(近衛文麿)의 국제질서관과 제국 일본의 전쟁원인」, 『일본연구논총』, 48, 현대일본학회, 2018. 12를 참조하라.

17 北一輝, 「國家改造案原理大綱」(1919), 『北一輝著作集』 2, みすず書房, 1959, pp.221-272.

18 Beasley, 앞의 책, p.178.

그림 7-1. 고노에 후미마로(1891-1945)　　　그림 7-2. 기타 잇키(1883-1937)

이들이 아이자와 세이시사이(會澤正志齊)의 『신론(新論)』이나 요시다 쇼인(吉田松陰) 등의 저작을 텍스트로 삼은 것처럼 다이쇼와 쇼와(昭和) 시대의 청년 장교들에게 널리 읽혔다.

　　제1차 세계대전이 진행되던 1915년에 육군과 해군은 각각 임시군사조사위원회를 설치하고 청년 장교들을 대거 조사위원으로 위촉하여 전쟁의 새로운 양상들을 관찰하고 연구하게 한 바 있다. 이들은 세계대전에 대해 참전국들이 각각 군사력뿐만 아니라 경제력을 총동원하는 총력전의 양상을 띠고 있다고 파악하고 일본도 국가총동원의 체제를 갖추어 장차 전쟁에 대비할 필요가 있다는 정책 제언을 제시한 바 있다. 예컨대 육군 측 조사위원으로 참가했던 나가타 테츠잔은 1920년에 작성한 「국가총동원에 관한 의견」에서 총력전 체제를 갖추기 위해 다섯 가지의 과제, 즉 첫째, 군 편제 및 장비의 합리화와 근대화, 둘째, 경제력 및 군수물자 생산력의 육성, 셋째, 국민의 정신적, 심리적 결합, 넷째, 군의 일원적 통제, 다섯째, 국무(国務)와 통수(統帥)의 일원화 필요성을 제기했다.[19] 즉, 장차 예상되는 총력전을 수행하기 위해 무기체계 및 군 조직의 합리화를 추구할 뿐만 아니라 경제적 생산력도 확충하고 자원 빈국인 일본의 실정을 고려하여 중국, 시베리아, 인도, 남양제도, 오스트레일리아 등으로부터 자원을 공급받을 수 있는 자급자족권을 형성해야 한다는 것이었다. 아울러 군인과 민간 정치지도자들 간의 상호 이해와 협조가 평소부터 가능한 정치체제를 구축해야 하며 그러기 위해 국민 전반에 대해 군인정신 및 군사사상을 교육할 필요성 등을 폭넓게 제기하였다.

다만 이 같은 총력전 체제 구축의 필요성은 세계대전 이후에 일본도 포함된 승전국들 간에 워싱턴 군축회의 등이 개최되고 국제적 합의에 따라 일본도 육해군의 군비축소를 단행하면서 제약을 받게되었다. 총력전 체제 구축이라는 군사적 필요성과 국제적 군비축소에의 참가라는 대외적 요구에 동시에 직면하여 육군과 해군에는 추진해야 할 정책방향을 둘러싸고 노선 대립이 배태되었다. 해군에는 앞서 살펴보았듯이 워싱턴 해군군축회의에서 미국 및 영국과 합의한 군축 사항을 준수하려는 가토 도모사부로 등의 조약파와 이에 반발하여 가상 적으로 간주된 미국에 대해 7할 정도의 해군력을 확보하려는 가토 히로하루 등 함대파 간의 대립이 노정되었다. 육군에도 국제적 군비축소의 조류 속에 병력을 줄이면서 장비 및 조직의 근대화를 통해 전력 수준을 유지하려는 다나카 기이치, 우가키 가즈시게 등의 군 근대화론자들과 병력 삭감에 불만을 품으면서 보병 중심의

19　黒沢文貴, 『大戦間期の日本陸軍』, みすず書房, 2000, pp.77-88.

전술사상과 천황에 대한 충성심을 보다 강조하는 우에하라 류사쿠, 아라키 사다오(荒木貞夫) 등의 대립이 표면화되었다.[20]

이러한 노선 대립 속에서 1918년 세계대전 종료 직후에 육군과 해군은 1907년에 제정되었던 「제국국방방침」을 개정했고 다시 1923년에 이를 재개정했다. 1918년의 「제국국방방침」 개정은 당시 육군상이던 다나카 기이치와 참모총장이던 우에하라 류사쿠가 주도했는데, 러시아, 미국 등을 가상 적국으로 간주하고 제1차 세계대전의 영향을 받아 장차 전쟁이 소모전 양상이 될 것이라고 상정하고 이에 대한 총력전 및 지구전의 방침을 정했다.[21]

1923년의 개정 「제국국방방침」은 육군 참모본부 작전과와 해군 군령부 제1과가 초안을 작성한 이후에 이를 육해군의 지휘부가 각각 검토하고 다이쇼 천황을 대신하여 섭정 역할을 담당하던 히로히토 황태자가 군 원로들의 자문을 받아 승인하는 절차를 거쳐 확정되었다.[22] 1923년의 「제국국방방침」은 정세 분석을 통해 미국, 소련, 중국을 가상 적국으로 상정하고 용병강령(用兵綱領) 부분에서 이에 대응하여 각국에 대한 선제공세작전을 구상했다. 제1의 가상 적국인 미국에 대해서는 개전 초기에 필리핀의 루손 및 구암의 해군 근거지를 선제공격하며 하와이에 근거한 미국 태평양함대가 일본을

20   北岡伸一, 『日本政治史: 外交と権力』, 有斐閣, 2017, p.172; 黒野耐, 『帝國國防方針の研究』, 總和社, 2000, pp.138-141; Beasley, 앞의 책, p.181. 육군 내에서 전자의 그룹은 점차 나가타 테츠잔(永田鐵山) 등 소장 장교를 규합하면서 통제파(統制派)로 불렸고, 후자의 노선은 황도파(皇道派)로 명명되면서 오바타 도시로(小畑敏四郎) 등 청년 장교들에게 확산되었다.

21   黒野耐, 앞의 책, pp.109-114. 다만 1918년 「제국국방방침」의 원본이 발견되지 않았다는 견해도 있어 쿠로노 타에루(黒野耐)의 소개가 적절한 것인가의 문제는 별도의 검토를 요한다.

22   그렇기 때문에 육군 참모본부 제2부장 다나카 구니시게(田中國重)와 해군 군령부 차장 가토 히로하루가 1923년의 「제국국방방침」 초안 작성 과정에서 큰 역할을 했을 것으로 추정된다.

공격하기 위해 출항할 경우 잠수함과 순양함 전력으로 미 해군 함대의 진출을 조기에 탐지하여 점진적으로 전력을 감소시키고 오가사와라(小笠原)와 마리아나 제도의 이서(以西) 해양에서 함대 결전을 행한다는 색적(索敵), 점감(漸減), 결전(決戰)의 3단계 해양 전략을 구체화했다.[23] 제2의 가상 적국인 소련에 대해서는 개전 초기 주작전을 만주에서, 보조작전을 연해주 및 사할린 방면에서 실시한다는 계획을 수립했다. 그리고 제3의 가상 적국으로 간주된 중국과의 개전 시에는 만주와 중국 본토를 구별하여 만주에 대해서는 남만주와 북만주 일대를 완전히 제압하고 중국 본토에 대해서는 각각 화북(華北), 화중, 화남 방면에 병력을 상륙시켜 주요 지점을 장악한다는 계획이 책정되었다. 그리고 이 같은 작전계획을 수행하기 위해 필요한 병력 규모로 육군은 40개 사단, 해군은 주력함 9척, 항공모함 3척, 순양함 40척, 구축함 144척, 잠수함 80척의 군사력이 필요하다고 제시했다.[24]

이 같은 1923년의 「제국국방방침」이 책정된 시기에 일본 정부에서는 가토 도모사부로 내각이 워싱턴 군축회의의 합의사항에 따라 해군 및 육군 군축을 진행하고 있었다. 따라서 1923년의 「제국국방방침」에서 표명된 육해군의 군사전략과 군사력 증강 목표는 당시 정부가 추진하는 국제 군축의 대외전략 방향에 비추어볼 때 현격한 불일치가 존재했다. 즉, 국가전략과 군사전략 간에 조정이 이루어지지

---

23 해군의 이 같은 전략은 1918년의 「제국국방방침」에서 확립되었다. 吉田裕·森茂樹, 『アジア·太平洋戰爭』, 吉川弘文館, 2006, p.19.
24 黑野耐, 앞의 책, pp.142-156; 山田朗, 앞의 책, pp.93-97; 『日本海軍史』 3, 海軍歷史保存會, 1996, pp.72-90.

않은 것이다.[25] 이러한 분위기 속에서 군사전략 책정의 실무를 담당하는 소장 장교들 사이에서는 제1차 세계대전을 관찰하면서 연구한 총력전 체제의 구축을 보다 강력하게 추진해야 한다는 전략론이 저변을 넓혀가고 있었다.

1920년 육군조사위원의 자격으로 총력전 체제 구축의 필요성을 체계적으로 정리한 바 있었던 나가타 테츠잔은 다음 해인 1921년 독일의 바덴바덴에서 그와 같은 육사 16기 동기생들인 오바타 도시로(小畑敏四郎) 등과 회합하고 세계대전 이후 일본의 대외전략에 대한 청년 장교들의 연구모임을 정기적으로 갖는다는 데 의기투합했다. 이들은 일본 귀국 후인 1923년부터 동기생인 이타가키 세이시로(板垣征四郎), 17기생인 도조 히데키(東條英機) 등을 규합하여 후타바카이(二葉會)라는 연구모임을 결성했다. 한편 1927년 11월에는 독일에서 군사사를 연구하고 귀국하여 육군대학 전쟁사 교관을 하고 있던 육사 21기 이시와라 간지가 22기인 스즈키 테이이치(鈴木貞一), 25기인 무토 아키라(武藤章) 등과 모쿠요카이(木曜會)라는 모임을 조직하여 일본의 군사전략과 대외관계를 논했다. 이 두 모임은 1929년 5월부터 잇세키카이(一夕會)로 통합되어 육군의 엘리트 소장 장교들의 보다 광범위한 전략연구모임의 성격을 갖게 되었다.[26]

이들의 논의를 주도한 인물은 육군대학교를 차석으로 졸업한 이후 1922년부터 3년간 독일로 군사유학을 떠나 한스 델브릭(Hans

---

25 「제국국방방침」이 내각의 정치전략을 도외시한 것이었다는 평가는 黑野耐, 앞의 책, p.143을 참조하라.
26 北岡伸一, 『日本の近代5: 政党から軍部へ, 1924-1941』, 中央公論新社, 1999, pp.147-149; 黒沢文貴, 앞의 책, p.342.

그림 7-3. 이시와라 간지(1889-1949)

Delbrück)의 전쟁사 연구에 영향을 받으면서 독자적인 전쟁사관을 갖게 된 이시와라 간지였다.[27] 그는 귀국 이후 육군대학 교관으로 활동하면서 강의와 모쿠요카이에서의 발표 등을 통해 향후의 전쟁은 서양 문명을 대표하는 미국과 동양 문명을 대표하는 일본이 세계의 패권을 경쟁하는 최종전쟁이 될 것이라고 전망했다.

이 최종전쟁은 육군이나 해군뿐만 아니라 공군력이 결정적인 역할을 수행하는 섬멸전쟁이 될 터인데, 다만 자원이 풍부한 미국과 달리 자원이 빈곤한 일본으로서는 이러한 최종전쟁에 대비하기 위해 석탄과 철광 등을 제공하는 자원기지의 확보가 절대 불가결하다고 보았다. 그러한 자원기지로서의 역할을 할 수 있는 곳이 만주와 몽고 지역, 즉 만몽지역이며 일본은 세계최종전쟁에 대비하기 위해서라도 만몽영유(滿蒙領有)를 추진해야 한다는 것이었다.[28]

이 같은 구상은 여타 멤버들에게도 폭넓게 공유되었다. 이시와라의 육사 4년 선배인 도조 히데키도 1928년 3월 모쿠요카이에서의

---

27 이시와라 간지에 대한 뛰어난 연구로는 Mark R. Peattie, *Ishiwara Kanji and Japan's Confrontation with the West,* Princeton: Princeton University Press, 1975를 참조하라.

28 石原莞爾, 「日本の国防」(1926), 玉井禮一郎 編, 『石原莞爾選集』, 1986, pp.135-149의 내용을 요약했다.

발표를 통해 일본 제국의 자존을 위해 만몽지역에 완전한 정치적 권력을 확립해야 하며 이 과정에서 대소 전쟁의 가능성에도 대비해야 한다고 주장했다.[29] 이들의 전략 구상은 공통적으로 국제법이나 국제정치의 관점이 결여되었다는 결함을 갖는다. 즉, 1922년 워싱턴 회의에서 9개국이 합의한 중국의 영토 보전과 기회균등 원칙, 그리고 1928년 8월 일본도 참가한 부전조약 등의 국제적 합의를 전연 도외시하는 위험성을 갖고 있었던 것이다.[30] 이러한 결함은 이미 관동군에서도 나타나고 있었다.

사실 이시와라 간지와 도조 히데키 등이 모쿠요카이 등에서 만몽 영유 구상을 토의하던 무렵인 1927년 6월 남만주 지역에 주둔하고 있던 관동군은 「대만몽(對滿蒙) 정책에 관한 의견」을 정리했다. 이에 따르면, 일본이 일지(日支) 공존공영을 표방하면서 만주지역에서 권익을 확장해야 하며 그 일환으로 일본이 인정하는 적임자를 동삼성 지역의 장관으로 삼고 현지의 군벌 장쭤린이 이에 동조하지 않을 경우 다른 인물로 교대한다는 것이었다.[31] 1년여 후인 1928년 6월 장제스(蔣介石) 국민당군이 북벌을 진행하던 틈을 타서 관동군 사령관 무라오카 조타로(村岡長太郎)와 참모장 사이토 히사시(齊藤恒)는 한발 더 나아가 군벌 장쭤린의 봉천군(奉天軍)에 대한 무장해제를 단행하고 펑톈 일대까지 관동군의 세력을 확장시킨다는 계획을 독단적으로 추진했다. 기존의 일본 정부 방침인 장쭤린 세력에 대한 지원정책을 철회하고 만주를 직접 관동군의 통제하에 두어야 한다는 구상

---

29 黒沢文貴, 앞의 책, p.343.
30 猪木正道, 앞의 책, p.173.
31 山室信一, 『キメラ: 満州国の肖像』, 中公新書, 1993, p.27.

이었던 것이다. 이 같은 계획에 따라 관동군 고급참모 고모토 다이사쿠(河本大作)의 지휘로 조선에서 임시로 파견된 공병대의 지원을 받아 철로변에 폭약을 설치하고 6월 4일 이를 통과하는 만주 군벌 장쭤린을 폭살하는 사건을 벌였다. 그러나 이 사건은 본국의 스즈키 소로쿠(鈴木莊六) 참모총장은 물론 다나카 기이치 총리의 사전허가 없이 자행된 것이었다. 다나카 총리는 사건 발발 직후에 육군성, 외무성, 경찰 등으로 공동조사단을 구성하게 하여 이 사건에 대한 조사에 착수했다. 다만 다나카 총리는 최초 천황에 대한 사건보고 내용과 달리 1년 후의 결과보고에서는 관동군의 책임을 축소하려고 하여 천황의 질책을 받았고 결국 총리직을 사임하게 되었다.[32] 이 같은 우여곡절의 결과 1929년 사건의 주모자로 지목된 고모토 다이사쿠 대좌가 정직 처분되고 무라오카 사령관 및 사이토 참모장 등은 예비역으로 편입되었다.

세계최종전쟁 수행 전략의 일환으로 만몽영유를 주창하던 이시와라 간지가 관동군 작전주임참모로 임명된 것은 바로 장쭤린 폭살 사건의 진상조사가 진행되고 있던 1928년 10월 1일이었다. 이시와라는 중국에서의 현상유지를 합의한 워싱턴 국제회의에서의 9개국 조약, 그리고 이 조약에 따라 만주에서의 현상유지 정책을 수행해야 할 본국 정부의 방침과 무관하게 육군대학에서의 강의나 모쿠요카

---

32 大江志乃夫, 앞의 책, pp.16-17, 25-29. 히로히토 천황은 후일 자신이 다나카 기이치 수상의 사표 제출을 요구했다고 토로했다. 그리고 이 사건 이후로는 내각의 요청에 대해 반대 의견을 가지고 있다고 해도 재가하겠다고 결심했다고 한다. 寺崎英成, 『昭和天皇獨白錄』, 文藝春秋, 1991, pp.22-23. 후지와라 아키라는 이 사건이 오히려 천황이 통수권을 장악하고 있고 육해군의 최고통솔자라는 자각을 갖고 있었던 사례라고 지적했다. 藤原彰, 『昭和天皇の十五年戰爭』, 靑木書店, 1991, p.52.

이 등에서의 토론을 통해 형성해온 자신의 이론, 즉 세계최종전쟁에 대비한 만몽영유의 구상을 실행에 옮기고자 했다. 세계대전 이후 영국과 미국 등 국제사회의 주도국가들과 협력을 유지하면서 일본의 국제적 위상을 견지하려던 주요 정치지도자들의 국제협조 노선은 미국과의 세계최종전쟁을 예상하며 그에 대비한 군사적 준비의 일환으로 만몽영유 구상을 공유해온 청년 장교들의 도전에 직면했다.

2. 이시와라 간지와 만주사변

1) 이시와라의 관동군 참모 부임과 사변 기획

1928년 10월 20일 관동군 참모로 임명된 이시와라 간지가 뤼순의 관동군 본부에 부임했다. 다음 해 5월에는 이시와라의 육사 및 육군대학 선배로 모쿠요카이 등에서 함께 만몽영유 구상을 논의하던 이타가키 세이시로가 고급참모로 관동군에 합류했다.[33] 이때부터 이시와라가 일본으로 귀환하는 1932년 여름까지 이시와라-이타가키 콤비는 제국 일본의 행로를 크게 변화시키는 주역으로서 역할을 하게 된다.

　언젠가 도래할 미국과의 세계최종전쟁에 대비하여 만몽지역을 영유해야 한다는 구상을 공유하고 있던 이들은 우선 관동군의 동료

33　Mark R. Peattie, 앞의 책, pp.93-95. 피티는 이시와라와 이타가키가 센다이 유년학교 시절부터 동료였다고 설명했으나, 실은 이타가키가 4년 연상으로 육사와 육군대학에서 선배였다.

참모들과 함께 만주지역에 대한 정찰 답사에 착수했다. 1929년 7월 3일 이타가키와 이시와라를 포함한 5~6명의 관동군 참모요원이 뤼순에서 민간인 복장으로 열차에 탑승하여 창춘 → 하얼빈 → 치치하얼(齊齊哈爾) → 만주리(滿州里)로 이어지는 북만주지역의 현지 정찰을 떠났다. 정찰의 목적은 현지상황을 파악하는 것과 아울러 관동군의 여타 핵심요원들과 만몽영유의 전략적 구상을 공유하자는 데 있었던 것 같다. 7월 4일 창춘에 이르렀을 때 이시와라는 동료들에게 육군대학 교관 시절부터 연구해오던 전쟁사 대관(大觀)을 강의했으며 이를 바탕으로 하여 「국운(國運) 만회를 위한 근본 국책으로서의 만몽문제 해결안」이라는 문서를 작성하여 배포했다. 이 문서에서 그는 미국과의 세계최종전쟁에 대비하기 위해 관동군 주도하에 만몽지역에서 정변을 일으켜 기존의 중국 군대와 관제를 해산하고 일본 군인을 총독으로 삼아 군정을 실시해야 한다고 주장했다. 군정하에 일본인, 중국인, 조선인은 각각 역할을 분담하여 공존공영하게 한다고 했다. 예컨대 일본인들은 중공업 같은 첨단산업에 종사하고, 중국인들은 소상공업에, 조선인들은 농업에 종사하면서 동아시아 자급자족의 권역을 형성하여 미국과의 장기전쟁에 대비한 체제를 구축해야 한다고 했다. 이러한 구상의 실현이 국내적 불안요소를 안고 있는 일본 제국의 활로가 될 것이라고 주장했다.[34] 이러한 이시와라의 강연은 동행했던 후배 장교들에게 큰 영향을 주었고 그들을 적극 동참시키는 데 역할을 한 것으로 보인다.[35]

---

34 Mark R. Peattie, 앞의 책, pp.99-100; 島田俊彦, 『關東軍: 在滿陸軍の獨走』, 中公新書, 1965, pp.79-80.
35 동행했던 사쿠마 료조(佐久間亮三) 대위는 이시와라의 강연을 들었던 7월 4일이 만주사변

이후에도 이시와라는 관동군 참모들과 남만주 등 여타 지역에 대한 정찰 여행을 다니면서 결속을 다지기도 했고, 만주철도 조사부나 조선군 요원들과도 접촉하면서 자신들의 구상에 대한 지지기반을 확대했다. 1930년 3월 만철 조사부에서 강연할 기회를 갖게 된 이시와라는 자신의 지론인 대미 최종전론, 그것을 위한 만몽지역 장악의 필요성, 군사적 수단 등을 피력하면서 동조 세력을 규합했다. 이러한 접촉을 통해 이시와라는 만철 조사부의 조사과장 사다 코지로(佐多弘治郎), 법률고문 마쓰키 다모츠(松木俠), 소련 산업에 관한 전문가 미야자키 마사요시(宮崎正義) 등과 교류하면서 만주 장악 이후의 산업발전 방안에 관한 조력을 얻을 수 있게 되었다.[36] 또한 이시와라는 만주 현지의 시찰 과정에서 적극 동조하게 된 후배 장교 사쿠마 료조(佐久間亮三) 대위에게는 만몽지역 점령 이후의 통치방안에 대한 연구를 하도록 지시했다. 이 같은 지시에 따라 사쿠마 대위는 1930년 9월 군사정변 이후에 일본 군정의 실시 및 만주지역의 중앙행정기구 설치 방안 등을 담은 「만몽에 있어 점령지 통치에 관한 연구」를 작성하여 제출했다. 이시와라는 이 같은 연구결과를 그의 상급자인 관동군 참모장 미야케 미츠지(三宅三辻)에게 제출하여 승인을 받아두기도 했다.[37] 그는 관동군의 동료 참모들과 만철 조사부 요원들로부터 자신의 구상에 대한 지지를 확보하게 되자 1931년 1월부터 이들을 규합한 연구모임을 발족하여 매주 토요일에 정기적인 회합을 열면서 펑톈 지역에 대한 공격 방안, 동부 국경지대에 대한 전술

의 역사적 기원이 된 날이었다고 회고했다. Mark R. Peattie, 앞의 책, p.104에서 재인용했다.

36 Mark R. Peattie, 앞의 책, p.109; 島田俊彦, 앞의 책, p.81.

37 Mark R. Peattie, 앞의 책, p.108; 島田俊彦, 앞의 책, p.81.

연구 등 보다 구체적인 거사계획을 논의하기 시작했다.[38]

당시 만주지역에는 장쭤린의 아들 장쉐량(張學亮)이 관할하는 총 25만 병력이 배치되어 있었고, 펑톈 지역에만 항공기와 탱크를 보유한 2만 병력이 주둔하고 있었다. 이에 비해 관동군 예하의 병력은 1개 사단 및 약간의 독립수비대 병력을 합한 1만여 명에 불과했다.[39] 따라서 만주지역을 군사적으로 영유하기 위해서는 보다 치밀한 준비가 필요했을 것으로 보인다. 이 때문에 이시와라는 더 나아가 자신의 구상을 한반도에 배치된 조선군 관계자들이나 일본 본토의 육군 지휘부 요원들과도 공유하여 협력을 얻어내려고 했다. 1930년 11월 본국의 육군성 군사과장 나가타 테츠잔이 조선, 만주, 화북 지방에 대한 시찰의 일환으로 관동군을 방문했다. 나가타는 관동군이 추진하려는 군사계획에 제동을 걸면서 중국 당국에 압력을 가하거나 현재의 정권을 친일 정권으로 대체하는 등의 외교적 방안을 취할 것을 제안했다. 그러나 이시와라와 이타가키 등은 나가타의 의견 제시에 미온적인 반응을 보이면서 펑톈 지역의 전투에 활용할 수 있는 대구경 유탄포의 조달을 요청했다. 만몽영유 구상을 추진하려던 이시와라 등 관동군 참모들에게는 외교적 해결책의 모색보다는 군사적 수단의 확충이 시급했던 것이다.[40] 1931년 2월 이시와라는 조선군 관계자들과도 접촉하면서 자신들의 군사계획에 대한 협력을 요청했다. 즉, 조선군 소속 간다 마사타네(神田正種) 중령이 뤼순을 방문했을 때 이시와라와 이타가키는 사변 발발 시에 조선군이 관동

38 山室信一, 앞의 책, p.29; 島田俊彦, 앞의 책, p.82.
39 Mark R. Peattie, 앞의 책, p.106.
40 Mark R. Peattie, 앞의 책, p.111; 大江志乃夫, 앞의 책, p.173.

군을 지원하도록 요청해두었던 것이다.[41]

이 같은 내외의 준비가 갖추어지면서 이시와라는 1931년 5월경부터는 자신의 계획을 실행에 옮길 때가 무르익었다고 판단한 것 같다. 그는 5월 22일에 작성한 「만몽문제 사견」이라는 보고서에서 자신들에게 필요한 것은 대한제국 병합 때와 마찬가지로 시간을 선정하고 세계에 만주 점령을 통보하는 것이라고 주장했다. 그리고 관동군이 이러한 상황을 선제적으로 조성하고 일본 정부에 이를 인정하도록 요구하는 것도 필요하다고 했다. 이 같은 그의 구상에 대해 여타 관동군 참모들도 남만주 철도에 대한 무력공격을 조작하여 이를 계기로 관동군을 무력으로 동원하기 위한 조건을 만들어야 한다고 동조했다.[42]

이시와라와 이타가키 등의 주도로 관동군이 펑톈 외곽지역의 철도 폭파 및 이를 계기로 한 무력행사 모의를 하고 있을 때, 본국의 육군 수뇌부에서도 만몽지역의 영유 방안에 대한 논의가 진행되고 있었다. 1931년 4월 1일 도쿄의 육군 지휘부에서 개최된 사단장회의에서 정보 업무를 담당하는 참모본부 제2부장 다테카와 요시츠구(建川美次)는 소련이 5개년 계획을 완성할 경우 일본 제국에 일대 위협이 될 가능성이 크므로 만몽지역에 대한 조기 진출이 유리하다는 논의를 제기했다.[43] 다만 다테카와의 주장은 이후 신중론에 부딪혀 조금씩 변경되었다. 1931년 6월 다테카와 부장을 위원장으로 하여 육군성의 나가타 테츠잔 군사과장 및 참모본부의 편제과장, 구미

---

41 Mark R. Peattie, 앞의 책, p.107.
42 Mark R. Peattie, 앞의 책, pp.112-113.
43 山室信一, 앞의 책, p.43.

과장, 지나과장 등으로 구성된 위원회가 조직되었고, 이들은 공동 논의를 거쳐 「만몽문제 해결 방책의 대강」을 작성했다. 이 문서는 만몽문제를 해결할 시기에 관해서 향후 1년간은 은인자중의 태도를 취하고 만일 분쟁이 발생하면 국지적으로 처리해야 한다는 결론을 제시했다. 비슷한 입장은 1931년 8월 도쿄에서 하야시 센주로 조선군 사령관, 혼조 시게루(本庄繁) 관동군 사령관, 마사키 진자부로(真崎甚三郎) 타이완군 사령관 등이 육군성의 스기야마 하지메(杉山元) 차관, 고이소 구니아키 군무국장, 참모본부의 차장, 작전부장 등과 회합했을 때에도 표명되었다. 이들은 만몽 문제를 해결할 시기를 1935년으로 잡고 그 시기까지 국정을 혁신하고 군비확장을 추진하면서 국방국가체제를 수립해간다는 논의를 나누었던 것이다.[44]

만주에서의 군사행동 실시를 1~2년 이상 연기해야 한다는 군 수뇌부의 논의에 대해 관동군의 이시와라 등은 반발했다. 그는 미국, 영국, 프랑스가 아직 경제위기에서 회복되지 못하고 있고 중국의 국민당 정부는 북벌 이후의 국내혼란 수습에 여념이 없으며 소련은 5개년 계획을 추진 중인 이 시기가 군사적 거사를 모의하기에 최적이라고 판단했다.[45] 그는 1931년 5월에 작성한 보고서에서도 피력한 것처럼 관동군이 스스로 상황을 선택하면서 독자적으로 행동할 시간이 왔다고 생각한 것이다.

1931년 8월 20일 신임 관동군 사령관에 혼조 시게루 중장이 부임하자 이시와라는 자신들의 계획을 보고하여 승인을 얻었다. 그리고 혼조 사령관이 9월 7일 뤼순을 출발하여 펑톈과 창춘을 시찰하고

---

44   島田俊彦, 앞의 책, pp.94-96.
45   Mark R. Peattie, 앞의 책, pp.114-115.

다시 뤼순으로 귀환하던 9월 19일을 독단적인 사변의 거사일로 삼았다. 이날 관동군의 펑톈 독립수비대가 펑톈 외곽의 류타오거우(柳條溝) 지역 남만주 철도 선로에 미리 설치해놓은 폭약을 폭발시킨 것이다. 관동군은 이 폭발이 중국군에 의한 공격이라고 주장하면서 인근의 중국 부대 주둔지 베이다잉(北大營)에 대한 공격을 개시했고, 이어 이시와라의 건의를 승인한 혼조 사령관의 지시에 따라 펑톈 전역을 무력으로 장악했다.[46]

2) 사변의 확대

펑톈에 대한 무력공격 직후에 관동군은 만몽 문제 해결 방책을 작성하여 본국의 육군성과 참모본부에 의견을 제시했다. 이에 따르면, 동북 지방의 4개 성 및 몽고를 영역으로 확장하고 청국의 마지막 황제 푸이(溥儀)를 수반으로 옹립하여 정권을 수립하되 국방과 외교의 실권은 일본이 가진다는 것이었다. 이 같은 방안에 대해 와카쓰키 총리가 즉각 개최한 각의에서 미나미 지로(南次郎) 육군상은 관동군의 군사행동을 지원하기 위해 조선군을 파병할 것을 요청했다.[47] 그러나 미나미 육군상의 제안은 시데하라 기주로 외상을 비롯한 여타 각료들의 집중적인 비판을 받았다.[48] 와카쓰키 총리와 시데하라 외상 등은 워싱턴 조약의 취지에 비추어 중국 대륙에 대한 불간섭과 현상

---

46 Peatie, 앞의 책, pp.121-123; 島田俊彦, 앞의 책, pp.102-105. 빅스는 이시와라가 혼조 시게루 사령관에게 허위보고를 하여 공격 명령 하달을 유도했다고 설명했다. Herbert P. Bix, 앞의 책, p.235.

47 北岡伸一, 앞의 책, pp.158-160.

48 幣原喜重郎, 앞의 책, p.183.

유지의 기조를 견지하려고 했던 것이다. 결국 이 같은 내각의 의견에 따라 가나야 한조(金谷範三) 육군 참모총장은 관동군에 사태 불확대 방침을 지시했다.

본국 정부로부터 무력공격 불확대 명령을 전달 받은 관동군의 혼조 사령관은 이시와라 참모가 주장한 관동군의 지린성 파견 및 조선군으로부터의 증원 요청을 승인하지 않고 사태 수습에 착수하려고 했다. 그러나 이시와라는 이에 대한 항의 표시로 9월 20일 후배 장교들을 불러모아 참모 직무의 사임 의사를 밝혔다. 그러자 청년 장교들이 단체로 혼조 사령관에게 이시와라가 구상한 작전계획을 실행할 것을 요구했고, 혼조 사령관은 결국 이들의 요구에 굴복하여 지린성 지역에 대한 관동군 병력의 파견을 승인했다. 관동군의 지휘체계는 혼조 사령관을 정점으로 이타가키 고급참모, 이시와라 등으로 이어졌으나, 만주사변은 실질적으로 이시와라의 주모로 진행되었던 것이다.[49]

결국 이시와라의 계획대로 다몬 지로(多門二郎) 사령관이 지휘하는 관동군 제2사단 병력이 철도로 지린성 지역으로 파견되어 전역이 확대되었고, 9월 21일에는 조선군 예하의 병력이 관동군의 무력행사를 지원하기 위해 만주 방면으로 이동했다. 당시 조선에서는 1931년 6월에 부임한 우가키 가즈시게 조선 총독과 조선군 사령관 하야시 센주로 등이 관동군에 의한 무력행사 소식을 접하면서 이를 적극 지원해야 한다는 방침을 정하고 있었다. 우가키 총독은 사변 발발 직후 이 지역에 신정권을 수립하여 중국 본토와 분리하고 이를

---

49 Peatie, 앞의 책, pp.123-124. 이 때문에 피티는 만주사변을 이시와라의 전쟁으로 불렀고, 시마다 도시히코(島田俊彦)는 기획자 이시와라, 책임자 이타가키로 표현했다.

바탕으로 일본의 영향력을 확대해야 한다는 만몽 적극정책 입장을 정하고 본국의 정부 및 관동군의 혼조 사령관에게 제언했다. 이 같은 방침에 따라 하야시 조선군 사령관은 본국 정부와 협의 없이 독단으로 혼성 제39여단 및 독립비행대 병력과 장비들을 펑톈 방면으로 파견하여 병력 열세상황에 놓여 있던 관동군을 지원했다.[50] 이 같은 조선군의 행위는 사변 불확대 방침을 정한 내각의 입장과 배치되는 것이었을 뿐만 아니라 해외에서의 병력 이동에 대해서는 천황의 사전 승인을 받아야 한다는 관례에도 어긋나는 것이었다. 이 때문에 와카쓰키 총리 및 이노우에 대장상 등이 격노했고 결국 천황에게 와카쓰키 총리와 미나미 육군상이 사죄하는 사태로까지 이어졌다.[51] 그리고 일본 정부는 9월 24일 대외성명을 발표하여 관동군을 철수시켜 기존 국제법의 질서 내에서 사태 수습을 도모하겠다는 입장을 표명했다.[52]

그러나 이 같은 본국 정부의 입장에도 불구하고 이시와라 등 관동군 주모자들은 지린성 방면에 대한 공격 확대를 지속했고 그 결과 9월 말 시점에 남만주 전역과 중만주의 상당 부분을 무력으로 장악했다. 그에 더해 이시와라 등은 하얼빈 방면으로 군사작전을 확대하여 북만주지역까지 장악하려고 했다. 그러자 10월 3일 본국 정부에서 북만주지역에 대한 작전 확대를 반대한다는 지시가 내려왔다.

---

50 우가키 가즈시게 총독의 방침에 대해서는 山辺健太郎, 『日本統治下の朝鮮』, 岩波親書, 1971, p.154, 하야시 센주로 조선군 사령관의 조치에 대해서는 宮田節子 編, 『朝鮮軍概要史』, 不二出版, 1989, p.18을 참조하라.

51 幣原喜重郎, 앞의 책, p.184; 藤原彰, 앞의 책, pp.65-67.

52 이 같은 성명에 대해 국제연맹은 9월 30일 일본 정부의 입장을 지지한다고 밝혔다. 井上壽一, 『日本外交史講義』, 岩波書店, 2003, pp.73-75.

이에 관동군은 10월 4일 이에 대한 반박성명을 발표하면서 본국 정부의 지시를 아예 무시하는 태도를 보였다. 중국 대륙에 대한 국제적 합의를 준수하려는 본국 정부와 이를 무시하고 만몽영유의 군사적 비전을 강행하려는 관동군 주모자들 간의 대립이 첨예화되던 상황에서 이시와라는 보다 공세적인 계획을 과감하게 실행에 옮겼다. 10월 8일 관동군은 장쉐에량 군대의 본거지인 진저우(錦州) 지역에 대한 공중 폭격을 감행했다. 중국군으로부터 노획한 5대의 공군기에 폭탄을 적재하고 이시와라도 그중의 1대에 직접 탑승하여 펑톈 비행장에서 이륙한 뒤 진저우까지 비행하여 75발의 폭탄을 장쉐에량 지휘부에 투하한 것이다.[53] 진저우에 대한 폭격은 일본의 외교사학자 이노우에 슈이치(井上壽一)의 표현처럼 도쿄의 본국 정부에 대한 폭격이었고 국제연맹에 대한 폭격에 다름 아니었다.[54]

이 시기에 이시와라는 관동군의 명의로 본국 정부에 보낸 전문을 통해 정부가 만주에서의 대업을 방해한다면 관동군이 본국 정부와 분리되어 독립된 정부를 만들 수 있다고 강변했다. 사태가 걷잡을 수 없이 치닫자 10월 18일 육군상 미나미 지로는 관동군에 보낸 전신을 통해 제국 군대로부터 독립된 정부와 군대를 만들겠다는 논의를 중지할 것을 지시했고, 육군 참모본부는 이마무라 히토시(今村均) 대좌 등을 펑톈에 파견하여 이시와라를 비롯한 관동군 참모들의 부주의를 질책하고 본국 정부의 지시에 따를 것을 종용했다. 그러나 이러한 본국 정부의 지시와 무마 노력은 무위로 돌아갔다.[55]

---

53 Mark R. Peattie, 앞의 책, p.126.
54 井上壽一, 앞의 책, p.74.
55 Mark R. Peattie, 앞의 책, pp.128-129.

11월에 접어들어 이시와라가 주도하는 관동군의 공세는 더욱 확대되었다. 11월 17일 관동군은 북만주 방면의 치치하얼로 진격하여 11월 19일 그곳을 점령했다. 이어 11월 28일에는 랴오허(辽河)를 건너 진저우에 대한 작전을 개시했고, 1932년 1월 3일 이 지역을 장악했다.[56] 동시에 관동군의 혼조 사령관은 비밀리에 도이하라 겐지(土肥原賢二) 대좌를 텐진에 파견하여 일본 조계(租界)에서 생활하던 청국의 마지막 황제 푸이와 접촉하게 했다. 실의의 나날을 보내고 있던 푸이에게 곧 수립될 만주국의 황제로 옹립하겠다는 계획을 설명하고 그를 보하이만에 정박 중이던 배에 승선시켜 뤼순에 도착하게 했다. 본국 정부의 동향과 무관하게 관동군은 군사적으로나 정치적으로 만주국의 수립을 위한 자체 계획을 착착 진행하고 있었던 것이다.

관동군의 독주를 저지할 수 없었던 본국의 와카쓰키 내각은 결국 그에 대한 책임을 지고 12월 11일 총사직을 선언하지 않을 수 없었다. 후임으로 반대 정파인 정우회 소속의 이누카이 쓰요시(犬養毅)가 총리에 취임했고, 육군상에는 황도파의 중심인물인 아라키 사다오, 참모총장에는 황족 출신인 칸인노미야(閑院宮) 등이 입각했다. 전임 내각의 와카쓰키 총리, 시데하라 외상, 가나야 참모총장 등이 관동군의 독단에 제동을 걸고자 했다면, 후임 내각의 이누카이 총리나 아라키 육상 등은 만주지역의 사태에 심정적으로 동조하면서 묵인하는 입장으로 선회했다.[57]

56　北岡伸一, 앞의 책, p.163; 島田俊彦, 앞의 책, pp.109-111. 다만 진저우에 진출한 관동군은 이 작전이 천황의 명령에 반하는 것이라는 가나야 한조(金谷範三) 참모총장의 강력한 경고에 따라 다시 평톈으로 철수했다. 幣原喜重郞, 앞의 책, pp.185-186.

57　Mark R. Peattie, 앞의 책, p.132.

1932년 3월 1일 드디어 만주국의 건국이 선언되었다. 만주국은 애초 민주공화제 형태를 조직하고 톈진에서 관동군이 모셔온 푸이를 집정으로 옹립했다. 수도는 창춘으로 정했으며 인구는 3,400만 명에 면적은 일본 본토의 세 배 이상인 115만 평방킬로미터에 달했다. 만주국은 오족협화(五族協和)를 표방하면서 이곳의 중국인, 일본인, 조선인이 조화롭게 사는 낙토(樂土) 건설을 국가 비전으로 제시했으나, 그 실권을 일본의 관동군 사령관이 장악하는 괴뢰국가에 불과했다.[58]

이누카이 내각은 만주국을 승인하지 않았다. 그러나 만주국의 건국 직후인 3월에「만몽 문제 처리방침 요강」을 각의에서 논의하면서 첫째, 만몽을 중국 본토로부터 분리 독립시켜 독립국가로 유도하고, 둘째, 일본군에 의한 치안유지를 도모하며, 셋째, 만몽지역을 일본의 대소 및 대중 국방의 제1선으로 삼고, 넷째, 독립국가의 성립 이후 일본의 권익 회복과 확충을 도모할 것을 결정했다. 사실상 만주국을 중국에서 분리 독립시킬 것과 일본의 실질적인 지배권을 확립하겠다는 방침을 표명한 것이다.[59]

만주국을 정식으로 승인한 것은 이누카이 내각의 뒤를 이어 등장한 사이토 마코토 내각이었다. 해군 제독 출신의 사이토 총리와 외상 우치다 고사이는 9월 9일 만주국을 정식으로 승인하고, 초대 대사에 육군 대장 출신의 무토 노부요시(武藤信義)를 임명하고 그에게 관동군 사령관 및 관동주 장관을 겸임하게 했다. 만주국의 집정 푸이

---

58 일본의 대표적인 정치외교사학자 기타오카 신이치는 만주국이 일본이 세계사상 처음으로 발명한 괴뢰국가라고 혹평했다. 北岡伸一, 앞의 책, p.170.
59 黑野耐, 앞의 책, p.180.

는 신임 무토 대사에게 서한을 보내 만주국의 국방 및 치안을 위임한다는 뜻을 표명하고 아울러 철도, 항만, 항공로 등의 관리도 위탁했다.[60] 이로써 만주국은 이시와라 등이 계획했던 바에 따라 일본의 총력전 체제를 뒷받침하는 위성국가 형태로 재편되었다.

관동군의 독단적 군사행위로 수립된 만주국에 대해 본국 정부가 사실상 기정사실화하는 입장으로 선회하면서 이시와라 등 그 주모자에 대한 인식이나 처우에도 변화가 나타났다. 1932년 여름에 이시와라가 도쿄로 귀환했을 때 애초에는 장쭤린 폭살사건의 주범 고모토 다이사쿠처럼 처벌을 각오했으나, 오히려 육군본부 내의 청년 장교들이 그를 영웅시하면서 이후 승진을 거듭하는 예상치 못한 반전이 나타났던 것이다.[61] 군의 지휘계통을 무시하고 독단적 작전을 일삼았던 야전의 부랑아가 본국으로 귀환한 뒤 군법회의에 회부되지 않고 오히려 대륙 팽창의 영웅으로 대접받게 된 것은 향후 일본이 치닫게 되는 군국주의 노선을 상징적으로 보여주는 일면이기도 했다.

3. 군부의 대두와 국제협조노선에서의 이탈

이시와라 등이 주도한 만주사변은 일본 국내외에 다양한 영향을 파급시켰다. 우선 다이쇼 데모크라시 시기에 군비축소 등의 여파로 불만이 내재되었던 육해군의 청년 장교들이 이시와라와 같은 과격한 방식으로 자신들의 의사를 표현하는 사건이 빈발했다. 즉, 기존의 정

60   北岡伸一, 앞의 책, pp.177-180.
61   Mark R. Peattie, 앞의 책, pp.138-139.

치질서를 무시하거나 전복하여 자신들이 원하는 정권을 세우려고 하는 군사 쿠데타가 소장 장교들에 의해 자행되기 시작한 것이다.

만주사변이 발발하기 전인 1931년 3월 육군 참모본부 제2부에서 러시아 반장 임무를 수행하던 육사 23기 하시모토 긴고로(橋本欣五郎)가 후배 장교인 초우 이사무(長勇), 국가개조를 주장해온 극우사상가 오카와 슈메이(大川周明) 등과 함께 쿠데타를 기획했다. 이들은 기존의 부패한 정당정치가들을 대체하여 군부 출신 우가키 가즈시게를 총리로 옹립하려는 계획하에 오카와가 군중집회를 열어 의회를 포위하면 군부가 계엄령을 내려 내각을 총사직시키고 천황에게 우가키를 총리로 임명하게끔 한다는 소위 3월 사건을 일으켰다. 그러나 우가키가 이에 응하지 않아 3월 사건은 실패로 돌아갔다.[62]

그러나 하시모토는 포기하지 않았다. 그는 다시 만주사변이 발발한 직후인 10월에 후배 장교 초우 이사무 및 극우주의 사상가 오카와 슈메이, 기타 잇키 등과 함께 소위 10월 사건을 다시 일으켰다. 즉, 만주사변과 호응하여 국내의 정치개조를 단행한다는 것으로 병력을 동원하여 총리 이하 내각의 주요 인사를 암살하고 육군성과 참모본부를 포위하여 세력을 장악한 다음에 천황을 움직여 군부 출신 아라키 사다오(荒木貞夫)를 총리로 옹립하고 하시모토 자신이 내무상, 상사인 다테가와 요시츠구 등을 외상으로 기용하는 내각을 구성하려고 한 것이다. 그러나 이 계획은 사전에 헌병대에 의해 발각되어 결국 수포로 돌아갔고 주모자인 하시모토와 초우는 각각 20일과

---

62 北岡伸一, 앞의 책, pp.220-221. 이들의 계획에 대해 하시모토 긴고로의 상사인 육군 참모본부 다테카와 요시츠구(建川美次) 제2부장과 고이소 구니아키(小磯國昭) 군무국장이 지지를 표명하기도 했다.

10일 정도의 근신 처분을 받았다.[63]

만주국이 건국된 이후인 1932년 5월 15일에는 해군 장교들의 주도로 소위 5·15사건이 발생했다. 해군 장교 고가 세이시(古賀淸志), 미카미 다쿠(三上卓) 등이 육군사관 후보생들과 함께 총리 관저에 난입하여 이누카이 총리를 암살하고 이어 집권 정당인 정우회 본부와 미쓰비시 은행 등을 습격한 것이다.[64]

이후에도 청년 장교들이 쿠데타를 모의하거나 일으킨 사건들이 이어졌다. 1934년 11월 20일에는 무라나카 다카지(村中孝次), 이소베 아사이치(磯部浅一) 등 청년장교 3명과 사관후보생들이 오카다 총리, 사이토 전 총리 등 정부의 주요 인사들을 암살하고 아라키 사다오나 이시와라 간지를 총리로 옹립하려는 계획을 세우다가 체포된 소위 사관학교 사건이 발생했다.[65] 1936년에는 유명한 2·26사건이 이어졌다.

이 같은 군부 쿠데타 시도로 이누카이 총리를 포함한 정당 출신의 유력 정치인들이 암살되는 사태가 발생하자, 1920년대 다이쇼 데모크라시 시대에 유력 정당 대표가 총리에 지명되는 관행이 무너졌다. 후임 총리 선정에 영향력을 가져온 원로들이나 천황이 민간 정치인보다는 육해군의 영향력 있는 군인 출신을 총리로 내세워 군부를 다독이지 않으면 안 되었던 것이다. 〈표 7-1〉은 1920년대 이래 1940년대까지 역대 총리들의 출신 배경을 보여주는 자료이다. 이 표에 따

---

63 北岡伸一, 앞의 책, pp.221-222.
64 北岡伸一, 앞의 책, pp.223-225. 기타오카 신이치에 따르면 이 사건 이후 일본 재벌들이 기타 잇키(北一輝) 등 우익 사상가들에게 자금을 제공하는 등 연결관계가 형성되었다.
65 北岡伸一, 앞의 책, p.228.

표 7-1 제국 일본 총리의 출신 배경(1927-1940)

	정우회	민정당	군부 기타	주요 사건
1927-1929	다나카 기이치			
1929-1930. 11.		하마구치 오사치(저격)		
1930. 11-1931. 12.		와카쓰키 레이지로		
1931. 12-1932. 3.	이누카이 쓰요시 (암살)			
1932. 3-1934. 7.			사이토 마코토 (해군)	정당 내각 중지 만주국 건국 국제연맹 이탈
1934. 7-1936. 2.			오카다 게이스케 (해군)	천황제기관설 2·26 사건
1936. 2-1937. 1.			히로타 고키 (외교관 출신)	대독 방공동맹 대중 강경책 제국국책 결정
1937. 2-1937. 6.			하야시 센주로 (육군)	
1937. 6-1939. 1.			고노에 후미마로 (귀족)	중일전쟁
1939. 1-1939. 8.			히라누마 기이치로	노몬한 사건
1939. 9-1940. 1.			아베 노부유키 (육군)	독일, 폴란드 전역
1940. 1.			요나이 미쓰마사 (해군)	독일, 프랑스
1940. 7.			고노에 후미마로(귀족)	시국처리요강 결정 남방 진출 3국 동맹

르면 1932년 5월 이누카이 총리가 암살된 이래 정당 출신 정치가들은 아예 총리에 기용되지 못했고 주로 해군과 육군 출신의 군인들이 총리에 지명된 것을 알 수 있다. 만주사변은 다이쇼 시대 이래 싹트던 일본 정당정치의 맥을 자른 것이다.[66]

만주사변은 일본의 대외관계도 급변시켰다. 이시와라 등의 주도로 만주사변이 진행되자 1922년 워싱턴 조약에 의해 중국 대륙에 대한 현상유지를 일본과 더불어 합의한 바 있었던 미국과 영국 등 국제사회의 주요 국가들은 촉각을 곤두세우고 주시했다. 만주사변 발발 직후인 1931년 9월 30일 국제연맹은 일본에 만주에서 병력을 철수하라고 요구했고, 다음 해 1월 7일에는 미국의 국무장관 헨리 스팀슨(Henry Stimson)이 만주에서 무력에 의한 현상 변경은 미국의 문호개방 정책에도 배치되는 것이라고 지적하면서 이를 용인하지 않겠다는 스팀슨 독트린을 발표했다.[67] 이러한 국제사회의 요구에도 불구하고 결국 일본 정부가 관동군을 통제하지 못하게 되자 국제연맹은 이해 12월 10일 벵골 주지사와 인도 총독대리를 역임한 영국 귀족 출신 불워-리튼(Bulwer-Lytton)을 위원장으로 하고 미국, 프랑스, 독일, 이탈리아 출신 인사들로 구성된 리튼 조사단을 구성하여 만주사변의 실태를 조사하게 했다. 리튼 조사단은 1년여의 현지조사를 실시한 후인 1932년 10월 국제연맹에 조사보고서를 제출했다. 그 주요 내용은 첫째, 9·18 이후 관동군에 의한 군사작전은 자위조치가 아니었고, 둘째, 만주국은 현지 주민들의 의사와 무관하게 일본 육군에 의해 인위적으로 만들어졌으며, 셋째, 만주국의 수립은 워싱턴 9개국 조약에 배치되고, 넷째, 향후 만주는 국제연맹의 보호 아래 중국의 일부로 남아야 하며, 다섯째, 만주지역에서 중국과 일본의 이해관계에 대해서는 별도의 조약으로 처리해야 한다는 것이었다.[68]

66 入江昭, 『太平洋戦争の起原』, 東京大学出版会, 1991, 제1장.
67 Michael A. Barnhart, *Japan Prepare for Total War: The Search for Economic Security, 1919-1941*, Ithaca: Cornell University Press, 1987, pp.55-56.

리튼 조사단의 보고에 따라 국제연맹은 만주 문제를 논의하기 위한 임시총회를 1933년 2월에 개최했고, 일본의 사이토 내각은 외교관 출신으로 만철 총재를 지낸 마쓰오카 요스케(松岡洋右)를 대표로 파견했다. 2월 24일에 개최된 국제연맹 총회는 리튼 조사단의 보고서와 대일 비난 권고를 42 대 1로 가결했고, 마쓰오카 대표는 권고안을 수락하지 않고 제네바의 국제연맹 총회장에서 퇴장했다.[69] 국제연맹 총회의 표결 결과 및 마쓰오카의 퇴장은 만주사변으로 인해 국제사회에서 고립되어가는 일본의 위상을 상징하는 장면이기도 했다. 결국 일본 정부는 3월 27일 국제연맹 총회의 결정에 대한 항의 표시로 국제연맹 탈퇴를 공표했다.[70]

일본이 국제연맹 탈퇴를 결정한 1933년 3월은 국제정치의 질서가 새로운 형태로 움직이는 기점이기도 했다. 이 시기에 미국에서는 민주당 출신 프랭클린 루스벨트(Franklin Roosevelt) 대통령이 취임식을 했다. 그는 코델 헐(Cordell Hull)을 국무장관으로 기용하고 이전 정부와 다르게 보다 적극적인 아시아 정책을 강구하면서 만주사변에 대한 보복으로 대일 금수를 검토하기 시작했다.[71] 두 달여 전인 1월에는 독일에서 히틀러가 정권을 장악하면서 베르사유 체제에 대한 이탈이 가속화되고 있었다. 일본의 국제연맹 탈퇴는 같은 방향으

---

68 윈스턴 처칠, 『제2차 세계대전』(상), 까치, 2016(1959), pp.70-71; 入江昭, 앞의 책, 제1장을 참조하라.
69 北岡伸一, 앞의 책, p.181. 일본 사회에서는 4월 27일에 귀국한 마쓰오카 요스케를 환영하는 분위기였다고 한다.
70 히로히토 천황은 내각의 결정을 승인했다. 빅스는 히로히토가 단호한 자세를 보였다면 아시아 먼로주의에의 경사는 막을 수 있었을 것이라고 분석했다. Herbert P. Bix, 앞의 책, p.263.
71 Michael A. Barnhart, 앞의 책, p.60.

로 움직이던 독일로의 접근을 의미하기도 했지만 태평양 방면에서 미국과의 충돌 가능성을 높이는 계기도 되었다.

국제연맹을 이탈한 이후 일본은 군사적으로나 외교적으로 보다 대담한 행보를 보이기 시작했다. 1933년 4월 관동군은 장성(長城)을 넘어 중국 북쪽 화북지방의 러허성(熱河省) 방면으로 진공해 들어왔다. 러허성은 만주국의 성립 이후 장쉐에량군이 본거지로 삼던 곳이었다. 장쉐에량군은 국민당 정부의 지원을 받아 저항했으나 결국 관동군이 이 지역을 점령했고, 작전이 완료된 이후인 5월 31일 중국군과 탕구(塘沽) 정전협정을 체결했다. 그 결과 장성 이남 지역에 중립지대가 설치되었고, 일본은 만주국과 내몽고를 판도로 하는 영역에서 지배적 위치를 굳히게 되었다.[72]

만주사변의 발발은 일본과 소련의 관계에 긴장을 불러일으켰다. 사실 이오시프 스탈린(Joseph Stalin) 치하의 소련은 일본군이 만주사변을 통해 자국과의 접경지역까지 세력을 확장하는 것에 신경을 곤두세우고 있었다. 이에 대응하기 위해 만주와 소련의 국경지대에 요새를 건설하고 1932년 시베리아 철도의 복선화 공사를 개시했다. 그리고 같은 시기에 블라디보스토크를 기지로 하는 극동해군을 편성했고 1935년 이를 태평양함대로 개칭했다.[73]

일본 육군도 만주사변을 통해 소련과 국경을 접하게 되면서 극동지역에 배치된 소련군과의 교전 가능성에 대비한 준비에 착수했다. 1933년 6월 아라키 사다오 육군상은 육군성 및 참모본부의 중요 간

72　北岡伸一, 앞의 책, p.184; 入江昭, 앞의 책, 제1장. 기타오카 신이치는 탕구협정의 체결로 만주사변이 종료되었다고 본다.
73　山室信一, 앞의 책, p.46; 山田朗, 앞의 책, pp.159-160.

부들을 소집하여 향후의 만주 방면 육군전략 방향에 대해 논의했다. 이 자리에서 참모본부 제3부장 오바타 도시로(小畑敏四郎)는 만주사 변에 이어 대소 전쟁을 실행해야 한다고 주장했다. 이에 반해 참모 본부 제2부장 나가타 테츠잔은 지금 소련과 전쟁을 하는 것은 시기 상조이며 만주사변 이후 군사체제를 정비하고 중국과의 우호를 유 지하며 실력을 양성해야 한다고 반론을 전개했다.[74] 이 논쟁은 일본 육군 내의 황도파를 대표하는 오바타와 통제파를 대표하는 나가타 간의 전략 대립이 표면화된 계기가 되었다. 하지만 주목할 점은 만 주국의 수립 이후 일본 육군이 소련과의 전쟁에 대비한 실질적인 논 의에 착수했다는 것이다.

당시 일본 육군은 극동지역 소련군의 전력을 보병 중심의 저격 8 개 사단과 전차 300량, 항공기 350기로 판단했다. 이에 대응하기 위 한 대소작전계획이 1933년부터 연도별로 책정되기 시작했다. 1933 년의 작전계획에 따르면, 개전할 경우 제1단계로 만소 국경의 동부 에서 소련 방면으로 진격하여 블라디보스토크 주변의 소련 육군 전 력 및 항공 전력을 격멸하고, 제2단계로 국경 서부의 외몽고 및 다싱 안링(大興安嶺) 방면에서 공격하여 소련 주력군과 결전을 벌이며, 최 종적으로 바이칼호 방면까지 진격하도록 했다.[75]

---

74 佐藤賢了,『東條英機と太平洋戦争』, 文藝春秋, 1960, p.17; Michael A. Barnhart, 앞의 책, p.34를 참조하라. 이 논쟁에서 피력된 나가타의 논리는 같은 시기에 「군사상에서 본 황 국(皇國)의 국책(國策)」을 저술한 이시와라 간지의 그것과 유사하다. 이시와라는 만주국 수 립 이후의 당면 과제는 일본, 만주, 지나(중국)의 3국 간 협동 증진, 나아가 동아연맹의 형성을 통해 전반적인 국력과 경제력을 높이는 것이며 이를 통해 미일 개전의 준비를 30년 정도 해 야 한다고 주장했다. 이 기간에 전쟁을 하는 것은 회피해야 한다는 것이다. 黑野耐, 앞의 책, pp.188-189에서 재인용했다.
75 山田朗, 앞의 책, p.161. 이 같은 작전계획은 1936년까지 유지되었고 중일전쟁이 발발한

일본 육군이 만주국을 발판으로 소련과의 전쟁에 대비한 준비를 착수하던 시기에 사이토 내각은 히로타 고키(廣田弘毅) 외상의 주도로 일본, 만주, 지나(중국) 간의 제휴와 공조체제의 구축을 목표로 하는 대외정책을 추진했다. 1933년 10월 총리, 외상, 대장상, 육군상, 해군상 등 5명의 각료회의[五相會議]에서 결정된 "제국의 지도하에 일만지(日滿支) 3국의 제휴공조를 실현하고 이에 의해 동양의 항구적 평화를 확보하며 나아가 세계평화의 증진에 공헌한다."라는 방침이 그것이다. 이 같은 일만지 3국의 제휴공조체제에서 일본이 주도적 역할을 해야 한다는 입장은 이어지는 외상의 연설에서 뚜렷하게 드러났다. 1934년 1월 히로타 외상은 의회 연설을 통해 동아 평화유지에서 일본이 모든 책임을 진다고 강조했다. 더 나아가 1934년 4월 17일 외무성 정보국장 아모우 에이지(天羽英二)는 대중 정책에 대한 담화를 발표하면서 일본이 동아에서 평화와 질서를 유지해야 할 사명을 갖고 있기 때문에 구미 열강의 중국에 대한 공동 행위가 재정이나 기술 원조 등을 막론하고 동아의 평화와 질서를 교란하는 경우에 반대한다는 입장을 밝혔다.[76] 이 같은 히로타 외상과 아모우 정보국장의 연설은 일본이 아시아 지역의 맹주이며 중국 대륙에 대한 구미 열강의 간섭을 배제하겠다는 일본판 아시아 먼로주의의 선언에 다름 아니었다.[77] 이 같은 대외정책 기조를 천명하면서 1934년 7월에 등장한 해군 제독 출신의 오카다 게이스케(岡

1937년 이후 서부 방면의 결전 계획은 포기되었다.
76 北岡伸一, 앞의 책, pp.185-186. 우스이 가츠미(臼井勝美)는 아모우 에이지의 성명이 당시 외무성 차관 시게미쓰 마모루(重光葵)가 4월 13일에 중국 공사에게 보낸 전문을 바탕으로 했다고 지적했다. 臼井勝美, 『日中戰爭: 和平か戰線擴大か』, 中公新書, 2000, p.11.

田啓介) 내각은 1934년 12월을 기해 워싱턴 해군군축조약으로부터의 탈퇴를 통고했다. 이로 인해 1920년대 이래 일본을 국제사회와 긴밀하게 연계했던 국제연맹과 워싱턴 군축조약이라는 대외관계의 기축이 형해화했다. 만주사변 이후 일본의 대외관계는 아시아 맹주의 지위에 집착하면서 국제협조 노선에서 이탈하여 점차 고립화 방향으로 변화했던 것이다.

77　北岡伸一, 앞의 책, p.186, 이리에 아키라(入江昭)도 같은 견해를 보였다.

8장

중일전쟁

1. 국제연맹 탈퇴 이후의 육군과 해군

1) 육군의 화북자치공작

만주국의 수립과 국제연맹의 이탈 이후 일본 사회에서는 오히려 국제연맹을 위시한 국제사회의 주도국가들을 비판하는 대외정책 담론이 여론을 지배했다. 귀족원 부의장 고노에 후미마로는 1933년 2월 「세계의 현상을 개조하자」라는 논설을 공표했다. 이 논설에서 그는 현재 구미의 여론들이 일본을 만주사변을 도발한 세계평화의 공적(公敵)인 것처럼 비판하고 있으나 진정으로 세계평화의 실현을 방해하고 있는 세력은 일본이 아니라 불공평한 자원과 영토의 분배 속에 현상유지를 도모하고 있는 구미 국가들이라고 반론했다.[1] 이 논설은 그가 청년 시절인 1918년 베르사유 강화조약의 수행원으로 출발하기 직전에 발표했던 논설과 논지가 일치하는데, 군부와 관료, 일부

---

[1] 近衛文麿, 「世界の現狀を改造せよ」(1933. 2), 『淸談錄』, 千倉書房, 2015(1936), pp.192-199.

지식인들의 호응을 얻었다.[2] 그 결과 이해 10월 고노에를 정점으로 하는 싱크탱크인 쇼와연구회가 창립되어 도쿄제국대학 교수인 료야마 마사미치(蠟山政道), 관료 출신인 이가와 다다오(井川忠雄)와 아시다 히토시(芦田均), 육군과 해군 중견 장교들인 스즈키 테이이치와 이시카와 신고(石川信吾) 등이 참가한 가운데 국방과 외교 문제 등에 대한 연구회를 매주 개최했다.[3]

한편 육군성은 국민을 대상으로 종전의 국제협조주의에 입각한 대외정책을 비판하고 군비강화의 필요성을 주장하는 여론을 조성하려고 했다. 1934년에 발간한 『국방의 본의(本義)와 그 강화의 제창(提唱)』이라는 소책자에서 육군성은 종전에 정당 내각들이 주도한 "협조외교"의 대외정책이 국민을 "미혹"시키는 것이었다고 비판했다. 그리고 "만주사변에 따른 국방 제1선의 확대로 황국의 세 배인 영역의 치안유지를 부담하게 되어 국방의 견지에서 이미 군비의 불충분을 느끼게 되었다."라고 하면서 군비증강의 필요성을 역설했다.[4]

이같이 국제연맹에서의 이탈 이후 일본의 정치세력과 군부는 국제연맹을 주도하는 국가들에 대한 대결의식을 가지면서 군비증강의 필요성을 역설했고, 야전에 파견된 육군과 해군은 보다 도발적인 정책들을 각각 추진했다.

1932년 3월 만주국을 수립한 관동군은 1933년에는 러허성 방면

---

2 岡義武, 『近衛文麿』, 岩波新書, 1972, p.31.
3 酒井三郎, 『昭和研究會: ある知識人集団の軌跡』, TBSブリタニカ, 1979, pp.13-16.
4 石橋湛山, 「國防要素としての武力の役割: 陸軍省新聞班發表の冊子を評す」(「社説」 1934. 10. 13), 『石橋湛山評論集』, 東洋經濟新報社, 1990, pp.290-296에서 재인용했다. 이시바시 탄잔은 육군성의 이 책자가 전쟁찬미론에 빠져 있다고 혹평하면서 평화적인 수단으로 국방의 임무를 수행하는 것이 필요하다는 반론을 제기했다.

으로 진공하여 중국 측과 탕구협정을 체결하면서 이 지역을 만주국의 판도로 흡수했다. 이후 관동군은 참모장 이타가키 세이시로 및 펑톈 특무기관장 도이하라 겐지를 중심으로 북중국의 화북지역과 만주국의 북방에 위치한 차하르 지역에 대해 영토적 관심을 갖게 되었다. 도이하라는 1934년 차하르 지역의 몽고 지도자들을 대상으로 반중국 적대공작을 실시하는 동시에 만주군을 차하르 지방으로 진격시켜 그 북동지방을 점령했다. 그 결과 도이하라와 이 지역 지도자들 간에 약정이 체결되어 차하르 지방에 비무장지대가 설치되었다.[5]

도이하라와 이타가키 참모장은 후속작업으로 북중국에 대한 일본의 영향력 확대를 도모했다. 이타가키 참모장은 관동군이 만주사변을 통해 만주국을 장악했지만 천연자원은 북중국 방면이 월등하게 풍부하다는 인식하에 영국이나 미국에 앞서 일본이 이 지역을 확보해야 한다는 생각을 하고 있었다.[6] 이 같은 인식 속에 도이하라는 톈진을 본거지로 하는 일본의 지나주둔군 사령관 우메즈 요시지로(梅津美次郎) 및 그 참모장 사카이 다카시(酒井隆) 등과 함께 화북지역을 난징(南京)의 국민정부와 분리하려는 소위 화북자치공작에 착수했다. 지나주둔군, 일명 톈진군은 1900년 의화단 사건 당시 톈진주둔이 승인된 부대로 총 병력은 2,000명 규모였다. 화북지역은 중국 북부에 위치한 산시성(山西省), 허베이성(河北省), 산둥성, 치치하얼성, 쑤이위안성(綏遠省) 일대를 지칭하는데, 당시 쑹저위안(宋哲

---

5 Mark R. Peattie, *Ishiwara Kanji and Japan's Confrontation with the West*, Princeton: Princeton University Press, 1975, p.270.
6 Mark R. Peattie, 앞의 책, p.268.

元) 등의 실력자들이 지배하고 있
었다. 관동군의 정보부대를 담당한
도이하라는 만주사변 당시 관동군
이 소수 병력으로 장쉐에량군을 압
박하여 만주국을 수립했던 것처럼
2,000명 규모의 텐진군을 이용하여
화북지역을 일본의 영향하에 장악
하려고 했던 것이다. 1935년 5월 30
일 텐진군은 허베이성의 정부청사
문전에 장갑차와 대포, 기관총을 배

그림 8-1. 도이하라 겐지(1883-1948)

치하여 중국 측에 위압을 가했다. 이어 도이하라는 쑹저위안 등에게
반일 기관의 해산, 일본인 군사 및 정치 고문 초빙, 비행장 건설 협조
등을 요구했다. 이 같은 관동군 특무부대와 텐진군에 의한 화북지역
강압정책은 이해 8월 우메즈 사령관과 교대하여 다다 하야오(多田
駿) 소장이 지나주둔군 사령관으로 부임한 이후에도 지속되었다.[7]

다다 사령관은 9월 24일 대중 성명을 발표하여 북중국에서 반만
항일분자의 일소, 북중국 경제권의 독립, 북중국 5개성의 군사적 협
력에 의한 적화 방지를 정책 방침으로 밝혔다. 그 이후인 11월에 도
이하라는 텐진에 도착하여 중국 측 실력자 쑹저위안에게 화북지역
자치방안 10개 항목을 제시했다. 그 요점은 화북 5개성 지역에 쑹저
위안을 수반으로 하고 도이하라를 고문으로 하는 화북공동방적(華
北共同防赤)위원회를 구성하고 최고위원회와 각 성을 설치하여 군사

---

7 이하 화북자치공작에 관해서는 臼井勝美, 앞의 책, pp.26-30; 北岡伸一, 『日本の近代5: 政
   党から軍部へ, 1924-1941』, 中央公論新社, 1999를 참조하라.

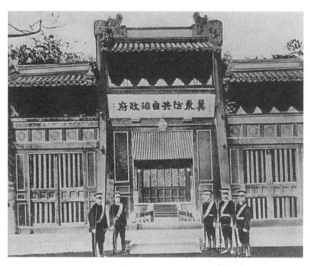

그림 8-2. 지둥방공자치정부의 영역과 정부청사

및 외교, 경제 정책을 담당하게 하며 삼민주의(三民主義)와 공산주의
를 각각 파기하고 대외적으로 친일반공(親日反共) 정책을 표방한다
는 것이었다. 이러한 요구를 중국 측이 승낙하면서 1935년 11월 허
베이성 통저우(通州)에서 지둥방공(冀東防共)자치위원회가 설립되었
다. 지둥방공자치위원회는 이후 지둥방공자치정부라고 개칭했는데,
이는 만주국에 이어 일본 주도로 설치된 두 번째 괴뢰정부에 다름
아니었다.[8] 도이하라를 필두로 하는 관동군과 지나주둔군 소속 육군
장교들은 이시하라의 만주사변을 모델로 하여 소위 화북자치공작
을 추진했던 것이다. 지둥방공자치정부의 수립으로 일본은 중국 정
부와 분리된 친일적인 자치정권을 화북지역에 만들어 만주국의 안

8 Herbert P. Bix, *Hirohito and the Making of Modern Japan*, New York: Perennial,
2001, p.286.

전을 도모할 뿐만 아니라 중국 내에서 일본의 영향력을 확대하고 이 지역의 풍부한 자원을 이용하여 일본의 경제능력과 군사력을 증강시킨다는 애초의 목표를 이룰 수 있게 되었다.

2) 해군의 확장계획 및 동남아 진출 전략

육군의 관동군과 지나주둔군이 차하르 지역으로 진출하고 화북 일대에서 방공자치정부를 수립하면서 대륙에서의 지배 범위를 확대하고 있을 때, 해군에서도 워싱턴 군축조약을 형해화하는 정책들을 추진하고 있었다. 국제연맹 탈퇴 전후의 시점에 해군 지휘부에서는 점차 워싱턴 해군군축조약에 반대하던 함대파 세력들이 요직을 점하게 되었다. 1932년 2월 해군 군령부장에 취임한 후시미노미야 히로야스오우(伏見宮博恭王) 및 군령부 차장 다카하시 산키치(高橋三吉) 등은 대표적인 함대파 계열의 인사들로, 이들은 해군대신 오스미 미네오(大角岑生)와 함께 조약파 계열의 해군 유력자들을 인사에서 배제하기 시작했다. 그리고 오스미 해군대신은 1933년 10월에 열린 5상회의 석상에서 "미국의 극동 개입을 단호하게 배격할 만한 군비를 증강하기 위해 기존 조약의 구속에서 벗어나는 것이 필요하다."라고 강조하기도 했다.[9]

이 같은 함대파 계열의 해군대신과 군령부장의 방침에 부응하여 1933년 10월 군령부 참모 이시카와 신고(石川信吾)는 「차기군축대책사견(次期軍縮對策私見)」이라는 보고서를 함대파의 리더인 가

---

9   相澤淳, 『海軍の選擇: 再考眞珠灣への道』, 中央公論新社, 2002, pp.22-24.

그림 8-3. 이시카와 신고(1894-1964)

토 히로하루 등에게 제출했다. 이미 1931년 12월에『일본의 위기』라는 책을 저술하여 미국에 대항하기 위해 만주 점령이 필요하다고 주장한 바 있었던 이시카와는 이 보고서에서 미국이 워싱턴 해군군축회의 이후 해군 전력의 우위를 유지하면서 동양에 대한 진공작전을 추진하고 있다고 분석하면서 일본은 차기 군축회의의 결렬을 각오하면서 "비율주의를 버리고 균세(均勢)"를 추구해야 한다고 주장했다. 그는 구체적인 방안으로 군축체제의 이탈 이후 미국의 전함에 대해 절대적인 우위를 보일 수 있는 6만 톤급 대전함의 건조를 제안했다. 파나마 운하를 통과해야 하는 미국 해군은 최대 전함의 배수량 상한이 4만 5천 톤급이므로 이를 상회하는 대전함의 건조를 추진하여 미국에 대한 절대우위를 확보하고 향후 국제정세의 위기에 대응해야 한다는 것이었다.[10]

이 같은 이시카와의 대전함 건조론은 1934년 12월 오카다 게이스케 정부가 미국에 워싱턴 해군군축조약의 파기를 통고하면서 현실적인 해군 건함 정책의 기준으로 기능했다. 즉, 1934년 10월 해군 군령부는 6만 톤급 대전함의 건조를 요구했고 이러한 요구가 수용되

10 이시카와 신고의 대전함 건조론에 대해서는 相澤淳, 위의 책, pp.24-34를 참조하라.

면서 1937년부터 개시된 제3차 보충계획에서 배수량 6만 톤을 상회하는 대전함 2척의 건조 예산이 포함된 것이다.[11] 1933년 시점에 일본의 제1함대에 편성된 주력 전함들의 대부분이 배수량 3만 톤 정도였음을 감안한다면 이를 훨씬 상회하는 6만 톤급 전함의 신규 건조는 일본 해군으로서는 야심적인 사업일 수밖에 없었다.[12] 또한 일본의 6만 톤급 대전함 건조계획은 주력함 건조비율 제한을 규정한 워싱턴 해군군축회의 체제가 1934년 12월에 파기된 이후 뒤늦게 전함의 추가 건조에 착수한 미국과 영국의 건함계획을 크게 앞서는 것이기도 했다. 영국은 1937년 1월부터 배수량 3만 6천 톤의 킹 조지 5세급 신형 전함 2척의 건조에 착수했고, 미국은 1937년 10월에 배수량 3만 7천 톤의 노스캐롤라이나급 전함의 기공식을 했다. 그러나 이들 영국과 미국의 전함은 배수량이나 주포의 사정거리 측면에서 일본의 야마토(大和)급에 필적하지 못했다.[13]

일본은 이들 거대 전함을 1920년대 후반부터 해군이 구상해온 색적, 점감, 함대결전의 3단계 전략 가운데 마지막 단계인 함대결전에 투입하려는 전략 구상으로 건조에 착수했다. 그러나 이 시점에

---

11 이들 전함이 1941년에 쿠레(吳)에서 건조된 야마토(大和)와 무사시(武蔵)이다. 相澤淳, 앞의 책, pp.31-36.

12 1933년 시점에 일본 해군은 제1함대, 제2함대, 제3함대로 편성되어 있었다. 제1함대는 미국과의 함대결전에 대비한 부대로 배수량 3만 톤급의 전함과 항모, 잠수함이 주요 전력이었고, 제2함대는 적의 함대를 점감(漸減)시키는 역할을 수행하는 부대로 주로 1만 톤급의 중순양함이 주요 전력이었다. 제3함대는 러일전쟁 당시 운용되었던 구식 전함으로 구성되었고 중국 연안의 경비나 필리핀과 괌의 상륙작전을 지원하는 임무를 담당했다. 太平洋戰爭研究會, 『日本海軍がよくわかる事典』, PHP研究所, 2008, pp.25-28.

13 山田朗, 『軍備拡張の近代史』, 吉川弘文館, 1997, pp.179-181. 미국 주력전함에 장착된 16인치 주포의 사정거리는 3만 미터였고, 야마토의 18인치 주포의 사정거리는 4만 미터에 달했다.

후일 전개될 태평양에서의 미일 간 해전이 전함이 아닌 항공모함 중심의 양상으로 전개될 것이라는 점을 예상한 전략가는 극히 드물었다. 예외적으로 해군 항공본부장 야마모토 이소로쿠(山本五十六)와 참모 오니시 다키지로(大西瀧治郎) 등이 대전함 건조계획에 반대했다. 야마모토 제독은 장차의 해전이 함정 간의 포격전이 아니라 비행기 등의 공중전력에 의해 승패가 갈릴 것으로 전망하면서 대전함 건조에 반대했다. 참모 오니시도 장차 해전이 항공모함 중심의 전쟁이 될 것이라고 예상하면서 대전함을 건조하는 것은 자동차 시대에 8필 마차를 만드는 것과 같다고 비판했다.[14] 그러나 일본 해군의 전통적인 대함거포(大艦巨砲) 및 함대결전주의를 변화시키기에는 역부족이었다.

한편 워싱턴 군축조약의 파기 이후 일본 해군 내에서는 전통적으로 협력관계를 유지해온 영국이나 미국을 대체하여 독일과 기술제휴관계를 확대하려는 논의가 대두했다. 런던군축회의 등에서 군비평등을 주장하는 일본의 입장에 대해 구미 국가들 가운데에서 유일하게 독일이 지지하는 입장을 취했고 게다가 일본이 건함계획으로 추진하고 있는 대형 전함 건조와 관련하여 독일이 보유한 기술에 유용한 점이 있었기 때문이다. 동시에 히틀러 집권 이후 군비확장을 추진하고 있던 독일 입장에서도 일본 해군의 항모 건조기술을 필요로 했기 때문에 1935년 이후 일본과 독일 간의 해군 협력이 급진전되었다. 1935년 8월 양국 간에 기술교환협정이 체결되었고 이를 기반으로 일본은 항모 아카기의 설계 및 훈련방법과 관련한 정보를 제

14 山田朗, 앞의 책, p.183; 相澤淳, 앞의 책, p.36을 참조하라.

공하여 독일이 항모 그라프 체펠린을 설계하고 건조하는 데 도움을 주었다. 역으로 일본은 독일 크루프사 등의 협력으로 대형 전함 야마토의 건조에 필요한 수압기와 두께 400밀리의 방어갑판을 제공받았다.[15]

육군의 관동군과 지나주둔군이 만주와 북중국 방면에서의 군사작전을 통해 판도를 확대하는 모습을 지켜보면서 해군도 제국의 영역 확대에 본격적으로 참가하려는 야망을 갖게 되었다. 이를 위해 1935년 7월 해군은 군령부장을 위원장으로 하고 군령부 예하 각 참모부서와 함정본부, 항공본부의 실무자들로 구성된 대남양방책(對南洋方策) 연구위원회를 조직했다. 이 위원회는 영국령 말레이시아와 보르네오, 네덜란드령 인도차이나, 프랑스령 인도차이나 등을 대상으로 조사연구를 실시하여 향후 이 방면으로의 진출을 위한 준비를 해두려는 의도를 갖고 있었다.[16] 위원회 내에서는 동남아 방면으로의 진출을 위해 이미 식민화가 진행되고 있던 타이완을 거점으로 강화해야 한다는 방안 등이 제시되었다. 이에 따라 1936년 9월 종전까지 민간 관료의 몫으로 여겨지던 타이완 총독에 처음으로 예비역 해군 대장인 고바야시 세이조(小林躋造)가 임명되었고 1938년에는 해군 무관부가 설치되었다.[17] 육군은 북방 대륙으로 진공하고 해군은 남양 방면으로 진출하려는 해외팽창의 전략론이 분출되고 있었던 것이다.

중국의 베이징대학 교수이자 문인이기도 한 후스(胡適)가 일본

---

15 相澤淳, 앞의 책, pp.67-75.
16 相澤淳, 앞의 책, p.122.
17 相澤淳, 앞의 책, p.128.

에서 발행된『일본평론』잡지에「일본 국민에게 호소한다」라는 글을 발표한 것이 바로 이 시기였다. 그는 "일본의 과거 60년은 대단히 훌륭했다. 그러나 근년에 들어 일본의 민주헌정은 무인(武人)들의 전횡으로 바뀌고 일본인의 미덕인 규율은 붕괴되었다. 일본은 무서운 국가가 되면서 세계에서 벗을 잃고 고립되고 있다."라고 지적했다.[18] 중국을 대표하는 지식인의 이 논설은 만주사변과 국제연맹 탈퇴 이후 걷잡을 수 없이 군국주의와 대외팽창을 향해 달려가는 일본을 위한 거의 마지막 충언이었다.

2. 무조약시대의 국가전략:「제국국방방침」의 개정과 「국책의 기준」

1936년 1월 15일 런던에서 개최된 제2차 해군군축회의에서 일본 전권대표 나가노 오사미(永野修身) 해군 대장은 1930년 4월에 체결했던 해군군축조약의 탈퇴를 통고했다.[19] 1930년의 런던 해군군축조약은 영국, 미국, 일본이 참가하여 각국의 보조함, 즉 순양함과 잠수함의 보유 비율을 미일 간 10:6.9 정도로 규정한 것이었다. 이로써 일본은 제1차 세계대전 이후 국제적 평화와 군비축소의 조류 속에 형성되었던 국제연맹, 워싱턴 및 런던 해군군축조약에서 모두 탈퇴하면서 소위 무조약시대를 맞게 되었다.

---

18 胡適,「日本国民に訴ふ」,『日本評論』, 1935. 11; 北岡伸一, 앞의 책, pp.202-203에서 재인용했다.
19 相澤淳, 앞의 책, p.15.

국제적 규범에서 이탈한 일본이 향후 지향해야 할 외교와 군사면에서의 대외전략을 어떻게 구상해야 할 것인가. 이러한 문제가 해군 지휘부는 물론 이시와라 간지와 같은 육군 전략가, 그리고 1936년 3월에 총리에 취임하는 히로타 고키와 같은 정치가들이 풀어야 하는 난제였다. 1935년 8월 육군 참모본부의 작전과장에 부임한 이시와라는 1923년에 작성되었던 「제국국방방침」 및 연도별 작전계획을 처음으로 열람하면서 종전의 계획을 대체할 새로운 전쟁계획을 수립해야 한다고 결심했다. 그는 종전의 계획들이 가상 적국을 열거하면서 군비증강을 중심으로 국방을 보전하려는 '작전계획'의 성격을 갖고 있다고 평가하면서 세계열강들이 외교와 군사력으로 전쟁에 대비하려는 '준전시의 시대'가 펼쳐지는 상황에 대응하여 일본도 자원과 생산력의 확보, 우방국들의 확대를 통한 국가연합의 결성, 그 위에 육해군의 정비를 통해 향후 예상되는 총력전 및 장기전의 태세를 갖추어야 한다고 주장했다. 그는 그의 지론인 미국과의 세계최종전쟁 시점이 1965년 전후가 될 것으로 예상하면서 이에 대비하기 위해 제1단계에서는 북진을 통해 소련을 굴복시키고 제2단계에서는 남양 및 중국 방면에서 영국을 굴복시키는 전략이 필요하다고 판단했다. 즉, 북진 이후 남진을 추진한다는 정치 및 군사 전략하에 최종적으로는 아시아의 우호세력을 결집하여 미국과의 최종전쟁에 대비해야 한다는 것이었다.[20]

이시와라는 이 같은 전략구상을 바탕으로 1936년에 새로운 제국국방방침을 책정하기 위한 육군참모본부안을 작성했다. 그 골자는

20　黒野耐, 『帝國國防方針の硏究』, 總和社, 2000, pp.187-188.

첫째, 만주국은 소련에 대한 일본의 거점이기 때문에 만주국의 완성에 주력하면서 소련의 공세를 단념시키고, 둘째, 이를 위해 대소 8할의 병력을 대륙에 주둔시키며, 셋째, 대소 군비 및 미국 해군에 대한 병비 충실을 도모하고, 넷째, 그 일환으로 항공기 산업을 비약적으로 발전시키고 연료 및 자원 문제의 신속한 해결을 도모하며, 다섯째, 중국, 특히 화북 및 남양 지역에 대한 경제적, 문화적 발전을 추진하고, 여섯째, 북방 방면의 위협을 제거한 후에 남양 및 화북에 대한 정책을 적극 추진한다는 것이었다.[21]

이시와라는 이 같은 구상을 기반으로 일본이 국내적으로는 산업 생산 능력을 확충하여 총력전의 실질적인 태세를 갖추는 것이 급선무라고 생각했다. 이 때문에 1936년 2월 26일 제1사단에 속한 위관급 육군 장교들이 군부독재정권의 수립과 천황에 의한 친정(親政)의 실현을 목표로 내세우며 1,400여 명의 병력을 동원하여 쿠데타를 일으켜 사이토 마코토 전 총리, 다카하시 고레키요 전 대장상 등 주요 정치인들을 살해하는 2·26사건이 발생했을 때 이시와라는 이들을 반란군으로 규정하면서 단호한 진압을 주장했던 것이다.[22]

한편 이시와라의 주도로 육군이 새로운 전략 책정작업을 진행하자 해군 측도 1936년 3월 해군성 차관을 위원장으로 하는 해군정책 및 제도조사위원회를 발족하여 향후 추진해야 할 국가전략과 해군전략의 방향을 연구했다. 이 위원회에 참가한 해군성 군무국장 도요

---

21 黑野耐, 앞의 책, pp.189-190.
22 2·26사건과 이시와라의 대응에 대해서는 北岡伸一, 앞의 책, pp.237-244; 加藤陽子, 『模索する1930年代: 日米關係と陸軍中堅層』, 山川出版社, 1993, pp.184-205를 참조하라. 쿠데타 진압을 직접 지시한 히로히토 천황도 2·26사건에 대한 이시와라의 태도는 정당했다고 평가했다. 寺崎英成, 『昭和天皇獨白錄』, 文藝春秋, 1991, p.32.

타 소에무(豊田副武) 중장과 군령부 제1과장 후쿠도메 시게루(福留繁) 대좌 등은 내부 논의를 거쳐 4월에 해군의 군사전략안으로 「국책요강(國策要綱)」을 작성했다. 이 문서에서는 "제국 국책의 요강은 안으로는 서정(庶政)을 경장(更張)하고 밖으로는 대륙에서 제국의 지보(地步)를 확보함과 동시에 남방으로 발전하는 것을 기본 방침"으로 한다고 하여 북방 대륙에서는 방어적 태세를 강화하고 남방 해양으로 군사력을 투사해야 한다는 북수남진론(北守南進論)의 입장을 명시했다. 그리고 남진전략을 위해 필요한 과제로 관련 기관의 정비, 타이완 및 위임통치령에 대한 지배 강화, 이들 지역에 대한 이민 이주의 장려, 경제 분야의 점진적 진출, 영국, 미국, 네덜란드 등의 압박과 장애요인에 대한 신중한 준비와 군사력의 건설 등을 제기했다.[23] 해군은 동시에 「대외책(對外策)」을 작성하여 일본이 취해야 할 대외정책의 방향에 대해서도 방안을 제시했다. 이에 따르면, 중국에 대해서는 일본-만주-중국의 3국 간 제휴협력의 강화를 도모하고 화북 및 내몽고 방면에 대해서는 특수지역화를 추진하며 소련에 대해서는 극동 진출을 억제하기 위한 군사력 증강을 추진하면서 친선관계를 도모하고 미국에 대해서도 군비 태세를 갖추면서 경제적 친선관계를 유지해야 한다는 것이었다.[24]

이로써 육군이 추진하던 북진 우선의 전략과 해군이 책정한 북수남진 전략 간에 불일치가 발생했다. 이러한 불일치를 조정하는 과제

23 相澤淳, 앞의 책, pp.123-124. 해군 내의 논의 과정에서 1936년 3월에 제3함대 사령장관 오이카와 고시로(及川古志郎)는 관동군이 화북 5개성 지역에 자치정부를 수립한 사실을 지적하면서 해군이 동남아시아와 서태평양 방면으로 진출해야 한다고 건의했다. Herbert P. Bix, 앞의 책, pp.311-312. 이 같은 남진론이 해군 내부의 지배적인 논의였던 것으로 보인다.
24 黑野耐, 앞의 책, p.190.

는 2·26 사건 직후인 1936년 3월에 총리에 지명된 히로타 고키 내각에 넘겨졌다. 히로타 총리는 결국 육군안과 해군안을 모두 수용한 남북 병진(竝進)의 「제국국방방침」 개정안을 확정하고 이를 천황에게 보고하여 재가를 받았다.[25] 이와 같은 경위를 거쳐 결정된 1936년 개정판 「제국국방방침」은 크게 국방방침, 소요병력, 용병강령의 세 가지 부분으로 구성되었다.[26] 국방방침 부분에서는 일본의 가상 적국으로 미국, 소련, 중국, 영국을 명시하고 이들 국가와 장래 예상되는 총력전 및 장기전에 대비하여 군사와 외교상의 준비를 다할 것을 밝히며 만일 전쟁이 발생할 경우에는 "초동의 위력을 강대"하게 하는 선제공격으로 대응해야 한다고 강조했다. 소요병력에 관해서는 이들 국가와의 전쟁에 대비하여 육군은 평시 27개 사단과 40개 비행중대를 갖추고 전시에는 50개 사단과 140개 항공중대를 보유해야 한다고 주문했다.[27] 해군 전력에 관해서는 주력 전함 12척, 항공모함 10척, 순양함 28척 규모의 증강 필요성을 제시했다. 용병강령에서는 가상 적으로 설정된 미국, 소련, 중국과 각각 전쟁이 발발할 경우의 육해군 운용방침을 규정했다. 미국에 대해서는 초기에 동아시아 방면에 배치된 미국 함대를 격멸하고 필리핀 및 괌의 미 육군을 공략

25 黒野耐, 앞의 책, p.193. 반하트는 해군상 나가노 오사미(永野修身)가 1936년 4월에 해군 측 전략 구상을 외상, 대장상, 육군상, 해군상 등으로 구성된 5상회의에 제출하여 논의했다고 설명했다. Michael A. Barnhart, *Japan Prepare for Total War: The Search for Economic Security, 1919-1941*, Ithaca: Cornell University Press, 1987, p.44. 다만 「제국국방방침」은 육군 참모본부와 해군 군령부가 결정하여 내각 총리를 거쳐 통수권을 가진 천황의 재가를 받는 시스템으로 결정되기 때문에 이 부분에 대해서는 확인이 필요하다.
26 이하 1936년 「제국국방방침」의 내용에 대해서는 黒野耐, 앞의 책, pp.194-202; 北岡伸一, 앞의 책, p.266 등을 참조하라.
27 평시의 사단 배치는 일본 본토에 17개 사단, 만주 방면에 10개 사단으로 규정했다.

하도록 했다. 이어 미 본토에서 내항하는 미국 함대 주력을 항모 함재기 등을 통해 약화시키고 중국에서는 제공권을 장악한 상태에서 함대결전을 추구한다는 방침이 담겼다.

소련에 대해서는 종래의 작전계획에서 우수리 방면에서의 제1차 전투, 이어 서부 및 북부 전선에서의 제2차 전투를 상정했으나 시베리아 방면에서 소련군이 증강되고 있는 현실을 고려하여 서부전선에서는 다싱안링 지역을 방어선으로 하여 지구전을 수행하고 동부전선에서는 해군의 지원하에 결전을 수행하도록 했다.[28] 또한 독일과의 협력 속에 소련군을 서부 유럽 방면에서 견제하도록 하는 방안도 포함되었다.

중국과의 전쟁계획에 대해서는 화북 방면에서 8개 사단을 투입하여 작전을 실시하고 화중 방면에서는 상하이 부근에 5개 사단을 투입하여 난징 지역을 공략하고 화남 방면에서는 타이완을 방어하면서 푸저우(福州) 방면에서 전투를 실시하도록 했다. 전체적인 전쟁 수행 과정에서 육해군의 협동하에 선제공격을 실시하도록 했다.

군사전략으로서의 「제국국방방침」이 개정된 이후에 히로타 내각은 그 상위문서에 해당하는 국가전략 및 외교전략의 책정 필요성을 생각한 것으로 보인다. 이러한 문제의식에서 1936년 8월 7일 히로타 총리는 외상 아리타 하치로(有田八郎), 대장상 바바 에이이치(馬場鍈一), 육군상 데라우치 히사이치(寺內壽一), 해군상 나가노 오사미 등이 참가한 5상회의에서 국가전략으로서의 「국책의 기준」과 외교

---

28 1936년 시점에 일본이 만주지역에 배치한 전력은 총 5개 사단, 8만 병력 규모에 항공기 230대였음에 반해 소련의 전력은 16개 사단, 총 29만의 병력에 항공기 1,200대인 것으로 파악되었다. 黑野耐, 앞의 책, p.200.

전략으로서의「제국외교방침」을 동시에 결정했다.[29]「국책의 기준」에서는 일본이 추구해야 할 근본적 국책으로 국방의 확고한 안전 확보, 동아대륙에서 제국의 지위 확보, 남방 해양에의 진출을 제시했다. 이를 구현하기 위한 방책으로 대륙정책에서는 소련의 위협을 제거하고 남방정책에서는 남방의 해양 방면에 민족적, 경제적 발전을 도모한다는 목표가 제시되었다. 그리고 이러한 정책 수행을 위해 육군은 소련의 극동 병력에 대항하여 초기에 일격을 가할 수 있는 만주 방면의 전력을 충실히 할 것이 당면 목표로 설정되었고, 해군은 미국 해군에 대해 서태평양에서 제해권을 확보할 수 있는 전력을 증강할 것이 목표로 제기되었다. 이 같은 근본 국책을 실현하기 위해 국방 및 산업에 필요한 중요 자원의 자급자족, 항공 및 해운 산업의 발전, 행정 및 경제 기구의 적절한 개선이 필요하다는 점이 지적되었고, 나아가 일본-만주-지나의 긴밀한 제휴를 통해 경제적 발전을 도모하는 일만지 3국 공영이 국가적 과제로 제시되었다.[30]

「제국외교방침」에서는 외교적 과제로 만주국의 육성, 소련 및 중국과의 관계 조정, 남양 방면에의 평화적 진출 등 3항목을 제기했다.[31] 이를 위해 소련에 대해서는 평화적 수단으로 현안의 해결을 추진하여 극동 방면에 대한 침략적 기도와 군사적 위협을 좌절시킨

---

29 이하「국책의 기준」에 대해서는 北岡伸一, 앞의 책, p.267; 黒野耐, 앞의 책, pp.184-185; Herbert P. Bix, 앞의 책, p.310; 入江昭, 『太平洋戰爭の起原』, 東京大学出版会, 1991, p.51; 佐藤賢了, 『東條英機と太平洋戰争』, 文藝春秋, 1960, pp.45-46을 종합했다.

30 이 문서들이 책정된 1936년 8월 시점에 육군성 정책과장에 보임된 사토 겐료(佐藤賢了)는 일만지 경제블럭 구성의 방침이 웅대한 국책이라고 감탄했다는 사실을 토로했다. 佐藤賢了, 앞의 책, p.46.

31 「제국외교방침」의 주요 내용에 대해서는 黒野耐, 앞의 책, p.186을 참조하라.

다는 방침이 표명되었다. 특히 일본, 만주, 중국 등 소위 일만지 공동의 방위를 통해 소련의 혁명 수출을 저지한다는 방안도 포함되었다. 중국에 대해서는 경제적, 문화적 제휴를 발전시키고 미국 및 영국에 대해서는 친선관계를 유지하여 소련을 견제하며 독일에 대해서도 친선을 유지하면서 소련을 견제하도록 했다. 이상과 같이 1936년 6월과 8월에 걸쳐 히로타 고키 내각하에서 책정된「국책의 기준」과 외교전략으로서의「제국외교방침」, 군사전략으로서의「제국국방방침」은 국제연맹의 탈퇴와 국제 군축조약의 이탈 이후 일본의 국가전략을 명시한 문서로서 의미를 갖는다. 다만 육군과 해군의 전략방침 불일치가 조정되지 않았고 군사전략 및 외교전략 간의 상이한 점이 해소되지 않은 채 병기된 문제가 남아 있었다. 그렇기 때문에 육군이 가상 적으로 상정한 세계 최대의 육군국인 소련과 해군이 가상 적으로 상정한 세계 최대의 해군국인 영국과 미국 등과 동시에 싸워야 하는 무모한 전쟁계획이 되고 말았다.[32]

「국책의 기준」을 필두로 무조약시대의 군사 및 외교 전략이 책정된 이후 육군과 해군, 외무성과 대장성은 이들 전략을 구현하기 위해 분야별 정책을 추진하기 시작했다. 육군은 이시와라 간지 작전과장의 주도로 향후 장차전을 수행할 수 있는 경제 태세를 갖추기 위해 산업 5개년 계획의 수립에 착수했다. 이시와라는 만주사변 당시 긴밀한 관계를 맺었던 만철 조사부의 미야자키 마사요시에게 다시

---

32 이 때문에 전후에 개최된 도쿄전범재판에서 히로타 고키 총리는 팽창정책을 취한 기원으로 간주되었다. 佐藤賢了, 앞의 책, p.46. 이노키 마사미치도 군국주의가 비약적으로 가속화된 시기가 히로타 고키 내각 시대였다고 평가했다. 猪木正道, 『軍國日本の興亡』, 中央公論新社, 1996, p.234.

이 과제를 의뢰했다. 미야자키는 일본, 만주, 중국의 자원을 활용하여 전시에 소요되는 중요 자원의 자급자족이 가능하도록 해야 한다는 이시와라의 구상에 부응한 계획을 작성하여 1936년 8월 그 개요를 참모본부와 육군성에서 발표했다. 이 계획에 따르면, 제철과 전력 등 기초산업 부문에서 향후 5년간 생산력을 2~3배 증대하고 항공기 생산도 같은 기간에 10배로 늘리도록 했다. 그리고 이 같은 계획을 추진하기 위해 자원의 공급기지로 간주된 중국 및 미국과의 평화적 관계유지가 필요하다는 제언도 포함했으며, 5개년 계획을 3회 정도 실시하면 총력전을 수행하기 위한 자급자족 체제가 가능해질 수 있다는 전망도 제시했다.[33]

해군은 「제국국방방침」 등에서 표명된 남진(南進) 전략을 구체화하기 위한 조치들을 취하기 시작했다. 1936년 8월에 기안된 「1937년도 해군작전계획」에는 영국과의 전쟁에 대비한 대영작전 구상이 포함되었다. 이에 따르면, 개전 초기에 영국의 동양함대를 격멸하여 동양에서의 제해권을 장악하고 육군과 협력하여 영국군의 활동 근거를 제압해야 한다는 방침이 포함되었다.[34] 또한 앞서 언급했듯이 1936년 9월에는 종래 민간 관료가 임명되던 타이완 총독에 처음으로 예비역 해군 대장 출신인 고바야시 세이조를 임명하여 타이완을 남진을 위한 거점으로 삼고자 했다.

외무성은 「제국외교방침」에서 명시된 바에 따라 소련을 견제하기 위한 외교정책의 일환으로 독일과의 외교 협력을 보다 적극적으로 추진했다. 그 결과 1936년 11월에 체결된 일독방공협정은 소련

---

33 佐藤賢了, 앞의 책, pp.47-50; Michael A. Barnhart, 앞의 책, p.46.
34 相澤淳, 앞의 책, p.127.

을 공동의 가상 적국으로 간주하면서 이루어진 공수동맹의 성격을 띠었다.[35]

대장성은 바바 에이이치 대신의 주도로 육해군의 군비증강을 구현하기 위한 재정규모의 확대 및 군사비 비중의 증대를 추진했다. 이 결과 1937년 예산은 전년 대비 7억 3천만 엔이 증가한 30억 4천만 엔에 달했고, 이 가운데 육해군 군사비는 총 예산 대비 46%에 달하는 14억 1천만 엔에 이르렀다. 예산 증대를 감당하기 위해 바바 대장상은 4억 2천만 엔 규모의 증세 및 9억 8천만 엔 규모의 대규모 공채 발행을 단행했다.[36]

재정 규모의 급팽창 및 산업 5개년 계획이 병행적으로 추진되자 히로타 내각은 경제 부문의 국가통제 강화와 계획경제의 차질 없는 이행 필요성을 절감하게 되었다. 이로 인해 정부 각 부서의 경제 담당 관료와 군 장교들을 차출하여 1935년 5월에 설치된 내각조사국을 보다 확대된 규모로 재편성하는 정책을 추진했다. 이 결과 히로타의 후임 내각인 하야시 센주로 총리 시기인 1937년 5월에 내각조사국은 기획청으로 확대되었고, 1938년에는 다시 자원국을 흡수하여 기획원으로 재편되었다. 기획원은 각 부서의 경제 관련 업무를 총괄하면서 국가산업의 전반적인 발전계획의 수립 및 자원의 배분 같은 업무를 수행하면서 국가총동원을 위한 경제참모본부로서의 역할을 담당하게 되었다.[37]

---

35 入江昭, 앞의 책, p.51; 相澤淳, 앞의 책, p.61.

36 北岡伸一, 앞의 책, pp.189, 268-269.

37 내각조사국 및 기획원에 대해서는 Michael A. Barnhart, 앞의 책, pp.68-72; 찰머스 존슨, 『일본의 기적: 통산성과 발전지향형 정책의 전개』, 장달중 역, 박영사, 1984, pp.143-144; Chalmers Johnson, *MITI and the Japanese Miracle: The Growth of Industrial Policy,*

「제국국방방침」에서는 중국을 가상 적국의 하나로 상정했지만, 「국책의 기준」 및 「제국외교방침」에서는 약간 기조를 달리하여 "일만지 공영"이라는 표현에서 나타나듯이 중국을 향후 소련 및 미국과의 총력전에 대비하여 협력해야 할 상대로 간주했다. 이 같은 대중 협력 기조는 장차의 세계최종전쟁에 대비하여 중국과의 우호관계를 유지해야 한다는 이시와라의 전략구상을 반영하는 것이기도 했다. 이 같은 대중 정책 기조를 구체화하기 위해 1936년 8월 11일 외무성과 대장성, 육군성과 해군성 등 4개 성이 '대지(對支) 실행책'을 결정했다. 이에 따르면, 첫째, 일본과 중국 간의 방공군사협정 체결, 둘째, 양국 간 군사동맹의 체결, 셋째, 양국 간 최고군사고문 초빙, 항공 연락 개시, 상호 관세협정 체결과 같은 현안 해결 촉진, 넷째, 상호 경제제휴 촉진 등을 과제로 설정했다.[38] 이시와라도 1936년 9월에 「대지 정책의 검토」라는 문서를 작성하여 중국 난징 정부를 적대시하는 정책은 마치 스페인 원정에서 나폴레옹군이 고전을 면치 못했듯이 일본에 재앙적인 결과를 초래할 것이라고 경계했다.[39] 그렇기 때문에 중국에 대해 이해하고 협력하는 정책을 펼쳐야 한다고 주장했다. 이러한 구상을 바탕으로 그는 해군 관계자들에게도 중국과의 전쟁을 회피할 것을 요청했고 몽고 지역에 또 하나의 자치국가를 수립하려는 움직임을 보이던 관동군을 1936년 가을에 방문하여 현지 참모들을 대상으로 그러한 조치가 중국과의 관계를 악화시킬 우려가

1925-1975, Stanford University Press, 1982를 참조하라.

38　臼井勝美, 앞의 책, p.41.

39　Mark R. Peattie, 앞의 책, pp.275-276.

있음을 피력하면서 무마를 시도했다.[40] 또한 중국에 대한 적극 개입을 주장하던 관동군 특무부대장 도이하라 겐지와 지나주둔군 사령관 다다 하야오 장군을 다른 곳으로 전출하는 조치를 취하기도 했다.[41] 따라서 「제국국방방침」 및 「국책의 기준」이 결정된 1936년 하반기에 일본과 중국 간에 분쟁이 발생할 수 있는 가능성은 국가총력전 체제 구축의 필요성을 우선 과제로 생각하고 있던 정부 및 이시와라 등의 군부 지도자들에 의해 극력 억제되었다고 볼 수 있다.

이 같은 대중 정책 기조는 1937년 1월 히로타 고키 내각이 붕괴되고 이를 대체한 육군대장 출신의 하야시 센주로 내각에서 외상으로 임명된 사토 나오타케(佐藤尙武)에 의해 계승되었다. 프랑스 대사를 역임한 사토 외상은 일본의 생존이 공업화와 수출무역, 그리고 이를 뒷받침하는 개방적 경제체제에 달려 있다고 인식하고 개방적 경제체제를 유지하기 위해서 대외협조정책을 추진해야 한다고 보았다. 이런 관점에서 그는 3월 11일 의회 연설을 통해 만주사변 이래 구미 세계와 일본 간 갈등의 요인이 되어온 대중 정책을 전환하여 중국 내 문호개방의 원칙을 재천명하면서 대중 관계를 개선해갈 것임을 밝혔다. 이어 그는 4월 16일에 개최된 외상, 육군상, 해군상, 대장상이 참여한 회의를 통해 새로운 대중국 정책을 제시했는데, 그 내용은 중국에 대한 내정간섭이나 분리공작을 하지 않고 국민당 정부가 추진하는 통일운동을 승인한다는 것이었다. 이 같은 사토 외상

---

40 이에 대해 이시와라의 육군대학 후배로 관동군 참모로 재직하던 무토 아키라(武藤章)는 자신들이 몽고 지역에 자치국가를 수립하려는 시도가 바로 이시와라가 일으킨 만주사변을 모델로 한 것이라고 응수했다. Mark R. Peattie, 앞의 책, p.278.

41 Michael A. Barnhart, 앞의 책, p.77.

그림 8-4. 사토 나오타케(1882-1971)

의 대중 정책 방향에 대해 육군의 이시와라가 환영의 뜻을 표한 것은 물론 해군에서도 "일지(日支) 공존 공영"에 협력한다는 방침을 결정했다. 나아가 미국, 영국, 소련, 중국 등 해외에서도 강한 기대를 표명했다.[42]

그러나 관동군 등 야전에서는 사토 외상의 대중 정책에 대한 반감이 공공연하게 표출되었다. 관동군 참모부는 1937년 2월에 작성한 「대지 몽고 정세판단」을 통해 만일 장제스 정부가 북중국 일대까지 장악한다면 대소 전쟁에 매우 불리한 정세가 조성될 것이라고 우려하면서 대소 전쟁에서 승리하기 위해 내몽고 및 북지(北支)에 대한 분리공작을 강행하여 "일만지 융합지대"를 만드는 국책을 조속하게 추진해야 한다고 주장했다. 1937년 3월 이타가키 세이시로의 후임으로 관동군 참모장에 부임한 도조 히데키도 하야시 총리와 사토 외상이 추진하는 대중 정책에 강한 불만을 갖고 6월 초에 외무성 차관 및 동아국장을 방문하여 내몽고에 대한 정치공작을 지속해야 한다는 의견을 전달하기도 했다.[43]

그런데 히로타 내각에서 결정된 「국책의 기준」 및 「제국외교방

---

42 사토 나오타케 외상의 대중국 정책에 대한 소개와 평가에 대해서는 入江昭, 앞의 책, pp.53-54; 臼井勝美, 앞의 책, pp.52-63; Michael A. Barnhart, 앞의 책, p.80을 참조하라.
43 이상 사토 외상의 대중 정책에 관한 관동군의 반응에 대해서는 臼井勝美, 앞의 책, pp.58-59를 참조하라.

침」에 따라 추진되던 대중 협조외교론은 1937년 6월 귀족원 의장 고노에 후미마로가 신임 총리에 임명되면서 급격한 변화의 궤적을 밟기 시작했다.

3. 중일전쟁의 발발과 확대

1937년 6월 귀족원 의장 고노에 후미마로가 신임 총리에 지명되었다. 고노에는 1918년 파리에서 개최된 베르사유 강화조약에 일본 측 수행원으로 참가했던 무렵부터 세계를 가진 국가와 가지지 못한 국가 혹은 현상유지의 국가와 현상타파의 국가로 구분하는 시각을 갖고 일본이 후자의 유형에 속한다고 보면서 그것을 바탕으로 한 대외정책론을 피력해왔던 인물이었다. 특히 그는 1933년과 1935년에 저술했거나 행한 일련의 강의를 통해 만주사변 이후 일본을 비판하는 국제연맹이나 그 배후의 영국, 미국 등을 반박하면서 오히려 국제평화를 위협하는 주요 요인은 영국과 미국 등 현상유지를 추구하는 국가들의 자원과 영토 점유에 있다고 주장했다.[44] 이러한 입장에 대해 국제연맹 탈퇴 이후 동아시아에서 일본을 중심으로 중국 및 만주를 포함한 권역을 형성하려는 의도를 갖고 있었던 육해군의 중견 장교층이나 외무성을 비롯한 소위 혁신 관료들이 지지를 보내고 있던 터였다. 따라서 그의 총리 기용은 독자적인 일본의 대외정책을 기대하

44 총리로 선출되기 전인 1935년 11월 고노에 후미마로는 일본청년관에서 '국제평화의 근본 문제'라는 제목으로 강연을 행하며 이 같은 논지를 다시 피력했다. 岡義武, 앞의 책, pp.41-43.

던 군인들과 관료들의 기대를 모았다.[45]

외상 히로타 고키, 육군상 스기야마 하지메, 해군상 요나이 미쓰마사(米內光政) 등으로 구성된 고노에 내각은 발족 직후인 1937년 7월 7일 중국 베이핑(北平) 인근에서 발생한 루거우차오(蘆溝橋) 사건에 직면하게 되었다. 베이핑 교외에 주둔하던 일본 지나주둔군 소속의 1개 중대가 야간훈련을 마치고 루거우차오에 집결해 있을 때 건너편 제방의 중국 측 부대에서 수십 발의 실탄사격을 가했다. 이에 대해 일본 측도 응사하면서 일대 교전이 전개되었는데, 이 과정에서 쌍방에 인명 손실이 발생했다.[46] 현지에서는 7월 11일 베이핑 주재 무관과 현지 중국군 지휘부 사이에서 일단 정전협정이 조인되었다.

그러나 상황을 보고받은 일본 정부, 특히 육군성에서는 격론이 벌어졌다. 참모본부 작전부장 이시와라 간지는 사건의 확대 방지와 현지 해결 방침을 주장했다. 그러나 그 부하인 작전과장 무토 아키라와 육군성 군사과장 다나카 신이치(田中新一) 등은 이 일대를 제2의 만주국으로 만들려는 야망으로 진압병력의 증파를 주장했다. 이같은 의견 대립의 구도 속에 7월 9일에 개최된 각의에서 육군상 스기야마는 강경파의 주장을 바탕으로 일본 본토에서 3개 사단을 증파할 것을 주장했다. 고노에 총리도 이에 동의했다. 반면 해군상 요나이와 히로타 외상은 반대의견을 제시했다.[47] 이 같은 논쟁은 7월 11

---

45   이노키 마사미치는 고노에가 당시 혁신적 관료와 군인들에게 '희망의 별'로 평가되었다고 설명했다. 猪木正道, 앞의 책, p.254.
46   하타 이쿠히코(秦郁彦)는 당일 교전에서 일본 측 실종자 1명이 발생했다고 설명했다. 秦郁彦, 「日中戰爭の軍事的展開(1937-1941)」, 日本國際政治學會 編, 『太平洋戰爭への道4: 日中戰爭(下)』, 朝日新聞社, 1987, p.6. 우스이 가쓰미는 일본 측에서 전사 10명, 부상 30명이 발생했고 중국 측에서 180명 정도의 사상자가 발생했다고 설명했다. 臼井勝美, 앞의 책, p.67.

일 5명의 주요 대신을 소집하여 다시 개최된 임시 각의, 즉 5상회의에서 정리되었다. 임시각의에서 일본 정부는 이 사태를 북지사변(北支事變)으로 명명하면서 관동군 소속의 혼성 2개 여단과 조선군 소속의 제20사단을 중국 방면에 파견할 것을 결정한 것이다. 해외주둔군의 파견은 천황의 승인을 요하는 사항이었기 때문에 고노에 총리는 조선군과 관동군의 중국 파견에 대해 천황의 재가를 받았다.[48]

이 결정에 따라 산해관에서 대기하던 관동군 소속의 독립혼성 11여단이 톈진에 도착했고, 7월 18일에는 조선에서 파견된 제20사단의 선발대가 철도 편으로 톈진에 도착하여 북중국 방면에서의 교전 확대에 대비했다.[49] 다만 이 시기까지 육군 지휘부는 관동군과 조선군에 난징 방면에 대한 공격을 허가하지 않는다는 작전지역 제한을 부과했다. 그렇기 때문에 조선군 사령관 고이소 구니아키나 관동군 사령관 우에다 겐키치(植田謙吉) 등은 육군 지휘부의 방침에 불만을 갖고 있었고 보다 적극적인 중국 정책과 파병이 이루어져야 한다고 주장했다.[50] 7월 19일 이후 관동군 참모부는 허베이성과 산둥성의 2

47　루거우차오 사건 직후 일본 내부의 논의 과정에 대해서는 秦郁彦, 앞의 글, p.8; Michael A. Barnhart, 앞의 책, p.85 등을 참조하라. 외상 히로타의 초기 대응에 대해 하타 이쿠히코는 반대했다는 설명을, 반하트는 찬성했다는 상반된 설명을 했으나, 이 책에서는 초기에는 반대한 것으로 판단했다.

48　이에 대해 히로히토 천황 자신은 1946년에 측근들에게 행한 구술을 통해 자신은 장제스 정부와의 타협을 의도했으나 스기야마 하지메 육군상이 1년 이내에 사변이 수습될 것이라고 보고했기 때문에 자신의 의견을 밝히지 않고 묵인했다고 설명했다. 寺崎英成, 앞의 책, pp.35-36. 이에 대해 후지와라 아키라는 천황이 소련군의 동향을 스기야마 육군상에게 확인하고 주체적인 결심에 의해 대중 전쟁을 결심했다고 설명했다. 藤原彰, 『昭和天皇の十五年戰爭』, 青木書店, 1991, pp.89-91.

49　조선군 제20사단에 소속된 조선 출신 보병대대장 김석원(金錫源) 소좌가 북중국 방면에 파견되어 공훈을 세운 것이 이 시기이다. 宮田節子 編, 『朝鮮軍槪要史』, 不二出版, 1989, p.25.

50　加藤陽子, 『模索する1930年代: 日米關係と陸軍中堅層』, 山川出版社, 1993, p.74.

개성을 중심으로 하는 화북 정권을 수립하고 이를 난징의 국민당 정부와 분리해서 만주국과 결합해야 한다는 적극적인 대중 진출 구상을 중앙정부에 상신했다. 칭다오, 지난(濟南), 스자좡(石家蔣) 등의 요지에 일본군의 주병권을 획득하고 베이핑에 특무기관을 설치하며 화북지역의 철도 등도 일본 기업이 관할하는 제2의 만주국을 수립해야 한다는 구상이었다.[51]

한편 육군 병력의 중국 파병이 결정되자 중국 연안의 경비를 담당하던 해군 제3함대의 사령장관 하세가와 기요시(長谷川淸)도 해군 군령부에 「대지 작전용병에 관한 의견」을 상신하여 보다 적극적인 대중 작전의 수행을 요청했다. 그는 당초부터 중국을 응징하기 위한 목적으로 전국(戰局)을 확대해야 하고 이를 위해서 해군 항공병력을 동원한 공습을 통해 상하이나 난징을 제압해야 한다고 건의했다.[52] 그 상급자인 해군상 요나이는 각의를 통해 대중 분쟁의 확대를 반대해왔지만, 하세가와 제독은 이에 반해 해군 항공공습을 불사한 전쟁 확대론을 제기한 것이다.

관동군 및 조선군의 증파로 북지사변이 확대되는 경향을 보이자 전쟁 불확대론의 선봉에 섰던 육군의 이시와라 작전부장은 정부 주요 인사들에게 대중 전면전쟁의 위험성을 설득하려고 했다. 그는 7월 19일 스기야마 육군상과 우메즈 요시지로 차관에게 중국과의 전면 전쟁이 발생할 경우 마치 나폴레옹군이 스페인 전역에서 고전한 바와 같은 양상이 전개될 것이라고 보고하면서 북중국에서의 일본군 철수와 고노에 총리 및 장제스 총통 간의 외교 교섭을 통한 사태

---

51 臼井勝美, 앞의 책, p.75.
52 相澤淳, 앞의 책, p.103.

수습을 건의했다. 또한 그는 7월 31일 천황에게 진강(進講)하는 석상에서도 군사력을 동원하기보다 외교적인 절충으로 적을 억제하는 것이 바람직한 급무라는 점을 애써 설명했다.[53] 그러나 이시와라의 노력에도 불구하고 고노에 내각은 지나주둔군 사령관 가즈키 세이지(香月淸司) 장군의 요청에 응해 7월 22일 본토에서 3개 사단을 추가로 동원하여 중국에 파병한다는 결정을 내렸고, 7월 27일에는 지나주둔군에 중국군에 대한 총공격을 개시할 것을 지시했다. 이 같은 지시에 따라 지나주둔군은 육군 항공병단의 지원을 받으면서 루거우차오 남방 방면에 대한 공세를 전개하여 7월 말까지 베이핑과 톈진 일대를 장악했다.[54]

일본 정부는 8월 초에 접어들어 유리하게 전개된 초기 전황을 기반으로 장제스 정부와 정전 교섭을 시도하려고 했다. 8월 4일 고노에 총리와 육군상, 해군상, 외상이 참가한 회의에서 일본 정부는 루거우차오 부근에 비무장지대를 설정하고 증파된 일본군을 철수시키는 조건으로 중국에 만주국을 승인시키고 양국 간 방공협정을 체결하며 중국에서의 배일(排日)운동을 정지시킨다는 교섭안을 마련했다.[55] 그러나 이 같은 대중 외교 교섭 시도는 착수되기도 전에 암초를 만났다. 8월 6일 중국 국민당 정부의 최고군사회의에서 전면적 항일전쟁을 결의한 것이다. 이에 더해 8월 9일에는 상하이에 주둔하던 일본 해군 육전대 소속의 오야마 도시오(大山勇夫) 중위와 수병 1명이 중국 보안대에 의해 살해되는 사건이 발생했다. 이 같은 일련

---

53 秦郁彦, 앞의 글, p.14, 18.
54 入江昭, 앞의 책, 제2장; 秦郁彦, 앞의 글, p.16.
55 秦郁彦, 앞의 글, pp.18-19.

그림 8-5. 96식 함상폭격기

의 사건들로 인해 일중 간의 외교 교섭 시도는 보류되었고 일본은 대중 공세를 지속하는 정책을 선택하지 않을 수 없었다.

8월 12일과 13일 일본 정부는 총리, 외상, 육군상, 해군상이 참가한 각의에서 제3사단과 제11사단 등 2개 사단의 상하이 방면 파병을 결정했고, 15일에는 이 사단들로 상하이 파견군을 편성하여 마쓰이 이와네(松井石根) 대장이 총지휘하도록 했다. 한편 전면적 항일전쟁을 결정한 중국 국민당 정부는 8월 14일 공군의 경폭격기 10여 대를 동원하여 상하이 항구에 정박 중이던 일본 제3함대의 기함 이즈모(出雲)와 해군 육전대, 일본 영사관에 폭격을 실시했다.[56] 이 사건은 종전까지 전쟁 불확대론을 견지해오던 요나이 해군상의 심경을 전환시키는 결정적인 계기가 되었다. 8월 14일에 긴급 개최된 일본 정부의 각의에서 요나이 해군상은 앞장서서 분쟁의 전면 확대를 주장했다. 그리고 8월 15일에는 해군 항공부대의 96식 함상폭격기 20여 대가 도양(渡洋) 출동을 단행하여 난징과 상하이의 중국 정부시설들에 폭격을 가했다. 해군 항공본부장 야마모토 이소로쿠의 주도하에 개발되어 1936년부터 일선 부대에 배치된 96식 함상폭격기가 처음으로 실전에 투입된 것이다.[57]

---

56 이후 중국 국민당 정부는 8월 14일을 공군절로 기념했다. 相澤淳, 앞의 책, p.108.
57 Herbert P. Bix, 앞의 책, p.323; 相澤淳, 앞의 책, p.109. 빅스는 일본의 폭격기가 나가사키에서 발진했다고 설명한 데 반해 아이자와 아쓰시(相澤淳)는 타이완에서 출발했다고 설명

일본군의 폭격에 직면한 장제스 정부는 8월 15일 전국 총동원령을 발포하고 스스로 육해공군 총사령관에 취임하면서 일본에 대한 전면 전쟁을 선언했다. 이후 국민당 정부는 8월 21일 소련과 불가침 조약을 체결하여 5년간의 조약 유효기간 중 소련이 일본과 불가침 조약을 체결하지 않는다는 약속을 확보하고 중국도 제3국과 공동의 방공협정을 맺지 않는다는 데 합의했다.[58] 또한 8월 22일에는 중국 공산군 3만 2천 명의 병력을 제8로군으로 편입시켜 국공합작(國共合作)에 의한 항일전쟁 태세를 갖추었다.[59]

이에 대해 일본 정부는 8월 15일 성명을 통해 자신들의 주도로 동아 블럭을 형성한다는 정치목표를 재확인하고 8월 17일의 각의에서 전쟁 불확대 방침의 포기를 명언하면서 대중 전쟁의 본격화를 내외에 알렸다. 이러한 결정에 따라 8월 21일 육군과 해군의 참모부서는 북중국 일대의 전략적 거점 확보, 상하이 점령, 중국 연안의 해양 봉쇄를 목표로 명시한 작전계획을 작성하여 천황의 재가를 받았다.[60] 8월 23일에는 상하이 파견군으로 편성된 제3사단과 제11사단이 각각 우쑹(吳淞)과 촨사전(川沙鎭)에 상륙을 강행했다. 8월 31일에는 지나주둔군을 북지나방면군으로 재편하여 사령관으로 임명된 데라

<hr />

했다. 어떻든 이를 계기로 일본 해군과 육군에는 중국의 핵심시설들을 폭격기로 격파한다는 전략폭격의 용병론이 정착되었다. 藤原彰, 앞의 책, p.94. 빅스는 일본의 전략폭격이 이탈리아의 항공전략가 두헤의 영향을 받은 것으로 분석했다. Herbert P. Bix, 앞의 책, p.312.

58 이 조약의 체결로 인해 중국 측은 10월에 소련으로부터 폭격기 21기, 전투기 23기, 비행사 및 정비원 254명을 지원받은 것을 필두로 1941년까지 비행기 924기, 전차 82량, 대포 1,140문, 기관총 9,720정, 보병총 5만 정, 탄약 1억 8천만 발 등의 지원을 받았다. 臼井勝美, 앞의 책, pp.91-92.

59 제8로군의 사령관은 주더(朱德), 부사령관은 펑더화이(彭德懷)가 담당했다.

60 Herbert P. Bix, 앞의 책, p.324.

우치 하사이치 대장의 지휘하에 예하 8개 사단, 10만 명의 병력을 제1군과 제2군으로 나누어 일제히 남하하게 했다. 이에 대해 중국군은 쑹저위안의 지휘하에 40만 명의 대군으로 맞섰으나 별다른 결전을 하지 못하고 후퇴를 거듭했다.

한편 육군 참모본부는 8월 9일 관동군 및 지나주둔군에 몽고 방면의 차하르 지역의 진공작전을 지시했다. 이러한 지시에 따라 관동군은 3개 여단의 병력을 규합하여 관동군 참모장 도조 히데키가 지휘하는 차하르 병단(혹은 몽고 병단)을 편성했다. 차하르 병단은 이타가키 세이시로가 지휘하는 지나주둔군 예하의 제5사단과 합류하여 10월 중순까지 내몽고 일대를 점령했다.

이같이 관동군과 북지나방면군은 1937년 말까지 허베이성, 산시성, 산둥성, 차하르 지역 등을 무력으로 점령했다. 그러나 일본 정부는 중일 간의 무력분쟁에 대해 '전쟁'이라는 표현을 사용하지 않고 따라서 선전포고를 행하지 않는다는 방침을 결정했다. 내각과 육군 참모본부 등에서는 선전포고 시행 여부를 논의했으나 이 사태를 '전쟁'으로 선언할 경우 일본도 가입한 1928년의 부전조약에 위배될 수 있고 미국이 1936년 2월에 선포한 중립법에 따라 필요한 전쟁물자의 수급에 차질이 생길 수 있다는 판단에 따라 천황에 의한 선전포고 절차를 거치지 않기로 한 것이다. 그리고 이 사태에 대해서도 최초에는 '북지사변'으로, 9월 2일 이후에는 '지나사변'으로 명명하도록 했다.[61] 이 명명 과정은 일본 스스로가 중국에의 병력 파병과 교전 확대가 자신들이 1920년대에 참가해온 국제규범을 위반하고 있

---

61 加藤陽子, 앞의 책, pp.69-72; 佐藤賢了, 앞의 책, pp.77-78.

다는 인식을 갖고 있음을 보여주는 반증이다. 중국의 장제스 정부는 이 점을 국제적으로 호소했다.

9월 13일 장제스 정부는 국제연맹에 일본이 국제연맹 규약은 물론 9개국 조약과 부전조약을 위반하고 있다고 제소했다.[62] 국제연맹 이사회는 9월 16일 중국이 제기한 안건을 극동 문제에 관한 23개국 자문위원회에 회부했다. 9월 27일 극동 문제 국제자문회의는 영국의 의견에 따라 일본이 중국 도시들에 폭격을 감행한 것에 대한 비난 결의안을 채택했고, 다음날 국제연맹 총회에서는 이 결의안을 만장일치로 승인했다. 나아가 10월 5일과 6일에 걸쳐 개최된 국제연맹 총회에서는 일본의 군사행동이 자위적 조치가 아니라 1922년에 체결된 9개국 조약과 1928년에 성립된 부전조약 위반이라고 결론지었다. 물론 일본은 이미 국제연맹을 이탈한 상태였고 국제연맹은 별다른 제재수단을 갖지 못했기 때문에 이 같은 총회 결의는 상징적인 의미밖에 가지지 못했지만, 중일전쟁 발발 과정에서의 일본의 책임에 대해 국제사회가 냉정한 여론을 형성해가고 있었음을 볼 수 있다. 10월 5일 미국의 루스벨트 대통령이 시카고에서 연설을 통해 국제적 아나키를 야기하는 국가는 전염병 전달자와 같으므로 국제사회에서 격리해야 한다고 한 것은 이 같은 분위기를 배경으로 한 것이었다.[64] 이에 대해 10월 6일 일본 외무성의 가와이 다츠오(河合達夫) 정보부장은 고노에 총리의 지론을 빌려 갖고 있는 국가가 갖고 있지 않은 국가에 기득권을 양보하기를 거부한다면 그 갈등을 해결하는

---

62 入江昭, 앞의 책, 제2장을 참조하라.
63 臼井勝美, 앞의 책, pp.87-89.
64 Akira Iriye, 앞의 책, p.158.

길은 전쟁 이외에는 없다고 반박했다.[65]

중국에서의 전쟁이 확대일로의 양상을 띠게 되자 전쟁 불확대의 입장을 견지하던 육군 참모본부 이시와라 작전부장이 사의를 표하면서 9월 27일자로 관동군의 도조 히데키 참모장을 보좌하는 부장(副長)으로 전출되었다. 후임 작전부장에는 시모무라 사다무(下村定)가 임명되었는데, 이런 경우의 후임자들이 통상 그러하듯이 시모무라는 전임자의 흔적 지우기를 적극적으로 실시했다. 전임자의 재임기간에 설치되었던 전쟁지도과를 폐지했고 중국 대륙에 대한 증원 병력의 파견을 추진하면서 현지 야전군에는 상하이와 산둥성 방면에 대한 적극적인 공세를 주문했다.[66] 이 같은 방침에 따라 9월 하순부터 10월 초순에 걸쳐 일본 본토에서 차출된 제9사단, 제13사단, 제101사단이 상하이 인근 연안에 상륙했고, 11월 5일에는 제10군 예하의 제6사단과 제18사단이 항저우(杭州)에 상륙했다. 그리고 11월 10일에는 제114사단과 제16사단이 역시 상륙했다. 이들 부대는 8월에 편성된 상하이 파견군과 함께 마쓰이 이와네 육군대장을 사령관으로 하는 중지나(中支那)방면군으로 통합 재편성되어 상하이 방면에 대한 공세를 실시했다.

11월 중순까지 상하이를 확보한 일본 중지나방면군의 마쓰이 대장은 12월 1일 천황으로부터 난징 공략을 지시받았다. 난징은 1927년 이후 중국 국민당 정부가 수도로 삼아온 곳이었다. 장제스 정부는 이곳에 대한 일본군의 군사적 압력이 강화될 조짐을 보이자 이미 10월 29일 충칭(重慶)으로 천도한다는 결정을 내린 상태였고 11월

---

65   臼井勝美, 앞의 책, p.89.
66   Michael A. Barnhart, 앞의 책, pp.99-100.

20일까지 국민당 정부의 주요 부서와 책임자들은 난징을 탈출했다. 일본은 마쓰이 대장이 지휘하는 중지나방면군을 다수의 제대로 나누어 세 방면에서 난징을 포위공격하도록 했다. 국민당 정부는 이미 난징을 포기한 상태였기 때문에 12월 13일까지 이어진 난징 공략전은 일방적인 일본군의 압승으로 종료되었다. 전승 무드에 취한 일본군은 중국군 병사는 물론 포로와 민간인들에 대한 대대적인 학살을 서슴지 않았다. 난징 함락 첫날에 제16사단이 2만 4천 명 내지 3만 2천 명의 중국 병사와 양민을 학살한 것을 비롯하여 피해자 수는 수십만 명에 이르는 것으로 추정되었다.[67]

난징 함락은 일본과 미국 간의 관계를 긴장으로 몰아가는 계기가 되었다. 승전 무드에 취한 일본 전투기가 난징 하구에 정박 중이던 미국 포함 파네이호를 격침시켜 승선해 있던 미국인이 사망하는 사건이 발생했다. 이에 대해 루스벨트 대통령을 포함한 미국 지도자들이 격노했고, 결국 일본은 12월 23일 미국 정부에 공식 사과를 하기에 이르렀다.[68] 그러나 일본의 사과에도 불구하고 루스벨트 대통령은 미국의 주력 함대를 대서양에서 태평양으로 이동시켜 일본 해군을 견제하는 태세를 취하게 했고, 이해 말인 12월 31일에는 미국의 로열 잉거솔(Royal Ingersoll) 해군 대령 등 전쟁기획 실무자들을 영국에 파견하여 양국 간의 대일 공동전략 책정 및 연합해군 훈련의 실시를 협의하게 했다.[69]

---

67 피해자의 규모는 1946년부터 개정한 도쿄재판에서는 20만 명 정도, 난징재판에서는 30만 명 정도로 추산되었다. 중국 정부는 34만 명 정도의 학살 피해자가 발생했다고 주장했다. Herbert P. Bix, 앞의 책, pp.333-335.
68 Michael A. Barnhart, 앞의 책, pp.126-127.
69 Akira Iriye, 앞의 책, p.159.

중일전쟁이 군사적인 측면뿐만 아니라 외교나 경제에도 영향을 미치게 되자 고노에 총리는 정치와 군사 양 측면의 전략을 정부 차원에서 종합적으로 논의할 수 있는 협의체의 필요성을 절감하게 되었다. 그런 문제의식에서 1937년 11월 20일 대본영을 설치하여 총리를 위시한 육군상, 해군상, 외상, 대장상, 내무상 등의 각료와 육군 참모총장, 해군 군령부총장, 추밀원 의장 등이 참가하여 전시 중 군사 분야는 물론 정치와 외교에 이르기까지 정책 현안을 논의하는 기구로 활용하려고 했다.[70]

1937년 8월 개전 시점에 일본 육군은 1920년대에 군축의 흐름 속에 정착된 17개 사단 상설체제를 유지하고 있었다. 그러나 중일전쟁이 확대되고 이를 수행하기 위해 북지나방면군과 중지나방면군이 추가로 편성되면서 일본은 1937년 말까지 7개 사단을 증설하여 24개 사단 체제를 갖추었다. 이 가운데 중국 전선에 16개 사단, 총 70만 명의 병력이 파견되었고, 관동군에는 5개 사단이 편제된 가운데 1개 사단이 증설되었다. 조선군이 1개 사단 체제를 유지하고 있었으며, 정작 일본 본토에는 1개 사단만이 잔류하는 양상이 되었다.[71] 상하이 전투 등 중국 전선에 투입된 일본 육군은 주로 보병 전력에 의존했지만 1929년에 개발된 89식 중전차를 앞세워 중국군과 교전을 치르기도 했다. 다만 일본은 전격전 전술을 독자적으로 채택한 독일과 달리 기갑전력을 집중적으로 이용하지는 않았다.[72]

---

70 加藤陽子, 앞의 책, pp.257-259, 273-278.
71 山田朗, 앞의 책, p.166.
72 89식 중전차는 중량 13톤이고 57밀리 포를 탑재했다. 山田朗, 앞의 책, p.177.

그림 8-6. 89식 중전차

　점차 전황이 장기화되면서 일본 육군은 병력을 신규 증원할 필요성에 직면했고, 이를 해결하기 위해 조선 등 식민지 지역의 청년들에 주목하게 되었다. 1937년 12월 일본 정부는 각의를 통해 조선인 특별지원병제의 창설을 결정했고, 다음 해인 1938년 1월 15일 고노에 총리와 미나미 지로 조선 총독이 천황에게 보고한 후 1938년 2월 조선특별지원병령을 공포했다. 이 조치의 결과 이해에 보병 2백 명, 치중병(수송병) 1백 명, 고사포병 1백 명 등 총 4백여 명의 조선 청년이 지원병으로 중일전쟁에 참전하게 되었다.[73] 전황이 장기화됨에 따라 조선 출신 지원병의 수는 이후 〈표 8-1〉에 나타나는 것처럼 1943년 시점에는 5,000명 선까지 늘어났다. 식민지 조선의

73　宮田節子, 앞의 책, pp.77-78.

표 8-1. 조선 출신 지원병의 규모[74]

	현역병	제일보충병	합계	비고
1938년	300	100	400	특별지원병
1939년	250	350	600	
1940년	900	2,100	3,000	
1941년	1,000	2,000	3,000	
1942년	2250	2250	4,500	
1943년	3,200	2,130	5,330	

청년들이 일본의 총력전을 지원하기 위한 병력 자원으로 본격적으로 동원된 것이다.

4. 1938년의 전황과 '동아(東亞) 신질서' 선언

1937년 말까지 16개 사단, 총 70만 명의 병력을 중국 대륙에 파견하여 화북지역과 상하이 및 난징 지역을 점령한 일본은 향후 '지나사변'의 수행 방향에 대해 국가적인 전략 방향을 정할 필요를 갖게 되었다. 1938년 1월 11일 천황이 참가한 가운데 어전회의 형식으로 개최된 대본영 정부연락회의에서 외무성과 육군성의 정책 방침이 대립하는 가운데 '지나사변 처리 근본 방침'이 결정되었다. 육군의 다다 하야오 참모차장은 장제스 정부와의 교섭을 지속하자고 주장한 반면, 외무성의 히로타 외상은 오히려 교섭을 중지하자는 강경한 입

---

74   宮田節子, 앞의 책, p.83.

장을 취했다. 결국 어전회의에서는 국민당 정부가 강화를 요청하면 강화조건을 받아들이고 강화를 구하지 않으면 국민당 정부를 상대하지 않고 새로운 정부를 수립한다는 절충적인 방침을 결정했다.[75] 결국 장제스 정부가 일본과의 교섭에 응하지 않자 1월 16일 고노에 정부는 장제스를 상대하지 않는다는 성명을 발표하면서 대중 교섭을 포기하고 무력행사를 지속했다.[76]

일본 정부는 4월 1일 국가총동원법을 공포하여 중일전쟁의 장기화를 전망하면서 국가의 인적 및 물적 자원을 동원하고 관리하며 통제하는 정부의 권한을 강화하는 법적 체제를 갖추었다.[77] 일본 본토뿐만 아니라 식민지 지역에서도 전쟁의 장기화에 대비한 총동원체제의 구축이 표방되었다. 1938년 9월 미나미 지로 조선 총독이 대륙병참기지 구상을 제시했고 이후 중국 대륙에서의 전쟁 수행을 지원하기 위해 1937년 평양병기제작소, 1939년 인천육군공창 등 군수공장이 건립되면서 소총탄약, 야포탄환, 총검, 수류탄, 나아가 잠수정까지 생산하는 체제가 갖추어졌다.[78]

75 藤原彰, 앞의 책, p.98. 한편 이날의 회의는 러일전쟁 이래 처음 개최된 어전회의였다. 이후 1941년 12월까지 천황이 참석한 어전회의가 여덟 차례 이상 개최되었는데, 천황의 역할에 대해서는 연구자들 간에 의견이 갈린다. 하타 이쿠히코는 어전회의가 미리 사무당국이 준비해온 스케줄 그대로 진행되었으며 천황이 자신의 의지에 따라 직접 정책을 결단한 것은 1945년 8월에 이르기까지 없었다고 설명했다. 秦郁彦, 앞의 글, p.39. 이러한 설명은 천황이 1946년에 측근들에게 구술한 독백의 내용과 일치한다. 천황이 "어전회의라고 하는 것은 우스운 것"이었고 "전부 형식적인 것으로 천황에게 회의의 분위기를 지배할 결정권은 없었다."라고 술회했기 때문이다. 『獨白錄』, p.47. 다만 빅스는 천황이 어전회의 등을 통해 전략과 작전계획, 군사전역 수행에 직접 관여했을 뿐만 아니라 진행되는 야전 작전의 변화에도 수시로 관여했다고 주장했다. Herbert P. Bix, 앞의 책, p.331.

76 秦郁彦, 앞의 글, p.40.

77 入江昭, 앞의 책, 제2장.

78 山辺健太郎, 앞의 책, pp.194-195.

또한 일본 육군은 중국 장제스 정부 통제하의 군대가 쉬저우(徐州) 지역에 40만 명 정도가 집결해 있다는 정보를 접하면서 베이핑 방면을 장악한 북지나방면군을 남하시키고 상하이 및 난징을 점령한 중지나방면군을 북상시켜 쉬저우 지역의 중국군을 격멸하고 화중과 화남의 점령지구를 연결한다는 작전을 구상했다. 쉬저우 작전의 실시에 관해 4월 7일 예하 부대들에 관련 명령이 하달되어 4월 하순부터 북지나방면군이 남하하기 시작했고 5월 초순부터 중지나방면군이 북상하기 시작했다. 2개 제대는 쉬저우 지역에 포진한 중국군 주력 부대의 포위 섬멸에는 성공을 거두지 못했으나 5월 19일까지 이 지역을 완전히 장악하기에 이르렀다.[79]

쉬저우 작전 종료와 병행하여 고노에 총리는 내각 교체를 통해 중국 정부와의 외교교섭 재개를 추진하려는 의향을 보였다. 즉, 5월에 단행된 내각 개조에서 대중 전쟁의 확대를 주장해온 히로타 외상과 스기야마 육군상이 퇴진하고 불확대론자인 우가키 가즈시게를 외상에, 이타가키 세이시로를 육군상에 임명한 것이다.[80] 일중 간의 화평교섭 추진을 과제로 내세우면서 취임한 우가키 외상은 9월에 이르기까지 영국 및 미국과의 관계 개선, 중국 국민당 정부와의 화평회담을 시도했다. 우가키는 일본의 최종적인 적은 소련이라고 인식했으며 소련과의 전쟁에 대비하기 위해서라도 중국과의 분쟁은 회피해야 한다는 외교 구상을 하고 있었던 것이다.[81] 다만 9월에 흥아

---

79 秦郁彦, 앞의 글, p.45.
80 그러나 이 인사는 관동군 참모장 출신으로 만주국 수립에 결정적 역할을 한 이타가키의 육군상 기용으로 이미지 쇄신에 실패했다고 평가되었다. 秦郁彦, 앞의 글, pp.49-50.
81 Michael A. Barnhart, 앞의 책, p.112; 入江昭, 앞의 책, pp.87-88. 이리에 아키라는 우가키의 외교정책이 사토 나오타케의 그것과 유사했다고 평가했다.

원(興亞院) 조직의 관할 여부를 둘러싸고 우가키와 여타 정부 부서 간에 갈등이 벌어지면서 우가키가 외상을 사임했고 이후 중일 간의 외교 교섭을 통한 관계 개선 시도는 무위로 돌아갔다.

중일 간의 외교 교섭이 중단되자 일본 정부는 다시 9월 7일 대본 영 어전회의를 개최해서 한커우(漢口)와 광둥(廣東) 지역의 작전에 착수하기로 결정했다. 광둥 지역은 충칭으로 천도한 중국 국민당 정부에 지원되는 전쟁 물자의 80% 이상이 홍콩을 통해 경유하는 전략적 거점으로 평가되었다. 일본은 이 지역에 제11군 소속의 5개 사단과 제2군 소속의 4개 사단을 동원하여 보급선을 차단하려고 한 것이다.[82] 광둥과 한커우 지역에 대한 일본군의 공세는 순조롭게 진행되어 10월 말까지 양 지역이 일본군에 의해 장악되었다.[83] 광둥과 한커우의 점령 이후 일본은 적극 공세를 취하기보다는 전략적 방어로 전환하기 시작했다.

이 상황에서 중국 내륙에서의 전쟁에 참가하지 않은 여타 지역의 육군과 해군에서 전과를 확대하려는 군사적 시도들이 나타났다. 1938년 7월 11일 두만강 건너편에 위치한 장고봉(張鼓峰, 소련명 하산) 정상에 이 근방에 배치된 소련군이 진지를 구축하기 시작했다. 이 보고를 접한 일본 육군 참모본부의 작전과장 등은 장고봉 지역을 담당하는 조선군 제19사단에 위력정찰을 지시했다. 그러나 제19사단 사단장 스에타카 카메조(尾高龜藏)는 7월 31일 예하 1개 연대 1,600명의 병력으로 소련군 진지에 야습을 감행했다. 일본군의 공

---

82 秦郁彦, 앞의 글, pp.50-53.
83 다만 빅스는 광둥과 한커우 지역의 전투에서 일본군이 독가스를 사용했다고 지적했다. Herbert P. Bix, 앞의 책, pp.359-361.

격을 받은 소련군은 일단 진지에서 철수했으나 이어 비행기와 전차, 중포의 지원을 받아가며 반격으로 전환했고, 8월 6일 이후에는 2개 사단을 본격적으로 투입하여 일본군에 대한 대대적인 공세를 전개했다. 결국 8월 13일까지 일본군이 두만강을 다시 건너 철퇴하지 않으면 안 되었고, 조선군 제19사단은 장고봉 전투를 통해 전체 병력의 20%에 달하는 큰 손실을 입었다.[84]

육군이 중국 대륙에서의 대중 전쟁을 주도적으로 실시하는 동안 해군은 제3함대를 중심으로 상하이와 광둥에 대한 상륙작전을 지원하거나 연안봉쇄 등의 임무를 수행했다. 다만 거듭된 육군의 전과 확대를 지켜보면서 해군도 보다 적극적인 전쟁 수행을 통해 나름의 공적을 세우려는 계획을 갖게 되었다. 육군이 광둥작전을 기획하던 1938년 9월 해군성과 해군 군령부, 타이완 총독부의 해군 무관부 등에서 각각 남중국해에 위치한 하이난다오(海南島)를 점령하자는 주장이 제기되었다.[85] 해군 군령부의 제1과장 쿠사카 류노스케(草鹿龍之介)는 하이난다오가 장차 일본이 남방으로 진출하는 데 발판이 될 수 있다고 하면서 광둥작전과 동시에 하이난도 점령을 실시해야 한다고 주장했다. 타이완 총독부의 해군 무관부는「해남도 처리방침」 등의 문서를 통해, 하이난다오가 지리적으로 남방정책의 전진 거점이 될 수 있다고 하면서 그곳을 점령할 경우 타이완 통치의 경험을 살려 일본이 국책상 필요한 자원을 확보할 수 있을 뿐만 아니라 주민들을 황민화(皇民化)할 수 있다고 주장했다. 같은 시기에 해군성 조사과도「해남도 점거와 프랑스에 대한 법적 관계」등의 문서를 통

---

84 島田俊彦,『關東軍: 在滿陸軍の獨走』, 中公新書, 1965, pp.129-132.

85 이하는 相澤淳, 앞의 책, pp.134-137, 161-162를 참조하라.

해 하이난다오 점령에 따르는 국제법적인 현안들을 실제로 검토했다. 이 같은 논의들을 수렴하여 1938년 9월 7일 광둥 공략이 결정된 어전회의에서 해군은 하이난다오에 대한 공략 방안도 제기했다. 그러나 육군 측의 소극적인 반응에 부딪치면서 이 문제는 후일의 검토 사항으로 보류되었다.

광둥과 한커우 전투 이후 군사적으로 전략적 방어태세를 취하던 고노에 총리가 신임 아리타 하치로 외상 등과 협의하여 11월 3일 향후의 동아시아에 대한 일본의 정책 방침을 담은 중대 성명을 발표했다. '동아 신질서 선언'으로 명명된 이 성명에서 고노에 총리는 지나 사변의 목적은 동아 영원의 안정을 확보할 신질서 건설이라고 하면서 '일만지', 즉 일본이 중국 및 만주국과 더불어 정치, 경제, 문화의 제휴를 심화하면서 신질서를 건설할 것이라고 했다. 다만 고노에 총리는 중국의 장제스 정부가 아니라 이에서 분리된 왕자오밍(汪兆銘) 정부와 화평을 추진하겠다는 입장을 밝혔다.[86] 고노에 총리의 이 선언에 대해 장제스 정부는 물론 미국이 맹반발했음은 익히 예상되는 바이기도 했다.[87]

다만 고노에 총리가 제시한 일본, 만주국, 중국을 연결하는 동아 신질서의 구축 구상은 그를 중심으로 1933년에 조직된 바 있는 쇼와연구회의 멤버들이 중일전쟁 발발을 계기로 제기한 국제정치 구상을 반영한 것이라는 점을 지적하지 않을 수 없다. 도쿄제국

86　入江昭, 앞의 책, p.100; Herbert P. Bix, 앞의 책, p.347; Michael A. Barnhart, 앞의 책, p.113; 北岡伸一, 『日本政治史: 外交と権力』, 有斐閣, 2017, pp.194-195.
87　그런 점에서 기타오카 신이치는 이 동아 신질서 선언이 미일 간 태평양전쟁의 사상적 기원이 되었다고 분석한다. 北岡伸一, 앞의 책, p.195.

대학 교수로 쇼와연구회의 발족 멤버이기도 한 료야마 마사미치는 1938년 1월에 작성한 논설을 통해 지나사변은 단순한 국가 간 전쟁이 아니라, 동아 지역에서 일본 주도로 결성되어야 할 생활공동체의 지역적 재편성 운동이라고 의미 부여를 했다.[88] 중일전쟁 발발 직후에 쇼와연구회에 초빙된 사상가 미키 기요시(三木清)는 강연을 통해 일본의 사명이 자유주의, 파시즘, 공산주의에 대항하는 근본 이념을 제시하는 것인데 '지나사변'은 바로 중국 및 동양 국가들을 평등한 입장에서 결합하여 동아 통일을 이룩하는 것이라고 주장했다. 나아가 그는 다른 논설에서 지나사변을 통해 일본, 만주국, 중국이 정치, 경제, 문화, 국방의 여러 분야에 걸쳐 '동아협동체'를 건설하는 것이 세계사적 동향에 합치하는 것이라고도 강변했다.[89] 고노에의 동아 신질서 건설 선언은 이러한 쇼와연구회의 멤버들이 제기한 '동아 생활공동체' 혹은 '동아협동체'의 구상을 바탕으로 한 것이었다.

고노에 내각은 동아 신질서 선언을 기반으로 후속적인 대중 정책을 연달아 제시했다. 1938년 12월 22일에는 소위 고노에 3원칙을 발표하여 중국이 만주국을 인정하고 선린우호관계를 수립할 것, 중국과 일본이 공동으로 방공협력을 추진할 것, 양국 간의 광범위

---

88 蠟山政道, 「長期戰と日本の世界政策」(1938. 2), 『世界の変局と日本の世界政策』, 嚴松堂書店, 1938, pp.301-307.

89 三木清, 「新日本の思想原理」(1939. 1), 酒井三郎, 『昭和研究會: ある知識人集團の軌跡』, TBSブリタニカ, 1979, pp.305-315. 사카이 데쓰야(酒井哲哉)는 미키 기요시 등이 민족주의를 초극하여 동아협동체론을 주장한 것은 중국 내셔널리즘을 견제하기 위한 의도를 가진 것이 었다고 분석했다. 酒井哲哉, 「戰後外交論の形成」, 北岡伸一・御厨貴, 『戰争・复興・発展: 昭和政治史における権力と構想』, 東京大学出版会, 2000을 참조하라.

한 경제협력을 실시할 것 등을 제안했다.[90] 이어 12월 30일에 개최된 어전회의에서는 「일지 신관계 조정방침」을 결정했는데, 중국에 만주국 승인, 내몽고 방공자치구역화, 방공군사동맹의 체결, 일본인 재산의 직접 손해에 대한 배상 요구, 화몽과 내몽고 지역에서의 방공을 위한 병력 주둔 등을 요구한다는 것이었다.[91] 그러나 일본의 일방적인 무력행사 속에서 수도를 난징에서 충칭으로 천도당하고 가까스로 국공합작을 성사시키면서 고난에 찬 항일투쟁을 수행해가고 있던 장제스 정부가 일본의 무리한 요구를 수용할 이유는 없었다. 결국 1939년 1월 고노에 총리는 '지나사변'이 해결되지 못했고 새롭게 일본 정부 내에서 대두하던 독일 및 이탈리아와의 3국동맹 구상에 대한 내각 내의 대립을 해결하지 못했다는 이유로 내각 총사직을 단행하지 않을 수 없었다. 비록 '동아 신질서 건설' 등의 화려한 외교적 슬로건을 제시했으나 고노에 후미마로 총리는 국지적 분쟁으로 해결될 수 있었던 루거우차오 사건에 대해 병력 증파를 결정하여 중일전쟁을 확대했다는 책임에서 결코 자유로울 수 없을 것이다.[92]

90 Herbert P. Bix, 앞의 책, p.349.
91 秦郁彦, 앞의 글, p.57.
92 중일전쟁의 책임자에 대해 일본 학자들의 견해는 미묘하게 갈린다. 기타오카 신이치는 중일전쟁이 확대된 것에 대한 책임 있는 행위자로 고노에 총리, 히로타 외상, 육군을 들었다. 北岡伸一, 앞의 책, p.192. 후지와라 아키라는 고노에 총리뿐만 아니라 히로히토 천황의 책임도 명백하다고 평가했다. 藤原彰, 앞의 책, p.96. 천황의 전쟁 책임에 대해 일본 학계는 이같이 이분화된 입장을 보여준다.

5. 1939~1940년의 전황: 하이난다오 점령, 노몬한 전투, 이창 전투

중일전쟁이 확대되면서 일본 정부는 1939년 시점에 총 23개 사단, 85만 명의 병력을 중국 방면에 파병했다. 이로 인해 중일전쟁이 시작된 1937년 이후에는 〈표 8-2〉에서 보는 바와 같이 국가 전체 세출 가운데 전비 지출이 차지하는 비중이 65%를 상회하는 수준까지 육박했다.

이 같은 상황에서 1938년 말 이후 육군은 중국 방면에서의 전투 규모를 축소하고 점령지에 대한 안정적 통치에 중점을 두면서 장차

표 8-2. 1928~1939년 군사비와 세출(단위 1만 엔)[93]

연도	육군비	해군비	군사비합계	세출	세출합계노징	군사비비율
1928	24,911	26,813	51,724	181,486		28.5
1929	22,726	26,767	49,492	173,632		28.5
1930	20,082	24,203	44,286	155,786		28.4
1931	22,749	22,713	45,462	147,688		30.8
1932	37,358	31,281	68,638	195,014		35.2
1933	46,264	40,998	87,262	225,466		38.7
1934	45,853	48,335	94,188	216,300	247,964	38.0
1935	49,656	53,638	103,294	220,648	256,573	40.3
1936	51,072	56,745	107,817	228,218	266,563	40.4
1937	225,032	102,082	327,114	270,916	520,741	62.8
1938	448,100	148,115	596,214	328,803	856,193	69.6
1939	456,163	191,128	647,291	449,383	984,224	65.8

93 이 표에서 육군비와 해군비는 일반회계의 육군성과 해군성 결산액에 1937년 이후는 임시군사비특별회계의 지출액을 더한 것이라고 한다. 자료에 대한 설명은 三和良一, 『戰間期日本の經濟政策史の硏究』, 東京大學出版會, 2003, pp.264-265를 참조하라.

예상되는 세계전쟁에 대비하여 종합 국력을 건설하는 데 노력을 전환해야 한다는 구상을 강구하게 되었다.[94] 1938년 11월 18일 육군은 「1938년 추계 이후 전쟁지도에 관한 일반방침」을 결정하면서 향후 예상되는 중국 및 소련과의 동시 전쟁에 대비하여 종합국력 및 군비 충실을 기할 필요가 있으며 이를 위해 일본-만주-중국과의 관계를 재조정하고 중요 산업 5개년 계획을 통해 물적 및 인적 자원, 군사력의 건설에 주력해야 한다는 구상을 제시했다. 이어 12월 6일에는 「정략(政略)공세 전략(戰略) 지구기(持久期)에 있어 작전지도요령」을 결정하여 화북, 내몽고, 양쯔강 하류, 우한(武漢), 광둥 지구 등 중국 내의 점령지역에 대해서 안정적, 장기적 관리체제를 구축하면서 항일세력을 제압해간다는 전략방침을 밝혔다. 이 같은 방침의 전환에 따라 1939년 이후에 육군은 점령지에 대한 치안 확보 및 항일세력 소탕, 중국 장제스 정부에 대한 해외로부터의 보급로 차단, 제3함대 등 해군 전력을 동원한 해상 봉쇄, 내륙의 장제스 정부 근거지에 대한 전략폭격과 항공작전 등으로 군사작전의 중점을 옮겼다.

이 같은 육군의 전략 변화에 대해 1939년 1월 고노에의 후임으로 총리에 지명된 히라누마 기이치로(平沼騏一郎)도 같은 입장을 보였다. 히라누마 내각은 중국과의 전쟁 수행에 중점을 두었던 고노에와 달리 중국 대륙에서의 점령지구와 병력을 축소하고 외교적으로는 충칭의 장제스 정부와 화평공작을 추진하려고 했다. 그리고 국내적으로는 5개년 생산증대 계획을 실시하여 자급자족체제를 강화하려고 했다.[95]

---

94 이하의 내용은 秦郁彦, 앞의 글, pp.58-60을 참조하라.
95 Michael A. Barnhart, 앞의 책, p.137.

다만 육군이 중국 대륙에서의 군사작전을 축소하려던 시기에 해군이 일단 보류해두었던 하이난다오 공략의 작전구상을 다시 테이블에 꺼내놓았다. 해군성 군무국을 거쳐 지나 방면 함대의 선임참모로 활동하던 야마모토 요시오(山本善雄) 중좌가 발언한 것처럼 "육군이 만주에서 왕도락토(王道樂土) 건설을 이상으로 추구하는 것과 같이 해군도 하이난다오에서 왕도락토를 건설하고 싶다."라는 군사적 욕망을 가졌던 것이다.[96] 이 같은 해군의 염원은 1939년 1월 13일 천황이 참가한 어전회의에서 정식으로 수용되었다. 그리고 1월 19일에 「남지나에 대한 항공작전 및 봉쇄작전의 기지 설정」이라는 작전 목적하에 하이난다오 공략작전의 명령이 하달되었다. 이 같은 작전지시에 따라 2월 9일부터 곤도 노부타케(近藤信竹) 제독이 지휘하는 제5함대가 항모 아카기와 해군 육전대를 동원하여 하이난다오에 대한 상륙작전을 개시했다. 별다른 저항을 받지 않고 하이난다오 점령에 성공한 일본 해군은 3월 20일에는 하이난다오에서 700마일 남쪽 해상에 위치한 시사제도(西沙諸島, 파라셀 군도) 및 난사제도(南沙諸島, 스프래틀리 군도)까지 점령하여 타이완 총독부의 관할로 편입했다.[97]

하이난다오는 만주국이 그러했던 것처럼 제국 일본에 군사적 기지로서뿐만 아니라 경제적으로도 유용한 자원기지로서의 역할을 톡톡히 수행했다. 점령 직후 이 도서의 광산 개발에 착수한 일본은 매장량 2억 5천만 톤으로 추정되는 철광석 광산을 발견했고, 이 철광석은 병기 생산에 유용한 품위 62% 이상의 양질광으로 밝혀졌다.

96 相澤淳, 앞의 책, p.177에서 재인용했다.
97 相澤淳, 앞의 책, p.140, 142, 162.

1940년 6월 이후에 생산된 철광석은 일본으로 반출되기 시작했는데, 1943년도 시점에 하이난다오에서 반입된 철광석은 총 91만 톤이어서 만주에서 반입된 205만 톤에는 미치지 못했지만 조선에서 반입된 총 23만 톤의 생산량을 훨씬 상회하는 실적을 거둘 수 있었다.[98] 여러 면에서 해군의 하이난다오 점령은 중국 장제스 총통이 적절하게 표현한 것처럼 "태평양상의 만주사변"이었던 것이다.[99]

한편 일본 해군의 하이난다오 점령에 대해 영국은 이 작전이 영국령 말레이시아나 네덜란드령 보르네오에 접근하려는 일본 측의 장기전략의 일환이라고 파악하고 이에 대한 대비책을 강구했다. 그러나 같은 시기에 진행된 독일의 체코슬로바키아 주데텐 지역 병합, 이탈리아의 알바니아 병합 등에 대응하기 위해 영국은 해군력을 유럽 방위에 전환하지 않을 수 없었다. 이 같은 상황에서 1939년 3월 영국은 미국에 태평양 지역의 방위를 분담해줄 것을 요청했고, 이 같은 요청에 부응하여 루스벨트 대통령은 4월 15일 미국 함대의 태평양 방면 증강을 지시했다. 그러나 이 같은 조치는 일본 해군의 태평양 지역 활동의 확대를 저지하기에 역부족이었다.[100]

중국 방면에서는 육군의 북지나방면군과 중지나방면군이, 하이난다오 방면에서는 해군이 각각 눈부신 전공을 거두자 만주국에 배치된 관동군 및 만주군도 공세적 군사작전에 대한 유혹을 갖게 되었던 것으로 보인다.[101] 그 계기는 하이난다오 작전이 완료된 직후인

98　相澤淳, 앞의 책, pp.166-167.
99　相澤淳, 앞의 책, p.179.
100　相澤淳, 앞의 책, pp.141-146.
101　1939년 9월에 중일전쟁을 수행하던 종전의 북지나방면군과 중지나방면군이 통합되어 지나파견군으로 창설되었다.

1939년 5월 12일 만주 북방 노몬한 방면에서 약 700명의 외몽고 병력이 월경하여 만주군의 일부와 교전이 벌어진 사건이었다. 이 소규모 공격에 대처하여 만주군과 관동군 예하 제23사단은 보병연대를 몽고군과 이를 지원하는 소련군의 정면에 배치하고 기병연대를 측면에 배치하여 적의 주력을 우회공격하게 했다. 그리고 비행대 등을 동원하여 적의 주력을 공격했으나, 소련군은 전차 및 포병부대를 집중시켜 일본군에 반격했고 특히 전차부대는 일본군 기병부대를 포위공격하여 전멸시켰다. 결국 노몬한 1차 전투에서 일본 관동군은 전장에서 퇴각하지 않을 수 없었다.[102]

이로부터 20여 일간 관동군은 중앙정부의 지원을 받지 못한 채 제23사단 외에 제7사단을 합한 5만 6천 명의 병력을 집결하고 그 외에 전차단과 비행집단의 전력을 증강했다. 그 이후인 6월 27일 관동군은 97식 전투기 등 130대의 비행단 전력을 앞세워 몽고군 기지를 폭격하면서 반격작전을 실시했다. 관동군은 제공권을 장악한 이후에 주력부대를 전진시켜 소련군의 주력을 격멸하려는 계획으로 작전을 전개했으나, 소련군은 게오르기 주코프(Georgy Zhukov) 사령관의 지휘하에 전차와 장갑차 각각 430대를 갖춘 기갑 5개 사단 및 기병 2개 사단, 저격 3개 사단으로 일본군의 공격을 흡수했다. 그리고 8월 이후에는 오히려 공세로 전환하면서 기갑사단들을 우회시켜 일본군 제7사단 및 제1사단, 제4사단의 증원을 차단하고 제23사단에 대한 포위망 구축에 성공했다. 결국 제23사단은 포위망을 탈출하지 못한 채 8월 말까지 전체 사단 병력의 70%에 달하는 1만 1천 명

---

102   이하 노몬한 전투 상황은 島田俊彦, 『關東軍: 在滿陸軍の獨走』, 中公新書, 1965, pp.138-151과 Michael A. Barnhart, 앞의 책, pp.142-143을 참조하라.

이 사망하는 참패를 겪고 말았다.[103] 결국 일본은 9월 16일 소련군과 가까스로 정전협정을 체결했으나 이후 관동군은 북방에서의 전투 수행에 적극적으로 나서지 못하게 되었다.

노몬한 전투가 일본 관동군의 패전으로 끝날 무렵 유럽 방면에서 큰 격변이 발생했다. 1939년 9월 1일 독일군이 기갑사단을 앞세워 전격전의 전술을 구사하며 폴란드의 서부 방면에 침공했고 소련군이 그 동부 국경선으로 침투하여 독소 양국에 의해 폴란드가 분할된 것이다. 이러한 사태에 직면하여 영국과 프랑스는 그 전년도에 네빌 체임벌린(Neville Chamberlain) 수상이 히틀러와 체결했던 뮌헨회담을 파기하고 지체 없이 개전을 선언하면서 제2차 세계대전의 막이 올랐다.

제2차 세계대전의 개전은 일본에 중요한 외교적 과제를 제기했다. 즉, 육군이 중심이 되어 이전부터 주장해오던 독일과의 동맹체결을 추진할 것인가, 아니면 영국 및 미국과의 관계를 회복할 것인가의 문제가 그것이었다. 황태자 시절에 유럽 방문을 통해 특히 영국 황실과 친교를 맺은 바 있던 히로히토 천황은 독일과의 동맹체결에 소극적인 입장을 갖고 있었다. 천황은 자신의 대독 동맹체결 신중론을 총리 및 내각 인사를 통해 표명했다. 1939년 8월 조선 총독 출신의 아베 노부유키(阿部信行)를 총리로 지명했을 때 외상에는 친미온건파로 정평이 있던 노무라 기치사부로(野村吉三郎) 해군 대장이 기용되었다. 그리고 1940년 1월 아베 내각이 사직했을 때에도 그 후

103　소련군의 지휘관으로 노몬한 전투를 지휘했던 주코프 장군은 이후 서부전선으로 전출하여 독일군과 맞선 스탈린그라드 전투에서 노몬한에서 구사한 바와 같은 양익포위 전술로 대승을 거두었다.

임에 독일과의 동맹체결에 반대 입장을 갖고 있던 해군 대장 출신의
요나이 미쓰마사를 기용했다.[104]

그러나 천황의 대독 동맹 소극론에도 불구하고 육군은 독일의 폴
란드 전역과 제2차 세계대전의 발발을 지켜보면서 보다 군사적인
관점에서 향후 취해야 할 군사 및 외교 정책의 방향을 구상했다. 육
군은 영국과 프랑스 등이 독일과 맞서야 하는 유럽 전선에 보다 관
심을 집중할 것이고 그 경우 중국의 장제스 정부에 대한 군사지원이
약화될 것으로 예상했다. 이러한 판단에서 육군 지휘부는 독일과의
동맹체결은 물론 소강상태에 있던 중국 전선에서 장제스 세력에 대
한 보다 적극적인 차단 및 격퇴작전의 필요성을 제기했다.

이러한 전략적 판단에서 1939년 9월 중국 방면에 파견되었던 2
개의 야전군, 즉 북지나방면군과 중지나방면군이 통합되어 지나파
견군이 창설되었다. 보다 단일적인 지휘체계를 갖게 된 중국 방면
의 일본 육군은 1938년 후반기 이후의 방침에서 전환하여 본토에서
의 병력 증파를 요청하고 충칭 지역의 장제스 정부를 압박하기 위
한 새로운 공세작전을 실시할 것을 강구했다. 이 같은 구상에 따라
1940년 4월 대본영은 지나파견군 예하 제11군에 대해 양쯔강 중류
의 이창(宜昌) 지역에 대한 공세작전계획을 승인했다. 이창 지역은

104　히로히토 천황은 1946년에 측근들에게 구술한 『독백록』에서 자신이 대독 동맹론을 주
장한 황족 치치부노미야(秩父宮)와 육군대신 이타가키 세이시로 등과 언쟁하면서 반대했고
동맹체결에 반대했던 해군상 요나이 미쓰마사를 그런 연유로 총리에 기용했다고 술회했다.
또한 그는 자신을 군사적으로 보좌하던 시종무관장에도 대독 동맹 반대론자였던 하타 슌로
쿠(畑俊六) 장군을 기용했다고 밝혔다. 『獨白錄』, pp.42-46, 49. 이리에 아키라도 1940년 1월
에 요나이 해군상의 총리 기용은 미국과의 위기를 회피하려는 인선이었다고 평가했다. 入江
昭, 앞의 책, p.132.

양쯔강을 거슬러 충칭까지 올라가는 수운(水運)의 연결 지점으로 충칭 소재의 장제스 정부에 유입되는 설비와 자재가 집결되는 병참선의 통로와 같은 지역이기도 했다. 이러한 의미를 갖는 이창 지역에 제11군 예하 4개 사단이 5월 하순부터 공세작전을 개시했고, 일단 6월 중순까지 일본군이 이창 지역을 점령했다가 애초의 작전계획에 따라 철수했다. 그러나 이 시기에 발생한 독일의 프랑스 공세에 부응하여 일본도 장제스군에 결정적 타격을 가하기 위해 이창 지역에 대한 공세를 재개했다. 해군 항공병력이 충칭의 장제스 정부에 전략폭격을 실행하는 가운데 일본군은 6월 말에 이창 지역을 재점령하게 되었다.[105]

한편 이창 작전이 전개되던 시기에 유럽 전선에서는 다시 한번 큰 변화가 발생했다. 1940년 5월에 실시된 독일의 네덜란드 및 프랑스에 대한 공세가 제1차 세계대전 당시의 양상과 달리 불과 한 달 만에 독일의 전격적인 승리로 끝난 것이다. 기갑군단을 앞세운 독일의 전격전 앞에 폴란드는 물론 프랑스도 단기간에 패배하는 양상을 목격한 일본 육군 내에서는 독일과의 동맹체결론이 보다 강력하게 주장되었다. 그리고 프랑스의 항복으로 인해 무주공산이나 다름없게 된 동남아 지역의 프랑스령 인도차이나 지역, 즉 베트남 북부지역에 대한 무력진출론이 제기되었다. 이러한 육군 내의 전략론은 이 지역에 대한 현상유지를 바라는 영국은 물론 미국과의 전면전쟁 가능성을 내포한 것이기도 했다.

---

105   이창 지역의 작전 경과에 대해서는 秦郁彦, 앞의 글, pp.65-67; 藤原彰, 앞의 책, pp.109-111을 참조하라. 후지와라 아키라는 이창 전투를 히로히토 천황이 직접 자신의 의도에 따라 작전에 개입하고 영향을 준 대표적인 사례였다고 지적했다.

9장

아시아·태평양전쟁

1937년 이래 아시아 대륙에서 중국과의 전쟁을 수행해왔던 일본은 1941년 12월 동남아 방면은 물론이고 미국의 하와이 해군기지에 대해서도 선제공격을 단행함으로써 전쟁 범위를 미국, 영국 등으로까지 확대했다. 전쟁의 공간적 범위가 동아시아 역사에서 전례를 찾아보기 힘들 정도로 광역화되고 지속기간도 장기화되면서 이 전쟁은 일본의 역사뿐만 아니라 동아시아 국제관계에 여러 가지 생각해볼 주제들을 지금까지도 남기고 있다. 우선 전쟁의 명칭에 관한 논쟁은 여전히 현재진행형이다. 개전 초기에 제국 일본의 정책결정자들은 이 전쟁을 서구 세력의 침탈에서 아시아 제 민족의 독립을 지키기 위한 목적의 '대동아전쟁(大東亞戰爭)'이라고 명명했다. 이에 반해 태평양상에서 불의의 기습을 당한 이후 남태평양의 과달카날과 중부 태평양의 미드웨이 등지를 거점으로 반격태세를 갖추기 시작한 미국은 이 전쟁을 '태평양전쟁(The Pacific War)'이라고 불렀다. 그러다가 패전 이후 일본은 승전국인 미국의 명명을 수용하여 자신들의 기존 명칭을 포기하고 태평양전쟁으로 바꾸어 불렀다. 그러나 최근에는 일부 학자들이 이 전쟁이 태평양상에서의 미일 간 전쟁 이

외에 중국 대륙에서 지속되었던 중일전쟁, 그리고 동남아 방면에서의 전쟁 등을 포괄하고 있기 때문에 '아시아·태평양전쟁'으로 불러야 한다는 주장을 제기하고 있다.[1] 필자도 전쟁의 당사국들이나 공간적 범위 등을 고려하여 '아시아·태평양전쟁'이라는 호칭이 보다 적절하다고 생각한다.

그렇다면 제국 일본의 정책결정자들은 과연 어떤 요인 때문에 기존의 중일전쟁에 더해 미국 및 영국을 포함한 보다 다수의 상대를 대상으로 아시아 대륙과 태평양에 걸친 광역의 지리적 범위에서 아시아·태평양전쟁을 결정하고 수행해나가게 되었는가. 전쟁의 원인을 연구하는 국제정치학의 저술들에서는 투키디데스(Thukydides)의 고전적인 전쟁사 연구 이래 구조적 요인들, 즉 전쟁 당사국들을 포함하는 세력균형의 구조나 상호 힘의 관계 등을 보다 결정적인 전쟁 요인으로 간주하는 경향이 강하다. 필자는 이러한 관찰을 존중하지만 역사 무대에 주어지는 다양한 선택지 가운데 정책결정을 했던 정책결정자들의 역할도 전쟁의 원인이나 과정을 설명하는 데 도외시할 수 없다고 생각한다. 국가 간의 관계 등 국제구조와 함께 국가 정책을 최종 결정하는 인간들의 역할을 같이 고찰해야 전쟁이라는 거대한 역사의 파동을 입체적으로 설명할 수 있다고 보는 것이다. 이러한 관점에서 다음에서는 제국 일본의 주요 정책결정자들, 국가기구의 정점에 선 천황과 대본영의 멤버들인 내각 총리, 육군과 해

---

1 吉田裕·森茂樹, 『アジア·太平洋戦争』, 吉川弘文舘, 2006, p.306. 일본 외교관 출신인 가네코 구마오(金子熊夫)가 쓴 칼럼도 참조하라. 「제2차대전을 아시아태평양 전쟁으로 부르자」, 『朝日新聞』, 2005. 8. 6.

군의 군인들이 어떠한 전략으로 태평양 및 아시아 대륙에서 어떠한 판단과 결정을 내리면서 미국, 영국, 중국 등과 전쟁을 치러나갔는가를 역사적 전개에 따라 살펴보고자 한다.

1. 제2차 고노에 내각의 대동아공영권 이론과 일-독-이 추축 결성

1940년 5월 10일 기갑군단을 앞세운 독일이 벨기에와 네덜란드, 프랑스에 대한 일제 공세를 전개하기 시작했다. 독일은 이미 전년 9월에 폴란드를 장악한 데 이어 1940년 전반기에 노르웨이 등 북유럽 지역을 손아귀에 넣은 바 있었다. 그 여세를 몰아 서유럽의 중심부를 향해 전격적인 공세를 개시한 것이다. 제1차 세계대전 당시에 프랑스 방면으로 진격한 독일군은 프랑스군과 영국군의 반격에 저지당하면서 서부전선에서 장기간의 교착상태에 직면해야 했다. 그러나 1940년의 독일군은 달랐다. 하인츠 구데리안(Heinz Guderian) 장군 등이 지휘하는 독일 기갑군단은 불과 한 달 만에 벨기에와 네덜란드는 물론 프랑스 전역을 석권했다.

유럽 전선의 상황은 1937년 이래 중국 대륙에서 장기전을 치르던 일본 육군 수뇌부에 강렬한 인상을 남기기에 충분했다. 1940년 5월과 6월 육군성 군사과장 이와쿠로 히데오(岩畔豪雄), 참모본부의 작전을 담당한 제1부장 도미나가 교지(富永恭次) 등은 프랑스의 항복을 계기로 프랑스령 북부 인도차이나(지금의 베트남 북부)에 무력 진주하는 남방작전을 검토하기 시작했다. 그 목적은 남진을 위한 거점을 확보하는 것과 아울러 중국 충칭의 장제스 정부로 연결되는 연합국 측의 지원 루트를 차단하려는 것이었다.[2] 6월 18일 시점에 성안된 육군의 남방작전계획은 프랑스령 인도차이나와 타이에 항공기지를 건설하고 이를 발판으로 네덜란드령 인도차이나, 즉 지금의 인도네시아를 공격한다는 내용을 포함했다. 그리고 이 과정에서 영국에 의한 방해작전을 차단하기 위해 싱가포르를 공격한다는 계획도 세워두었다.[3]

단 육군 참모진들은 일본의 남방작전에 대해 미국이 반발하여 대응조치를 취하게 되면 대미 전쟁이 발발할 가능성이 있다고 보았으며, 이 같은 경우에 대비하기 위해서라도 독일과의 동맹체결이 필요하다고 판단하게 되었다.[4] 6월 25일 시점에 육군 참모본부가 작성한 「세계정세의 추이에 따른 시국처리요령」에서는 군사적으로는 남진작전을 전개하되 외교적으로는 독일 및 이탈리아와의 추축(樞軸)을 강화할 것을 제언했다.[5]

다만 이 지점에서 해군 측의 입장은 달랐다. 해군상 요시다 젠고(吉田善吾)와 연합함대 사령장관 야마모토 이소로쿠 등은 프랑스령 인도차이나에 대한 공격이 미국의 대일 무역금수를 초래할 것이고 그럴 경우에 일본은 전쟁 수행에 필요한 핵심적 물자의 공급에 난항을 겪을 것이라고 예상했다. 따라서 육군이 주장하는 남방작전 구

2   黑野耐,『帝國國防方針の硏究』, 總和社, 2000, p.205.
3   7월 3일에 작성된 육군의 각서에도 남진론을 표방하면서 홍콩과 말레이시아를 공략할 것이 담겨 있었다. 入江昭,『太平洋戰爭の起原』, 東京大学出版会, 1991을 참조하라.
4   Michael A. Barnhart, *Japan Prepare for Total War: The Search for Economic Security, 1919-1941,* Ithaca: Cornell University Press, 1987, p.159.
5   黑野耐, 앞의 책, p.206.

상을 실행하는 데 신중을 기해야 한다는 입장을 보였다. 나아가 이들은 육군이 주장하는 독일과의 동맹체결은 미국과의 관계를 악화시킬 것이라고 우려했다. 남방작전과 대독 동맹체결에 대한 해군 측의 우려는 7월 4일 해군 군령부의 우스이 시게미츠(臼井重光) 대좌 등을 통해 육군 참모본부에 전달되었다.[6] 따라서 해군은 남방작전을 수행하기 전에 중일전쟁을 종료할 필요가 있다는 의견을 제시했다. 사실 남방작전의 개시 및 대독 동맹체결 등이 갖고 올 대미관계의 악화 가능성에 대한 우려는 해군 출신으로 총리대신을 맡고 있던 요나이 미쓰마사도 공유하는 바였다. 요나이 총리는 독일과 이탈리아 등과 3국동맹이 성립되어 미국 및 영국을 적대시하고 두 세력 사이에 전쟁이 발발한다면 일본 측에 승산이 없을 것이라고 전망했다.[7]

이 같은 해군 측의 신중론, 특히 요나이 총리의 대독 동맹 우려에 직면하여 육군 측의 실력자들, 특히 군무국장을 담당하던 무토 아키라 소장 등은 요나이 내각을 해산하고 후임 총리에 고노에 후미마로를 옹립하는 방안을 추진했다.[8] 결국 이 같은 육군 측의 기도가 주효하여 7월 16일 요나이 내각이 사직하고 후임 총리에 다시 고노에 후미마로가 기용되었다. 고노에 총리는 외상에 외교관 출신으로 만철 총재를 역임한 바 있는 마쓰오카 요스케를 임명하고 육군상에는 도조 히데키를 기용했다. 고노에는 이 같은 인물들이 포진된 내각을 지휘하면서 대본영-정부연락회의를 재가동하여 군부에 대한 정부

6 Michael A. Barnhart, 앞의 책, p.163.
7 히로히토 천황도 1940년의 시점에는 요나이 총리 등과 마찬가지로 대독 동맹체결에 부정적이었고 일영관계의 유지를 희망했다. 相澤淳, 『海軍の選擇: 再考眞珠灣への道』, 中央公論新社, 2002, p.203, 211.
8 Michael A. Barnhart, 앞의 책, p.161.

의 발언권을 강화하고자 했고, 대외적으로는 그의 지론인 동아협동체론에 따라 미국 및 영국에 대한 일본의 독자적인 권익을 확보하려고 했다.[9] 그 일환으로 고노에 총리는 내각 구성 직후인 7월 19일 외상 마쓰오카, 육군상 도조 히데키, 해군상 요시다 젠고 등과 가진 면담에서 동아시아 역내에서 영국, 프랑스, 네덜란드, 포르투갈 등이 보유했던 식민지 지역을 동아 신질서에 포함시켜야 한다는 대외정책 방침을 피력했다.[10]

고노에 총리의 대외정책 방침을 그 이상으로 적극적으로 구현하려고 한 인물이 군부와 외무성 혁신관료의 지지를 받으며 외상에 기용된 마쓰오카였다. 그는 외상 기용 직전인 1940년 5월에 발표한 논문을 통해 동아 신질서를 건설하기 위해 일본이 독일 및 이탈리아와 추축을 강화할 필요가 있으며 궁극적으로 태평양상의 양대 대국인 미국과 일본 간에는 향후 충돌이 필연적이라는 주장을 전개한 바 있었다.[11] 이 같은 입장은 외상 취임 이후에도 일관되게 견지되었다. 7월 21일 『뉴욕 헤럴드트리뷴』과의 인터뷰에서 마쓰오카 외상은 세계에는 민주주의 체제와 전체주의 체제가 대립하고 있으나 궁극적으로는 전체주의 체제가 세계를 정복할 것이고 민주주의 체제는 붕괴할 것이라고 주장했다. 그리고 일본에서는 인민의 의사에 따라 전체주의, 즉 파시즘 체제가 발전하고 있다는 설명을 덧붙였다.[12] 마쓰오카 외상은 이 같은 세계 인식에 의거하여 독일 및 이탈리아와의

9   入江昭, 앞의 책, p.155.
10 相澤淳, 앞의 책, p.207.
11 入江昭, 앞의 책, pp.158-159.
12 Herbert P. Bix, *Hirohito and the Making of Modern Japan*, New York: Perennial, 2001, p.374.

그림 9-1. 마쓰오카 요스케(1880-1946)　　　그림 9-2. 무토 아키라(1892-1948)

추축국 동맹체결을 추진했다. 독일이 유럽에서 패권을 잡는 것을 일본이 인정하는 조건으로 일본이 프랑스령 인도차이나와 네덜란드령 인도차이나에 대한 정치적 주도권을 장악하는 것을 독일이 승인하도록 한다는 것이었다.[13] 이 같은 정책 방향은 남방작전 및 대독 동맹체결을 주장해온 무토 아키라 군무국장 등 육군성 지휘부의 전략 구상과 일치하는 것이기도 했다.

　고노에 총리와 마쓰오카 외상의 이 같은 대외정책 구상은 1940년 7월 26일 내각에서 결정된「기본국책요강」, 그리고 다음날인 7월 27일 대본영-정부연락회의에서 결정된「세계정세 추이에 따른 시국처리요강」을 통해 보다 분명하게 구체화되었다.「기본국책요강」에서는 기본 방침으로 대동아 신질서의 건설을 제시했으며 국방 및 외

13　五百旗頭眞,『戰爭·占領·講和 1941-1955』, 中央公論新社, 2001, p.45.

교 분야에서는 중일전쟁의 완수를 당면 목표로 제기했다. 그리고 이를 달성하기 위해 국내적으로는 국방국가의 체제를 확립하고 이를 위해 기존의 정당을 대체하는 국민조직으로 대정익찬회(大政翼贊會)를 창설하여 국내 체제를 일신한다는 목표가 제시되었다.[14] 다음날인 27일 대본영-정부연락회의에서 결정한 「세계정세 추이에 따른 시국처리요강」에서는 중일전쟁을 해결하도록 노력하면서 동시에 호기를 포착하여 남방작전을 실시할 것을 기본 방침으로 제시했다. 그리고 이를 위해 독일 및 이탈리아와 정치적 결속을 강화할 것을 표명했다.[15] 고노에 총리와 마쓰오카 외상이 주도한 이 정책문서들에 나타난 대외정책 방향은 전임자였던 요나이 총리의 그것에서 크게 선회하는 것이기도 했다.

이 같은 전략문서들을 발표한 이후인 8월 1일 마쓰오카 외상은 '대동아공영권'과 관련된 중대 성명을 발표했다. 이 성명에서 마쓰오카는 "국제관계에서 황도(皇道)를 본다면 각 국민과 각 민족으로 하여금 그 장소를 얻게 하는 것에 귀착한다."라고 하면서 일본의 당면 외교 방침은 "일본, 만주, 중국을 그 일환으로 하는 대동아공영권의 확립을 도모하는 것"이라고 주장했다.[16] 그는 "대동아공영권"의 범위를 일본, 만주, 중국에 더해 영국의 식민지인 말레이시아, 프랑

---

14 당시 육군성 군무과장을 지내던 사토 겐료는 이 같은 「기본국책요강」의 취지가 종래의 자유민주주의적 정치경제체제를 폐기하고 국가주의적 전체주의체제로 전환하려 한 것이었다고 평가했다. 佐藤賢了, 『東條英機と太平洋戦争』, 文藝春秋, 1960, p.117.

15 佐藤賢了, 앞의 책, p.118. 사토 겐료는 당시 이 같은 문서를 보며 고노에 총리의 정치력이 가진 위대함에 감탄했다고 술회했다. 이 같은 회고는 고노에와 마쓰오카의 대외정책론이 당시 육군 중견 간부들의 전략과 일치했음을 보여주는 반증이다.

16 이하 마쓰오카의 "대동아공영권" 관련 성명 내용은 吉田裕·森茂樹, 앞의 책, pp.184-186을 참조하라.

스의 식민지인 인도차이나, 네덜란드의 식민지인 인도네시아를 포
괄하는 것으로 상정하면서 대동아공영권 내의 "각 민족은 독립을 유
지시키거나 독립시키는 것을 원칙"으로 한다고 밝혔다. 그러나 "일
본 제국이 대동아공영권 내에서 정치적 지도자의 지위를 점하며 질
서유지의 책임을 가지고" "이 지대 내에서 국방자원에 대해 일본 제
국이 우선적 지위를 갖는다."라고 선언하여 이 권역 내에서의 일본
의 우월적 위상을 감추지 않았다. 이 같은 마쓰오카 외상의 "대동아
공영권" 성명은 1938년 11월 고노에 후미마로 총리가 제안했던 "동
아 신질서"의 개념을 계승하는 의미를 가지는 것으로 일본 대외정책
의 새로운 지표로 기능하게 되었다.[17]

　고노에 총리와 마쓰오카 외상이 표명한 대외전략의 새로운 방침
들은 이후 속속 구체화되기 시작했다. 9월 3일 독일과의 동맹체결
에 부정적인 입장을 보여왔던 요시다 해군상이 병으로 사직하고 후
임에 3국 동맹체결에 적극적이었던 오이카와 고시로(及川古志郎)가
취임하면서 히로히토 천황도 독일과의 동맹체결에 동조하는 쪽으로
입장을 바꾸었다.[18] 이 같은 분위기를 배경으로 1940년 9월 27일 베
를린에서 일본 대표단이 독일 및 이탈리아 대표와 3국 동맹조약을
체결했다. 이 조약은 유럽에서의 전쟁이나 중일전쟁에 관여하지 않
은 다른 국가에 의해 각국이 공격받을 경우 서로 정치적, 경제적, 군
사적으로 지원한다는 내용을 담고 있었다. 이 조약의 체결 직후 히

17　이리에 아키라는 대동아공영권의 개념이 처음으로 쓰인 것은 1941년 1월 31일이라고
지적했으나, 이미 마쓰오카의 성명에서 본격적으로 사용되고 있음이 확인된다.
18　Herbert P. Bix, 앞의 책, p.368. 다만 히로히토 천황은 1946년에 구술을 통해 자신이 결
코 만족하여 독일과의 동맹체결을 지지했던 것은 아니라고 설명했다. 寺崎英成, 『昭和天皇獨
白錄』, 文藝春秋, 1991, p.52.

로히토 천황은 칙서를 발표하여 "우리는 증오가 중지되고 평화가 회복되기를 진실로 희망한다. 그래서 우리와 같은 의도를 갖고 있는 독일과 이탈리아와 동맹하기를 정부에 지시했다."라고 3국 동맹체결의 배경을 완곡하게 설명했다. 그러나 일주일 후인 10월 4일 고노에 총리는 교토에서 연 기자회견에서 "만일 미국이 일본, 독일, 이탈리아의 입장을 이해하지 않고 우리들의 조약을 도발적인 행동으로 받아들인다면 우리 세 나라는 단호하게 싸울 것이다."라는 성명을 발표했다.[19] 고노에 총리는 일본-독일-이탈리아의 3국 동맹이 사실은 미국을 가상 적으로 설정하는 공수동맹의 성격을 갖고 있음을 드러낸 것이다.

3국 동맹이 체결된 직후인 1940년 9월 30일 일본 육군은 전년에 하이난다오를 점령한 병력을 동원하여 드디어 프랑스령 인도차이나의 북부지역에 무력 진주했다. 프랑스가 이미 독일에 굴복한 이후의 시점이었기 때문에 별다른 저항은 없었다. 이로써 일본 육군은 5월 시점부터 강구해온 것처럼 남방작전을 위한 교두보를 확보할 수 있었다. 이해 10월에는 고노에 내각이 「기본국책요강」에서 밝혔던 것처럼 기존의 정당들이 해산되고 이를 통합한 대정익찬회가 발족되었다. 대정익찬회의 발족은 일본이 다이쇼 시대 이래 싹텄던 정당 본위의 민주주의 체제가 아니라 국방국가를 지향하는 전체주의 체제로 변화되고 있음을 알리는 징표 가운데 하나였다. 그 이후인 11월 3일에 개최된 어전회의에서는 중일전쟁의 새로운 방침으로 「지나사변처리요강」을 결정했다. 고노에 내각은 이를 통해 왕자오밍 정

---

19   Herbert P. Bix, 앞의 책, p.383.

부와 기본 조약을 체결하여 이를 정식 중국 정부로 승인하며 장제스 정부와의 외교 교섭은 중지하고 장기 지구전을 도모한다는 방침을 결정했다.[20]

이같이 고노에 2차 내각은 마쓰오카 외상 등의 역할을 바탕으로 취임 이후 불과 몇 달 만에 3국 동맹을 체결하고 프랑스령 인도차이나 북부에 군대를 진주시켰으며 국내 정치체제를 개편하는 등의 정치, 외교, 군사 분야에 걸친 중요 정책 변화를 추구했다. 이러한 정책 변화는 미국 및 영국을 한편으로 하고 일본-독일-이탈리아를 다른 편으로 하는 국제질서의 대립적인 구조와 맞물리면서 점차 대규모 분쟁 발발의 가능성을 농후하게 내포하기 시작했다.

2. 전쟁계획의 확대

고노에 2차 내각이 '대동아공영권'의 구상을 밝히면서 일본, 만주, 중국에 더해 말레이시아, 인도차이나, 인도네시아까지 포함하는 권역에서 일본의 지도적 지위 확립을 향후 목표로 제기하고 「지나사변 처리요강」을 통해 장제스 정부에 대한 장기 지구전 방침을 선명히 하자 육군과 해군도 이에 부응한 작전계획의 수립 및 전력 재편을 서둘렀다. 육군은 참모본부 작전부장 다나카 신이치의 주도로 「대동아 장기전쟁 지도요강」을 마련하여 1941년 1월 16일 대본영 회의를

20 秦郁彦,「日中戰爭の軍事的展開(1937-1941)」, 日本國際政治學會 編, 『太平洋戰爭への道 4: 日中戰爭(下)』, 朝日新聞社, 1987, p.69; 藤原彰, 『昭和天皇の十五年戰爭』, 青木書店, 1991, p.112.

통해 채택했다. 이 계획의 주요 내용은 1941년 여름과 가을에 중국 전선에서 공세작전을 재개하여 충칭의 장제스 정권을 동요시키고 이해 말을 기해 본격적인 지구전 전략으로 돌입한다는 것이었다.[21] 육군은 1941년 3월 2일 지나파견군 총사령관에 시종무관장 출신으로 히로히토 천황의 신임이 두터웠던 하타 슌로쿠(畑俊六)를 임명하여 이 같은 작전구상을 실행하도록 했다.[22] 육군 참모본부는 1941년 2월 별도의 연구반을 신설하여 프랑스령 인도차이나 북부지역에 무력 진주한 이후의 남방작전 방침에 대해서도 내부 연구에 착수했다. 그 결과 4월에 「남방작전에 있어 점령지 통치요강안」과 각 지역별 「군정실시요강안」이 작성되었다. 이 문서들에 따르면, 일본이 향후 말레이시아, 타이, 버마, 보르네오, 인도네시아, 필리핀 등지에 대한 군사작전에 돌입하여 점령할 경우 일본의 군사행동을 인정하는 국가들에 대해서는 그 주권을 존중하고 독립국으로 대우하지만 그렇지 않을 경우에는 자원 획득과 치안 회복을 목적으로 하는 군정을 실시한다고 했다. 구체적으로 인도차이나, 인도네시아, 타이의 경우에는 대일 협력 여하에 따라 주권 독립을 원칙적으로 용인하지만 영국령 말레이시아나 영국령 보르네오, 버마 등에 대해서는 당분간 군정을 실시한다는 방침을 정했다. 그리고 미국령 필리핀에 대해서는 미군 근거지의 격멸에 중점을 두되 대일 협력을 전제로 군정을 실시하지 않고 필리핀 독립정권의 주권을 존중할 수 있다고 했다.[23] 이같

---

21 秦郁彦, 앞의 글, p.71.
22 후지와라 아키라에 따르면, 히로히토 천황은 중국 방면에서의 불확대 방침에 불만을 갖고 있었고 하타 신임 사령관에게 충칭에 적극 공세를 실시하도록 주문했다. 藤原彰, 앞의 책, p.115.
23 波多野澄雄, 『太平洋戰爭とアジア外交』, 東京大學出版會, 1996, pp.12-13.

이 육군이 1941년 전반기의 시점에 중국 대륙은 물론 동남아시아 방면에의 전쟁 확대 가능성에 대비한 상세한 계획을 수립해두고 있을 때, 1941년 1월 육군상 도조 히데키는 전투에 임해 군인들이 지켜야 할 윤리를 담은 전진훈(戰陣訓)을 작성하여 전군에 하달했다. 그 내용은 생사를 초월하여 한뜻으로 임무 완수에 매진해야 하며 살아서 포로가 되는 굴욕을 당해서는 안 된다는 극히 전투적인 것이었다.[24]

　한편 같은 시기에 해군도 '대동아공영권' 내에서 전쟁이 확대될 경우에 불가피하게 미국과의 전면전이 발생할 수 있다고 판단하고 그럴 경우에 대비한 함대 재편 및 전략 구상을 구체적으로 강구하기 시작했다. 1939년 9월 연합함대 사령장관에 취임한 야마모토 이소로쿠 제독이 그 중심적인 역할을 수행했다. 그는 1940년 3월 훈련 중 비행대에 의한 어뢰공격이 성공한 것을 관찰하고 폭격기로 미국의 하와이 해군기지를 공격하는 것의 가능성에 착안하기 시작했다. 이 같은 구상을 발전시킨 야마모토 제독은 1940년 11월과 다음 해 1월 해군상 오이카와 고시로(及川古志郎)에게 제출한 보고들을 통해 미국과의 개전 시에 하와이 소재의 적 주력함대에 항공전력을 동원하여 맹공격을 함으로써 미국 해군 및 국민의 전의를 떨어뜨릴 수 있다고 주장했다.[25] 이 같은 전략 구상은 일본 해군이 1936년에 「제국국방방침」 등에서 표명해온 종전의 대미 결전 구상, 즉 대함거포

24　吉田裕·森茂樹, 앞의 책, pp.249-250. 요시다 유타카(吉田裕)는 이 전진훈이 천황을 위한 죽음을 찬미하는 사상을 내포한다고 지적했다.

25　五百旗頭眞, 앞의 책, p.20; 山田朗,『軍備拡張の近代史』, 吉川弘文館, 1997, pp.192-194. 야마모토 이소로쿠의 경우 주미 해군 무관 경력을 들어 대미 개전에 신중한 입장을 보였다는 것이 통설이었으나 최근 연구에서 오히려 대미 공격전략을 주도했음이 밝혀졌다. 이러한 경향을 보여주는 대표적인 연구로는 相澤淳, 앞의 책을 참조하라.

주의에 입각해 일본으로 접근해오는 미국 해군 전력을 색적, 점감, 함대결전에 의해 궤멸시킨다는 작전방침을 변경한다는 의미를 갖고 있었다. 야마모토 제독은 당시 일본 해군이 보유한 4척의 항모전력 및 함상전투기 제로센(零戰)의 능력을 활용한다면 이 같은 선제공폭 전략이 충분히 가능하다고 판단했던 것이다.[26]

야마모토의 대미 전략 구상이 수용되자 일본 해군은 함대 편제를 개편하고 보다 구체적인 함상폭격 전술을 연구하기 시작했다. 1940년 11월 잠수함 3개 대로 제6함대를 신편하여 연합함대에 편입했고, 1941년 1월에는 공격기 288기, 전투기 156기, 비행정 23정, 정찰기 22기 등 도합 490기의 항공전력으로 제11항공함대를 신편하여 연합함대에 편입했다. 제11항공함대 소속 항공전력에는 개전 초기에 필리핀 방면의 미군 항공전력을 격멸하고 싱가포르에 기지를 둔 영국 동양함대를 격멸하여 각각 필리핀과 말레이시아 방면의 제공권을 확보하는 임무가 부여되었다. 그리고 1941년 4월에는 아카기, 카가, 소류(蒼龍), 히류(飛龍) 등의 항모 4척과 함상전투기 127기, 함상폭격기 84기 등 총 333기의 항공전력으로 구성된 제1항공함대를 신편하여 연합함대에 편입했다. 제1항공함대에는 하와이 공습의 임무가 부여되었다.[27]

함대 재편과 병행하여 야마모토 제독은 1941년 1월 참모들에게 개전 시 진주만 공격에 관한 구상을 밝히고 보다 구체적인 전술

---

26 제로센 함상전투기는 미쓰비시 중공업의 호리코에 지로(堀越二郎)가 주도하여 1936년에 개발된 96식 함상전투기를 개량한 것으로, 시속 518킬로미터, 항속거리 2,280킬로미터의 성능을 보유했다. 五百旗頭眞, 앞의 책, p.13.

27 山田朗, 앞의 책, pp.190-191; 太平洋戰爭硏究會, 『日本海軍がよくわかる事典』, PHP硏究所, 2008, p.30을 참조하라.

그림 9-3. 야마모토 이소로쿠(1884-1943)

을 검토할 것을 주문했다. 이 같은 지시에 따라 1941년 3월과 4월에 걸쳐 제1항공함대의 참모장 오니시 다키지로(大西瀧治郎) 소장은 미일 개전 시 일본 연합함대가 치시마 군도의 에토로프 섬을 출항하여 진주만에 배치된 미군 전함들에 수평공격을 실시할 것을 제안했고, 제1항공전대의 참모 겐다 미노루(源田實) 중좌는 일본 함대를 오가사와라 제도 혹은 홋카이도 동부에서 항진하여 하와이 200해리 해상까지 진출한 다음 제1목표를 미국 항모, 제2목표를 전함으로 설정하여 급강하 폭격기를 동원해서 왕복공격을 실시할 것을 주장했다.[28] 이해 12월에 실시된 진주만 기습의 작전계획은 이 같은 논의를 거쳐 완성되었다.

이같이 육군 참모본부와 해군 연합함대 사령부의 주도로 남방작전 및 대미 개전에 대비한 전략계획이 검토되던 시기에 외상 마쓰오카 요스케는 소련과의 중립조약을 추진했다. 이미 진행되고 있던 중일전쟁에 더해 영국 및 미국과 교전이 확대될 경우 북방지역에서의 안정이 일본에 불가결하다고 보았기 때문이다. 이 같은 외교 전략에 따라 1941년 4월 13일 마쓰오카 외상은 모스크바를 방문하여 소련

28　五百旗頭眞, 앞의 책, p.24.

외상 뱌체슬라프 몰로토프(Vyacheslav Molotov)와 5년을 유효기간으로 하는 중립조약을 체결했다. 이 조약은 제3국이 체약국의 다른 일방에 군사행동을 개시할 경우 중립을 지킬 것을 약정하는 것이었다. 또한 몽골인민공화국이 러시아의 이익임을 일본이 인정하고 만주국이 일본의 관할하에 있음을 러시아가 인정하는 내용도 포함되었다.[29]

한편 육군 참모본부와 해군 연합함대의 주도로 중국 및 남방 방면, 나아가 대미 개전의 가능성까지 염두에 둔 확대된 전쟁계획을 구체적으로 검토하는 상황이 전개되자 중일전쟁을 수행하는 상황에서 대미 개전 가능성까지 내포된 남방지역에서의 작전을 확대하는 것은 무리한 정책이라는 반론이 제기되었다. 육군성 군무국장 무토 아키라, 대본영 전쟁지도반 아리스에 야도루(有末次) 반장 등이 그러한 입장을 대변했다. 이러한 반론이 수용되면서 1941년 4월 7일 육군과 해군은 「대남방(對南方) 시책요강」에 잠정적으로 합의하여 무력남진 정책에 대해서는 신중을 기하고 자존자위(自存自衛)를 위한 것이 아니라면 일방적인 무력발동을 해서는 안 된다는 점을 확인했다.[30]

그러나 남방과 북방 양면 전쟁의 위험성을 회피하려고 한 「대남방 시책요강」에 대해 육군과 해군의 강경파들은 불만을 토로했다. 육군성 군무과장 사토 겐료(佐藤賢了)는 직속상관인 무토 아키라 군무국장의 신중론에도 불구하고 남진정책을 강경하게 주장했고, 5월

---

29 Herbert P. Bix, 앞의 책, p.394.
30 이오키베 마코토(五百旗頭眞)는 이 문서가 고노에 2차 내각이 1940년 7월에 결정한 「세계정세 추이에 따른 시국처리요강」을 철회한 건전한 성격을 지닌 것이었다고 평가했다. 五百旗頭眞, 앞의 책, p.48. 이 때문에 이리에 아키라는 1940년 6월까지 일본 정부가 대미 전쟁을 회피하려 했다고 주장했다. 入江昭, 앞의 책, p.210.

에는 독단적으로 프랑스령 인도차이나 남부지역에 대한 무력 진주 계획을 작성하기도 했다.[31] 참모본부의 다나카 신이치 작전부장도 육군이 중국 방면의 전쟁에 더해 남방 진주를 불사해야 한다고 주장했다. 결국 육군은 「대남방 시책요강」과 달리 6월 14일 별도의 작전안을 작성하여 호기를 포착하여 남방지역에 진출하는 동시에 중국을 포함한 북방지역에도 무력행사를 지속한다는 방안을 책정했다. 해군도 6월 20일 독자적인 작전안을 작성하여 무조건 남방의 요지에 진출하고 이 과정에서 영국 및 미국과의 개전도 불사한다는 방침을 표명했다.[32]

육군과 해군이 향후 남방 및 북방 방면에서의 전쟁 수행에 대해 보다 공세적인 전략으로 재선회하던 시기에 유럽 전선에서 다시금 큰 격변이 발생했다. 1941년 6월 22일 독일의 히틀러가 독소불가침조약을 파기하고 소련에 대한 침공을 단행한 것이다. 유럽 방면 전황의 변화는 독일과 동맹조약을 맺고 있었던 일본의 대응전략에 대한 재검토를 요구했다. 이미 남방 및 북방 방면에서의 양면 전쟁 수행 방침을 결정해두었던 육군과 해군은 독소 전역 개시 직후인 6월 24일 공동작전방안으로 「정세의 추이에 따른 제국국책요강」을 작성했다. 이 공동작전방안은 자존자위의 기초를 확립하기 위해 남방 진출의 길을 추진하고 정세의 추이에 응해 북방 문제를 해결한다는 방

---

31 1941년 시점에 육군성 무토 아키라 군무국장과 사토 겐료 군무과장의 관계는 1937년 중일전쟁 발발 당시의 참모본부 이시하라 작전부장과 무토 아키라 작전과장의 관계와 마찬가지로 군부 내 하극상을 보여주는 징표들이다.
32 일본 방위대학교장을 역임하게 되는 이오키베 마코토는 이 같은 일본의 육해군 막료들이 국가안위의 전략은 고려하지 않고 전술에 몰입한 결과 세계에 보다 많은 적을 만들어내면서 국가의 생존 자체도 위기로 몰아넣었다고 비판했다. 五百旗頭眞, 앞의 책, pp.56-58.

침을 표명한 것이었다. 다음날인 6월 25일 대본영-정부연락회의를 개최하여 총리와 외상, 육해군 수뇌부가 참가한 가운데 육해군의 공동작전방안에 대한 토의가 진행되었다. 육군 참모총장 스기야마 하지메는 육군이 구상하는 남방작전, 즉 인도차이나 남부지역에 대한 군사적 점령은 충칭의 장제스 정부와 영미 간의 관계를 차단하는 의미를 가진다고 설명하면서 이에 대해 미국과 영국이 보복해올 경우에는 중국에 정식으로 선전포고하고 차후에 소련과의 전쟁도 준비해야 한다고 주장했다. 해군 군령부총장 나가노 오사미는 남방 진출이 향후 예상되는 영국, 미국, 네덜란드와의 전쟁에 대비하기 위해 필요하다는 해군의 판단을 설명했다.[33]

이에 대해 불과 두 달 전에 소련과 중립조약을 체결한 마쓰오카 외상은 독일이 조만간 소련 및 영국을 굴복시킬 것이라고 전망하면서 일본으로서는 소련과 체결한 조약을 파기하고 3국 동맹 측에 가담하여 대소 공격을 우선적으로 감행해야 한다고 주장했다. 그는 육군과 해군이 주장하는 바와 같은 인도차이나 남부지역으로의 진주는 결국 영국 및 미국과의 개전으로 이어질 것이라고 우려하면서 이에 대해서는 반대 입장을 보였다. 추밀원 의장 하라 요시미치(原嘉道)도 대미 전쟁의 가능성은 회피해야 하고 소련과의 전쟁을 추진해야 한다고 마쓰오카 외상에 동조했다.

그러자 해군상 오이카와 고시로는 해군은 영국과 미국과의 전쟁에는 자신이 있지만 소련을 포함할 경우에는 자신이 없다고 반박했

---

33 이 같은 6월 25일 대본영-정부연락회의와 6월 30일 대본영-정부연락간담회의 논의 내용에 대해서는 入江昭, 앞의 책, 제5장; 相澤淳, 앞의 책, pp.218-220; 五百旗頭眞, 앞의 책, pp.63-64를 종합했다.

다. 이 같은 논쟁 속에 고노에 총리는 오히려 3국 동맹에의 가담에 회의적인 입장을 보이면서 미국과의 관계 개선에 관심을 보였다. 이 같은 난상 토론 결과 결국 이 회의에서 「남방시책 촉진에 관한 건」을 작성하여 인도차이나 남부지역에 무력 진주를 결행한다는 방침을 결정했다.

고노에 총리는 7월 2일 히로히토 천황이 참가하는 어전회의를 개최하여 대본영-정부연락회의의 결정사항을 추인하려고 했다. 결국 7월 2일 어전회의에서는 대본영-정부연락회의에서 육군과 해군이 주장했던 남진정책 방침을 수용하여 「정세의 추이에 수반하는 제국 국책요강」을 결정했다. 그리고 프랑스령 인도차이나의 주둔이 초래할 수 있는 영국 및 미국과의 전쟁 확대 가능성에 대비하여 전쟁 준비를 실행하고 정세의 변화에 따라 북방 문제도 해결해나갈 것이라고 했다. 특히 소련과의 전쟁 가능성에도 대비하여 관동군으로 대소 전쟁 준비를 실행할 수 있도록 했다. 결국 7월 2일 어전회의에서의 결정은 영국, 미국, 소련, 중국 등 4개국과의 전쟁을 모두 상정하는 내용이 되고 말았다.[34]

6월 25일의 대본영-정부연락회의, 7월 2일의 어전회의에서 결정된 남방작전 계획에 따라 7월 25일 프랑스령 인도차이나 남부지역에 대한 무력 진주가 단행되었다. 1939년 이래 일본이 장악해오던 하이난다오를 발진기지로 해서 항공모함과 순양함 등 50여 척의 함

---

34 Herbert P. Bix, 앞의 책, p.398. 육군성 군무과장이었던 사토 겐료는 자신이 해군성 군무과장 이시카와 대좌와 더불어 인도차이나 남부지역 진주를 주장했다고 소개하면서 7월 2일 어전회의의 결정이 후속된 9월 6일 어전회의와 함께 일본의 운명을 결정하는 중대한 의미를 가졌다고 평가했다. 佐藤賢了, 앞의 책, pp.183-184.

정 및 육상 운송선 39척으로 구성된 90척의 해군 함대가 제25군 병력을 승선시키고 출항했다. 이미 독일이 실권을 잡고 있던 프랑스의 비시(Vichy) 정부는 일본군의 프랑스령 구식민지에 대한 무력 진주를 용인할 수밖에 없었다.[35]

일본의 남부 인도차이나 무력 진주는 예상했던 것처럼 영국과 미국의 반발을 불러일으켰다. 독일과 교전 중이던 영국의 처칠 정부는 일본과의 통상조약을 파기했다. 미국은 일본의 재미 자산을 동결하고 일본에 대한 석유의 전면 금수를 결정했다. 또한 영국 및 네덜란드와 협력하여 일본의 재외자금에 대해서도 동결조치를 취했다. 나아가 미국은 장제스 정부에 대한 군사고문단 파견 및 항공기 파견 결정을 내렸고 극동군의 창설을 결정하여 일본에 대한 군사적 대비조치도 강화했다.[36]

제2차 세계대전의 발발 이래 중립을 지켜오던 미국의 루스벨트 대통령은 전함 프린스 오브 웨일스에 승선하여 대서양을 횡단해온 영국 수상 처칠과 8월 10일 미국 북동부 뉴펀들랜드 해상에서 회담을 갖고 「대서양헌장」을 발표했다. 이 문서에서 양국 정상은 "나치 폭정의 최종적 파멸 이후 모든 인간이 공포와 궁핍에서 해방되어 지상에서 자유로운 삶을 영위할 수 있는 평화의 수립을 희망한다."라고 선언하면서 "자국의 국경을 넘어 침략을 위협하는 국가에 의해서 육해공의 무장이 계속될 경우" 미영 양국이 보편적인 안전보장체제를 확립하면서 그러한 국가의 무장해제를 위해 실행 가능한 모든 조

---

35 相澤淳, 앞의 책, p.179.

36 相澤淳, 앞의 책, p.220. 육군성 군무과장 사토 겐료는 미국 측으로부터 이러한 경제제재를 받을 것이라고는 생각지 못했다고 회고했다. 佐藤賢了, 앞의 책, p.197.

치를 지원할 것이라고 합의했다.[37] 루스벨트와 처칠의 이러한 「대서양헌장」은 히틀러의 나치 폭정에 대해서뿐만 아니라 그와 동맹을 맺고 있는 일본에 대해서도 "무장해제"를 위한 강력한 대응조치를 취할 수 있다는 의지를 피력한 것이기도 했다.[38]

한편 6월 25일의 대본영-정부연락회의와 7월 2일의 어전회의 석상에서 3국 동맹에 대한 우려를 표명하고 미국에 대한 관계 개선의 의향을 내보였던 고노에 총리는 나름대로 미국과의 대외정책을 재조정하려는 노력을 기울였다. 어전회의 직후인 7월 18일 고노에 총리는 마쓰오카 외상을 경질하고 후임에 미국과의 관계를 고려하여 필리핀을 공격하지 않을 것을 표명한 도요타 데이지로(豊田貞次郎)를 기용한 바 있다. 나아가 고노에 총리는 8월 7일 루스벨트 대통령과의 정상회담을 제안하는 훈령을 주미 대사 노무라 기치사부로(野村吉三郎)에게 타전했다. 고노에는 미일 양국의 정상회담을 통해 양국 간의 개전 가능성을 회피하려고 했던 것이다. 이러한 일본 측 제안에 대해 초기에는 루스벨트 대통령이 관심을 보였으나 「대서양헌장」 선언 이후에 미국의 대일 태도가 경화되면서 결국 9월 초에 미국은 실무 수준에서의 협의 없이 곧장 정상회담을 추진하는 것은 곤

37　윈스턴 처칠, 『제2차 세계대전』(상), 까치, 2016(1959), pp.711-712.
38　카는 대서양헌장 발표 직전인 1939년에 저술한 저서에서 20세기 초반 이래 단일 초강대국으로서 대영제국의 지위가 상대적으로 하락하면서 영국 내에서는 팍스 브리타니카를 대체하여 팍스 앵글로-아메리카의 구상이 제기되기 시작했다고 설명했다. 즉, 같은 언어를 사용하는 미국과 함께 영국이 동맹조약의 형태로 파트너십을 형성하여 국제질서를 주도해야 한다는 구상이 세실 로즈(Cecil Rhodes)나 스탠리 볼드윈(Stanley Baldwin), 그리고 1913년 미국의 주영 대사를 역임한 월터 하인즈 페이지(Walter Hines Page) 등에 의해 제안되었다는 것이다. Edward Hallett Carr, *The Twenty Year's Crisis, 1919-1939*, New York: Harper Torchbooks, 1939, pp.232-233. 이 같은 맥락에서 본다면 루스벨트와 처칠 간의 「대서양헌장」은 앵글로-아메리카 구상의 구체화라고 볼 수도 있다.

란하다는 답변을 보내왔다.[39]

대미 관계를 개선하려는 고노에 총리의 외교적 노력이 무위로 돌아갈 무렵에 육군과 해군은 7월 2일에 결정된 「정세의 추이에 수반하는 제국국책요강」에 따라 프랑스령 인도차이나, 말레이시아, 타이, 버마, 네덜란드령 인도차이나, 필리핀 등지에 대한 전쟁계획을 각각 수립하고 8월 30일에 이를 통합한 「제국국책수행요강」을 작성했다. 육군의 작전계획은 애초 중국전쟁을 수행하기 위해 말레이시아와 버마에 대한 군사행동을 중시했고, 해군의 그것은 미국을 상정하여 필리핀 공략을 중요시하는 것이었다. 이러한 양군의 계획을 통합하다 보니 동남아 지역의 거의 모든 국가와 민족이 일본의 공격 대상이 되어버렸다. 이 문서에서는 10월 상순까지 미국 등에 대해 외교를 통해 대립을 해소하도록 노력을 기울이지만 외교 교섭이 결실을 거두지 못할 경우에는 10월 하순까지 전쟁 준비를 완수하여 미국 및 영국에 대해서도 전쟁을 불사한다는 각오로 동계기간 중 5개월에 걸쳐 동남아 지역에서 남방작전을 전개하고 내년 춘계 이후에는 북방 지역에서 소련과의 전쟁에 임할 것을 규정했다.[40]

육해군의 공동작전계획인 「제국국책수행요강」은 9월 5일 스기야마 하지메 육군 참모총장과 나가노 오사미 군령부총장이 배석한 가운데 고노에 총리에 의해 히로히토 천황에게 보고되었고, 다음날인 9월 6일에는 천황이 참석하는 어전회의에서 채택 여부가 논의되었다. 어전회의를 앞둔 9월 5일 천황에게 이 계획이 보고되었을 때, 천황은 「제국국책수행요강」이 대미 교섭보다는 전쟁에 중점을 둔 계

---

39 五百旗頭眞, 앞의 책, pp.67-70.
40 入江昭, 앞의 책, p.226, 244; 五百旗頭眞, 앞의 책, p.72를 참조하라.

획이라고 판단하고 이에 대해 불만을 가졌던 듯하다. 배석한 스기야마 육군 참모총장에게 미국과의 전쟁이 발발한다면 그 기간은 어느 정도일까를 질문했다. 이에 대해 스기야마 총장이 3개월이면 남태평양 방면의 전역이 종료될 것이라고 대답하자, 천황은 중일전쟁 당시 스기야마가 1개월 이내에 전역이 종료될 것이라고 보고했던 사실을 들어 중국 대륙보다 넓은 태평양에서의 전쟁이 3개월 이내로는 끝나지 않을 것이라고 반박하면서 육군 참모총장을 힐난했다. 그리고 고노에 총리에게 대미 전쟁보다는 교섭에 중점을 두는 방안으로 바꿀 것을 요구했다.[41]

9월 6일 히로히토 천황이 참가한 가운데 열린 어전회의는 육해군의 공동작전계획인 「제국국책수행요강」의 최종적 승인 여부를 결정하는 중요한 장이 되었다. 추밀원 의장 하라 요시미치는 전날 천황이 표명한 것처럼 육해군의 공동계획이 전쟁이 주요 목표이고 외교는 부수적인 목표가 되고 있다고 지적하면서 지금은 외교적 타개에 주력하고 이것이 불가능할 경우에 전쟁 준비를 하는 것이 좋지 않겠냐는 의견을 제시했다. 히로히토 천황도 메이지 천황이 작성했던 다음과 같은 시가를 읊으면서 자신의 의견을 간접적으로 표명했다.

사방에 펼쳐진 바다로 연결된 세계는 모두 형제와 같을진대, 어이하여 서로 분쟁하며 풍파를 일으키는가.

(よもの海みなはらからと思う世に/など波風のたちさわぐらむ)[42]

---

41 다만 고노에 총리는 대미 교섭의 방향으로 중점을 바꾸는 것은 불가능하다고 답변했다. 『獨白錄』, p.62. 9월 5일 천황에 대한 육해군 공동작전안의 보고 상황에 대해서는 五百旗頭眞, 앞의 책, pp.75-76을 참조하라.

이 시가를 경청한 도조 히데키 육군상을 포함한 어전회의 참석자들은 천황이 대미 개전이 아니라 외교 교섭을 통한 평화유지를 선호하고 있다는 인상을 받았다. 다만 히로히토 천황은 이 중요한 회의에서 육해군의 공동작전계획을 폐기하거나 재작성하라는 확실한 언명을 하지 않았다. 결국 9월 6일의 어전회의에서는 육해군이 공동으로 작성한 「제국국책수행요강」에 따라 미국과의 교섭을 추진하되 10월 말까지 타결 전망이 없으면 개전을 단행한다는 결정을 내렸다.

9월 6일의 어전회의 결정 이후 육군과 해군 군무국은 영국, 미국, 네덜란드를 대상으로 하는 「대미영란(對美英蘭) 전쟁지도요강」을 입안했다. 이 문서의 요지는 중국 장제스 정권의 굴복을 촉진하면서 독일 및 이탈리아와의 동맹관계를 강화하여 영국 및 미국의 의지를 상실시키는 것이었다. 구체적으로 영국을 굴복시키기 위해 미나미기관(南機關) 등의 특수공작을 통해 버마를 독립시킨다는 방안을 제시했고, 미국의 아시아에 대한 영향력을 약화시키기 위해 필리핀의 케손(Quezon) 정권을 독립시키는 방안을 강구했다.[43]

한편 9월 6일의 어전회의 결정에 따라 육군과 해군에 의한 대미 개전의 가능성이 현실성을 띠게 되자 고노에 총리와 도요타 외상은 자신들이 선택한 정책에 강한 회의를 느끼게 되었다. 10월 12일 고노에 총리의 사저에서 총리 및 도요타 외상, 도조 육군상, 오이카와 고시로 해군상, 그리고 스즈키 테이이치 기획원 총재 등이 참가한 5상회의가 열렸다. 이 자리에서 도요타 외상은 9월 6일 어전회의의 결정이 경솔한 것이었다고 발언했다. 고노에 총리도 자신은 전쟁을

42　佐藤賢了, 앞의 책, pp.205-206.
43　波多野澄雄, 앞의 책, pp.10-13.

할 생각이 없었으며 만일 전쟁 기간이 3~4년을 경과한다면 승리할 자신도 없다고 말했다. 그러자 도조 히데키 육군상은 왜 그런 의견을 어전회의에서 발언하지 않았느냐고 따지면서 총리가 외교 노력을 지지해도 육군으로서는 그에 맹종할 수 없다는 입장을 밝혔다.[44]

고노에 총리의 주화론과 도조 육군상의 주전론 대립은 10월 14일에 열린 각의에서도 이어졌다. 고노에 총리가 대미 개전에 승산이 없다는 입장을 밝히자, 도조 육군상은 고노에 총리의 대미 교섭론에 따라 일본이 미국의 주장에 굴복한다면 중일전쟁의 성과는 무로 돌아갈 것이고 만주국의 존립은 위기에 빠질 것이며 조선에 대한 식민통치도 동요될 것이라고 주장하면서 그 경우 일본은 만주사변 이전의 소일본으로 위축될 것이라고 비판했다.[45] 결국 내각의 정책 대립을 조정할 수 없었던 고노에 총리는 10월 16일 총사직을 표명할 수밖에 없었다. 고노에는 자신이 일찍이 표방한 '동아 신질서' 구상에 의해 촉발된 일본의 대외정책 공세화와 그로 인해 조성된 국제정세의 구조적 대립을 해소할 수 있는 능력을 전혀 보여주지 못한 채 정치외교의 무대에서 무책임하게 퇴장해버리고 말았다.[46]

44 佐藤賢了, 앞의 책, pp.211-215. 이리에 아키라는 이 회의에서 주전론 입장이 3명, 주화론 입장이 1명이었다고 분석했다. 入江昭, 앞의 책, p.85.

45 入江昭, 앞의 책, p.249.

46 필자는 고노에 후미마로가 중일전쟁 및 태평양전쟁의 개전 과정에서 중심적 역할을 수행했다고 생각한다. 다만 그는 일본의 패전 직후 자살을 선택함으로써 연합국에 의한 도쿄전범재판의 대상에서 배제되었다. 고노에에 대한 필자의 연구로는 「고노에 후미마로(近衛文麿)의 국제질서관과 제국 일본의 전쟁원인」, 『일본연구논총』, 48, 현대일본학회, 2018. 12를 참조하라.

3. 도조 히데키 내각의 등장과 대미 개전의 길

고노에의 퇴장 이후 히로히토 천황은 후임 총리를 인선하지 않으면 안 되었다. 주요 정책결정자들 사이에서 대미 주전론과 주화론이 치열하게 대립하는 가운데 천황이 누구를 총리로 지명하는가는 일본의 향후 대외정책과 관련하여 극히 중요한 문제였다. 그런데 히로히토 천황은 10월 17일 주전파의 대표격인 육군상 도조 히데키를 후임 총리로 지명했다. 히로히토 천황은 전후에 구술한 『독백록』에서 도조 히데키가 스기야마 참모총장이나 나가노 해군 군령부장과 같이 주전파의 일원이었음을 인식하고 있었다고 술회했다. 그러나 그는 도조가 육군상으로 재직할 당시 육군이 천황의 의사에 반하여 프랑스령 인도차이나 북부지역에 무단 진주했을 때 그 책임자를 면책하는 결정을 내린 것을 높이 평가하면서 그런 도조라면 육군의 전반적인 주전론 경향을 억제할 수 있으리라고 판단하여 총리에 지명했다고 설명했다.[47]

이러한 곡절을 거쳐 총리에 기용된 도조는 육군상을 겸임하면서 외상에 도고 시게노리(東鄕茂德), 해군상에 시마다 시게타로(嶋田繁太郎), 국무상에 스즈키 테이이치, 상무상에 기시 노부스케(岸信介), 대장상에 가야 오키노리(賀屋興宣) 등을 선임하여 내각을 구성하고 대미 개전 여부 등의 중요 정책을 결정하지 않으면 안 되었다.[48] 도

47　寺崎英成, 앞의 책, pp.67-68. 단 후지와라 아키라는 천황이 도조 히데키를 총리에 지명한 것은 천황 스스로가 개전론을 지지하면서 이에 기울어져 있었음을 보여주는 것이라고 반박했다. 藤原彰, 앞의 책, pp.125-126.

48　五百旗頭眞, 앞의 책, pp.92-99.

조 총리는 11월 1일과 2일에 걸쳐 대본영-정부연락회의를 개최하여 자신이 구상한 세 가지 방안, 즉 첫째, 전쟁을 하지 않고 와신상담 (臥薪嘗膽)하는 방안, 둘째, 즉시 개전을 결의하는 방안, 셋째, 작전준비를 진행하면서 외교 교섭을 병행하는 방안 등을 참석자들에게 제시하고 의견을 수렴했다. 도고 외상과 가야 대장상은 와신상담 방안을 주장했다. 일본이 영국, 미국, 네덜란드와 동시에 전쟁을 수행하여 승리할 가능성이 없으니 지금은 정세를 관망하면서 아무 행동을 하지 않는 것이 바람직하다는 것이었다. 그러나 육군의 스기야마 참모총장과 나가노 군령부총장은 일본이 와신상담하는 동안에 일본에 대한 미국과 중국의 포위망이 좁혀질 것이라고 하면서 반대 입장을 표명했다. 결국 참석자들은 11월 말까지 미국과 교섭을 시도해보고 실패할 경우 12월 초에 개전한다는 타협안에 합의했다. 이 같은 타협안은 11월 5일에 개최된 어전회의에서 천황에게 보고되었고 결국 11월 말까지 미국과 교섭을 추진하고 교섭이 실패할 경우에는 12월 8일을 기해 필리핀과 말레이시아, 하와이에 대한 대영미 개전을 단행한다는 내용의 「제국국책수행요령」이 결정되었다.[49]

11월 5일에 결정된 「제국국책수행요령」에 따라 도고 외상은 미국과의 교섭을 위해 갑과 을의 두 가지 협상안을 준비했다. 갑안(甲案)은 화북지방과 하이난다오 등을 제외한 중국의 대부분 지역에서 일본군이 2년 이내에 철수하고 여타 지역에는 25년간 주둔하며 중일전쟁이 해결되면 프랑스령 인도차이나에서도 철수한다는 방안이었다. 을안(乙案)은 프랑스령 인도차이나 이외의 지역에 대한 무력

---

49 11월 1일 대본영-정부연락회의 및 11월 5일 어전회의의 논의에 대해서는 五百旗頭眞, 앞의 책, p.16, 109; 吉田裕・森茂樹, 앞의 책, p.15; 藤原彰, 앞의 책, p.129 등을 종합했다.

진공을 억제하고 미국과 일본 양국이 네덜란드령 인도차이나에서 필요한 자원을 공동 개발한다는 것이었다. 도고 외상은 11월 7일 주미 대사 노무라를 통해 미국 측의 코델 헐 국무장관에게 갑안을 타진했으나 냉담한 반응에 직면했다. 다시 11월 20일 일본은 을안을 미국 측에 타진했으나 26일 헐 국무장관은 다음과 같은 최후통첩에 가까운 답변을 보내왔다. 헐 노트라고 불린 답변은 첫째, 만주를 포함한 중국과 프랑스령 인도차이나에서 일본이 육해군과 경찰을 전면 철퇴하고, 둘째, 일본과 중국 간의 특수관계를 포기하며, 셋째, 독일, 이탈리아와의 3국 동맹을 사문화하고, 넷째, 중국에서 장제스 정부 이외의 여타 정권의 존재를 부인하라는 것이었다.[50]

미국 측의 공식 답변을 접수한 도조 내각은 헐 노트가 수락 불가능한 내용이라고 판단하고 대미 개전이 불가피함을 결의했다. 그리고 11월 29일 도조 내각은 천황의 의향에 따라 정부 주요 각료와 총리 경험자들이 참가하는 간담회를 열고 향후 일본의 대응책을 논의했다. 참석자들 가운데 와카쓰키 레이지로, 오카다 게이스케, 고노에 후미마로, 요나이 미쓰마사 등은 대미 개전에 반대하는 입장을 표명했다. 그러나 아베 노부유키, 하야시 센주로 등은 대미 개전 불가피를 주장하는 정부의 의견에 찬의를 표했다.[51] 이 같은 의견을 고려하면서 같은 날 열린 대본영-정부연락회의에서는 결국 대미영란(對美英蘭) 개전의 방침을 결정했다. 그리고 12월 1일 정부 각료와 육해군의 통수부가 참가한 가운데 개최된 어전회의에서 천황의 최종 승인을 받았고, 12월 2일에는 육해군의 양 총장이 천황으로부터 12월 8

---

50 佐藤賢了, 앞의 책, p.267; 入江昭, 앞의 책, p.267.
51 藤原彰, 앞의 책, p.130.

일을 기해 무력을 발동한다는 점에 대한 재가를 얻었다.[52] 이로써 아시아·태평양전쟁은 피할 수 없는 수순으로 접어들었다.[53]

육군과 해군은 11월 5일에 결정된 「제국국책수행요령」에 따라 도고 외상이 미국과의 외교 교섭을 진행하고 있던 11월 중순에 미국, 영국, 네덜란드를 대상으로 하는 전쟁 준비를 착착 진행하고 있었다. 11월 15일 대본영-정부연락회의에서는 「대미영란 전쟁종말 촉진에 관한 복안」이 결정되었다. 이 문서에서는 향후 실시할 전쟁의 목적이 극동에서 영국, 미국, 네덜란드의 근거지를 격멸하고 일본 제국의 자존자위를 확립하며 중국 장제스 정권의 굴복을 촉진하는 것이라고 규정하면서 이를 위해 독일 및 이탈리아와의 동맹을 통해 영국의 굴복을 기도하고 미국의 전쟁 계속 의지를 상실하게 해야 한다고 했다. 이를 위해 육군과 해군이 공략할 지리적 범위로 버마, 홍콩, 말레이시아(이상 영국령), 보르네오, 수마트라, 자바, 셀레베스, 모르카 제도(이상 네덜란드령), 티모르(포르투갈령), 필리핀, 괌(이상 미국령), 비스마르크 제도(오스트레일리아 위임통치령), 타이 등이 설정되었다. 이들 지역에 투입될 병력 규모로 육군은 11개 사단, 9개 전차연대, 항공기 700기, 총 병력 40만 명 정도가 설정되었고, 해군

52 히로히토 천황은 패전 후의 술회를 통해 자신이 개전 결정을 내린 것은 입헌정치하의 입헌군주로서 어쩔 수 없는 결정이었으며 자신이 좋아하지 않는다고 하여 재가하지 않는다면 이는 전제군주나 다름없지 않느냐고 변명했다. 그리고 만일 자신이 개전 결정을 거부했다면 국내는 대혼란에 빠지고 자신의 생명도 보증할 수 없었을 것이라고 강변했다. 『獨白錄』, pp.136-137. 하지만 후지와라 아키라는 천황이 실질적으로 전쟁의 최고지도자였으며 천황의 전쟁 책임을 면죄하는 것은 역사 사실을 말살하는 것이라고 지적했다. 藤原彰, 앞의 책, p.118.
53 어전회의에서 대미 개전이 결정되자 외무성의 요시다 시게루(吉田茂) 차관은 단독사표를 제출하면서 정변을 일으켜서라도 개전을 저지하자고 주장했다. 외무성 고문 사토 나오타케(佐藤尙武)도 개전에 반대했다. 五百旗頭眞, 앞의 책, p.30.

은 진주만 방면에 항모 6척, 남방작전에 소형항모 1척, 수상기 모함 2척, 전함 2척, 순양함 20척, 구축함 50척, 잠수함 14척, 11항공함대 소속의 함재기 500기 등을 투입하도록 했다.[54]

특히 나가노 해군 군령부총장은 11월 5일 진주만 공략을 담당할 야마모토 이소로쿠 연합함대 사령장관에게 12월 초까지 개전 준비를 완료하라는 지시를 내려두었다. 이 지시에 따라 해군의 연합함대는 진주만과 지형이 유사한 가고시마만(鹿児島灣)을 대상으로 함재기들이 수상 5미터까지 강하하여 어뢰를 투하하는 훈련을 반복실시하면서 11월 11일까지 출동 준비를 완료했다.[55] 그리고 헐 노트가 수교되기 직전인 11월 26일 연합함대는 진주만을 향해 드디어 에토로프 기지를 출항했고 태평양을 항행하던 12월 2일 천황의 개전 명령을 수령했다.

메이지 유신 이후 일본은 영국과 미국을 모델로 삼아 문명개화의 국가를 건설하고자 했다. 그리고 자국이 지향해야 할 문명국가의 표준을 학습하기 위해 이와쿠라 사절단 등 엘리트 관료와 학생들을 간린마루(咸臨丸)와 같은 함선에 승선시켜 태평양을 횡단시켰다. 문명학습의 통로이기도 했던 그 항로를 따라 이제는 일본 연합함대가 자국이 성취한 문명의 모태나 다름없었던 미국의 해군 전력을 격파하기 위해 항모 전단을 앞세워 장정에 나선 것이다.

아시아 · 태평양전쟁에서 패전한 이후에 저술된 일본 내 대부분의 회고록이나 연구서들은 일본의 대미 개전 결정이 무모한 것이었음을 지적하면서 잘못된 정책결정의 책임이 어느 시점에 누구에 의

54 吉田裕·森茂樹, 앞의 책, pp.104-110.
55 五百旗頭眞, 앞의 책, p.17.

표 9-1. 개전 시 미일 양국의 해군 전력 비교[56]

	미국			일본
	합계	대서양	태평양	
전함	17	8	9	10
항모	7	4	3	9
중순양함	18	5	13	18
경순양함	19	8	11	20
구축함	214	147	67	112
잠수함	114	60	54	64
총 척수	389	232	157	233
총 톤수	142.6만 톤	66.2만 톤	76.3만 톤	97.6만 톤
해군 항공기	5,500			3,202

해 이루어졌는지 묻고 있다. 그런데 개전 당시의 시점으로 돌아가 미국, 영국, 일본의 전력 상황을 객관적으로 보면 당시 일본의 정부와 군부의 정책결정자들은 태평양 방면에서 미국 및 영국에 대한 전쟁 수행이 일본의 성공으로 귀결될 것이라는 확신을 갖고 있었던 것으로 보인다. 〈표 9-1〉은 1941년 12월 시점에 미일 양국의 해군 및 육군 전력을 각각 비교한 것이다.

이 표를 보면 개전 시 미국의 해군 전력이 전체적으로는 일본의 그것을 상회하고 있음을 알 수 있다. 그러나 미국의 해군 전력은 대서양과 태평양으로 분산되어 배치되어 있었던 관계로 태평양상에만 국한해본다면 항모는 미국과 일본 간에 3:9, 전함은 9:10, 총 톤수는 76만 톤 대 97만 톤으로 오히려 일본의 해군력이 수적 우위를

56　安部彦太,「大東亜戦争の計数的分析」, 1995를 바탕으로 정리한 것이다. 吉田裕·森茂樹, 앞의 책, p.61에서 재인용했다.

표 9-2. 개전 시 미일 양국의 육군 전력 비교[57]

	미국	일본
병력	160만	212만
보병사단	29	51
장갑사단	4	0
기병사단	2	0
항공기	202중대	148중대

점하고 있음을 알 수 있다.[58] 해군 항공전력도 일본의 제로센 전투기가 항속거리나 전투 성능 면에서 미국의 그것에 우세를 보였다. 해군 작전을 지원하는 일반 상선의 보유량 면에서도 일본이 우위를 보였다. 개전 직전의 시점에 일본이 보유한 배수량 1천 톤 이상 함선은 유조선 36만 톤을 포함하여 598만 톤에 달했는데, 이는 영국에 이어 세계 2위의 규모였다.[59] 이 같은 해운력도 일본 해군이 대미 개전을 결정할 수 있었던 요인의 하나가 되었다.

육군력도 〈표 9-2〉에서 보는 것처럼 전체 병력 수나 보병사단 수에서 일본이 대미 우위를 점하고 있었다. 일본이 1937년에 개발한 97식 중전차는 중량 15톤에 57밀리 포를 탑재하여 미군의 M3 경전차(중량 13톤, 37밀리 포 탑재)를 압도했고 전쟁 기간 중에 미국이 투입한 M4 중전차(중량 31톤, 75밀리 포 탑재)에 필적할 만했다.[60]

57　吉田裕·森茂樹, 앞의 책, p.61.

58　야마다 아키라도 해군력은 항모 분야에서 일본이 우세를 보였다고 지적했다. 山田朗, 앞의 책, p.187. 요시다 유타카도 이러한 통계를 바탕으로 일본 군부가 개전 직전의 상황에서 대미 군사력에 자신을 갖고 있었다고 설명했다. 吉田裕·森茂樹, 앞의 책, p.60.

59　佐藤賢了, 앞의 책, p.249.

60　吉田裕·森茂樹, 앞의 책, p.71.

표 9-3. 개전 시 미일 양국의 주요 경제지표 비교[61]

	일본	미국	대비
국민총생산	449	5,312	11.83
조강 생산량(만 톤)	684	8,284	12.11
항공기 생산량	5,088	26,277	5.16
자동차 보유수(만 대)	21.7	3,489.4	160.8
국가예산(억 엔)	165.4	565.5	3.42
군사예산(억 엔)	125.0	266.8	

다만 일본 육군 보병전력의 대다수는 중국 전선에 투입되어 태평
양 방면에 동원되기 위해서는 정치적 결정이 수반되어야 했다.

전체적으로 해군과 육군의 현존 군사력 면에서 일본이 대미 자신
감을 가질 만했다. 그러나 일본 군부가 한때 연구했던 장기총력전의
관점에서 보면 일본의 단기적 군사 우세는 전쟁 기간이 지속된다면
오래가지 못할 것이 분명했다. 전쟁지속능력과 연관된 주요 경제지
표는 〈표 9-3〉과 같다.

표에 따르면 국민총생산을 기준으로 미일 양국의 국력은 11.8배
의 격차가 있었고, 조강 생산량, 항공기 생산량, 자동차 생산량 측면
에서도 양국 간에 현격한 차이가 존재했다. 따라서 전쟁이 장기화될
수록 일본의 전쟁지속능력은 상대적으로 감소하고 미국의 그것은
강화될 가능성이 높았다. 그렇기 때문에 일본으로서는 단기결전을
추구하거나 미국에 필적하는 경제자원의 공급지역을 확대할 필요가
있었다. 진주만 공략과 아울러 남방 자원지대의 확보를 개전 초기의

61 吉田裕·森茂樹, 앞의 책, p.62.

중점적인 전략적 과제로 포함한 것은 이러한 고려를 반영한 것이기도 했다. 그러나 과연 전쟁이 장기화될 경우 일본이 미국의 전쟁지속능력에 대응할 수 있을 것인가의 문제는 미해결로 남겨둔 채 일본 연합함대는 진주만으로 항행해갔던 것이다.

4. 전쟁의 발발과 일본의 초기 공세

일본의 육군과 해군은 12월 2일 천황이 재가한 바에 따라 12월 8일을 기해 일제히 하와이의 진주만, 말레이시아, 홍콩, 필리핀 방면의 미군과 영국군 기지에 기습적인 공세를 감행했다.

　미국 태평양함대가 모항으로 사용하는 하와이 진주만에는 전함 8척, 중순양함 2척을 포함해 85척의 함선이 정박 중이었다.[62] 에토로프 기지를 출항한 일본 연합함대 예하 제1기동함대는 나구모 주이치(南雲忠一) 중장의 지휘하에 아카기 등 6척의 항모를 앞세워 12월 8일 오전 6시부터 진주만 북방 250해리 지점에서 함재기들을 두 차례에 걸쳐 출격시켰다. 수시간에 걸친 공습 결과 일본은 미국 전함 4척을 격침하고 4척을 대파했으며 경순양함 4척 및 미군 항공기 231기를 파괴하는 전과를 올렸다. 이에 반해 일본 측의 피해는 함재기

62　미군 태평양함대의 임무는 1940년 가을부터 1941년 초에 걸쳐 작성된 레인보우 작전계획에 따라 태평양 지역의 방어를 담당하면서 유사시 일본령 마셜 제도를 공략하여 일본의 해상교통로를 파괴하는 것이었다. 공교롭게도 개전 당시에 미군 태평양함대의 항모 3척은 당시 타 지역에 파견되어 있었다. 吉田裕·森茂樹, 앞의 책, p.127. 레인보우 계획에 대해서는 Akira Iriye, *The Cambridge History of American Foreign Relations, vol.3: The Globalizing of America, 1913-1945*, Cambridge: Cambridge University Press, 1993, p.181을 참조하라.

29기의 손실에 불과했다.[63] 일본은 12월 8일 미국의 괌 기지에 대한 공습도 실시한 데 이어 12월 10일에는 육군 보병 3개 대대 병력을 상륙시켜 이를 점령했다. 또한 진주만 공략을 성공적으로 끝낸 연합함대는 12월 14일부터는 태평양상의 웨이크섬에 대한 공격도 실시하여 이해 12월 23일 점령했다.[64]

진주만 기습을 감행했던 12월 8일 일본은 타이완 방면에서 제11항공함대의 주력 전투기 500여 기를 발진시켜 2시간에 걸친 도양 비행 끝에 필리핀 상공으로 출격시켰다. 미국의 극동 방면 사령관 더글러스 맥아더(Douglas MacArthur) 장군이 지휘하는 필리핀 주둔 미군 항공기 200여 기가 이에 응전했으나 수적 열세를 극복할 수 없었다.[65] 제공권을 장악한 일본은 12월 10일부터 혼마 마사하루(本間雅晴) 중장이 지휘하는 육군 제14군 병력을 루손에 상륙시켜 방어에 나선 미국 육군을 격퇴하기 시작했다. 결국 일본은 1월 2일 마닐라를 점령했고 4월에는 맥아더 장군이 분전하던 코레히돌 요새를 장악하기에 이르렀다. 맥아더 장군은 가까스로 요새를 탈출하여 오스트레일리아로 피신하는 데 성공했으나 필리핀 지역에 잔류했던 미군 7만 명은 포로로 잡히는 굴욕을 당해야 했다.[66]

일본은 영국령 홍콩과 말레이시아에 대해서도 12월 8일 일제히 공세를 전개했다. 홍콩에 대해서는 사카이 다카시(酒井隆) 중장이 지

---

63 吉田裕·森茂樹, 앞의 책, pp.127-129. 이오키베 마코토는 미국 태평양함대의 함선 수를 총 38척으로 기록했다. 五百旗頭眞, 앞의 책, p.32.
64 吉田裕·森茂樹, 앞의 책, p.133.
65 야마다 아키라는 필리핀 공략에 투입된 일본 항공전력을 192기로, 필리핀을 방어하던 미군 항공전력을 150기로 설명했다. 山田朗, 앞의 책, p.195.
66 필리핀의 초기 전역에 대해서는 吉田裕·森茂樹, 앞의 책, pp.119-120을 참조하라.

휘하는 제23군이 공격을 개시하여 3일 뒤에 주룽(九隆)반도를 장악했고 결국 25일에 홍콩을 방어하던 영국군이 항복하기에 이르렀다. 홍콩 공략 과정에서 일본은 중국의 장제스군이 영국을 지원할 가능성을 차단하기 위해 제11군으로 하여금 양쯔강 연안의 한커우에서 후난성(湖南省)의 창사(長沙) 방면을 공략하여 중국군을 견제하는 작전을 실시하기도 했다.[67]

영국은 말레이시아와 싱가포르 방면을 방어하기 위해 항공기 158기, 총 병력 8만 8,600명을 북부 말레이시아 방면에 배치했고, 전쟁 발발 직전인 1941년 12월 2일에는 배수량 3만 5천 톤 규모의 전함 프린스 오브 웨일즈와 래펄스 2척을 유럽 방면에서 싱가포르 기지로 회항해두었다.[68] 이러한 말레이시아와 싱가포르의 영국군에 대해 12월 8일 야마시타 도모유키(山下奉文) 장군이 지휘하는 제25군 예하 제18사단 5천여 명의 병력이 말레이 반도 코다바루에 상륙하여 싱가포르 방면으로 남하를 실시했고, 12월 10일에는 프랑스령 인도차이나 남부의 항공기지를 발진한 일본 육상공격기들이 싱가포르 항구에 정박 중이던 전함 프린스 오브 웨일즈와 래펄스에 공격을 감행해 격침했다. 1분에 6만 발의 대공포화를 발사할 수 있도록 설계된 영국의 최신예 전함도 항공공격에 대해서는 속수무책이라는 점이 드러난 것이다.[69] 이후 영국의 항공전력도 일본 항공공격에 의해

---

67   吉田裕・森茂樹, 앞의 책, p.116.
68   吉田裕・森茂樹, 앞의 책, p.111. 전함 프린스 오브 웨일즈는 처칠 수상이 루스벨트 대통령과 「대서양헌장」을 공동 발표하기 위해 이해 8월에 대서양을 횡단할 때 승선했던 함정이기도 했다.
69   吉田裕・森茂樹, 앞의 책, pp.112-113. 처칠 수상은 회고록을 통해 프린스 오브 웨일즈의 격침이 제2차 세계대전 전 기간을 통해 가장 가슴 아픈 순간이었다고 비통해했다. 윈스턴 처

궤멸되었고[70] 제공권을 장악한 가운데 말레이 반도를 종단한 일본 육군은 1월 말에 싱가포르까지 진격해왔고 결국 영국의 싱가포르 수비대는 2월 15일 항복하지 않을 수 없었다.[71]

일본은 중립을 선언한 타이에 대해서도 12월 8일 제25군 예하 제5사단을 상륙시켜 방콕까지 진입하게 했다. 결국 타이 정부는 일본과의 동맹조약 체결을 확약하면서 다음 해 1월 25일에는 영국 및 미국에 선전포고를 단행했다.[72] 이같이 12월 8일을 기해 일본의 육군과 해군이 미국과 영국이 지배하던 하와이, 필리핀, 홍콩, 말레이시아와 싱가포르, 중립국 타이 등에 실시한 군사작전은 완벽한 성공을 거두었다. 이를 발판으로 일본은 1942년 1월부터 네덜란드령 인도네시아, 영국령 버마, 라바울, 인도양의 세일론 등에 대한 후속 공세에 착수했다.

일본은 개전 이전부터 영국령 버마를 독립시키기 위해 1941년 2월부터 스즈키 케이지(鈴木敬司) 대좌를 지휘관으로 하는 미나미기관을 조직하여 버마의 독립을 위한 정보공작을 담당하도록 했고, 스즈키 등은 아시아·태평양전쟁이 발발하자 방콕에 잠입하여 그곳에서 대영 버마 독립운동을 벌이던 아웅산(Aung San) 등을 규합하여

칠, 앞의 책, 제4장을 참조하라.

70 山田朗, 앞의 책, p.194.

71 영국 출신의 역사학자 퍼거슨은 처칠 수상의 항전 지시에도 불구하고 영국, 오스트레일리아, 인도 출신으로 구성된 싱가포르 수비대 13만 병력이 그 반수에 지나지 않은 일본군에 항복한 것은 대영제국 역사에서 전례가 없는 것이었다고 평가했다. 포로로 잡힌 영국과 오스트레일리아 병사 6만여 명은 영화 〈콰이강의 다리〉를 통해 잘 알려진 바와 같이 타이와 버마 국경지대의 철도 건설에 동원되었다. Niall Ferguson, *Empire: The Rise and Demise of the British World Order and the Lessons for Global Powers,* New York: Basic Books, 2002, pp.286-288.

72 吉田裕·森茂樹, 앞의 책, pp.112-113.

버마 독립의용군을 조직하는 성과를 거두었다. 이러한 가운데 타이에 진출했던 일본 제25군과 제15군이 1942년 1월 하순을 기해 국경을 넘어 버마에 진입하자 아웅산 등의 독립의용군은 일본군에 동행하여 버마에 잠입했다. 이후 제25군이 버마 남동부를 점령하고 제15군이 3월 8일 랑군을 점령하자 미나미기관의 스즈키 케이지는 독립의용군과 더불어 버마의 독립을 주장했다. 그러나 제15군은 버마의 독립이 시기상조라고 반박하면서 1943년 8월까지 군정을 실시했다. 한편 일본군의 버마 진출에 대해 중국 장제스 군이 8만 명의 병력을 동원하여 북방에서 남하하면서 일본에 압력을 가했다. 이에 대해 일본군이 반격에 나서 통구(通溝) 지역에서 중국군과 교전을 벌였고 5월 하순에는 장제스의 원조루트로 활용되던 라시오 지역까지 공략하는 작전을 실시했다.[73]

네덜란드령 인도네시아는 개전 이전부터 일본이 남방자원지대의 핵심으로 간주해온 지역이었다. 인도네시아 공략을 위해 일본은 홍콩 작전을 담당했던 제38사단과 필리핀 전역에 참전했던 제48사단을 이마무라 히토시(今村均) 장군이 지휘하는 제16군에 편입해 군사태세를 갖추었고, 수마트라, 보르네오, 셀레베스 등 3개 도서를 장악한 이후 자바 방면으로 공략해간다는 작전계획을 수립했다. 이 같은 계획에 따라 1942년 1월 12일 육군 상륙부대가 보르네오 동안에 상륙했고 해군 공정부대가 셀레베스에서 일본군 최초의 공수작전을 벌이면서 강하했다. 그리고 2월 중순까지 수마트라, 보르네오, 모루카 등을 점령하는 데 성공했다. 그 이후인 2월 14일 팔렘방 지역에

73　버마 전역에 대해서는 吉田裕·森茂樹, 앞의 책, pp.115-116, 192를 참조하라.

공정부대에 의한 강하작전이 실시되었고, 16일에는 자바에 육군의 상륙작전이 실시되었다. 한편 인도네시아를 포기할 수 없었던 네덜란드는 미국 및 영국 해군 함대의 지원을 받아 총 14척의 함정으로 연합함대를 편성하여 2월에 자바 해상에서 일본 해군과 맞서 수라바야 해전을 벌였다. 그러나 일본 해군은 상대측 함대에 대해 10척을 격침하는 전과를 올렸고, 결국 네덜란드령 인도네시아는 3월 9일 일본에 항복했다.[74]

인도네시아 및 버마 전역이 실시되던 시기에 일본은 남태평양의 라바울에 대한 후속공세에도 착수했다. 라바울은 비스마르크 제도에 속한 도서로 오스트레일리아가 위임통치하던 지역이었다. 일본은 연합함대의 기지로 사용하던 캐롤라인 제도의 트루크 방어를 위해 라바울을 확보할 필요가 있었다. 이로 인해 1942년 1월 20일 일본 기동함대가 트루크 기지를 발진하여 라바울을 공략했고 상륙작전 끝에 이를 점령했다.[75]

초기 공세를 성공적으로 수행한 일본은 이 전쟁의 성격을 규정하고 점령지에 대한 통치 방향을 재정립할 필요성에 봉착했다. 진주만 등에 대한 선제공격에 성공한 직후인 12월 12일 도조 내각은 각의 결정을 통해 새로 시작된 대미영란 전쟁을 기존의 중일전쟁과 통합하여 '대동아전쟁'으로 명명하기로 결정했다. 내각 정보국은 '대동아전쟁'이 대동아 신질서 건설을 목적으로 하는 전쟁이라고 의미를

---

74 吉田裕·森茂樹, 앞의 책, pp.120-122. 한편 『아사히신문』은 수라바야 해전의 결과 네덜란드, 영국, 미국 연합함대가 함선 6척 격침, 병력 2천 명 사망의 손실을 입었다고 보도한 바 있다. 『朝日新聞』, 2016. 11. 22. 기사를 참조하라.

75 吉田裕·森茂樹, 앞의 책, p.135.

부여했다.[76]

그렇다면 대동아 신질서란 그 범위가 어느 정도이고 통치 방향은 어떠해야 할 것인가를 강구하지 않을 수 없었다. 이 점에 관해 외무성과 육군성, 해군성의 의견이 엇갈렸다. 도고 시게노리 외상은 대동아전쟁의 수행과 방위에 필요한 지역은 일본 제국의 직할령으로 하고 그 외의 지역은 주권 존중의 원칙을 적용하여 자치와 독립을 부여해야 한다는 입장을 취했다. 이에 따를 때 싱가포르, 말레이시아, 보르네오, 티모르 등은 일본 직할령으로 하고 필리핀과 셀레베스, 자바, 수마트라 등은 자치나 독립을 부여한다는 것이다. 도고 외상은 전쟁의 목적이 대동아공영권의 건설이기 때문에 영국과 미국이 식민통치를 해온 지역에 대해서 각기의 전통과 문화에 따른 적당한 지위를 인정하는 것이 필요하다고 주장했다.[77] 그러나 이에 대해 육군과 해군은 셀레베스, 자바 등에 대한 자치 부여 방안에 반대했고 해군은 전 지역에 대한 군정 통치를 실시할 것을 주장하기도 했다.[78]

결국 점령지역의 통치 목적 및 방식에 대해서는 1942년 1월 21일에 개최된 제79회 제국의회에서 행해진 도조 히데키 총리의 연설을 통해 일본 정부의 입장이 정리되었다. 도조 총리는 이 전쟁의 목적이 '대동아공영권'의 건설이며 "각국 및 각 민족이 그 할 바를 얻게 하여 제국을 핵심으로 하는 도의(道義)에 기반한 공존공영의 질서를 확립하는 것"이라고 했다. 그러한 전제하에 말레이시아와 홍콩

---

76 波多野澄雄, 앞의 책, p.15.
77 波多野澄雄, 앞의 책, p.24.
78 波多野澄雄, 앞의 책, pp.20-23. 도고 외상의 독립 및 자치 부여 주장은 필리핀 등의 미국 식민지에 독립을 부여함으로써 일본 제국의 대동아공영권론이 구미의 식민주의와 차별성을 갖는다는 논리를 바탕으로 했다.

은 대동아 방위의 거점으로 일본이 직할통치를 하며 필리핀과 버마에는 독립을 부여한다는 방침을 명언했다. 그는 필리핀의 경우에는 일본이 동아 신질서를 건설하는 데 협력했기 때문에 독립의 영예를 부여하는 것이 합당하다는 논리를 전개했다.[79]

도조 총리는 이 같은 기본 방침을 실행하기 위해 1942년 2월 21일 총리대신 자문기관으로 대동아건설심의회를 설치했다. 30명 정도의 관계 전문가를 심의위원으로 위촉한 심의회에서는 2개월여의 논의를 거쳐 5월 4일 기본 답신을 총리에게 제출했다. 답신은 도조 총리의 의회 연설에 따라 대동아 신질서 건설의 기본 이념이 일본의 통치하에 들어온 각국 및 민족으로 하여금 각각 그 할 바를 얻게 하여 도의에 입각한 신질서를 확립하게 하는 것을 요체로 한다고 전제했다. 그런 연후에 경제적으로는 일본이 이 권역 내에서 지도국으로서 대동아 전반의 계획교역과 산업통제를 행해야 하며 정치외교적으로는 권역 내 각국의 자유와 완전 독립이 있을 수 없고 권역 외부에 대한 외교와 통상은 일본의 통제하에 행해져야 한다고 했다.[80]

대동아건설심의회의 논의가 진행되는 동안 교토제국대학 소속의 소장 학자들이 좌담회를 갖고 대동아공영권의 의미와 방향에 대해 논의했다. 이 좌담에서 고사카 마사아키(高坂正顯), 스즈키 시게타카(鈴木成高), 니시타니 케이지(西谷啓治), 고야마 이와오(高山岩男) 등 후일 교토학파로 일컬어진 이들은 대동아전쟁이 고대의 페르시아 전쟁이나 포에니 전쟁과 같은 세계사적 의미를 가진 사건이라고 평

79 다만 그는 이 연설에서 외무성과 육해군성 간에 논란이 되었던 인도네시아의 독립 부여 논란에 대해서는 언급하지 않았다. 波多野澄雄, 앞의 책, pp.21-23.
80 波多野澄雄, 앞의 책, pp.57-59.

가했다. 그런 전제하에 일본은 대동아권 내에서 지도적 위치를 가지면서 레벨이 낮은 여러 민족을 육성하고 자각하게 하는 특수한 사명을 갖고 있다는 논의를 전개했다.[81] 대동아건설심의회의 논의가 대동아공영권 내에서 일본이 정치외교나 경제 분야에서 지도적 역할을 수행할 것을 요청했다고 한다면, 교토학파 학자들은 사상과 문화면에서 일본의 지도적 역할을 주창했던 것이다.

한편 점령지역이 확대되면서 정부 내의 육군성과 해군성, 외무성과 흥아원 등의 부서들은 새롭게 제국의 판도에 들어온 지역과 민족들을 관할할 기구 설치 문제에 대해 논의하기 시작했다. 육군 및 해군, 기획원 등은 대동아공영권 지역에 대한 일원적 정무기관으로 기존의 외무성이나 척식성(拓殖省)과는 분리된 가칭 흥아성(興亞省) 같은 기구를 신설해야 한다는 의견을 제시했다. 군정이 실시되고 있는 점령지역들이 독립이나 자치가 부여되는 단계로 전환될 때 흥아성 같은 기구를 중심으로 하여 일본이 대동아공영권 전체 지역의 정치외교, 무역, 경제개발, 교통통신 등을 계획적으로 운영해야 한다고 본 것이다. 이에 대해 외무성은 외무성 내에 대동아공영권 지역을 담당하는 가칭 동아국(東亞局)을 설치하여 공영권 내의 독립국 관련 업무를 담당하게 하고 점령지의 행정은 기존의 탁식성이 관할할 것을 주장했다. 1942년 7월 12일 도고 시게노리 외상은 도조 총리와의 회견에서 이러한 외무성의 의견을 전달하기도 했다.[82]

---

81 高坂正顯·西谷啓治·高山岩男·鈴木成高, 「東亞共榮圈の倫理性と歷史性」(1942. 3. 4), 『世界史的立場と日本』, 中央公論社, 1943, pp.184-218. 같은 책에 실린 高坂正顯·西谷啓治·高山岩男·鈴木成高, 「世界史的立場と日本」(1941. 11. 26)도 참조하라.
82 波多野澄雄, 앞의 책, pp.59-62.

이러한 두 가지 방안이 대립하는 가운데 1942년 9월 도조 총리가 주재하는 각의에서는 외무성과 분리된 대동아성(大東亞省)의 설치안이 채택되었다. 이에 따라 기존의 평등한 국가들과의 외교관계는 외무성이 담당하고 대동아공영권 내의 여러 민족들이 외교적으로나 경제적으로 일본의 전쟁 수행에 협력하도록 하는 업무는 대동아성에서 관장하도록 했다. 이러한 내각의 결정에 반발하여 도고 시게노리는 외상직을 사임했다. 다만 외무성은 11월 1일에 정식 발족된 대동아성의 주요 직위들, 즉 차관이나 총무과장, 남방사무국장 등의 보직에 외무성 출신 외교관들을 충원하여 실질적인 영향력을 지속적으로 확보하고자 했다.[83]

5. 미국의 반격과 전세의 전환: 미드웨이 해전, 과달카날 전투, '절대국방권'

1941년 12월부터 개시된 초기 공세에서 애초의 목표로 설정했던 진주만과 필리핀, 홍콩과 말레이시아, 타이와 버마 및 인도네시아 등지에서 군사작전이 성공적으로 종료되자 이에 만족한 히로히토 천황은 향후의 공세 방향에 대한 추가 주문을 제기했다. 1942년 2월 9일 천황은 스기야마 육군 참모총장에게 중국 방면에 대한 적극적 공세의 가능성을 하문했다.[84] 이 같은 천황의 관심에 부응하여 1942년 3월 7일 대본영–정부연락회의를 갖고 향후 정세를 전망한 다음에

83   吉田裕·森茂樹, 앞의 책, pp.187-188; 波多野澄雄, 앞의 책, p.64.
84   藤原彰, 앞의 책, p.135.

「금후 취해야 할 전쟁지도 대강」을 결정했다. 이 문서에서 대본영-정부연락회의는 진주만에서 패전한 미국이 영국과 더불어 오스트레일리아 및 인도양 방면에 주력을 집결하여 반격해올 것으로 예상했다. 이에 대응하기 위해 해군은 맥아더 장군의 거점이 된 오스트레일리아를 미국 본토와 차단하기 위해 뉴기니 남동 방면의 포트 모리즈비와 피지, 사모아, 뉴칼레도니아 지역을 공략하고 미국 함대의 정면인 미드웨이도 공격 대상에 포함하기로 했다. 그리고 인도양 방면에서 영국 함대의 반격을 차단하기 위해 세일론을 점령하여 인도양 방면의 제해권을 장악할 필요가 있다고 했다.[85] 스기야마 육군 참모총장은 3월 19일 천황에게 「금후 작전지도에 대해」를 상주하면서 중국 방면에 대해서는 장제스 정부의 전략적 거점을 공격하여 직접 위협을 가하고 충칭 정부의 통제력을 상실시킬 것이라는 계획을 보고했다.[86] 이 같은 방침에 따라 1942년 4월 이후에 일본의 육군과 해군은 초기 공세의 성공을 발판으로 세일론, 뉴기니, 중국 방면에 대한 공세를 단계적으로 실시해나갔다. 4월 5일부터 실시된 세일론 방면 공격에서 일본 해군은 영국의 항모 1척과 순양함 2척을 격침하면서 동인도양 방면의 제해권을 장악하는 성과를 거두었다.[87]

그러나 진주만 기습공격을 받은 직후 루스벨트 대통령이 의회 연설을 통해 "진주만을 기억하라."라고 국민에게 경각심을 불러일으킨 이래 미국의 대응은 전례 없이 강화되기 시작했다. 미국은 12월 9일 대일 선전포고를 행한 중국 장제스 정부를 연합군의 일원에 포함시

---

85 吉田裕·森茂樹, 앞의 책, pp.135-137.
86 藤原彰, 앞의 책, p.136.
87 吉田裕·森茂樹, 앞의 책, p.137.

키고 1942년 2월에는 장제스 총통의 의뢰에 따라 조지프 스틸웰(Joseph Stilwell) 중장을 중국군의 참모장으로 부임하게 했다. 4월에는 항모 호네트를 일본에 접근시켜 함재기들로 하여금 도쿄를 공습하게 하는 기습폭격작전을 전격적으로 실시했다. 암호해독 능력의 향상 및 레이더와 같은 최신기술을 적극 활용하면서 정보 능력도 강화하기 시작했다. 제1차 세계대전의 종전 이후 고립주의 정책으로 회귀했던 미국의 전쟁 DNA가 일본의 거듭된 공세 속에서 살아나면서 1942년 중반 이후를 기점으로 전황이 미국 우세의 국면으로 변화되는 조짐이 나타났다. 1942년 5월에 전개된 산호해 해전, 6월 5일에 전개된 미드웨이 해전, 8월부터 실시된 과달카날 전투가 그러했다.

산호해 해전은 일본 해군이 솔로몬 제도의 투라기와 포트 모리즈비 공략을 위해 항모 3척을 산호해 방면으로 투입하면서 비롯되었다. 미국 해군은 일본 해군의 암호를 해독하면서 항모 투입 정보를 확보하고 마찬가지로 항모 렉싱턴과 요크타운 2척을 같은 해역에 파견했다. 5월 7일부터 8일까지 양측 항모 간의 해전 결과 미국 해군은 항모 렉싱턴이 격침되고 요크타운이 파손되는 피해를 입었지만 일본도 항모 쇼호가 격침되고 즈이카쿠(瑞鶴)가 피해를 입었다. 일본이 노리던 포트 모리즈비 공략이 실패로 돌아가면서 미국의 체스터 니미츠(Chester Nimitz) 제독은 이를 전략적 승리라고 평가했다. 무엇보다 진주만 패전 이후 일본에 대한 공포의식마저 생겨나고 있던 미국 해군이 해전에 대한 자신감을 갖게 된 것이 큰 수확이었다.[88]

미드웨이 해전은 1942년 3월 7일 일본의 대본영-정부연락회의

88 吉田裕·森茂樹, 앞의 책, pp.138-139; 山田朗, 앞의 책, p.198.

에서 결정된 「금후 취해야 할 전쟁지도 대강」이 발단이 되었다. 일본이 초기 공세에서 확보한 영역에 미국 해군이 공세를 취하지 못하도록 하기 위해 하와이 북서 방면에 위치한 미드웨이의 미군 육상기지를 일본 제1기동함대의 함재기들을 동원해 파괴하려는 것이 작전의 목적이었다. 다만 이 경우에도 미국은 일본 해군의 암호를 미리 해독하여 일본의 공격 목표가 미드웨이라는 사실을 인지하고 미리 엔터프라이즈, 호네트, 요크타운 등 항모 3척을 배치하고 대비했다. 일본 해군은 이 사실을 인지하지 못한 채 히로시마를 출항한 항모 4척을 주 전력으로 하는 제1기동함대가 전방에서, 전함 야마토가 포함된 연합함대 주력이 후방에서 항행하면서 미드웨이에 접근했다. 6월 5일 일본 항모부대는 함재기들을 발진시켜 미드웨이 육상기지를 파괴하는 데에는 성공했으나, 미국 해군은 정확한 정보를 바탕으로 함재기를 출격시켜 항공 엄호를 받지 못한 일본 항모 아카기, 카가, 소류 등 3척을 격침시키고 나머지 1척도 대파하는 전과를 올렸다. 물론 미국도 항모 1척을 상실했으나, 진주만 기습의 성공 이후 우세를 점한 일본 해군의 전력은 미드웨이 해전을 기점으로 급격하게 대미 열세로 돌아설 수밖에 없었다.[89]

과달카날은 솔로몬 제도의 남방에 위치한 섬이다. 일본은 3월 7일의 대본영-정부연락회의에서 결정된 「금후 취해야 할 전쟁지도 대강」에 따라 오스트레일리아로 철수한 맥아더 장군의 부대가 미국 본국으로부터 증원을 받아 솔로몬 제도를 거쳐 필리핀 방면으로 부상해올 가능성을 차단하고자 했다. 이러한 목적에서 미국과 오스트

---

89 吉田裕·森茂樹, 앞의 책, pp.141-144; 山田朗, 앞의 책, p.198.

레일리아 간의 보급로를 차단하려고 했는데, 솔로몬 제도 남방의 과달카날은 그전까지 이름이 알려지지 않은 지역이었지만 나름의 전략적 중요성을 갖고 있었던 것이다.[90] 이러한 작전적 필요에서 1942년 5월과 6월에 걸쳐 해군의 특별육전대 병력 등이 솔로몬 제도의 투라기와 과달카날에 상륙하여 기지 및 비행장을 건설했다.

미국의 입장에서 과달카날에 건설된 일본 해군의 비행장은 오스트레일리아와의 보급선을 차단할 수 있는 전략적 급소와도 같은 존재였다. 그렇기 때문에 미국은 과달카날과 투라기에 대한 반격작전을 실시하기로 결정하고, 8월 7일 제1해병사단 1만 9천 명의 병력을 항모 3척, 순양함 4척, 구축함 5척, 항공기 413기의 엄호 속에 상륙시키고 비행장을 점령했다. 과달카날 해안에 집결한 미국 함대를 견제하기 위해 일본이 라바울 방면에서 제8함대 예하의 중순양함 5척, 경순양함 3척, 구축함 1척을 출동시켰고, 8월 8일 미일 양국 해군 간에 제1차 솔로몬 해전이 벌어졌다. 이 해전에서는 일본이 미국 측 순양함 4척을 격침하는 전술적 승리를 거두었다.

해군의 승리 이후 일본 육군으로서도 과달카날 비행장을 점령한 미국 해병대 전력을 축출할 필요가 있었다. 다만 당시 육군은 1942년 4월 시점에 총 병력 223만 명 가운데 5,000명만 남태평양 지역에서 운용할 뿐 대다수는 중국 전선과 동남아 방면에 배치한 상태였다.[91] 그리고 향후 중국 방면에서의 작전 확대를 위해서도 병력 차출이 곤란한 상황이었다. 이 때문에 8월 13일 대본영이 솔로몬 제도 탈환 지시를 내렸을 때 과달카날 방면으로 동원된 제17군 예하 보병

---

90 吉田裕·森茂樹, 앞의 책, p.148.
91 吉田裕·森茂樹, 앞의 책, p.155.

제27연대와 해군 육전대 병력을 합해도 2,500명밖에 안 되는 규모였다. 이 병력으로는 이미 과달카날에 포진한 1만 9천여 명 규모의 미국 해병대에 당해낼 수 없었고 결국 일본군은 8월 20일 8할 이상이 전사를 당하는 궤멸적인 타격을 입었다.

축차적으로 병력을 과달카날에 파견한 육군이 계속 고전을 면치 못하는 가운데 일본 해군도 8월 24일에 치른 제2차 솔로몬 해전과 11월 12일부터 전개된 제3차 솔로몬 해전에서 항모와 전함, 수송선 등을 다수 상실하는 패전을 맛보았다. 결국 과달카날에 대한 해상수송로의 안전을 확보하지 못하고 상륙한 육군도 고전을 피해갈 수 없는 상황에서 12월 31일 대본영은 과달카날 포기 및 철수작전 시행을 명하지 않을 수 없었다.[92]

미드웨이 해전 및 과달카날 전투에서의 승전 이후 미국은 대일 반격의 공세를 가하기 시작했다. 미드웨이 해전 이후 니미츠 제독이 지휘하는 미국 해군은 마리아나 제도, 이오지마(硫黃島), 일본 본토 축선으로 공격하기 시작했고, 맥아더 장군이 지휘하는 미국 육군은 과달카날을 전진기지로 삼아 뉴기니, 필리핀, 타이완, 오키나와(沖繩) 방면으로 공세를 전개했다.

전시생산체제를 갖추기 시작한 미국의 군수산업도 전투기 및 항모 등의 필수 전력을 양산하면서 육해군의 작전수행을 후방에서 지원했다. 이 결과 1942년 12월 기준으로 미국 670기, 일본 376기였던 항공전력의 비율은 1년 뒤인 1943년 12월에는 미국 2,111기, 일본 434기로 격차가 크게 벌어졌다.[93] 세 차례에 걸친 솔로몬 해전에

92 吉田裕·森茂樹, 앞의 책, pp.153-154.
93 山田朗, 앞의 책, p.199.

서 미국은 항모 사라토가, 와스프, 호네트를 상실했지만, 1942년 말에서 1943년에 걸쳐 신규 항모 7척을 추가로 건조하고 1944년에도 7척을 신규로 건조하여 그 공백을 순식간에 메우는 저력을 보였다. 이에 비해 일본은 1944년에 가서야 신규 항모 5척을 취항했을 뿐이다.[94] 개전 직전의 시기에 일본의 전략가들이 우려하던 미국의 우월한 전쟁지속능력이 빛을 발하는 시간이 성큼 다가온 것이다.

미드웨이 해전 및 과달카날 전투에서의 패배는 일본의 중일전쟁 수행에도 차질을 안겨주었다. 육군은 3월 19일에 천황에게 보고한 「금후 작전지도에 대해」에 나타난 바와 같이 중국 장제스 정부에 타격을 가하기 위한 목적으로 5호 작전이라는 명칭하에 15개 사단을 투입하여 충칭 방면에 대대적인 공세를 가할 계획을 수립했다. 9월 초에 이 같은 5호 작전계획을 천황에게 보고하고 이후 도조 총리 및 스기야마 참모총장 주관으로 지나파견군 사령관 및 관동군 참모장을 소집하여 작전계획의 실행방안을 협의했다. 그러나 과달카날 전투에서 고전 양상이 이어지자 천황이 과달카날 방면에 대한 육군 병력의 증파 필요성을 제기했고, 결국 스기야마 참모총장도 12월 10일 시점에 남태평양 방면의 전황이 호전될 때까지 중국 방면의 작전 확대는 중지하는 것으로 결정했다.[95]

태평양 방면에서 일본의 군사적 우위가 사라지고 미국의 반격이 거세지는 양상을 보이자, 일본은 1942년 12월 21일 대미 개전 이후 처음으로 천황이 참가하는 어전회의를 소집했다. 이 회의에서는 중국의 왕자오밍 정권을 대영미 전쟁에 참가시켜 이 정부의 정치력을

94　吉田裕·森茂樹, 앞의 책, p.156.
95　藤原彰, 앞의 책, pp.137-138.

강화하고 일중 제휴도 도모한다는 결정사항을 담은 「대동아전쟁 완수를 위한 대지 처리 근본방침」이 채택되었다. 남태평양 방면에서 전개된 미일 간 전쟁에서 고전하면서 일본은 배후의 아시아 주요 국가와 협력체제를 강화하는 것으로 대미 전쟁을 지속할 수 있는 힘을 얻고자 했던 것이다. 1943년 1월 9일에는 왕자오밍 정권과 일화(日華)공동선언을 발표하여 대영미 전쟁 수행과 대동아질서의 건설을 위해 상호 협력할 것에 합의했다.[96] 공교롭게도 일본과 중국 왕자오밍 정권이 전시협력을 다짐하던 시기에 미국의 루스벨트 대통령과 영국의 처칠 수상도 양국의 군 지휘관들을 대동한 가운데 1월 14일부터 카사블랑카에서 정상회담 및 군사회담을 갖고 유럽과 태평양 방면에서 독일 및 일본에 대한 공동 전쟁수행 방침에 대해 협의하고 협력을 다짐했다. 특히 카사블랑카 회담 석상에서 루스벨트 대통령은 전년에 국무성 소위원회에서 연구한 결과를 바탕으로 하여 전쟁 목표는 독일 및 일본과의 휴전(armistice)이 아니라 무조건 항복(unconditional surrender)이 되어야 한다는 점을 강조했고 이 같은 전략 목표는 연합국 측의 전쟁 종결 방식으로 채택되었다.[97]

일본은 일화공동선언 발표 이후에 대동아공영권에 속한 여타 민족들과의 협력을 확대하려는 조치를 취하기 시작했다. 이 같은 정책은 1943년 4월 20일 외상에 취임한 시게미쓰 마모루(重光葵)가 주도

---

96 藤原彰, 앞의 책, p.139; 吉田裕·森茂樹, 앞의 책, pp.193-194.

97 G. John Ikenberry, *After Victory: Institutions, Strategic Restraint, and the Rebuilding of Order after Major War*, Princeton: Princeton University Press, 2001, p.169. 처칠 영국 수상은 카사블랑카 회담에서 미영 양국이 1943년도의 전략 목표로 아프리카 북부에 대한 공격 지속과 시칠리아 점령 등을, 그리고 태평양 방면에서는 일본에 대한 압박 유지 등을 합의했다고 설명했다. 윈스턴 처칠, 앞의 책, p.965.

했다. 그는 대동아공영권에 속한 민족들에게 대등한 독립적 지위를 부여해야 하며 공영권에 속한 민족들에 의한 공동기구 설치 등을 지론으로 주장해온 인물이었다.[98] 이 같은 구상에 따라 그는 외상 취임 이후인 5월 31일에 개최된 어전회의에서 「대동아정략 지도대강」을 채택하는 데 중요한 역할을 한 것으로 보인다. 이 대강에 따르면, 버마와 필리핀에는 독립을 부여하고 말레이시아, 수마트라, 보르네오, 셀레베스는 제국의 영토로 삼아 중요 자원 개발 및 민심 안정에 힘쓰도록 했다. 이 같은 어전회의의 결정에 따라 1943년 8월과 10월에 걸쳐 버마와 필리핀을 독립시켰다.[99]

다만 이 시기에 일본은 또 다른 식민지였던 조선에 대해서는 독립을 부여하지 않고 오히려 본국과 동화하고 그 민족을 황민화하려는 정책을 실시했다. 1943년부터 국어보급운동이라는 명목하에 일본어를 강제했고 1943년 5월에는 조선 청년들을 대상으로 한 징병제 실시를 결정했다.[100] 이 외에도 일본은 1942년 이후에 조선과 타이완에서 전쟁 수행을 지원하기 위한 노무자들을 대거 동원했고[101] 동남아시아 민족들도 전쟁 수행을 위해 노무자로 동원하여 타이-버마 철교 건설 같은 작업에는 20만 명 이상의 동남아 출신 인민이 동원되기도 했다.[102] 따라서 특히 1943년 이후 대동아공영권에 속한 여

98   井上壽一, 『日本外交史講義』, 岩波書店, 2003, 제5장을 참조하라.

99   吉田裕·森茂樹, 앞의 책, p.195.

100   이 결과 1944년과 1945년에 각각 육군 4만 5천 명, 해군 1만 명, 도합 11만 명의 조선 청년 징병이 이루어졌다. 宮田節子 編, 『朝鮮軍概要史』, 不二出版, 1989, p.80.

101   야마베 겐타로는 1942년부터 1944년까지 국민징용령으로 조선인 노무자 2만 2,000명이 동원되었고, 1939~1944년에는 군요원으로 7만 5천 명의 조선인이 동원되었다고 설명했다. 山辺健太郎, 『日本統治下の朝鮮』, 岩波親書, 1971, p.211.

102   木畑洋一, 「世界大戦と帝国の再編」, 『岩波講座8: 20世紀の中のアジア·太平洋戦争』, 岩波

그림 9-4. 대동아회의에 참가한 각 지역 지도자들

러 민족들에게 독립의 지위를 부여하면서 관계를 개선하려고 한 조
치들은 대미 전쟁을 수행하는 과정에서 아시아 민족들의 지원을 조
달받으려는 의도를 가진 것이었다고 볼 수 있다.

시게미츠 외상은 도조 총리와 협의하여 독립적 지위를 가진 대동
아공영권 내의 국가수반을 일본에 초치하여 일종의 다자간 협력회
의체를 구성하려고 했다. 이 구상에 따라 1943년 11월 중국 정부의
왕자오밍과 왕징웨이(汪精衛) 행정원장, 타이 수상대리 완와이타야
콘(Wan Waithayakorn), 만주국 국무총리 장징후이(張景惠), 필리핀
대통령 호세 라우렐(José Laurel), 버마 수상 바모(Ba Maw), 인도 정
부의 찬드라 보스(Chandra Bose) 등이 참가한 가운데 도쿄에서 대
동아회의가 개최되었다. 이 회의에서는 11월 6일 「대동아선언」이 채
택되었는데, 그 전문에서는 대동아 각국이 서로 협력하여 대동아전
쟁을 완수하고 대동아 지역을 영미의 질곡에서 해방하여 자존자위

書店, 2006, p.19.

를 온전히 할 것을 표명했고 각 조문에는 각국이 공존공영의 질서를 건설하고 번영을 증진한다는 내용이 포함되었다.[103] 이 대동아선언 은 1941년에 미국과 영국 정상이 대서양상의 프린스 오브 웨일즈 함 상에서 만나 합의한 「대서양헌장」에 대항하는 의미를 가진 것이기 도 했다.

「대동아선언」이 발표된 직후인 1943년 11월 2일 미국의 루스벨 트 대통령, 영국의 처칠 수상, 중국의 장제스 총통이 카이로에서 회 담을 갖고 연합국의 향후 대응 방향을 논의했다. 이 자리에서 각국 정상은 향후 대일전쟁의 목표로 일본의 점령지역과 식민지들을 해 방시키며 일본에 무조건 항복을 요구한다는 점에 합의했다.[104] 미국, 영국, 중국도 일본의 주도로 공표된 「대동아선언」을 의식하면서 전 시 연합체제의 목표를 재확인하려고 했던 것이다.

일본이 대동아공영권에 속한 독립적 지위의 국가들과 전시하의 협력을 약속하고 식민지의 민족들을 동원하여 전시 노무자로 본격 적으로 활용하던 1943년의 시기에도 태평양상의 전황은 계속 악화 되었다. 과달카날 전투의 승리 이후 맥아더 장군이 지휘하는 미국 육군은 솔로몬 제도 및 동부 뉴기니 방면으로 공세를 지속했다. 4월 18일에는 진주만 기습을 진두지휘했던 일본 연합함대 사령장관 야 마모토 이소로쿠의 시찰비행 정보를 해독하여 부겐벨 상공에서 그 가 탄 비행기를 격추하여 사망시켰다. 8월에는 동부 뉴기니의 일본

---

103 吉田裕·森茂樹, 앞의 책, pp.196-197.
104 한국에 대해서는 잘 알려진 것처럼 적절한 방식으로 독립을 부여한다는 언급이 담겼 다. 미국의 역사학회 회장을 역임한 이리에 아키라는 이 문구가 독립이 될 때까지 미국, 소련, 중국이 한국을 신탁통치한다는 것을 의미한다고 해석했다. Akira Iriye, 앞의 책, p.203.

군 비행기지들을 폭격하여 육군 항공전력을 궤멸시켰으며 11월에는 부겐빌까지 공격해 올라왔다.[105]

1943년 5월에는 태평양 북방에 위치한 알류산 열도의 아츠도에 미군 1개 사단이 상륙함으로써 내주고 말았다. 이 섬을 수비하던 일본군 병사들은 사령관의 지시에 따라 미군 상륙부대에 총검돌격을 실시하여 전원이 사망했고, 일본 언론은 이를 옥처럼 아름답게 부서진다는 뜻의 옥쇄(玉碎)라는 표현으로 미화했다.[106]

태평양상의 전황이 시시각각 악화되자 천황은 초조한 반응을 보이기 시작했다. 1943년 7월 무렵에 천황은 도조 총리에게 "황군(皇軍)이라고 하면서 한 번도 적의 상륙을 저지해본 적이 없다.", "적이 상륙하면 반드시 패한다."라고 질책하면서 스기야마 육군 참모총장이나 나가노 해군 군령부총장에 대한 불만을 드러내곤 했다.[107] 전황에 대한 불안감을 바탕으로 1943년 9월 30일 어전회의가 다시 개최되었고 이 회의에서 「금후 취해야 할 전쟁지도의 대강」이 결정되었다. 결정 내용의 핵심은 종래의 방어망을 축소하여 미군에 대한 방어선을 치시마 군도-오가사와라 제도-미크로네시아 중서부(캐롤라인, 마리아나 제도 포함)-서부 뉴기니-순다 열도-버마를 잇는 선으로 설정하고 이를 절대적으로 확보해야 할 '절대국방권'으로 규정했다. 그리고 이 권역 내에 대한 연합군의 공격에 대해서는 기동부대와 기지항공부대를 집중하여 격퇴한다는 작전방침이 결정되었다.[108]

---

105   솔로몬 제도 및 뉴기니 전투를 통해 일본은 항공기 7,000기를 상실했으며 투입된 16~18만 명의 병력 가운데 90%가 사망하는 피해를 입었다. 吉田裕·森茂樹, 앞의 책, pp.163-168, 201.
106   吉田裕·森茂樹, 앞의 책, p.251.
107   藤原彰, 앞의 책, p.142.

다만 절대국방권의 방어작전을 수행하기 위한 군사적 준비에는 한계가 노정되었다. 해군은 절대국방권 외곽에 소재한 트루크 제도와 마셜 제도 및 라바울을 방어하는 데 여전히 전력을 집중하고자 했다. 또한 절대국방권을 방어하기 위해서는 중국 및 만주에 배치된 지나파견군 및 관동군으로부터 육군 병력 전용이 불가결했는데, 일본의 해상운송능력이 파괴되면서 이 과정에 상당한 시간이 지체되었다.[109] 개전 초기에 일본 육해군이 보여주었던 유기적인 작전 협조와 전략 수행은 전황이 악화되면서 이미 보이지 않게 되었다.

6. '절대국방권'의 붕괴와 패전의 길

1944년에 접어들면서 미국은 군수산업의 비약적 발전, 중국 등과의 연합작전 체제 공고화 등을 바탕으로 일본에 대한 거센 공세를 본격화하기 시작했다. 1943년부터 미국은 4발 엔진을 장착하고 5톤 이상의 폭탄을 탑재할 수 있으며 항속거리도 2,600킬로미터에 달하는 대형폭격기 B-29를 실전에 투입하기 시작했다. 루스벨트 대통령은 1943년 11월 장제스 총통에게 B-29의 전략적 운용을 위한 비행기지 건설을 요청했고, 중국이 이를 받아들여 1944년 4월까지 쓰촨성 지역에 5개의 비행장을 건설했다. 미국은 인도를 경유하여 이들 비행

---

108 吉田裕·森茂樹, 앞의 책, p.24, 236.
109 중부 태평양 방면을 담당하게 된 육군 제31군 주력부대의 사이판 도착은 1944년 5월 19일에서야 이루어졌는데, 이로부터 한 달 뒤에 미군이 이 도서에 대한 대대적인 상륙작전을 감행했다. 吉田裕·森茂樹, 앞의 책, p.237.

기지에 B-29 폭격기를 배치하고 6월 이후부터 기타큐슈(北九州)의 야하타 제철소 등 일본 내의 중요 전략시설에 전략폭격을 단행하기 시작했다.[110]

이와 동시에 미국은 태평양 방면에서도 일본 해군의 주요 전략적 거점에 공세를 전개했다. 1944년 2월 미국의 기동부대가 마셜 제도를 공략하여 일본 수비대가 옥쇄했다. 이로 인해 일본 연합함대의 기지로 사용되었던 트루크 제도도 미군의 폭격을 받게 되어 결국 연합함대는 1944년 2월 트루크 제도에서 철수하지 않으면 안 되었다.[111] 이 같은 전황 악화의 책임을 물어 스기야마 육군 참모총장, 나가노 해군 군령부총장이 퇴진하고 도조 히데키 총리가 직접 육군 참모총장을 겸임하고 시마다 시게타로 해군상이 해군 군령부총장을 겸임하는 이례적인 인사가 단행되었다.[112]

절대국방권 외곽에 위치했던 마셜 제도의 실함을 전후로 도조 히데키는 절대국방권 사수의 결의를 다지고 연합국의 전열을 뒤흔들기 위한 작전을 계획했다.[113] 1944년 1월에 개시된 중국 대륙에서의 1호 작전과 3월에 버마와 인도 전선에서 전개된 임팔작전이 그것이다. 중국 대륙에서 실시된 1호 작전은 장제스 정부가 관할하는 비행기지를 파괴하고 나아가 베이징과 한커우 지역을 연결하기 위한 목

---

110 前田哲男, 『戰略爆擊の思想』, 1988; 吉田裕·森茂樹, 앞의 책, pp.200-201에서 재인용했다.
111 결국 일본 해군은 1944년 3월 전함이 주축을 이루었던 제1함대를 해체하고 제2함대와 제3함대를 통합하여 항모 중심의 제1기동함대를 신편했다.
112 藤原彰, 앞의 책, p.142. 이 같은 조치는 군정과 군령의 통일을 의미하기도 한다.
113 마셜 제도가 실함되었을 때 육군성 군무국장 사토 겐료는 도조 총리에게 절대국방권으로 간주되었던 마리아나와 캐롤라인 제도를 포기하고 필리핀으로 방어선을 철수하여 이 지역에서 일대결전을 기획하면서 대미 평화외교를 전개하여 종전을 도모하자는 건의를 올렸으나 채택되지 않았다고 회고했다. 佐藤賢了, 앞의 책, p.11.

적을 갖고 있었다. 이 작전계획에 따라 1944년 1월부터 중국 대륙 내의 일본 육군은 병력 51만 명, 화포 1,551문, 전차 794량, 자동차 1만 5,550대, 항공기 240기를 동원하여 장제스군에 대한 일제 공세를 전개했다. 그리고 4월부터는 북중국 방면에서 제12군이 남하하고 남중국 방면에서 제11군이 북상하면서 대륙을 관통하고자 했다. 1호 작전은 8월까지 중국 내의 8개소 비행장을 파괴하는 소기의 성과를 거두었다.[114]

한편 1942년까지 버마를 장악한 일본은 이를 발판으로 영국령 인도를 공략하기 위한 작전을 구체화했다. 이미 육군은 1941년 9월부터 인도의 대영 독립운동을 지원하기 위한 목적으로 나가노 정보학교 출신인 후지와라 이와이치(藤原岩市) 소좌를 중심으로 후지와라기관(藤原機關)을 조직한 바 있었다. 후지와라는 전쟁 개시 이후에 타이에 잠입하여 반영운동을 벌이던 인도의 독립운동 조직과 접촉하여 2만 5천 명 규모의 인도국민군을 조직하는 데 성공했다. 그리고 1944년 3월부터 버마 주둔 일본군 제15군이 인도와 중국 장제스 정부 간의 연락루트를 차단하고 인도의 대영 독립운동을 지원하기 위한 목적으로 임팔과 코히마 방면에 진공했을 때 인도국민군도 이에 가담했다. 일본군의 공세에 직면하여 인도 방면의 영국군 윌리엄 슬림(William Slim) 장군은 인도의 지원병력 및 중국 방면에서 활동하는 미국 육군 예하 항공전력의 지원을 받으면서 격렬한 항전을 치렀다. 결국 임팔 전투의 결과 1944년 7월까지 일본 제15군은 총 병

114   吉田裕·森茂樹, 앞의 책, pp.202-204. 이로 인해 중국 내의 B-29 발진기지를 약화시킬 수 있었으나, 후술하듯이 1944년 6월 태평양상의 사이판이 함락되면서 미국은 사이판과 티니안을 새로운 B-29의 발진기지로 활용했다.

력 8만 5천 명 가운데 5만 3천 명이 전사하는 큰 손실을 입고 패퇴했고, 영국군도 1만 6,500명이 전사하는 손실을 입었다.[115]

일본이 중국 대륙에서의 1호 작전과 인도 방면에서의 임팔작전에 주력을 집중하자, 중국과 미국은 협력하기라도 한듯 각각 버마와 사이판 방면에서 대일 공세를 전개했다. 1944년 5월 윈난(雲南) 지방에 집결한 중국 육군이 임팔 전투 참가로 방어망이 느슨해진 버마 방면으로 공격을 가해왔고, 10월 하순에는 인도에서 훈련받던 중국군이 서방에서 일본에 공격을 개시했다. 이 결과 1945년 1월 27일 중국군이 버마의 동서에서 연결되면서 장제스 정부에 대한 지원통로로 활용되던 버마루트가 재개통되었다.[116]

미국은 1944년 6월 일본이 절대국방권으로 설정했던 사이판과 마리아나 해상에서 일본에 대대적인 공세를 전개했다. 6월 15일 사이판 상륙작전을 감행한 미국은 7월 7일까지 일본 수비병력 4만 4천 명을 궤멸시키면서 이 섬을 점령했다. 이어 8월에는 인근의 괌과 티니안을 점령했고, 티니안에 B-29 폭격기를 발진시킬 수 있는 거대한 항공기지를 건설하여 일본 본토를 폭격할 수 있는 태세를 갖추었다.[117]

사이판 상륙작전이 전개되던 시기에 미국 해군은 주변 해역인 마리아나 해상에서 일본 기동함대와 대규모 해전을 벌였다. 미일 양측의 합계로 대형 항모 10척, 소형항모 14척이 참가한 이 해전에서 미

---

115 吉田裕·森茂樹, 앞의 책, pp.189-191. 이 외에 Gardiner Harris, "A WWⅡ battle triumph mostly forgotten in India", *International New York Times*, June 23, 2014; 『朝日新聞』, 2014. 7. 22. 기사도 참조하라.

116 吉田裕·森茂樹, 앞의 책, p.207.

117 吉田裕·森茂樹, 앞의 책, pp.240-242, 245.

국 해군은 정교한 레이더망의 도움을 받아 미국 항모에 접근하는 일본 함재기들을 대공포화로 격추하고 방공망이 제거된 일본 항모들에 자국 함재기를 발진시켜 격침하는 전과를 올렸다. 이 해전에서 미국 측은 대형 항모 1척, 소형 항모 1척, 함재기 117기의 손실을 입었으나, 일본 측은 대형 항모 2척, 소형 항모 1척이 침몰당하고 소형 항모 4척 손상, 함재기 손실 400기에 이르는 격심한 피해를 입었다.[118]

사이판과 괌 및 티니안, 그리고 마리아나 해전은 제2차 세계대전 전체적으로 본다면 같은 시기에 유럽에서 단행된 노르망디 상륙작전과 더불어 영국과 미국을 중심으로 하는 연합국 측의 우세를 결정지은 결전이었다. 일본 측의 입장에서 사이판과 마리아나 해전에서의 패배는 무엇보다도 1943년 9월의 어전회의를 통해 절대 사수해야 할 권역으로 설정한 절대국방권의 붕괴를 의미하는 뼈아픈 것이었다. 사이판 전투와 마리아나 해전 직후인 1944년 7월 1일 대본영 전쟁지도반이 작성한 「소화 20년(1945) 봄 무렵을 목표로 한 전쟁지도 제1안」이라는 문서에서 "금후 제국은 작전적으로 대세를 만회할 방법이 없고", "속히 전쟁 종말을 기도해야 한다."라고 제언한 것은 정확한 판단이었다고 생각된다.[119] 이러한 사태에 직면하여 오카다 게이스케, 고노에 후미마로 등의 총리 경험자들이 주도하여 수상, 육군상, 육군 참모총장을 겸임하면서 막강한 권력을 바탕으로 전쟁 정책을 결정해온 도조 히데키 내각을 붕괴시킨 것은 당연한 귀추였다.

7월 22일 도조 히데키의 후임 총리로 조선 총독을 역임한 육군 대장 출신의 고이소 구니아키가 지명되었다. 고이소는 육군 대장 출

---

118 吉田裕·森茂樹, 앞의 책, pp.238-240.
119 吉田裕·森茂樹, 앞의 책, p.245.

신답게 대미 항전을 끝까지 지속하겠다는 결의를 보였다. 취임 직후인 7월 24일에 개최된 대본영 육해군부 회의에서 「육해군 이후의 작전지도대강」이 결정되었다. 이 작전지도대강에서는 첩호(捷號) 작전을 제기했는데, 즉 필리핀 방면 작전을 첩1호, 타이완과 오키나와 등 남서 제도를 첩2호, 본토 방면을 첩3호, 치시마 및 홋카이도 방면을 첩4호로 규정하여 미군의 내습 시에 각 단계별로 결전을 감행한다는 것이었다.[120] 고이소 내각은 종전에 전쟁 관련 정책결정을 수행해오던 대본영-정부연락회의의 명칭도 최고전쟁지도회의로 변경했다. 그리고 8월 19일 천황이 참가하는 어전회의를 제1회 최고전쟁지도회의라는 명칭으로 개최하면서 향후의 대미 결전 방향을 논의했다.[121] 이 회의에서 「금후 취해야 할 전쟁지도대강」이 결정되었는데, 그 내용은 국제정세 여하에도 불구하고 필승을 확신하면서 황토를 보위하기 위해 적의 전쟁 지속 의도를 파괴하고 전쟁을 완수하겠다는 것이었다.[122]

대미 결전의 의지를 다지고 있던 고이소 내각이 직면하게 된 전쟁은 1944년 10월부터 필리핀 방면에서 전개된 레이테 전투였다. 10월 20일 맥아더 장군이 지휘하는 미군 부대가 해상 엄호를 받으면서 필리핀의 레이테에 상륙을 개시했다. 이에 대해 일본은 7월 24일에 결정된 「육해군 이후의 작전지도대강」에 따라 첩1호 작전을 발동하고 야마시타 도모유키 사령관이 지휘하는 제14방면군 등 육해군 전

120 藤原彰, 앞의 책, pp.144-145.
121 최고전쟁지도회의의 참석 대상자는 총리, 외무, 육군, 해군, 육군 참모총장, 해군 군령부총장 등이었고, 필요에 따라 기획원 총재, 대장상, 육해군의 참모차장 등이 포함되었다. 藤原彰, 앞의 책, p.120.
122 吉田裕·森茂樹, 앞의 책, p.247.

그림 9-5. 가이텐특공에 사용되었을 것으로 추정되는 일본 잠수정(괌 태평양전쟁기념관)

력을 집결시켜 미군과 대적했다. 특히 일본군은 항공기 조종사가 직접 항공기를 몰고 적의 함선에 돌입하여 충돌하는 가미카제특공(神風特功)과 잠수함 기사가 어뢰를 조정하여 해저로부터 적함에 충돌하여 침몰시키는 가이텐특공(回天特功)을 필리핀 전선에서 처음 운용했다.[123]

그러나 이러한 단말마적 노력에도 불구하고 레이테 전투는 일본의 참담한 패배로 종결되었다. 미국 함대와 맞선 일본 연합함대는 레이테 해전에서 전함 3척, 항모 4척, 순양함 10척, 구축함 11척, 잠

---

[123] 이러한 특공작전은 1944년 2월에 해군이 쿠레 해군공창에 인간어뢰 가이텐의 제작을 주문하고 8월에 특공전투기 오우카(櫻花)의 제작이 개시되면서 일본 육해군에 정식 전법으로 채용되었다. 吉田裕·森茂樹, 앞의 책, pp.258-260.

수함 4척 등 도합 32척, 30만 톤 규모의 해군 전력을 상실했다. 특히 일본이 자랑하는 배수량 6만 4천 톤급의 전함 무사시가 10월 24일 레이테 해전 와중에 필리핀 중부 시부얀 해상에서 미군기의 집중 공격을 받고 격침된 사실은 일본 연합함대의 궤멸을 상징하는 사건이 기도 했다.[124] 레이테의 육전과 해전에서 승리를 거둔 미국은 12월에는 루손섬에 대한 공격으로 이행했다.

한편 사이판과 괌을 장악하여 항공기지를 건설한 미국은 1944년 11월부터 이 기지들에서 B-29를 발진시켜 일본 본토에 대한 전략폭격작전을 감행하기 시작했다. 11월 24일 사이판에서 발진한 B-29 편대는 도쿄 교외에 위치한 나카지마 비행기회사의 무사시 공장을 타격했다. 1945년 2월부터는 미국 육군 항공군 총사령관 헨리 아놀드(Henry Arnold) 대장의 지시에 따라 대도시에 대한 소이탄 타격도 전략폭격의 범주로 포함했다. 이 같은 지침에 따라 1945년 3월 10일에는 2,000톤의 폭탄을 탑재한 334대의 B-29 폭격기가 도쿄를 필두로 오사카, 나고야, 고베(神戸) 등 일본 내의 주요 인구밀집 대도시에 대한 전략폭격을 감행했고, 그 결과 도쿄 시내에서만 8만 3천 명에 달하는 사망자가 발생했다.[125]

필리핀 방면에서의 결전을 다짐한 첩1호 작전이 결국 실패로 돌아가고 도쿄를 포함한 일본 본토가 미국 장거리 폭격기의 전략폭격

---

124 야마다 아키라는 1944년이 일본 해군 붕괴의 해였다고 지적했다. 山田朗, 앞의 책, pp.205-206.

125 Russell F. Weigley, *The American Way of War: A History of United States Military Strategy and Policy*, Bloomington: Indiana University Press, 1973, p.364. 3월 14일에 행해진 오사카 공습에서도 1만 3천여 명의 사망자가 발생했다. 吉田裕·森茂樹, 앞의 책, pp.205-206.

사정권에 들어온 상태에서 고이소 총리는 1945년 1월 18일 최고전쟁지도회의를 소집하여 본토 결전에 대비한 즉응태세 확립을 내용으로 하는 「금후 취할 전쟁지도대강」을 결정했다. 그리고 다음날인 19일에 육군과 해군 총장이 천황에게 본토의 방어태세를 확립하여 적의 침공으로부터 본토를 확보한다는 작전계획이 담긴 「제국 육해군 작전계획대강」을 보고했다.[126] 이 시점에 최고전쟁지도회의의 멤버들은 미군의 본토 상륙작전을 예상하고 그 경우의 결전에 대비하기 위한 전쟁 준비를 염두에 두고 있었던 것이다.

고이소 총리와 시게미츠 외상은 이 시기에 개최된 제국의회의 시정방침연설에서도 대미 항전의 결의를 다짐하는 모습을 보였다. 고이소 총리는 시정방침연설을 통해 "적의 장원(長遠)한 보급선은 전선에 걸쳐 우리의 공격 앞에 폭로되어 있다. 여기에 우리가 승리를 파악할 수 있는 호기가 있다고 믿는다. 적국 미국과 영국에 침투의 여지를 보이지 말고 위력을 보인다면 동아 방어의 전략태세는 견고할 것이다."라고 결의를 다졌다. 시게미츠 외상도 다음과 같은 연설을 했다.

국내에 수많은 약점을 내포한 적은 점점 전쟁의 종결에 초조해하면서 빈번하게 저돌하고 있다. 군사에 있어 우리 육해군의 용전에 절대의 신뢰를 보낸다. 전황의 일진일퇴에 일희일비할 것이 아니다. 종국적인 승리가 우리에게 있음은 추호도 의심하지 않는 바이다. (…) 일소관계는 순조롭고, 대동아제국과의 맹방관계는 원활하다. 중국은

---

126   藤原彰, 앞의 책, p.147.

대동아전쟁의 일원으로서 전쟁 완수의 열의에 불타 있고 막대한 물자로 이 전쟁에 공헌하고 있다.[127]

동양경제신보사 출신 언론인이었던 이시바시 탄잔은 1945년 2월의 논설에서 이 연설들을 인용하면서 과연 일본 정치가들이 진실을 말하고 있는가라는 의구심을 표하고 각료들이 진실을 말해야 할 것이라고 지적했다. 일반 국민보다 전쟁 관련 정보를 상대적으로 정확하게 파악하고 있었던 정부 내부의 원로들도 전황의 추이에 불안감을 표하기 시작했다. 1945년 2월 천황은 기도 고이치(木戸幸一) 내대신의 건의에 따라 히라누마 기이치로, 히로타 고키, 고노에 후미마로, 와카쓰키 레이지로, 오카다 게이스케, 도조 히데키, 마키노 노부아키(牧野伸顯) 등 총리 경험자를 중심으로 한 원로 7명으로부터 전국(戰局) 타개방안에 대한 의견을 청취했다. 이 가운데 고노에 후미마로는 2월 14일 천황에게 개별적으로 건의하는 자리를 갖고 패전은 필연적일 것이라고 전제하고 패전할 경우 소련의 지원을 받는 공산주의 혁명이 일본 내에 발생할 가능성이 있다고 전망하면서 영국과 미국을 상대로 직접 항복하여 전쟁을 종결하는 것이 바람직하다는 의견을 보고했다.[128] 비슷한 시기에 도쿄제국대학 법학부장 난바라 시게루(南原繁) 교수 등 7명도 내대신 기도를 통해 조기 강화가 바람직하다는 의견을 천황에게 전달했다.[129] 이러한 강화방안에 천

---

127 고이소 총리와 시게미츠 외상의 연설은 石橋湛山, 「社論: 國民を信じ眞實を語る要」 (1945. 2. 10), 『石橋湛山評論集』, 東洋經濟新報社, 1990에서 재인용했다.

128 藤原彰, 앞의 책, p.148; 吉田裕·森茂樹, 앞의 책, pp.277-278.

129 寺崎英成, 앞의 책, p.123.

황이 어떤 반응을 보였는가에 대해서는 의견이 갈린다. 후지와라 아키라(藤原彰)는 천황이 한 번 더 전과를 올려야 한다고 하면서 조기 강화와 항복 방안을 기각했다고 서술했다. 그러나 요시다 유타카(吉田裕)는 천황이 내대신 기도 고이치를 통해 시게미츠 외상에게 전쟁 종결의 방식을 연구해보라는 지시를 내렸다고 설명했다.[130]

종전 관련 논의 과정에서 천황이 단안을 내리지 못하는 사이에 1945년 2월 루스벨트 미국 대통령, 처칠 영국 수상, 스탈린 소련 수상은 얄타에서 회담을 갖고 소련의 대일전 참가에 관한 협력방안을 협의했다. 이 회의에서 루스벨트 대통령은 소련 측이 대일전 참가에 대한 보상으로 요구해온 사할린 남부, 다롄과 뤼순, 남만주 철도, 치시마 군도 등을 소련에 인도하기로 합의했다.[131] 그리고 얄타회담이 진행되는 와중에도 미국은 이오지마와 필리핀 방면에서 일본의 방어망을 좁혀왔다.

1945년 2월 19일 미국 해병대가 사이판 북방, 오가사와라 남방에 위치한 이오지마에 대한 상륙작전을 감행했다. 이오지마 방어를 담당한 일본 육군의 제109사단은 사단장 구리바야시 다다미치(栗林忠道) 중장의 지휘하에 무모한 옥쇄작전 방식을 취하지 않고 대신 지하동굴을 굴착하여 지구전 방식으로 대응했다. 이 전투 방식은 본토 결전까지의 시간을 지연시키려는 고육지책이기도 했다. 일본군은 사단장의 전사 이후에도 게릴라전의 방식으로 계속 저항하여 비

---

130   藤原彰, 앞의 책, p.147; 吉田裕·森茂樹, 앞의 책, p.280을 참조하라. 단 종전 방안의 검토는 종전하는 경우라도 황통(皇統)은 유지되어야 하며 전쟁책임자에 대한 처단과 무장 해제는 회피해야 한다는 조건이 붙은 것이었다.

131   下斗米伸夫, 『アジア冷戦史』, 中公新書, 2004, pp.17-18.

록 1만 9천 명의 전사자를 내긴 했지만 미국 측에도 전사 6,800명, 부상 2만 2천 명의 손실을 가하며 한 달간에 걸친 지연전을 수행해 냈다.[132]

미국은 필리핀 방면에서도 1945년 2월부터 마닐라 시가전을 수행하면서 6월에 필리핀을 탈환했다. 이어 1945년 3월 말과 4월 초에 걸쳐 오키나와의 게라마(慶良間) 열도와 가데나(嘉手納) 해안에 각각 상륙하여 이 지역을 방어하던 일본 제32군과 전투에 돌입했다. 제32군 사령관 와타나베 마사오(渡邊正夫) 중장도 이오지마를 방어하던 구리바야시 중장과 마찬가지로 지연전 방식을 고수하면서 미국의 본토 침공을 지연시키고자 했다.[133]

이오지마 및 필리핀, 오키나와에서의 전황이 계속 불리해지자 1945년 4월 5일 고이소 내각이 책임을 지고 총사직했다. 그리고 후임으로 해군 대장 출신으로 추밀원 의장을 역임하던 스즈키 간타로(鈴木貫太郎)가 지명되었다. 스즈키 신임 총리는 취임 직후 보다 어려운 전황에 직면하게 되었다. 4월 5일 소련이 5년 전에 체결했던 일소중립조약을 연장하지 않겠다는 의사를 통고해왔다. 그리고 1달 뒤인 5월 9일에는 동맹국이었던 독일이 연합국 측에 항복했다. 이러한 상황 전개를 주시하던 원로들은 스즈키 총리가 종전의 수순을 취해줄 것을 기대했다. 이 같은 의견을 수용하여 독일이 항복한 직후인 5월 11일에 개최된 최고전쟁지도회의에서는 소련의 참전 가능성을 방지하고 동시에 소련에 전쟁 종결을 의뢰하기 위해 대소 교섭을 개시한다는 방침이 결정되었다. 그러나 이러한 훈령을 전달받은 사

---

132 吉田裕·森茂樹, 앞의 책, pp.266-268.
133 吉田裕·森茂樹, 앞의 책, pp.269-270.

토 나오타케(佐藤尙武) 주소 대사는 소련과의 접촉 결과 무조건 항복 이외의 방침은 없다는 답신을 전달해왔다.[134]

한편 원로들을 중심으로 모색되던 종전과 강화 시도에 대해 해군과 육군 지휘부가 반발하면서 전쟁 지속의 강경론을 주장했다. 1945년 6월 8일에 개최된 어전회의에서 해군의 도요타 소에무(豊田副武) 군령부총장과 육군 참모차장 등의 주도로 「금후 취할 전쟁지도의 기본대강」이 결정되었는데, 그 내용은 황토의 전장태세를 강화하여 황군의 주 전력을 이곳에 집중하여 거국일치 결전을 도모해야 한다는 것이었다.[135] 같은 시기에 열린 임시의회에서는 15세 이상의 남자와 17세 이상의 여성에 대한 국민의용병역법을 채택하여 본토 결전에 대비한 체제를 보완하려고 했다.[136]

전쟁 지속을 주장하는 군부와 강화 가능성을 모색하려는 원로들 사이에 끼인 천황이 종전 및 강화 방침으로 정책 방향을 전환한 것은 6월 중순 이후부터로 보인다. 6월 11일 중국을 시찰하고 귀국한 우메즈 요시지로(梅津美治郞) 육군 참모총장이 천황에 대한 보고를 통해 지나파견군의 탄약과 장비, 전투능력을 판단할 때 미국에 대항하여 승산을 기대할 수 없는 상태라고 솔직하게 설명했다.[137] 이러한 참모총장의 보고를 청취한 이후 천황은 강화 및 종전의 정책 방향으

---

134 吉田裕·森茂樹, 앞의 책, pp.282-284.
135 吉田裕·森茂樹, 앞의 책, p.284. 히로히토 천황도 『독백록』에서 6월 8일의 어전회의 석상에서 정부 측은 전쟁이 더 이상 불가하다는 보고를 한 데 반해 해군의 도요타 소에무(豊田副武) 군령부총장과 육군 참모차장은 승리를 의심할 수 없다고 하면서 전쟁 지속을 주장했다고 술회했다. 寺崎英成, 앞의 책, p.116.
136 藤原彰, 앞의 책, p.150.
137 천황은 『독백록』에서 우메즈 참모총장이 약한 모습을 보인 것은 이때가 처음이었다고 술회했다. 寺崎英成, 앞의 책, p.117; 藤原彰, 앞의 책, p.151을 참조하라.

로 급선회하기 시작했다. 6월 22일 천황은 최고전쟁지도회의의 멤버들인 총리, 외상, 육군상, 해군상, 육군 참모총장, 해군 군령부총장을 소집하여 연합국과의 화평을 위한 행동을 취할 것을 지시했고, 7월 7일에는 스즈키 총리에게 직접 소련에 특파대사를 파견하여 종전을 모색할 것을 지시했다.[138] 이 같은 천황의 제안은 도고 시게노리 외상 및 사토 나오타케 주소 대사를 통해 7월 25일 소련 측에 전달되었다.

그러나 천황의 정책 선회는 늦은 감이 있었다. 7월 16일 뉴멕시코의 사막지대에서 원폭실험에 성공한 미국의 해리 트루먼(Harry Truman) 대통령은 7월 26일 일본에 대한 원폭투하 명령서에 서명했다. 그리고 7월 26일 스탈린 소련 수상을 맞이하여 개최된 포츠담 회담을 통해 사실상 일본에 대한 최후통첩이나 다름없는 포츠담 선언을 발표했다. 포츠담 선언의 주요 내용은 첫째, 일본의 주권은 혼슈, 홋카이도, 규슈, 시코쿠 및 연합국이 결정하는 소도서로 제한하고, 둘째, 포로 학대자를 포함한 모든 전쟁범죄자에게 엄중한 처벌을 가할 것이며, 셋째, 일본 정부는 국내 민주주의 경향의 부활 강화에 대한 장애를 일절 제거해야 하고, 넷째, 일본에 의한 공정한 배상을 가능하게 하기 위해 일본 내의 산업을 유지하는 것을 허가한다는 것이었다.[139]

일본 군부는 포츠담 선언을 받아들일 수 없다는 강경한 대응을 보였다. 결국 스즈키 총리는 7월 30일 포츠담 선언을 수락할 수 없으며 전쟁을 지속할 것을 다짐하는 성명을 발표했다. 일본으로서는

---

138 吉田裕·森茂樹, 앞의 책, p.285.
139 吉田裕·森茂樹, 앞의 책, p.289.

그림 9-6. 물리학자 니시나 요시오

그나마 원폭으로 인한 미증유의 피해와 치욕적인 패전 방식을 모면할 수 있는 마지막 기회를 놓친 것이다. 미국은 8월 6일 마리아나 제도의 티니안 비행기지에서 원폭을 탑재한 B-29를 출격시켰고 이날 히로시마에 원폭을 투하했다. 히로시마 원폭투하로 인한 인명 피해는 이해 11월 현재 사망 7만 8천 명, 행방불명 2만 3천 명, 부상 3만 6천 명에 이르는 것으로 집계되었다.[140] 일본은 이미 1940년부터 육군 항공기술연구소와 이화학연구소를 중심으로 자체적인 우라늄 농축형 원폭 개발을 시도한 바 있었다. 이에 관여했던 물리학자 니시나 요시오(仁科芳雄)는 히로시마 폭탄 투하 이틀 후에 현장에 파견되었고, 대량의 살상자를 낸 폭발물의 종류가 단순한 폭약이 아니라 원자탄일 것이라는 소견을 제출했다.[141] 이러한 소견을 포함하여 8월 8일 도고 시게노리 외상이 천황에게 원폭으로 추정되는 폭발물에 의한 히로시마의 피해상황을 보고하면서 포츠담 선언을 수락할 것을 건의했다. 천황은 이에 대해 조기 종전 희망의사를 밝혔다.

---

140 吉田裕·森茂樹, 앞의 책, pp.289-290.
141 일본의 원폭 개발 과정 및 니시나의 활동에 대해서는 『朝日新聞』, 2011. 6. 6. 기사를 참조하라.

8월 9일에는 나가사키에 다시 원폭이 투하되었고, 소련이 1945년 2월의 얄타회담에서 미국과 합의한 바에 따라 대일전 참전을 선언하며 만주 국경을 넘어 관동군을 향해 공세를 가하기 시작했다.

연합국에 의한 최종 공세가 전개되는 가운데 8월 9일에 개최된 심야의 최고전쟁지도회의에서 스즈키 총리, 도고 외상, 원로들인 히라누마와 요나이 등은 국체보호를 조건으로 포츠담 선언을 수락해야 한다고 주장했다. 그러나 아나미 고레치카(阿南惟幾) 육군상, 우메즈 요시지로 육군 참모총장, 도요타 소에무 해군 군령부총장 등은 연합국에 의한 소규모 단기간의 점령 보장, 일본의 자주적인 무장 해제, 일본에 의한 전쟁범죄인 처벌 등을 포츠담 선언 수락의 세 가지 조건으로 제시해야 한다고 주장했다.[142] 포츠담 선언 수락의 조건에 대한 의견이 엇갈리는 가운데 8월 10일 새벽에 천황이 참가하는 어전회의가 확대 개최되었다. 어전회의 석상에서 히로히토 천황은 다음과 같은 발언을 통해 포츠담 선언을 수락할 의향을 강하게 피력했다.

육해군 통수부의 계획은 항상 착오를 일으켰고 시기를 놓쳐왔다. 본토 결전을 말하면서 99리의 방어진지는 만들어지지 않았고 신설부대 장비도 정비되지 않았다. 이래서는 반격할 수 없다. 공습은 격화되고 있고, 더 이상 국민을 괴롭히고 싶지 않다. 참을 수 없는 것을 참아야 한다. 군대의 무장 해제와 충절을 다한 자들을 전범으로 삼는 것을 참아야 한다. 메이지 천황이 3국간섭 시기에 가졌던 마음을 갖고 싶다.[143]

142　吉田裕·森茂樹, 앞의 책, p.291.
143　藤原彰, 앞의 책, p.159에서 재인용.

천황의 발언은 육해군 수뇌부가 말한 세 가지 조건첨부안을 배제하고 스즈키 총리와 도고 외상이 제시한 국체보호 조건의 포츠담선언 수락안을 지지하는 것이었다.[144] 그러나 천황의 발언에도 불구하고 8월 13일에 개최된 각의에서 아나미 육군상 등은 다시 포츠담 선언 수락에 대한 반대의사를 주장했다. 최종적으로 8월 14일에 개최된 어전회의에서 천황이 재차 포츠담 선언의 수락 방침을 결정했고, 도고 외상이 이날 밤에 이러한 방침을 스위스를 통해 연합국 측에 전달했다. 또한 이날 밤에 포츠담 선언 수락을 표명하는 천황의 육성을 녹음하여 8월 15일 아침에 방송을 통해 송출했다. 이로써 아시아·태평양전쟁은 일본의 무조건 항복으로 종전을 맞게 되었다.

8월 16일에는 육해군 전군에 정전(停戰)의 명령이 하달되었고, 17일에는 천황이 육해군인에 대해 칙어를 발표했다. 그 내용은 향후 밀려올 천신만고의 수난을 인내하여 국가영생의 기초를 다져야 한다는 것이었다. 8월 30일 점령군 총사령관으로 임명된 미국의 맥아더 장군이 4,200명의 공정부대와 함께 아츠기(厚木)에 도착했다. 9월 2일 도쿄만에 정박한 미국 전함 미주리 함상에서 일본 정부를 대표하는 시게미츠 마모루 외상, 군부를 대표하는 우메즈 요시지로 육군 참모총장이 항복문서에 서명했고, 이어 맥아더 사령관과 연합국 9개국 대표가 서명했다. 같은 날 연합국 최고사령부는 일반명령 제1호를 포고하여 일본의 군대는 미영소중 연합국 군대에 항복하며 모든 무기를 인도해야 한다고 했다. 9월 13일에 일본의 최고전쟁지도기관이

---

144 천황은 후일의 술회를 통해 최고전쟁지도회의에서 논의가 분열 상태에 이르렀을 때 스즈키 총리가 자신에게 최종 결정을 요청했고 자신은 국가와 민족을 위해 자신이 옳다고 믿는 바에 따라 결정을 내렸다고 주장했다. 寺崎英成, 앞의 책, p.136.

었던 대본영이 폐지되었다. 9월 11일과 13일에 걸쳐 연합국 최고사령부가 도조 히데키 등을 포함한 전쟁범죄자들을 체포하여 스가모 감옥에 수감했다. 전쟁범죄자 혐의로 체포 대상이었던 고노에 후미마로는 수감 전날 자살을 선택했다. 각국의 언론이나 연합국의 일원이었던 영국, 오스트레일리아 등에서는 천황 히로히토가 최대의 전범이며 마땅히 전범재판에 회부해야 한다는 주장을 제시했다. 그러나 9월 27일 집무실로 사용하던 제국호텔에서 천황의 방문을 받은 맥아더 최고사령관은 천황을 전범재판에 소추하지 않기로 결심했고 이는 미국의 정책결정에 즉각 반영되었다. 1946년 5월부터 개시된 극동군사재판은 1948년 12월의 판결을 통해 도조 히데키 등 7명에 대해 사형을 구형하는 등 A급 전범 25명에 대한 형을 확정했다.

일본은 제1차 세계대전의 종전 이후에는 승전국의 위상을 가지면서 한때 세계 3위권의 대국으로 부상한 바 있었다. 그러던 일본이 불과 25~26년 후에 전개된 아시아·태평양전쟁의 종전 이후에는 이처럼 패전국의 처지로 전락하여 전쟁의 패자가 감수해야 할 굴욕적인 처우들을 맛보았던 것이다. 정치가와 군인 등 국가전략의 수립과 실행에 책임을 진 인간들이 편협한 시각을 바탕으로 변화하는 국제정세를 잘못 읽고 그릇된 대응전략을 추진할 경우 국제사회의 모범생이라도 일순간 국제사회의 우범자로 전락할 수 있음을 근대 일본의 정치외교사는 잘 보여주고 있다고 할 것이다.

10장

일본의 전쟁과 동아시아 국제질서

필자는 이 책의 서두에서 크게 세 가지 질문을 던졌다. 첫째, 왜 근대 일본은 청일전쟁에서부터 대략 10년 단위로 큰 전쟁을 벌였는가. 둘째, 일본의 육군과 해군, 정부는 과연 어떻게 그 전쟁들을 수행했고 승전과 패전은 어떤 연유로 갈라졌는가. 셋째, 일본의 전쟁으로 인해 동아시아 국제질서는 어떤 변화를 겪게 되었는가.

근대 일본의 전쟁 원인과 관련하여 서두에서 전쟁의 원인과 관련하여 인간, 국가, 국제관계의 세 가지 분석틀을 적용할 것이라고 전제했다. 그리고 각 시기별로 이 같은 분석틀을 염두에 두면서 일본의 전쟁들을 설명했다. 이러한 분석틀과 이 책의 논의 결과에 기대어 답변한다면 다음의 설명이 가능하지 않을까 한다.

첫째, 청일전쟁부터 아시아·태평양전쟁에 이르기까지 일본이 전쟁을 하게 된 요인으로 각 시기마다 일본의 주요한 정책결정자들, 즉 유력한 정치가와 군인들 가운데 일본의 안보나 국위선양과 같은 목표 달성을 위해 전쟁이 불가피한 수단이라고 간주하는 인간들이 존재했다는 점을 들지 않을 수 없다. 청일전쟁의 시기에는 메이지 유신 이래 일본의 육해군 건설에 지대한 영향을 남겼던 야마가타 아리토모가 그러한 역할을 수행했다. 그는 1890년 총리에 지명되었을 당시 제국의회연설을 통해 일본이 방어해야 할 국가전략의 목표로 주권선과 이익선 개념을 제시했고, 일본의 본토에 해당되는 주권선의 안위를 위해 그 외곽의 이익선에 해당하는 한반도에 대한 일본의 영향력 확대가 불가결하다고 주장했다. 이러한 이익선으로 한반도를 바라보는 지정학적 인식은 1894년 조선에서 동학농민전쟁이 발발하고 그에 대한 진압을 위해 조선 정부의 요청에 따라 청국군이 군사 개입을 단행했을 때 조선 출병을 견인하는 중요한 요인이 되었다.

러일전쟁의 발발 요인을 설명하는 데에서도 야마가타 아리토모와 같은 중요한 전략가의 역할을 도외시할 수 없다. 1898년 뤼순반도를 조차한 러시아가 계속 남하정책을 추진하면서 한반도에 영향력을 확대하려고 했을 때, 일본 내에서는 러시아에 대한 대응방책과 관련하여 두 가지 노선이 대립했다. 메이지 시대의 또 다른 유력정치인이었던 이토 히로부미는 러시아와의 외교적 협상을 통해 한반도를 둘러싼 양국 간 이해관계의 대립을 조정하려고 했다. 이에 대해 야마가타 아리토모는 영국과의 동맹체결을 주장하면서 동맹의 힘을 바탕으로 러시아와의 무력 대결을 불사했다. 결국 야마가타 등의 주장이 반영되어 1902년 영일동맹이 체결된 이후에는 러시아와의 전쟁 수행이 일본의 대외전략 방향으로 굳어졌다. 야마가타 아리토모와 같은 중요한 전략가의 역할이 없었다면 청일전쟁, 러일전쟁의 양상은 다르게 흘러갔을 가능성이 크지 않았을까 한다.

만주사변의 발발은 이시와라 간지와 같은 전략가의 역할이 결정적이었다. 독일 군사유학을 다녀온 이시와라가 세계최종전쟁론을 주창하면서 언젠가 다가올 미국과의 최종전쟁을 위해 자원기지의 확보가 필요하고 만주와 몽고 지역이 그 자원기지가 될 것이라는 주장을 육군대학이나 소규모 연구회에서 일관되게 개진한 것이 만주사변 발발의 물꼬를 텄다. 더욱이 그가 관동군의 선임참모로 부임하여 선후배 장교들을 인솔하고 참모여행을 다니면서 만몽영유의 전략을 설파하고 실제로 동만주 철도에 폭약을 부설하여 터뜨리는 역할 등을 하지 않았다면 만주사변의 운명은 전연 다른 방향으로 흘러갔을 공산이 크다. 역사의 흐름에서 구조적인 부분의 동학을 무시할 수 없으나 결정적인 순간에 전략가적인 인간의 사상과 행위가 발휘하는 영향력도 무시할 수 없다.

중일전쟁의 발발에는 그 직전인 1937년 총리에 취임한 고노에 후미마로의 사상과 정책이 견인차 역할을 담당했다고 본다. 그가 1918년 이후부터 국제사회에서 영국과 미국이 주도하여 건설해온 질서를 부인하고 일본의 이익과 영향력이 발휘되는 권역을 상정해온 것이 동아협동체론의 사상으로 귀결되었다. 이러한 사상에 따라 그는 베이징 근교에서 일본군과 중국군의 소규모 충돌이 발생했을 때 이러한 우발적 사건이 동아협동체 혹은 동아 신질서를 일본 주도로 건설할 수 있는 호기가 될 것이라고 판단하지 않았나 싶다. 더욱이 중국 대륙에 대한 병력 증파에 소극적인 반응을 보였던 이시와라 간지 육군 참모본부 작전부장과 달리 그의 부하로서 중국 대륙에 대한 병력 증파를 주장한 무토 아키라 작전과장 등이 고노에 후미마로의 조연 역할을 수행했다. 이 같은 인간들의 역할이 없었다면 중일전쟁 역시 다른 궤적으로 흘러갔을 것이다.

아시아·태평양전쟁의 발발 원인을 설명하는 데에도 역시 인간적 요인을 배제할 수 없다. 1940년에 총리로 취임하면서 동아 신질서 건설을 지속적으로 추진한 고노에 총리, 그리고 '대동아공영권' 선언을 하면서 독일 및 이탈리아와의 3국동맹 체결을 주도한 외상 마쓰오카 요스케, 게다가 대미 전쟁계획을 입안한 육군 참모총장 스기야마 하지메와 해군 군령부총장 나가노 오사미 등이 개전에 이르는 정책결정 과정에서 중심적 역할을 수행했다. 게다가 메이지 헌법상 군의 최고통수권자 위상을 가진 히로히토 천황은 자신의 위상과 권력을 사용하여 군의 작전계획을 변경하거나 군부대의 기동에 관한 지시를 내림으로써 전쟁 회피의 결정적 역할을 할 수도 있었지만 그러한 자각과 실천력을 보이지 못했다.[1]

둘째, 정책결정자들의 사상과 정책행위에 더해 근대 일본의 전쟁을 가능하게 했던 또 다른 요인은 육군과 해군의 군사력 건설과 그것을 실전에서 운용하기 위한 군사전략, 즉 전쟁계획의 존재였다. 이익선인 조선에서 대립관계에 놓여 있는 청국의 군사력을 제압할 수있는 군사력을 건설하고 그것을 실전에서 효율적으로 운용할 수 있는 군사전략의 강구는 1882년 임오군란 이후 일본 육해군의 지상과

---

1 오카자키 히사히코(岡崎久彦)는 일본 내의 전쟁재판을 할 경우 책임자는 고노에 후미마로, 히로타 고키, 스기야마 하지메, 나가노 오사미의 4명이 될 것이고 이들이 없었다면 중일 전쟁도 발발하지 않았을 것이라고 했다. 岡崎久彦 編, 『歴史の教訓』, PHP, 2004, p.135. 다만 오카자키는 다수의 일본 학자들과 마찬가지로 히로히토 천황을 논외로 다루고 있다. 히로히토 천황의 전쟁책임 문제에 대해서는 일본 내외에서 뜨거운 논쟁이 전개되고 있다. 일본 내의 다수 학자들이 이 문제에 대해 침묵을 지키거나 전쟁책임 부정론을 제기하는 가운데 후지와라 아키라, 요시다 유타카, 마스미 준노스케(升味準之輔)는 천황의 전쟁책임을 사료적 근거를 들어 인정하고 있다. 藤原彰, 『昭和天皇の十五年戦争』, 青木書店, 1991, p.118; 升味準之輔, 『昭和天皇とその時代』, 山川出版社, 1998, p.6; 吉田裕·森茂樹, 『アジア·太平洋戦争』, 吉川弘文館, 2006 등을 참조하라. 영미권 학자들 가운데 이 문제를 정면으로 다룬 뛰어난 연구로는 Herbert P. Bix, *Hirohito and the Making of Modern Japan*, New York: Perennial, 2001 을 참조하라.

제였다. 이를 위해 독일 군사교관을 초빙하여 선진적인 군사교육을 받고 무라타 소총을 필두로 하는 육해군의 군사력을 건설했으며 사단 편제 등을 도입하여 이를 효율적으로 운용할 수 있는 군사제도를 갖추었다. 그리고 청국과의 개전 시 육군과 해군이 각각 어떤 군사적 역할을 해야 하는가를 합동군사전략에 담았다. 이 같은 군사력과 군사전략의 존재는 청국과의 교전을 단행한 중요한 요인의 하나가 되었다.

만주를 발판으로 한반도에 세력을 뻗어오는 러시아가 가상 적국으로 대두했을 때에도 일본은 러시아에 대항할 수 있는 군사력을 건설하고 군사전략을 강구했다. 러시아의 태평양함대와 발트함대 정예 전함에 맞설 수 있도록 일본도 전함 미카사를 포함한 1만 2천 톤급 전함 6척을 비롯한 군사력을 건설했고, 육군의 이구치 쇼고와 마쓰카와 도시타네, 해군의 도고 헤이하치로 등은 제해권 장악 여하에 따라 한반도 및 만주에서 육상전투를 어떻게 치러야 할 것인가에 대한 시나리오별 군사전략을 책정했다. 이 같은 군사력의 증강 및 군사전략의 강구는 영일동맹 체결이라는 외부적 조건에 더해 일본이 전쟁을 대러 정책의 최종적 수단으로 선택하는 데 바탕이 되었다.

만주사변 발발에서도 전략을 입안한 이시와라 간지 등은 중국 군벌에 맞설 수 있는 군사력의 준비 및 작전계획 입안에 소홀하지 않았다. 이시와라는 관동군의 동료 참모들과 만주 현지에 대한 지형 정찰과 조선군과의 군사 협력을 통해 병력이 압도적으로 우세했던 중국의 군벌세력을 제압할 수 있는 군사적 방책을 강구했다. 그리고 그 스스로 공군기를 동원하여 장쉬에량 군벌의 본거지인 진저우를 전략폭격함으로써 상대방의 기선을 제압하는 과감성을 보였던 것이다.

중일전쟁의 발발 과정에서도 일본이 구축한 군사력 및 군사전략의 존재가 고노에 정부가 전쟁을 수단으로 선택하는 배경이 되었다. 1936년에 육군과 해군의 협력 속에 책정된 「제국국방방침」에서는 미국, 소련, 영국에 이어 중국을 가상 적으로 설정하면서 중국과의 전쟁이 발발할 경우 화북, 화중, 화남 지역에서 각각 육군과 해군이 어떤 규모의 병력을 투입하여 전쟁을 수행할 것인가 하는 방안을 제시한 바 있다. 그리고 이러한 작전을 수행하기 위해 필요한 육군 병력 규모로 평시 27개 사단, 전시 50개 사단, 해군 전력 규모로 전함 12척, 항모 10척, 순양함 28척의 전력 증강 필요성을 제기한 바 있다. 이러한 군사전략을 갖고 군사력을 건설하는 과정이 있었기 때문에 고노에 정부가 초기에 3개 사단 증파 및 제3함대에 의한 중국 연안 봉쇄의 군사적 결정을 내릴 수 있던 것으로 보인다.

아시아·태평양전쟁의 발발에도 대미 개전을 염두에 둔 일본 육해군의 전력증강, 그리고 이를 바탕으로 한 공격적 군사전략의 존재가 배경에 있었다. 1930년대 초반에 워싱턴 및 런던 해군군축조약을 이탈하면서 해군은 이미 태평양 방면에서 미국의 해군력을 압도할 수 있는 전함 및 함상전투기 등의 전력증강에 착수했다. 그리고 1941년 9월과 11월에 책정된 「제국국책수행요강」과 「제국국책수행요령」은 각각 해군과 육군이 동남아시아 및 하와이 방면에서의 전쟁 수행을 어떻게 해나갈 것인가에 대한 구체적인 방책을 포함했다.

요컨대 청일전쟁에서부터 아시아·태평양전쟁에 이르기까지 제국 일본의 육군과 해군은 각 시기에 설정된 가상 적에 대항하여 질적으로나 양적으로 우위에 설 수 있는 군사력을 증강했고 개전 시에 이들 군사력을 오로지 선제기습에 사용하는 공격적 군사전략을 강구했다. 이러한 공격적 군사전략 및 군사력의 존재가 일본의 전쟁을 촉진한 또 하나의 중요한 요인이 되었다.

셋째, 일본을 둘러싼 국제질서가 전쟁을 국가의 정책수단으로 선택하는 구조적 요인이 되었다. 조선을 둘러싸고 청국과의 대립구도가 조성되었던 19세기 후반에 일본이 전쟁을 정책수단으로 선택하는 것을 제어할 수 있는 동아시아의 국제기구나 중재자 역할을 할 수 있는 제3국의 존재는 없었다. 러시아와의 전쟁 가능성이 대두했던 20세기 초반에도 국제질서의 구조는 유사했다. 일본 내에서 외교수단에 의한 협상 방책이 대안의 하나로 제시되었으나 1902년에 체결된 영일동맹은 오히려 러시아와의 전쟁 불사를 촉진하는 국제질서적 요인이 되었다. 제1차 세계대전 참전도 영일동맹이라는 국제질서적 요인이 그 배경이었다. 영일동맹의 요인이 아니었더라면 일본에는 지리적으로나 국제정치적으로 유럽에서 전개된 세계대전에 참전할 동인이 존재하지 않았을 것이다.

만주사변 및 중일전쟁의 발발은 제1차 세계대전 이후 일본이 참가한 국제질서, 즉 워싱턴 및 런던 해군군축회의와 국제연맹 질서에 대한 일본의 불만에서 비롯된 측면이 강하다. 제1차 세계대전 이후 일본이 참가한 워싱턴 및 런던 해군군축회의, 국제연맹에서 일본이 이탈한 것이 역시 중일전쟁의 구조적 요인이 되었다. 기존의 영일동맹에서 이탈한 이후 일본이 1940년대에 접어들어 고노에 총리 및 마쓰오카 외상의 주도로 그 대척점에 있던 독일 및 이탈리아와 3국 추축동맹을 맺음으로써 국제질서의 구도를 연합국 대 추축국의 대립구도로 고착시켰던 것이 아시아·태평양전쟁의 구조적 요인이 되었다.

요컨대 기존의 국제질서를 주도하는 국가들과 협조적인 관계를 유지하는가, 아니면 대립적인 관계를 만들었는가의 여부가 일본의 전쟁 원인을 설명하는 또 다른 중요한 변수인 것이다.

이 같은 근대 일본의 전쟁 원인들을 검토해보면, 우리는 향후 일본이 또 다른 전쟁국가가 될 수 있는가 하는 물음에 대해서도 이 같은 변수들의 존재 여부를 점검하지 않으면 안 된다는 것을 알 수 있다. 과연 21세기의 일본에 야마가타 아리토모나 이시와라 간지 혹은 고노에 후미마로와 같은 팽창적 전략가들이 존재하는가, 이 같은 팽창적 국가전략론이 각 자위대의 전력증강이나 군사전략에 반영되어 공격성을 갖고 있는가, 일본이 미국이나 유엔 같은 국제사회의 주도적인 국가나 국제기구에 대해 도전적이고 대립적인 입장을 갖고 있는가의 여부를 검토하면 이 문제를 쉽게 파악할 수 있을 것이다. 비단 일본만이 아니라 여타 국가들의 호전성 여부를 판단하는 데 위의 변수들이 적용될 수 있을 것이다.

근대 일본의 전쟁 수행과 관련하여 이 책에서 서술한 내용을 통해 몇 가지 유의미한 판단이 가능하다. 청일전쟁 이후 일본은 러일전쟁, 제1차 세계대전, 만주사변, 중일전쟁, 아시아·태평양전쟁 등 6회에 걸친 큰 전쟁을 치렀다. 결정적으로 아시아·태평양전쟁에서 패전국이 됨으로써 일본의 전쟁 수행방식에 관해서 주로 패전의 군사적 요인이 논의되고 있는 것이 일반적이다. 그런데 놓치지 않으면 안 될 부분은 일본이 그 이전의 다섯 번의 전쟁에서는 모두 승리했다는 점이다. 따라서 어떤 경우에 일본이 군사적 승리를 거두었고 그런 일본이 아시아·태평양전쟁에서는 어떤 요인에 의해 패전국이 되었는가를 함께 고찰할 필요가 있다. 청일전쟁, 러일전쟁, 제1차 세계대전, 만주사변, 중일전쟁 등 일본이 승리한 전쟁에서 나타난 제국 육군과 해군의 전쟁 수행방식의 특징은 다음과 같은 점이 아닐까 싶다.

첫째, 전쟁의 상대국이나 지역에 대한 사전정보 파악이 철저했다. 청일전쟁 때 야마가타 아리토모는 가쓰라 타로, 오가와 마타지 등 청년 장교들을 청국과 조선에 파견하여 현지의 지리와 군사태세 등을 면밀하게 조사하게 했고 그 결과를 『인방병비략((隣邦兵備略)』 등의 책자에 담았다. 전쟁 직전에는 가와카미 소로쿠 참모차장이 조선과 청국 등의 군사시설을 시찰하기도 했다. 러일전쟁 당시에도 러시아 유학 경험이 있는 다나카 기이치가 초기 작전계획의 수립에 관여했고, 육군 참모본부의 중견 장교인 이구치 쇼고와 마쓰카와 도시타네 등이 개전 직전의 시점에 한국에 파견되어 도로 등의 지리조사를 수행하면서 전쟁 수행에 필요한 정보를 수집했다.

이 같은 사전정보 수집의 관행은 만주사변 때에도 계승되었다. 이시와라 간지는 관동군 참모로 부임한 이후 동료 참모들을 인솔하고 북만주를 포함한 만주 전역에서 여러 차례 현지 정찰을 수행함으로써 향후 작전지역의 지리와 정세에 대한 충분한 정보를 직접 확보할 수 있었다. 중일전쟁 및 아시아·태평양전쟁의 수행 과정에서도 이 같은 정보 분야의 노력이 없었던 것은 아니다. 비록 전쟁의 승리로 귀결되지는 않았지만 남방작전 전개 이전의 시점에 나가노 정보학교 출신들이 미리 버마와 인도에 대한 정보 수집 및 현지 협력 조직을 만들어두는 등의 활동을 수행했던 것이다. 이같이 매 시기의 전쟁을 결단하기에 앞서 정예요원들을 파견하여 충분히 관련 정보를 수집하고 현지에서 협력할 수 있는 조직들을 미리 만들어두는 정보활동이 일본이 거둔 군사적 승리의 한 요인이었다.

둘째, 일본의 육군과 해군은 상대국의 군사력을 제압할 수 있는 군사력을 최대의 노력을 기울여 확보하고 이를 효과적으로 운용할 수 있도록 효율적인 육해군 합동작전계획을 수립해두었다. 청일전쟁 때 일본은 육군이 사용할 수 있는 무라타 소총 등을 자체 생산할 수 있었고 사단 편제를 완비함으로써 대륙에서의 작전을 효율적으로 수행할 수 있는 체제를 갖추었다. 해군도 청국의 대형 전함인 정원과 진원에 대항할 수 있는 4천 톤급 전함 전력을 갖추면서 함대결전의 전술을 연마했다. 그리고 오가와 마타지 등이 육해군의 제해권 장악 여하에 따라 어떻게 해상과 육상에서 작전을 수행할 것인가에 대한 합동작전계획을 수립해두었고 육군과 해군이 참가하는 연합대작전 훈련을 실시하기도 했다.

러일전쟁 때에도 육군과 해군은 전함 미카사 같은 러시아의 전력을 제압할 수 있는 각 군의 군사력을 최대한 증강했고, 이구치 쇼고, 마쓰카와 도시타네, 다나카 기이치 등 육군 참모본부 장교들이 해군 군령부와 협조하여 육군과 해군이 수행해야 할 각각의 역할을 담은 합동작전계획을 수립해두었다.

만주사변 및 중일전쟁 때에는 중국 대륙에서 주요 전쟁이 수행되었기 때문에 주로 육군의 전략계획에 중점을 둘 수밖에 없었으나, 새로운 무기와 전술을 적극적으로 운용하면서 전쟁 승리에 기여했다. 예컨대 만주사변 당시에 이시와라 간지는 공군기를 동원하여 진저우 지역에 폭격을 감행했는데, 이는 1920년대 이후 줄리오 두헤(Giulio Douhet)와 윌리엄 미첼(William Mitchell) 등이 주창한 전략폭격을 실전에 적용한 최초의 사례 가운데 하나라고 할 수 있다. 육해군 간의 협조도 최대한 이루어졌다. 중일전쟁 개전 초기에 해군은 병력 수송과 해안 봉쇄, 해군 항공부대에 의한 중국 내 주요 도시 등의 폭격작전을 수행함으로써 육군의 작전을 지원했다. 러일전쟁 이후에 육해군이 종합적으로 작성한 「제국국방방침」이라는 전략문서가 1907년, 1918년, 1923년, 1936년에 각각 개정되면서 육해군의 작전을 집약적으로 망라한 합동작전전략서로 기능했다.

새로운 무기체계의 개발에 노력하고 이것을 실전에 적용하려고 한 일본의 노력은 사실 미국과 교전한 아시아·태평양전쟁 기간 중에도 이루어졌다. 제1차 세계대전 당시 독일로부터 노획한 잠수함을 분해 조립한 결과 일본 스스로 1926년에 독자적인 잠수함 이고우(伊號) 1호를 건조했다. 그리고 이러한 잠수함 전력을 바탕으로 일본은 미국과의 해군 전투를 상정한 색적, 점감, 함대결전의 3단계 전법을 수립하면서 잠수함 전력을 색적과 점감 단계에서 적극 활용하는 전략을 수립했다.

그 이전까지 해전의 주역이었던 전함을 대체하여 항모전력을 해전의 주역으로 활용하는 것도 사실상 일본이 주도적으로 수행했다. 미국과의 전쟁계획을 준비하던 연합함대 사령장관 야마모토 이소로쿠 제독은 진주만에 배치된 미국 태평양함대를 격파하기 위해 항모 함재기들이 어뢰를 투하하는 전투방식을 적극 채용했고, 이 같은 전투방식을 구현하기 위해 당시로서는 세계 최강의 함재기로 평가된 제로센 전투기의 개발을 주도했으며, 나아가 항공모함으로 구성된 제1기동함대를 신편하여 진주만 공격에 집중적으로 운용했다. 비록 패전의 결과를 맞긴 했지만 아시아·태평양전쟁의 과정에서도 일본이 항모나 잠수함, 함재기 등의 분야에서 나름대로 최신의 군사기술을 발전시키고 이를 육해군의 군사전략에 유기적으로 결합시키려고 했던 점은 초기 전황을 유리하게 조성하는 데 기여했던 것이다.

셋째, 군사 이외에 일본 국내의 정치, 외교, 경제, 사회 분야에서 대외전쟁을 수행할 때 국력을 총집결하고 여론을 통일하는 초국가적 지원태세를 구축해주었다. 청일전쟁 당시 야마가타 아리토모 등이 전선에서 전쟁을 총지휘하는 역할을 수행했다면, 이토 히로부미 총리와 무쓰 무네미쓰 외상은 교전 대상인 청국은 물론이고 러시아, 프랑스, 독일, 영국 등의 여러 국가와 적절한 외교를 수행하면서 전쟁을 지원했고 경우에 따라서는 과도한 전쟁 수행에 제약을 가하면서 종국적인 전쟁 승리의 길로 유도하는 데 큰 공헌을 했다.

러일전쟁 시기에도 육해군의 군사 지도자들과 정부 내의 외교 및 정치 지도자들 간의 유기적인 협력이 잘 이루어졌다. 야마가타 아리토모 제1군 사령관과 오야마 이와오 제2군 사령관, 도고 헤이하치로 제독 등이 전선에서 러시아와의 육전 및 해전을 치르던 시기에 가쓰라 타로 총리와 고무라 주타로 외상은 포츠머스 강화조약, 가쓰라-태프트 밀약, 영일동맹 개정 등을 통해 군사적 승리가 외교적으로도 연결되도록 하는 역할을 수행했다. 이로 인해 청일전쟁의 승전 직후 일본이 감수해야 했던 3국간섭의 굴욕을 러일전쟁의 승전 이후에는 피해갈 수 있었다.

청일전쟁 시기부터 조직된 대본영은 군사 관련 지휘관뿐만 아니라 총리와 외상을 포함한 정부 내 인사들이 전쟁 수행전략을 협의하고 필요사항을 공유하면서 역할을 분담하는 전쟁지도기구였다.

넷째, 일본이 러일전쟁 및 제1차 세계대전에서 승전국이 되는 과정에서 당대의 초강대국인 영국과 맺었던 영일동맹의 역할을 평가하지 않을 수 없다. 당시 세계 5대 강국의 하나였던 러시아와 전쟁을 수행할 때 1902년에 체결된 영일동맹의 역할이 컸다. 동맹국 영국은 영국령 해군기지에 러시아 발트함대가 기항하는 것을 거부하고 러시아 함대의 동향에 관한 정보를 일본과 공유함으로써 대러 승전에 크게 기여했다. 제1차 세계대전에서 일본이 승전국으로 부상하는 과정에도 영국의 기여가 컸다. 독일과의 전쟁에 일본의 참전을 요청했고, 1914년의 칭다오 전투와 1917년 이후의 지중해 해전 때에는 연합작전태세를 갖추면서 함께 싸웠다. 일본 입장에서는 당대의 최강대국과 맺었던 비대칭동맹이었지만 약소국의 자율성을 확보하려는 노력을 기울이기도 했다. 칭다오 공략작전에 공동 참전을 요청해온 영국 육군에 일본군의 지휘통제 아래로 들어오도록 요구하여 결국 일본군의 지휘하에 연합작전이 이루어진 것이 그 사례이다.

일본이 청일전쟁 이래의 전쟁에서 승전을 거두었을 때 나타났던 승리의 방정식들, 즉 치밀한 사전정보 획득, 육해군의 군사력 개발과 합동군사전략, 군사와 정치외교의 통합, 최강대국과의 동맹체계 등이 흐트러지고 제대로 적용이 안 되었을 때 일본은 패전했다. 아시아·태평양전쟁에서 일본이 패전한 것은 이전의 전쟁에서 승리를 가져온 요인들을 제대로 구사하지 못한 데 기인하지 않았는가 싶다.[2]

첫째, 일본이 자랑해온 정보 획득과 기술개발의 능력이 결정적인 시점에서 둔화되었다. 대미 개전을 앞둔 일본은 미국의 전쟁지속능력이나 중국의 지구전 전략에 대해 충분한 정보와 이해를 갖고 있지

---

2 히로히토 천황은 1946년의 술회를 통해 일본이 아시아·태평양전쟁에서 패전한 원인을 네 가지로 들었다. 첫째, 병법 연구의 불충분, 지피지기면 백전불태라고 하는 근본원리를 체득하지 못한 것, 둘째, 정신에 중점을 둔 나머지 과학의 힘을 경시한 것, 셋째, 육해군의 불일치, 넷째, 메이지 시기의 야마가타 아리토모, 오야마 이와오, 야마모토 곤베에 같은 전략가의 결여 등이다. 寺崎英成, 『昭和天皇獨白錄』, 文藝春秋, 1991, pp.84-85.

않았다. 스기야마 육군 참모총장이 천황에게 중국 대륙에서의 전쟁이 1개월 만에 끝날 것이라고 보고하고 다시 미국과의 개전이 임박한 시점에는 3개월 만에 이 전쟁이 끝날 것이라고 보고한 것은 그 점을 잘 말해준다.[3]

일본이 자랑해온 첨단 군사기술의 습득 능력도 결정적인 시점에서 상실되었다. 예컨대 1936년 일본 해군기술연구소가 전파를 이용한 적 탐색이 기술적으로 가능하다는 발견을 했을 때 일본 지휘부는 이러한 기술이 오히려 자국 전력의 노출을 초래할 수 있다고 하여 추가적인 기술개발을 규제했다. 반면 미국은 레이더 기술을 최대한 개발하여 1942년의 산호해 해전 이후 적극적으로 일본과의 전쟁에 이를 활용했다.

둘째, 결정적 시점에 육군과 해군의 전쟁 협조에 차질이 발생했다. 태평양전쟁에서 일본 해군이 미국 해군의 반격으로 고전을 면치 못하고 있을 때 육군 주력의 80% 이상은 중국과 만주 대륙에서 지구전 혹은 국경 방어의 임무를 수행하고 있었다. 1943년 이후 남방 방면으로 육군 병력이 본격적으로 집중되기 시작했지만 50% 이상은 북방 전선에 고착되어 있었다. 독일의 메르켈(Merkel) 소령에게서 가장 결정적인 시점과 지역에 병력을 집중하는 것이 승리를 달성하기 위한 유효한 전략이라는 점을 배워온 일본이 스스로 '세계최종전쟁'이라고 간주해온 미국과의 전쟁에서 육군 주력을 전혀 활용하지 못했다는 점이 패전의 군사적 요인이었다.[4]

3 요시다 유타카도 미일전쟁 당시 참모본부의 정보부서와 작전부서 간의 연계가 거의 없었다고 지적하면서 정보전 경시를 패배의 한 요인으로 지적했다. 吉田裕·森茂樹, 앞의 책, p.76.
4 이 점은 다수 연구자들이 지적하는 바이다. 吉田裕·森茂樹, 앞의 책, p.64; 山田朗, 『軍備

셋째, 군부의 전쟁 수행을 적절히 관리하고 제약할 수 있는 정치와 외교의 기능이 통제주의에 따라 군부 우위의 국방국가 체제 건설이 본격화된 1930년대 중반 이후 실종되었다. 민간 정치가들이 정치외교의 무대에서 배제되고 군부 출신이 총리를 포함한 정부 요직을 독점하면서 대외정책은 군사 일변도로만 치달았고 외교나 경제적 측면에 대한 고려가 배제되었다. 이로 인해 청일전쟁이나 러일전쟁 당시 일본 군부의 군사작전 지상주의를 견제해온 것과 같은 정부의 규제가 작동하지 않은 것이다.[5] 이에 더해 군 통수권을 가진 천황도 그러한 자각과 군부제어능력을 보여주지 못했다. 이로 인해 전반적인 국가전략이 부재한 채 대외팽창 위주의 군사전략만이 국가를 주도해간 것이다.

넷째, 동맹체제의 잘못된 선택이 일본의 전쟁지속능력을 제약했다. 영일동맹의 상대국가인 영국은 일본과는 지리적으로 격리되어 있었지만 해양국가라는 공통의 기반을 갖고 해양을 통해 상호 군사 협력이 가능했다. 러일전쟁과 제1차 세계대전에서 양국은 실질적으로 군사 협력을 했다. 그러나 독일 및 이탈리아와의 동맹은 군사적으로 일본의 전쟁 수행에 도움이 되는 효과를 가져오지 못했다. 독일이 월등한 기갑전력을 바탕으로 유럽 대륙과 아프리카 북부를 석권하고 소련까지 침공했지만 태평양에서 미국과 싸우는 일본에는 별다른 군사적 도움이 되지 못했다. 따라서 잘못된 동맹 선택이 일본의

拡張の近代史』, 吉川弘文館, 1997, p.220.
5　일본 정치학계의 원로로 방위대학교장을 지냈던 이노키 마사미치도 입헌국가를 초월한 군의 특권적 지위와 군의 폭주가 군국 일본의 자폭을 초래했다고 지적했다. 猪木正道, 『軍國日本の興亡』, 中央公論新社, 1996, p.265.

패전을 재촉한 외부적 요인의 하나라는 점에 이의가 없을 것이다.[6]

　일본의 군사적 승전과 패전을 가져온 이상의 요인들, 즉 정보 획득, 육해군의 군사적 신기술의 도입과 합동작전 체제 여부, 군사와 정치외교 간의 국내적 협력, 대외적인 동맹체제의 적절성 여하는 동전의 양면과 같은 것이다. 이러한 요소들은 일본뿐만 아니라 강력한 군대를 건설하고자 하는 모든 나라들의 국방정책을 평가하는 지표가 될 수 있을 것이다.

　근대 일본의 전쟁은 그 지리적 범위가 일본 열도는 물론이고 한반도, 타이완, 만주, 중국 대륙, 사할린, 동남아시아, 아시아·태평양 지역의 광범위한 영역에서 전개되었다. 청일전쟁은 한반도와 남만주, 중국의 산둥반도를 무대로 펼쳐졌으며 전후에 일본은 타이완을 최초의 식민지로 획득했다. 러일전쟁은 한반도와 남만주 일대에서 전개되었으며 전후에 일본은 한반도의 외교권을 장악했고 사할린 북위 50도 이남을 제국의 판도로 흡수했다. 제1차 세계대전에서 승전국이 된 일본은 태평양 방면의 도서들을 국제연맹의 위임을 받아 남양청이라는 관청을 신설하여 통치하기 시작했다. 만주사변 이후 일본은 동북 3성 지역에 만주국을 수립했고 청국의 마지막 황제 푸이를 내세워 간접 통치했다. 중일전쟁의 수행 과정에서 일본은 중국 대륙의 인구 밀접지대인 동부 방면을 거의 장악했다. 아시아·태평양 전쟁을 치르면서는 기존에 획득한 지역에 더해 베트남, 홍콩, 말레이시아, 싱가포르, 인도네시아, 타이, 버마 등지를 점령했으며, 대동아공영권을 표방하면서 이들 지역의 일부에 독립을 허용했고 여타 지

6　히로히토 천황도 일독 간 이해관계의 불일치가 일본의 패배를 불러온 외교상의 요인이라고 지적했다. 寺崎英成, 앞의 책, p.86.

역에 대해서는 직접 통치의 방식을 취했다.

요컨대 근대 일본이 6회의 전쟁을 치러나가는 동안 아시아·태평양의 거의 전 지역과 민족은 예외 없이 일본의 직간접 통치하에 들어갔던 것이다. 일본은 이들 지역에 대해 '일만지 공영', '동아 신질서', 나아가 '대동아공영권'의 이념을 표방하면서 기존의 중화제국은 물론 영국 및 미국, 네덜란드 등의 식민지 통치와는 다른 질서를 구축할 것이라고 표방했다. 일본 민족을 정점으로 하여 여타 제 민족이 각기 제자리를 차지하게 하려 한다는 이 시도는 결과적으로 실패로 돌아갔다. 그리고 표면적으로 제시한 목표와는 달리 아태 지역의 여러 민족은 길게는 40여 년, 짧게는 3~4년간 일본의 식민통치를 받으며 종속적 상태를 강요받아야 했다. 이러한 식민통치의 체험은 한국을 비롯한 아태 지역의 여러 민족과 국가의 향후 진로에 적지 않은 영향을 미쳤다. 세계대전을 두 차례나 겪은 유럽에서는 오히려 지역공동체의 다양한 제도와 협력 분야가 발전하고 있지만, 현대 동북아 및 아태 지역의 국제관계에서 그러한 양상은 상대적으로 잘 나타나지 않는다. 유럽 대륙에서 나타난 제국들은 기독교 문명과 르네상스의 인본주의라는 공동의 유산을 남겼지만, 일본 제국주의가 아태 지역에 남긴 유산은 상대적으로 빈곤하거나 보편적 가치가 결여된 것이 아니었을까. 그런 요인들이 현대 동북아 국제관계의 국가와 지역을 연결하는 공동 매개체의 결여로 이어지는 것은 아닐까 싶다. 전쟁으로 점철된 근대 일본의 정치와 외교는 그런 점에서 현대 동북아 국제관계의 변화와 특질을 설명하기 위한 출발점으로서의 의미도 가지고 있음을 부인할 수 없을 것이다.

참고문헌

강성학,『시베리아 횡단열차와 사무라이: 러일전쟁의 외교와 군사전략』, 고려대학교 출판부,
    1999.

강성학,「용과 사무라이의 결투: 중(청)일전쟁(1894-95)의 군사전략적 평가」,『국제정치논총』,
    45(4), 2005 겨울.

김우상,『신한국책략: 동북아시아 국제관계』, 나남출판, 1998.

김우상,「세력전이와 동아시아 안보질서에 관한 경험적 연구」,『한국정치학회보』, 35(4), 2001
    겨울.

김정섭,『낙엽이 지기 전에: 1차 세계대전, 그리고 한반도의 미래』, MiD, 2017.

나카에 초민(中江兆民),『삼취인경륜문답(三醉人經綸問答)』, 연구공간 수유너머
    일본근대사상팀 역, 소명출판, 1887(2005).

무쓰 무네미쓰(陸奥宗光),『건건록(蹇蹇錄)』, 김승일 역, 범우사, 1993(1896).

박영준,「인간, 국가, 국제체제, 그리고 일본의 전쟁」,『국제정치논총』, 45(4), 2005 겨울.

박영준,「러일전쟁 직후 일본 해군의 국가구상과 군사전략론: 사토 테츠타로
    『帝國國防史論』(1908)을 중심으로」,『한국정치외교사논총』, 26(1), 2004. 8.

박영준,「전전 일본 자유주의자의 국가구상과 동아시아: 石橋湛山의 小일본주의를
    중심으로」,『한국정치학회보』, 39(2), 2005 여름.

박영준,「고노에 후미마로(近衛文麿)의 국제질서관과 제국 일본의 전쟁원인」,『일본연구논총』,
    48, 현대일본학회, 2018. 12.

박영준,「미국의 대반란전(Counterinsurgency) 전략 전개와 한국 국방전략에의 함의」,
    『국가전략』, 22(2), 세종연구소, 2016.

설인효,「20세기 초 미 육군 개혁과정: 반(反)군사전통의 극복과 수정」, 서울대 대학원
    외교학과 박사학위논문, 2012.

오카 요시타케(岡義武),『근대일본정치사』, 장인성 역, 소화, 1996.

와타나베 히로시(渡辺浩),『후쿠자와 유키치의 서원』,『일본 정치사상사, 17-19세기』,
    김선희·박홍규 역, 고려대학교 출판문화원, 2017.

윈스턴 처칠,『제2차 세계대전』(상, 하), 까치, 2016(1959).

이근욱,『왈츠 이후: 국제정치이론의 변화와 발전』, 한울, 2009.

정광호,「미국의 태평양 해양전략 전개에 관한 연구」, 국방대 박사학위논문, 2014.

조명철,「러일전쟁기 군사전략과 국가의사의 결정과정」,『일본역사연구』, 일본역사연구회,
    1995. 9.

한상일,『제국의 시선: 일본의 자유주의 지식인 요시노 사쿠조와 조선문제』, 새물결, 2004.

한상일,『이토 히로부미와 대한제국』, 까치, 2015.

함동주,「明治期 일본의 아시아주의와 國權意識」,『日本歷史研究』, 2, 일본역사연구회, 1995.
    9.

후지와라 아키라(藤原彰), 『日本軍事史』, 엄수현 역, 시사일본어사, 1994(1987).
후쿠자와 유키치(福澤諭吉), 『文明論의 槪略』, 광일문화사, 1987(1875).

Akira, Iriye, *The Cambridge History of American Foreign Relations, vol.3: The Globalizing of America, 1913-1945,* Cambridge: Cambridge University Press, 1993.

Bean, R. "War and the Birth of the Nation State", *Journal of Economic History,* vol.33, 1973.

Beasley, W. G., *Japanese Imperialism, 1894-1945,* Clarendon Press, Oxford, 1987.

Bix, Herbert P., *Hirohito and the Making of Modern Japan,* New York: Perennial, 2001.

Barnhart, Michael A., *Japan Prepare for Total War: The Search for Economic Security, 1919-1941,* Ithaca: Cornell University Press, 1987.

Carr, Edward Hallett, *The Twenty Year's Crisis, 1919-1939,* New York: Harper Torchbooks, 1939.

Carr, Edward H., "States and Nationalism: The Nation in European History", David Held eds., *States and Societies,* New York: New York University Press, 1983.

The Center for East Asian Cultural Studies, *Meiji Japan through Contemporary Sources,* vol.3, Tokyo: Hinode Co., 1972.

Craig, Gordon A., *The Politics of the Prussian Army, 1640-1945,* Oxford: Oxford University Press, 1955.

Dudden, Alexis, *Japan's Colonization of Korea: Discourse and Power,* Honolulu: University of Hawaii Press, 2005.

Evera, Stephen Van, "Offense, Defense, and the Causes of War", *International Security,* Vol.22, No.4, Spring 1998.

Evera, Stephen Van, *Causes of War: Power and the Roots of Conflict,* Ithaca: Cornell University Press, 1999.

Ferguson, Niall, *Empire: The Rise and Demise of the British World Order and the Lessons for Global Powers,* New York: Basic Books, 2002.

Ferguson, Niall, *Colossus: The Rise and Fall of the American Empire,* Penguin Books, 2004.

Gat, Azar, *The Development of Military Thought: The Nineteenth Century,* Oxford: Clarendon Press, 1992.

Gilpin, Robert, *War and Change in World Politics,* Cambridge: Cambridge University Press, 1981.

Gilpin, Robert, "The Theory of Hegemonic War", Robert I. Rothberg and Theodore K. Rabb, *The Origin and Prevention of Major Wars,* Cambridge: Cambridge University Press, 1988.

Johnson, Chalmers, *MITI and the Japanese Miracle: The Growth of Industrial Policy,* 1925-1975, Stanford University Press, 1982; 찰머스 존슨, 『일본의 기적: 통산성과 발전지향형 정책의 전개』, 장달중 역, 박영사, 1984.

Hackett, Roger F., "The Meiji Leaders and Modernization: The Case of Yamagata Aritomo", Marius B. Jansen ed., *Changing Japanese Attitudes Toward*

Modernization, Princeton: Princeton University Press, 1965.

Hackett, Roger F., *Yamagata Aritomo in the Rise of Modern Japan, 1838-1922,* Cambridge: Harvard University Press, 1971.

Ikenberry, G. John, *After Victory: Institutions, Strategic Restraint, and the Rebuilding of Order after Major War,* Princeton: Princeton University Press, 2001.

Kim, Key-Hiuk, *The Last Phase of the East Asian World Order: Korea, Japan, and the Chinese Empire, 1860-1882,* Berkeley: University of California Press, 1980.

Levy, Jack S., "Domestic Politics and War", Robert I. Rothberg and Theodore K. Rabb, *The Origin and Prevention of Major Wars,* Cambridge University Press, 1988.

Lone, Stewart, *Japan's First Modern War: Army and Society in the Conflict with China, 1894-95,* London: MacMillan Press, 1994.

Mearsheimer, John J., *The Tragedy of Great Power Politics,* 2001; 존 미어셰이머, 『강대국 국제정치의 비극』, 이춘근 역, 자유기업원, 2004.

Modelski, George, *Long Cycles in World Politics,* Macmillan Press, 1987.

Morgenthau, Hans J., *Politics among Nations: The Struggle for power and Peace,* New York: McGraw Hill, 1948(2006).

Nish, Ian H., *The Anglo-Japanese Alliance: The Diplomacy of Two Island Empires, 1894-1907,* London: The Athlone Press, 1966(1985).

Organski, A. F. K., *World Politics,* New York: Alfred A. Knopf, 1958.

Organski, A. F. K. and J. Kugler, *The War Ledger,* Chicago: University of Chicago Press, 1980.

Peattie, Mark R., *Ishiwara Kanji and Japan's Confrontation with the West,* Princeton: Princeton University Press, 1975.

Porter, Bruce, *War and the Rise of the State: The Military Foundations of Modern Politics,* New York: The Free Press, 1994.

Posen, Barry R., *The Sources of Military Doctrine: France, Britain and Germany between the World Wars,* Ithaca, N. Y.: Cornell University Press, 1984.

Presseisen, Ernst L., *Before Aggression: Europeans Prepare the Japanese Army,* Tucson: The University of Arizona Press, 1965.

Rosecrance, Richard N., *Action and Reaction in World Politics: International Systems in Perspective,* Boston: Little, Brown and Company, 1963.

Samuels, Richard J., *Securing Japan: Tokyo's Grand Strategy and the Future of East Asia,* Ithaca, N. Y.: Cornell University Press, 2007.

Siverson, Randolph M. and Paul F. Diehl, "Arms Races, the Conflict Spiral, and the Onset of War", Manus I. Midlarsky ed., *Handbook of War Studies,* Mass.: Unwin Hyman, 1989.

Tilly, Charles, "War Making and State Making", Peter Evans, D. Rueschemeyer and Theda Skocpol eds., *Bringing the State Back In,* Cambridge: Cambridge University

Press, 1985.

Tilly, Charles, *Coercion, Capital and European States, A.D.990-1990*; 찰스 틸리, 『국민국가의 형성과 계보』, 이향순 역, 1994.

Wallace, M.D., "Arms Race and Escalation: Some New Evidence", J. D. Singer, *In Explaining War: Selected Papers from the Correlates of War Project*, Beverly Hills Sage, 1979.

Waltz, Kenneth N., *Man, the State and War: A Theoretical Analysis,* New York: Columbia University Press, 1959.

Waltz, Kenneth, *Theory of International Politics,* Addison-Wesley, 1979.

Weigley, Russell F., *The American Way of War: A History of United States Military Strategy and Policy*, Bloomington: Indiana University Press, 1973.

相澤淳, 『海軍の選擇:再考眞珠灣への道』, 中央公論新社, 2002.

淺川道夫, 「維新政權下の議事機關にみる兵制論の位相」, 『政治經濟史學』, 356, 1996. 2.

有馬学, 『日本の近代4: 「国際化」の中の帝国日本, 1905-1924』, 中央公論社, 1999.

石井孝, 『明治初期の日本と東アジア』, 有隣堂, 1982.

五百旗頭眞, 『戰爭・占領・講和1941-1955』, 中央公論新社, 2001.

岩倉具視, 「會計外交等條條意見」(明治 2年 2月), 『岩倉具視關係文書1』, 1927.

岩倉具視, 「國體昭明政體確立意見書」(明治 3年 8月), 『岩倉具視關係文書1』, 1927.

岩倉具視, 「外交ニ關スル上書」(明治 8年 4月), 『岩倉具視關係文書1』, 1927.

岩倉具視, 「朝鮮事件ニ關スル奏問書」(明治 6年 10月), 『岩倉具視關係文書1』, 1927.

岩倉具視, 「海軍擴張につき意見書」(明治 15年 9月), 由井正臣・藤原彰・吉田裕 編, 『日本近代思想大系4: 軍隊兵士』, 岩波書店, 1989.

石河幹明, 『福澤諭吉傳』3, 岩波書店, 1932.

石原莞爾, 「日本の国防」, 玉井禮一郎 編, 『石原莞爾選集』, 1986(1926).

石橋湛山, 「禍根をのこす外交政策」(1915년 5월 5일호 社說), 松尾尊兌 編, 『石橋湛山評論集』, 岩波文庫, 1984.

石橋湛山, 「國防要素としての武力の役割: 陸軍省新聞班發表の冊子を評す」, 「社說」 1934년 10월 13일, 『石橋湛山評論集』, 東洋經濟新報社, 1990.

石橋湛山, 『石橋湛山評論集』, 東洋經濟新報社, 1990.

石橋湛山, 「社論:國民を信じ眞實を語る要」(1945. 2. 10), 『石橋湛山評論集』, 東洋經濟新報社, 1990.

稻葉千晴, 「日露戦争の準備と韓国: 軍事史的視点から」, 2014년 2월 26일 경인일보 주최 학술회의 발표논문.

井上馨, 「條約改正問題意見書」(1887. 7. 9), 芝原拓自・猪飼隆明・池田正博 編, 『日本近代思想大系12: 對外觀』, 岩波書店, 1996.

井上馨傳記編纂會, 『世外井上公傳』3, 原書房, 1968.

井上淸, 『日本帝國主義の形成』, 岩波書店, 1968.

井上壽一,『日本外交史講義』, 岩波書店, 2003.

井上毅,「甲申事變處理につき意見案」(1885. 2), 芝原拓自·猪飼隆明·池田正博 編,
　　『日本近代思想大系12: 對外觀』, 岩波書店, 1996.

猪木正道,『軍國日本の興亡』, 中央公論新社, 1996.

伊藤正德,『國防史』, 東洋經濟新報社, 1941.

伊藤博文,「戰後經營とは何ぞ」(1896. 1. 11), 平塚篤 編,『伊藤博文演說集: 續伊藤博文秘錄』,
　　原書房, 1929(1982).

伊藤博文,「余は天下に公言す」(1907. 7. 29), 平塚篤 編,『伊藤博文演說集: 續伊藤博文秘錄』,
　　原書房, 1929(1982).

入江昭,『太平洋戰爭の起原』, 東京大学出版会, 1991.

宇野俊一,『明治國家の軌跡』, 梓出版社, 1994.

臼井勝美,『日中戰爭:和平か戰線擴大か』, 中公新書, 2000.

江口圭一,「帝国日本の東アジア支配」,『岩波講座近代日本と植民地1: 植民地帝国日本』,
　　岩波書店, 1992.

榎本武揚,「樺太問題 朝鮮政策につき意見書」(1875. 1. 11), 芝原拓自·猪飼隆明·池田正博 編,
　　『日本近代思想大系12: 對外觀』, 岩波書店, 1996.

榎本武揚,「對朝鮮政策につき榎本武揚書翰」(1876. 2. 10), 芝原拓自·猪飼隆明·池田正博 編,
　　『日本近代思想大系12: 對外觀』, 岩波書店, 1996.

大江志乃夫,『日本の参謀本部』, 中公新書, 1985.

大江志乃夫,『張作霖爆殺:昭和天皇の統帥』, 中公新書, 1989.

大江志乃夫,「植民地戰爭と総督府の成立」,『岩波講座近代日本と植民地2: 帝国統治の構造』,
　　岩波書店, 1992.

大村益次郎,「朝廷之兵制」(明治 2年頃), 由井正臣·藤原彰·吉田裕 編,『日本近代思想大系4:
　　軍隊兵士』, 岩波書店, 1989.

大村益次郎,「御親兵組織意見書」(明治 2年 6月), 渡邊幾治郎,『皇軍建設史: 基礎資料』, 照林堂,
　　1944.

岡義武,『山縣有朋』, 岩波書店, 1958.

岡義武,『近代日本政治史1』, 創文社, 1967.

岡義武,「日淸戰爭と當時における對外意識」,『岡義武著作集』, 岩波書店, 1993.

岡義武,『近衛文麿』, 岩波新書, 1972.

大前信也,「1930年代の政治家と大藏官僚: 豫算編成をめぐって」, 伊藤之雄·川田稔,
　　『環太平洋の國際秩序の模索と日本』, 山川出版社, 1999.

海軍大臣官房,『海軍軍備沿革』, 1922.

海軍歷史保存会 編,『日本海軍史』3, 海軍歷史保存会, 1996.

川田稔,『原敬と山懸有朋』, 中公新書, 1998.

加藤陽子,『模索する1930年代: 日米關係と陸軍中堅層』, 山川出版社, 1993.

加藤陽子,『戰爭の論理』, 勁草書房, 2005.

鴨武彦,「解說」, 鴨武彦 編,『石橋湛山著作集3: 政治外交論』, 東洋經濟新報社, 1996.

鎌田芳朗, 『海軍兵學校物語』, 原書房, 1979.

駒込武, 『植民地帝国日本の文化統合』, 岩波書店, 1996.

小林克己, 「明治初期における大陸外交: 初期征韓論をめぐる木戸と岩倉」, 『歷史評論』, 107, 1959. 7.

木戸孝允, 「兵制の基本につき木戸孝允日記」(明治 元年 11月 6日), 由井正臣·藤原彰·吉田裕 編, 『日本近代思想大系4: 軍隊兵士』, 岩波書店, 1989.

北一輝, 「國家改造案原理大綱」(1919), 『北一輝著作集』2, みすず書房, 1959.

北岡伸一, 『日本陸軍と大陸政策, 1906-1928年』, 東京大學出版會, 1978.

北岡伸一, 「二十一ヵ条再考: 日米外交の相互作用」, 『年報近代日本研究7: 日本外交の危機認識』, 山川出版, 1985.

北岡伸一, 『日本の近代5: 政党から軍部へ, 1924-1941』, 中央公論新社, 1999.

北岡伸一, 『日本政治史: 外交と権力』, 有斐閣, 2017.

木畑洋一, 「世界大戦と帝国の再編」, 『岩波講座8: 20世紀の中のアジア·太平洋戦争』, 岩波書店, 2006.

黒川雄三, 『近代日本の軍事戦略概史』, 芙蓉書房, 2003.

黒澤文貴, 『大戰間期の日本陸軍』, みすず書房, 2000.

黒野耐, 『帝國國防方針の研究』, 總和社, 2000.

慶應義塾編纂, 『福澤諭吉全集』17, 岩波書店, 1971.

高坂正顯·西谷啓治·高山岩男·鈴木成高, 『世界史的立場と日本』, 中央公論社, 1943.

近衛文麿, 「英美本位の平和主義を非す」(1918), 『淸談錄』, 千倉書房, 2015(1936).

近衛文麿, 「世界の現状を改造せよ」(1933. 2), 『淸談錄』, 千倉書房, 2015(1936).

齊藤聖二, 『日淸戦争の軍事戦略』, 芙蓉書房, 2003.

酒井三郎, 『昭和研究會: ある知識人集団の軌跡』, TBSブリタニカ, 1979.

酒井哲哉, 「戦後外交論の形成」, 北岡伸一·御厨貴, 『戦争·復興·発展: 昭和政治史における権力と構想』, 東京大学出版会, 2000.

佐藤賢了, 『東條英機と太平洋戦争』, 文藝春秋, 1960.

佐藤鐵太郎, 『帝國國防史論(上, 下)』, 原書房, 1908(1979).

下斗米伸夫, 『アジア冷戦史』, 中公新書, 2004.

島田俊彦, 『關東軍: 在滿陸軍の獨走』, 中公新書, 1965.

芝原拓自, 「對外觀とナショナリズム」, 芝原拓自·猪隆飼明·池田正博, 『對外觀: 日本近代思想大系12』, 岩波書店, 1989.

幣原喜重郎, 『外交五十年』, 中公文庫, 1951(1987).

太平洋戰爭研究會, 『日本海軍がよくわかる事典』, PHP研究所, 2008.

高橋茂夫, 「創建期の舊帝國海軍」, 『軍事史學』7-1, 25, 1971.

高橋秀直, 「形成期明治國家の軍備擴張政策: 壬午事變後の軍擴決定をめぐって」, 『史學雜誌』, 99(8), 東京大學史學會, 1990. 8.

高山信武, 『陸軍大學校の戦略戦術教育』, 芙蓉書房, 2002.

武田康裕, 「戦争と平和の理論」, 防衛大學校安全保障學研究會, 『安全保障學入門』, 亞紀書房,

2003.

田母神俊雄,「日本は侵略国家であったのか」, 2008. 10.

田中彰·高田誠二 編,『'米欧回覧實記'の學際的研究』, 北大圖書刊行會, 1993.

田中浩,『近代日本と自由主義』, 岩波書店, 1993.

田保橋潔,『日清戰役外交史の研究』, 東洋文庫, 1951.

筒井清忠,「昭和期陸軍の内部過程: 太平洋戦争への道」, 河野健二·宮本盛太郎·作道洋太郎·筒
　　　井清忠·五百旗頭真·矢野暢,『1930年代の日本: 現代への教訓』, 大阪書籍, 1983.

寺崎英成,『昭和天皇獨白錄』, 文藝春秋, 1991.

德富蘇峰,『公爵山縣有朋傳(下卷)』, 原書房, 1969.

藤間生大,『壬午軍亂と近代東アジア世界の成立』, 春秋社, 1987.

遠山茂樹,『日本近代史 1』, 岩波書店, 1975.

外山三郎,『日本海軍史』, 教育社, 1980.

中西寛,「近衛文麿『英美本位の平和主義を排す』論文の背景」,『法学論叢』, 132(4, 5, 6),
　　　京都大学, 1993.

中村隆英,『昭和經濟史』, 岩波書店, 1986.

中村尚美,『明治國家の形成とアジア』, 龍溪書舍, 1991.

野村實,『日本海軍の歴史』, 吉川弘文館, 2002.

秦郁彦,「日中戰争の軍事的展開(1937-1941)」, 日本國際政治學會編,『太平洋戰争への道4:
　　　日中戰争(下)』, 朝日新聞社, 1987.

波多野澄雄,『太平洋戰争とアジア外交』, 東京大學出版會, 1996.

波多野澄雄·黒沢文貴 編,『侍従武官長 奈良武次日記·回顧錄: 第一巻日記(大正九年-十二年)』,
　　　柏書房, 2000.

春名展生,「近代日本における国際政治論の展開」, 小田川大展·五野井郁夫·高橋良輔 編,
　　　『国際政治哲学』, ナカニシヤ出版, 2011.

原朗,「高橋財政と景氣回復」, 井上光貞,『日本歴史大系5: 近代2』, 山川出版社, 1989.

坂野潤治,『大系日本の歴史13: 近代日本の出發』, 小學館, 1993.

平間洋一,『第一次世界大戦と日本海軍』, 慶応義塾大学出版会, 1998.

平間洋一 編,『連合艦隊』, 實業之日本社, 2002.

福澤諭吉,『学問のすすめ: 福澤諭吉著作集3』(1876), 慶應義塾大學出版會, 野村實,
　　　『日本海軍の歴史』, 吉川弘文館, 2002.

藤原彰,『日本軍事史』, 日本評論社, 1987.

藤原彰,『昭和天皇の十五年戦争』, 青木書店, 1991.

藤村道生,『山縣有朋』, 吉川弘文館, 1961.

兵部省,「至急大ニ海軍ヲ創立シ善ク陸軍ヲ整備シテ護國ノ體勢ヲ立ベキノ議」,
　　　『明治三年公文類纂:卷之一制度』.

兵部省,「大ニ海軍ヲ創立スベキノ議」,『明治三年公文類纂: 卷之一制度』.

兵部省,「皇城ノ體裁ヲ定め海軍場ヲ起スノ議」,『明治三年公文類纂卷之一: 制度』, 1870.

堀元美,『連合艦隊の生涯』, 朝日ソノラマ, 1982.

松浦正孝, 「高橋是清と「挙国一致」内閣: 政党内閣崩壊後の政治経済」, 北岡伸一·御厨貴 編,
　　『戦争·復興·発展: 昭和政治史における権力と構想』, 東京大学出版会, 2000.

松下芳男, 『明治軍制史論』上卷, 有斐閣, 1956.

升味準之輔, 『日本政治史1: 幕末維新, 明治國家の成立』, 東京大學出版會, 1989.

增田弘, 『石橋湛山研究: 小日本主義者の國際認識』, 東洋經濟新報社, 1990.

三木清, 「新日本の思想原理」(1939. 1), 酒井三郎, 『昭和研究會: ある知識人集団の軌跡』,
　　TBSブリタニカ, 1979.

三谷博, 『明治維新とナショナリズム』, 山川出版社, 1997.

三谷太一郎·イヨンスク·小森陽一·姜尚中 編, 「なぜ今'ポストコロニアリズムなのか?」, 姜尚中,
　　『ポストコロニアリズム』, 作品社, 2001.

三谷太一郎, 「戰時体制と戰後体制」, 『岩波講座近代日本と植民地8: アジアの冷戰と脱植民地』,
　　岩波書店, 1992.

三谷太一郎, 「大正デモクラシーの意味」, 『大正デモクラシー論: 吉野作造の時代』,
　　東京大學出版會, 1995.

宮田節子編, 『朝鮮軍概要史』, 不二出版, 1989.

三和良一, 『戰間期日本の經濟政策史的研究』, 東京大學出版會, 2003.

本山幸彦, 「アジアと日本」, 橋川文三·松本三之介, 『近代日本政治思想史1』, 有斐閣, 1971.

森山茂德, 『近代日韓關係史研究: 朝鮮植民地化と國際關係』, 東京大學出版會, 1987.

森山茂德, 「日本の朝鮮支配と朝鮮民族主義」, 北岡伸一·御厨貴, 『戰争·復興·發展:
　　昭和政治史における権力と構想』, 東京大学出版会, 2000.

安岡昭男, 「岩倉具視の外交政略」, 『法政史學』, 21, 1969. 3.

安岡昭男, 「井上馨論」, 日本國際政治學會 編, 『日本外交史研究: 外交指導者論』, 有斐閣, 1967.

柳原前光, 「朝鮮論稿」(1870. 7. 28), 芝原拓自·猪飼隆明·池田正博 編, 『日本近代思想大系12:
　　對外觀』, 岩波書店, 1996.

山縣有朋, 「進隣邦兵備略表」(1880. 11. 30), 由井正臣·藤原彰·吉田裕 編, 『日本近代思想大系4:
　　軍隊兵士』, 岩波書店, 1989.

山縣有朋, 「東洋同盟論」(1901. 4. 24), 大山梓 編, 『山縣有朋意見書』, 原書房, 1966.

山縣有朋, 「政戰兩略概論」(1905. 3. 23), 大山梓 編, 『山縣有朋意見書』, 原書房, 1966.

山縣有朋, 「帝國國防方針私案」(1906. 10), 大山梓 編, 『山縣有朋意見書』, 原書房, 1966.

山田朗, 『軍備拡張の近代史』, 吉川弘文館, 1997.

山室信一, 『日露戰爭の世紀』, 岩波書店, 2005.

山室信一, 『キメラ:満州国の肖像』, 中公新書, 1993.

山辺健太郎, 『日本統治下の朝鮮』, 岩波新書, 1971.

由井正臣, 「明治初期の建軍構想」, 由井正臣·藤原彰·吉田裕 編, 『日本近代思想大系4:
　　軍隊兵士』, 岩波書店, 1989.

由井正臣·藤原彰·吉田裕 編, 『日本近代思想大系4: 軍隊兵士』, 岩波書店, 1989.

横手愼二, 『日露戰争史』, 中公新書, 2005.

吉田裕·森茂樹, 『アジア·太平洋戰争』, 吉川弘文館, 2006.

歷史學研究會 編, 『日本史史料4: 近代』, 岩波書店, 1997.

蠟山政道, 「長期戰と日本の世界政策」(1938. 2), 『世界の変局と日本の世界政策』, 嚴松堂書店, 1938.

찾아보기

저자 소개

박영준(朴榮濬, Park Young-June)

현재 국방대학교 안보대학원 교수로 재직하고 있다. 연세대 정치외교학과와 서울대 대학원 외교학과를 졸업한 이후 육군사관학교 교관으로 생도들에게 전쟁사를 강의하면서 군 복무를 마쳤다. 이후 일본 유학을 떠나 2002년 일본 도쿄대에서 근대 일본의 해군 형성과 대외정책 관련 주제로 국제정치학 박사학위를 취득했다. 2003년 국방대학교 교수로 임용된 이래 주로 일본의 정치외교, 동북아 국제관계, 국제안보 등의 분야에서 연구와 교육을 수행하면서『제3의 일본』(2008, 학술원 우수학술도서),『안전보장의 국제정치학』(편저, 2010, 문화관광부 우수학술도서),『21세기 국제안보의 도전과 과제』(편저, 2012),『해군의 탄생과 근대일본』(2014, 학술원 우수학술도서),『한국 국가안보전략의 전개와 과제』(2017) 등 다수 저서와 연구 논문을 발표해왔다. 2010년과 2016년 2회에 걸쳐 미국 하버드대학교 'Program on US-Japan Relations'에 방문학자로 체재했고, 한국평화학회 회장, 현대일본학회 회장 등을 역임하면서 국내외 관련 분야 연구자들과의 학술활동도 활발하게 진행했다. 또한 국가안전보장회의 및 외교부의 정책자문위원으로서 정부의 관련 정책을 자문했고,『중앙선데이』,『세계일보』,『한국일보』 등 다양한 언론매체에서 고정칼럼 집필을 하면서 국가안보 및 외교정책에 대한 제언도 해왔다.